21世纪普通高等院校系列规划

货物进出口实务

Huowu Jinchukou Shiwu

李军 温必坤 尹非 编著

西南财经大学出版社
Southwestern University of Finance & Economics Press

总序

为推进中国高等教育事业可持续发展，经国务院批准，教育部、财政部启动实施了"高等学校本科教学质量与教学改革工程"（下面简称"质量工程"）。这是深入贯彻科学发展观，落实"把高等教育的工作重点放在提高质量上"的战略部署，在新时期实施的一项意义重大的本科教学改革举措。"质量工程"以提高高等学校本科教学质量为目标，以推进改革和实现优质资源共享为手段，按照"分类指导、鼓励特色、重在改革"的原则，加强课程建设，着力提升我国高等教育的质量和整体实力。为满足本科层次经济类、管理类教学改革与发展的需求，培养高素质有特色应用型创新型人才，迫切需要普通本科院校经管类教学部门开展深度合作，加强信息交流。值得庆幸的是，西南财经大学出版社给我们搭建了一个平台，协调组织召开了普通本科院校经管学院院长联席会议，就教学、科研、管理、师资队伍建设、人才培养等方面的问题进行了广泛而深入的研讨。

为了切实推进"质量工程"，第一次联席会议将"课程、教材建设与资源共享"作为讨论、落实的重点。与会人员对普通本科的教材内容建设问题进行了深入探讨，认为目前各高校使用的教材存在实用性和实践性不强、针对性不够等问题，需要编写一套高质量的普通本科教材，以促进课程体系和教学体系的合理构建，推动教学内容和教学方法的创新，形成具有鲜明特色的教学体系，以利于普通本科教育的可持续发展。通过充分的研讨和沟通，与会人员一致同意，共同打造切合教育改革潮流、深刻理解和把握普通本科教育内涵特征、贴近教学需求的高质量的21世纪普通高等院校系列规划教材。鉴于此，本编委会与西南财经大学出版社合作，组织了二十余所院校的教师共同编写本系列规划教材。

本系列规划教材编写的指导思想：在适度的基础知识与理论体系覆盖下，针对普通本科院校学生的特点，夯实基础，强化实训。编写时，一是注重教材的科学性和前沿性，二是注重教材的基础性，三是注重教材的实践性，力争使本系列教材做到"教师易教，学生乐学，技能实用"。

本系列规划教材以立体化、系列化和精品化为特色，包括教材、辅导读物、讲课课件、案例及实训等；同时，力争做到"基础课横向广覆盖，专业课纵向成系统"；力争把每本教材都打造成精品，让多数教材能成为省级精品课教材，部分教材成为国家级精品课教材。

为了编好本系列教材，在西南财经大学出版社的支持下，经过了多次磋商和讨论，成立了由西南财经大学副校长、博士生导师丁任重教授任名誉主任，章道云教授任主任，王朝全教授、李成文教授、花海燕教授、赵鹏程教授、傅江景教授、蒋远胜教授任副主任，二十余所院校的专家教授任委员的编委会。

在编委会的组织、协调下，该系列教材由各院校具有丰富教学经验并有教授或副教授职称的教师担任主编，由各书主编拟订大纲，经编委会审核后再编写。同时，每一种教材均吸收多所院校的教师参加编写，以集众家之长。自 2008 年启动以来，经几年的打造，现在已出版了公共基础、工商管理、财务与会计、旅游管理、电子商务、国际商务、专业实训、金融、综合类九大系列 70 余种教材。该系列教材出版后，社会反响好，有 9 种获评四川省"十二五"规划教材，有多种成为省级精品课程教材。

下一步根据各院校的教学需要，还将做两件事：一是结合转变教学范式，按照理念先进（体现人才培养的宽口径、厚基础、重创新的现代教育理念）、特色鲜明（体现科学发展观要求的学科特色、人才质量水平和转变教学范式的最新成果）、理论前沿（体现学科行业新知识、新技术、新成果和新制度）、立体化建设（基于网络与信息技术支持，形成一本主教材加与之配套的数字化资源，以辅助教学的网络平台提供创新型教学服务为支撑的内容产品体系）、模块新颖（教材应充分利用现代教育技术创新内容结构体系，以利于进行更加生动活泼的教学，引导学生利用各种网络资源促进自主学习和个性化学习，兼具"客观化教材"、"开放性索引"、"研究性资料"和"实践性环节"的功能）的要求，引进先进的教材编写模块来修订、完善已出版的教材；二是重点补充规划旅游管理类、实训类教材。

希望经多方努力，力争将此系列教材打造成适应教学范式转变的高水平教材。在此，我们对各学院领导的大力支持、各位作者的辛勤劳动以及西南财经大学出版社的鼎力相助表示衷心的感谢！

21 世纪普通高等院校系列规划教材编委会

2013 年 4 月

前言

　　本书以国际货物买卖合同为核心，以交易磋商、合同签订及合同履行这一进出口贸易基本程序为主线，详细阐述了国际贸易方法和国际贸易方式。本书共有十一章：第一章，导论；第二章，商品的品质、数量和包装；第三章，商品的价格；第四章，国际货物运输；第五章，国际货物运输保险；第六章，国际货物价款的支付；第七章，商检、索赔、不可抗力与仲裁；第八章，进出口合同的磋商和签订；第九章，进出口合同的履行；第十章，对外贸易方式；第十一章，EDI 与电子票据。

　　本书融理论性、知识性和实用性为一体，在编著过程中，力求体现"新、实、精"的原则，即力求采用最新的国际贸易法规和国际贸易惯例，突出最实用的内容，精选有关合同示例。为了帮助读者加深对本书内容的理解，在每章之后，还分别附有各种类型的练习题。

　　由于我们水平有限，书中难免会存在缺点和不足之处，敬请读者指正。

编者

2013 年 6 月

前言

目录

第一章　导论

● 第一节　国际贸易及其特点

一、对外贸易与国际贸易的概念

对外贸易（Foreign Trade）是指一个国家或地区与其他国家或地区进行的货物、服务和技术的交换活动。这种商品交换活动，如果从一个国家的角度来看，称为对外贸易；如果从整个世界范围来看，则称为国际贸易（International Trade）。

对外贸易是一国经济与世界经济联系的最主要和最基本的形式，是一国经济发展的重要方面，并已成为一个国家对外关系的重要基础和纽带。随着世界商品生产和世界市场的发展，各国对外贸易日趋发达和多样化。

从贸易领域来看，当代各国的对外贸易已发展为货物贸易、服务贸易和技术贸易三个方面。货物贸易即货物的进出口，由于货物是可以看得见的有形实物，因此货物的进出口又被称为有形贸易。有形贸易虽是传统的贸易形式，但在当今的国际贸易中仍占有最大的比重。服务贸易包括运输、保险、旅游和电讯等服务的进出口，它是近几十年来崛起的一种全新的贸易形式。服务贸易与货物贸易不同，它不是提供一种有形的商品，而是提供无形的商品——服务。因而又称为无形贸易。服务贸易最初是依附于有形贸易并为其提供服务的，因而随着有形贸易的发展而发展，并促进了有形贸易的发展。第二次世界大战后，特别是近几十年来，服务贸易有了更为广阔的发展前景和日益重要的地位。国际贸易中的技术贸易是指技术的进出口，包括专利技术、专有技术和商标的引进和输出。技术贸易与货物贸易也不同，它不是以有形的商品作为交易对象，而是以无形的技术知识作为交易的客体。技术贸易最初包括在无形贸易中，但由于第二次世界大战后尤其是近几十年来，技术贸易的增长速度日益加快，且已超过了货物贸易的增长速度，其规模和地位越来越重要，因而已成为一种独立的贸易形式。

从贸易方式来看，随着各国对外贸易的发展和国际经济关系的变化，商品贸易的方式也在不断地改变和增多。特别是进入 70 年代以后，其发展更为迅速。当前国际市场上采用的贸易方式除传统的单边进口单边出口外，尚有包销、经销、代理、寄售、招标和投标、拍卖、展卖、易货、补偿贸易和加工贸易等多种方式，其中有些贸易方式，已经不是单纯的商品所有权的转让与货款的支付，而是把进口与出口、生产与销售、融资与融物、技术转让和劳动力等有机地结合起来，从而使当代国际贸易方式日益复杂化和综合化。

二、国际贸易的特点

国际贸易与国内贸易有着密切的联系，两者是互相推动、互相促进的。国内贸易是国际贸易的基础，国内贸易的发展和扩大为国际贸易提供了大量的商品；而国际贸易又促进了国内贸易的发展，为国内贸易提供所需的货物、服务和技术，为国内贸易中过剩的货物、服务和技术开辟新的市场。

国际贸易和国内贸易都是货物、服务和技术的交换，但是，由于各国社会制度的不同，经济发展水平不一样，民族习惯、宗教信仰与语言都存在着差异，因而国际贸易与国内贸易相比具有不同的特点，主要表现在以下几方面：

1. 国际贸易的困难较国内贸易多

国际贸易是一国与其他国家或地区的商品交换，各贸易国家的语言、商业法律、风俗习惯和宗教信仰等并不完全一致，有的差别很大。此外，为了争夺市场，保护本国工业和市场，各国往往采取关税壁垒与非关税壁垒来限制外国商品的进口等。这些都给一国对外贸易的进行造成很大的困难。

2. 国际贸易的风险较国内贸易大

国际贸易交易双方的成交量通常比较大，从签约到履约间隔时间较长，而且交易的货物一般都需要通过长途运输，有的还需使用多种运输工具。同时，两国间的交易容易受到双方所在国家的政治、经济关系以及其他客观条件的影响，因而较国内贸易具有更大的不稳定性。这些都使经营国际贸易的厂商承担了很大的风险。

3. 国际贸易涉及的部门较国内贸易多

国际贸易的每笔交易除交易双方当事人外，还涉及运输、保险、金融、海关、商检等部门，以及各式各样的中间商、代理商，关系错综复杂。如果一个部门或一个环节出了问题，就可能造成损失或引起纠纷，甚至影响整笔交易。

因此，经营国际贸易，要具备如下条件：远大的眼光、良好的商业信誉、熟练的外语、各种专业理论与知识、灵通的商业情报、雄厚的资金和完备的组织机构，等等。

第二节 国际贸易的基本程序

如前所述，国际贸易包括货物贸易、服务贸易和技术贸易三个方面，这里专讲货物贸易的业务程序。货物贸易涉及范围很广，环节众多，无论是出口贸易还是进口贸易，就它们的基本业务程序而言，均包括交易前的准备、交易磋商、合同的签订和合同的履行四个阶段。但由于出口贸易和进口贸易的货物流向相反，因而二者各阶段的内容是不同的。

一、出口贸易的基本程序

出口贸易的工作环节很多，而且各个环节间之间常常相互交叉。

（一）出口交易前的准备阶段

在一笔出口贸易开始之前，出口商必须对国际市场进行详细的调查分析。只有做好这项工作，才能知己知彼，掌握主动，做出正确的经营决策。调查的主要内容有：

（1）市场环境调查，包括以下内容：①经济因素，即对手国家、地区经济发展的程度与水平。②政治因素：该国政体、政府机构、社会性质、对外政策及对我国的态度。③社会因素：该国办事效率、工会组织和政府稳定状况等。④文化意识：包括宗教差别、信仰、教育文化水平和社会风俗习惯等。

（2）市场动向调查，包括出口商品市场的特点、市场供求关系、价格及其变动的趋势，以及同类商品的市场竞争情况等。

（3）客户情况调查，包括以下内容：①政治背景情况，即企业的政治背景及对我国的政治态度等。②资信情况，包括企业的资本，其资产负债、收支、经营状况及履约能力等。③经营范围：即企业经营的商品类别，企业的性质。④经营能力，指企业的活动能力、销售渠道、经营作风及经营历史长短等。对客户的调查可通过各种方式和渠道进行，如在洽商过程中直接调查，要求客户提供足以证明其资信情况和经营范围等的法律文件；也可通过我国驻外机构调查了解，还可委托有关国家的金融机构、咨询服务机构进行调查。

通过以上内容的调查以确定出口项目和选择客户。

（二）出口交易磋商阶段

经过前期准备，确定了出口项目和国外客户后，出口商即与国外客户就买卖的商品及其交易条件进行磋商。磋商的内容主要包括出口货物的品质、数量、包装、价格、支付、运输、保险、检验、索赔、仲裁和不可抗力等方面。出口交易磋商一般经过询盘、发盘、还盘和接受的过程。

(三) 出口销售合同的签订阶段

买卖双方经过交易磋商，就交易条件取得一致意见后，通常要以一定的书面形式予以确认，即签订出口销售合同，经过双方签字，各执一份，据以执行。在出口贸易中，合同一般由卖方提供，合同的内容就是买卖双方在交易磋商阶段取得一致的各项交易条件。

(四) 出口合同的履行阶段

出口合同有效成立以后，买卖双方就应根据合同规定，各自履行自己的义务。若有违反或不履行合同并致使对方蒙受损失的，违约方必须承担赔偿对方损失的法律责任。出口合同的履行一般包括备货、报验、催证、审证、改证、租船订舱、报关、装货、投保和制单结汇等过程。

二、进口贸易的基本程序

进口贸易的程序同出口贸易相似，但进口程序各阶段工作内容的侧重和出口贸易有所不同。

(一) 进口贸易前的准备阶段

进口交易前的准备工作主要有两方面：

1. 做好市场调查和客户调查工作

进行广泛深入的调查并搜集各种必要的信息资料，是签订进口合同的前提和基础。调查的主要内容有：

(1) 市场调查。主要了解所要采购商品的供应国和生产者的生产、供应情况，该产品的价格水平和在一定时期内价格水平可能变动的趋势，以便在比较分析的基础上，选择从产品对路、货源充足、价格较低的地区采购。

(2) 客户调查。要充分了解国外客户的资信情况、经营能力和经营作风、以往履行合同的情况及购销渠道，尽可能地同生产者订购，以减少不必要的中间环节，降低交易成本。

2. 落实进口许可证和外汇

按照我国现行外贸管理体制，进口企业在与国外客户洽商交易之前，必须事先办理一系列申报审批手续。许多进口商品需要先向主管部门领得准许进口的批文后，才能向对外经济贸易部门申领进口许可证。对需进口而没有经营进口权或进口商品超出其经营范围的企业，必须委托有经营权的外贸企业代理进口。在委托代理进口时，必须提交批准进口的各种文件、使用外汇的有关证明及进口许可证，并与外贸企业签订委托代理进口的合同。

（二）进口贸易的磋商与合同签订阶段

进口交易磋商的内容与出口贸易相同，包括 11 项交易条件，磋商的程序也与出口贸易相似，一般要经过询盘、发盘、还盘、接受四个环节，只是在各个环节的掌握上有所不同。在通过发盘和接受达成交易后，大都需要签署一份有一定格式的书面合同。

（三）进口合同的履行阶段

进口合同依法成立后，对买卖双方都具有法律约束力，双方都要信守合同，履行合同规定的义务。我国进口贸易，多数按 FOB 条件和信用证方式付款订立合同，其履行程序一般包括申请开立信用证、催装、租船或订舱、通知船期、接运货物、办理保险、付款赎单、进口报关、接卸货物、进口报验等环节。

第三节　国际货物买卖合同及适用法律

一、国际货物买卖合同的基本内容

货物的进出口是通过订立和履行国际货物买卖合同进行的。国际货物买卖合同是营业地在不同国家的当事人之间为买卖一定货物而达成的协议，它约定了买卖双方的权利和责任，是当事人双方履行约定义务的依据，也是一旦发生违约行为时，进行补救、处理争议的法律文件。一般来说，国际货物买卖合同的基本内容有以下方面：

（1）品质条款，包括商品名称、商品品质的表示方法及品质机动幅度等。

（2）数量条款，包括商品的数量、计量单位、计量方法及数量机动幅度等。

（3）包装条款，包括包装材料、包装方式和包装费用等。

（4）价格条款，包括商品单价和总值、贸易术语和作价方法等。

（5）装运条款，包括运输方式、装运期、装卸地点、分批装运、装运通知和装运单据等。

（6）保险条款，包括由谁投保、保险险别和保险金额等。

（7）支付条款，包括支付时间、支付工具和支付方式等。

（8）检验条款，包括检验时间与地点、检验机构、检验方法与标准以及检验证书等。

（9）索赔条款，包括索赔的依据、索赔的期限、索赔的方法及罚金条款等。

（10）不可抗力条款，包括不可抗力事件的范围、不可抗力的法律后果、出具不可抗力事件证明的机构，以及事件发生后通知对方的期限等。

（11）仲裁条款，包括仲裁地点、仲裁机构、仲裁程序和仲裁裁决的效力等。

二、国际货物买卖合同适用的法律

国际货物买卖合同明确了买卖双方当事人的权利和义务，所以它的订立和履行，不仅是一种经济行为，而且是一种买卖双方的法律行为。这就意味着国际货物买卖合同必须符合法律规范，只有这样，才能使合同当事人的权利得到法律保护，并使合同当事人受法律的约束和监督。国际货物买卖合同适用的法律主要有以下几个方面：

1. 国内法

国内法，即由国家制定或认可并在本国主权管辖范围内生效的法律。

国际货物买卖合同必须符合国内法。例如，我国的《合同法》第七条规定："当事人订立、履行合同，应当遵守法律、行政法规，尊重社会公德，不得扰乱社会经济秩序，损害社会公共利益。"但是，由于国际货物买卖是跨越国境的货物买卖，因此，它必然涉及两个甚至两个以上的国家的法律规定，而不同国家的法律对同一问题往往作出不同的规定，这就产生了法律冲突问题，即一旦就合同发生争议，究竟以哪个国家的法律作为解释合同、处理合同争议的法律依据。为了解决这个问题，各国法律都对合同适用哪国法律作了具体规定，如有的规定适用缔约地的法律，有的规定适用履约地的法律，较多国家法律规定允许当事人选择合同适用的法律或选择适用与合同有最密切联系的国家的法律。我国《合同法》第一百二十六条明确规定："涉外合同的当事人可以选择处理合同争议所适用的法律，但法律另有规定的除外。涉外合同的当事人没有选择的，适用与合同有最密切联系的国家的法律。"根据这一规定，我国企业在与国外当事人签订合同时，双方可在合同中约定合同适用的法律，既可以选择我国法律或对方国家法律或双方同意的第三国法律，也可以选择国际条约或国际惯例作为处理合同争议的法律依据。若双方未在合同中明确规定，则由受理案件的法院或仲裁机构根据当事人的合同争议，依据"最密切联系"的原则选择适用与合同有最密切联系的国家的法律。

2. 国际条约

国际条约，即两个或两个以上的主权国家为确定它们之间在经济贸易方面的权利、义务而缔结的书面协议。

国际货物买卖合同应符合当事人所在国缔结的或参加的有关双边或多边的国际公约。目前与我国对外贸易有关的国际条约，主要包括我国与某些国家缔结的双边或多边的贸易协定、支付协定以及我国缔结或参加的国际商业贸易公约，其中最重要的是《联合国国际货物销售合同公约》（United Nations Convention on Contracts for the International Sale of Goods，以下简称《公约》）。该《公约》分四个部分，共101条，对《公约》的适用范围、国际货物销售合同的订立原则、合同当事人的权利与义务、违约责任、损害赔偿、风险转移和免责事项等内容作了详细的规定。我国是1986年12月向联合国秘书长递交核准书的，根据《公约》的规定，《公约》已于1988年1月1日对我国生效。但是，我国在核准《公约》时，提出了两项重要保留：

（1）对《公约》适用范围提出保留。《公约》第1条第1款（6）项规定，如果国际私法规则导致适用某一缔约国的法律，则适用《公约》。这一规定的目的是为了扩大《公约》的适用范围。但由于这一规定限制了缔约国有关国内法的适用，并易使《公约》的适用产生不确定性，因而我国对此项规定提出了保留。我国不同意扩大《公约》的适用范围，对我国当事人来说，该公约仅适用于缔约国当事人双方之间订立的合同。

（2）对合同的形式提出保留。根据《公约》第11条和第29条的规定，国际货物买卖合同以及合同的修改和终止可以书面形式以外的任何形式办理。而我国考虑到国际货物买卖关系的复杂性及解决合同纠纷的便利性，认为国际货物买卖合同的订立、修改和终止都必须采用书面形式，故《公约》的上述规定对我国不适用。

3. 国际贸易惯例

国际贸易惯例，即在长期的国际贸易实践中逐渐形成的一些较为明确、内容固定的贸易习惯和一般做法。

国际贸易惯例也是国际货物买卖合同的规范。目前，国际贸易惯例主要有：《华沙—牛津规则》、《美国对外贸易定义修正本》、《国际贸易术语解释通则》、《跟单信用证统一惯例》和《托收统一惯例》等。国际贸易惯例与国内法和国际条约不同，它不具有法律的强制性，只有当合同当事人在合同中明确采用或经受理法院确认后，该惯例才对他们具有法律约束力；未经合同当事人选用或未经受理法院确认的惯例对他们无约束力。即使合同当事人选用了某一国际贸易惯例，他们也仍然可以通过协议修改或补充该惯例中的有关规则。

根据我国有关法律的规定，在适用法律方面，我国与国际组织缔结或参加的有关国际条约，除保留条款外，优先于国内法，即我国缔结或参加的与合同有关的国际条约同我国法律有不同规定的，适用该国际条约的规定。如我国法律未作规定，则可适用国际惯例。

第二章　商品的品质、数量和包装

在国际货物买卖中，商品是买卖双方所签订合同的标的，是一笔交易得以进行的物质基础。买卖双方所交易的每一种具体商品，都表现为一定的品质，都涉及一定的数量和包装。因此，商品的品质、数量和包装是买卖双方在交易中必须首先明确的问题，而正确地选择和确定商品的品质、数量和包装更是买卖双方在磋商和签订买卖合同过程中必须解决的重要问题之一。

● 第一节　商品的品质

商品的品质一般是指商品本质性的质量和它的外观形态，前者表现为商品的物理和机械性能、化学成分、生物学的特征等；后者表现为商品的色泽、味觉、造型、图案等。

品质条款是合同的重要条款之一，它是买卖双方交接货物的品质依据。按《联合国国际货物销售合同公约》规定，卖方所交货物的品质必须与合同规定相符，如果与合同规定不符，买方有权要求损害赔偿，也可以要求修改或提供替代物，甚至拒收货物和解除合同。因此，在磋商和签订合同时，必须正确掌握和订明品质条款。

一、表示商品品质的方法

在国际贸易中，由于交易双方一般分处两地，常常不能在交易前看到全部商品实物，因此要用一定的方法来表示商品的品质，以此来作为卖方交货的品质依据。在国际货物买卖合同中，表示商品品质的方法分为用样品表示和用文字说明表示两大类。

（一）用样品表示

用样品表示商品品质称为凭样品买卖，即买卖双方约定以样品作为交货品质的依据。表示商品品质的样品通常称为标准样品（Type Sample），它是从一批商品中抽取出来的，或是由生产部门、使用部门设计、加工出来能代表商品品质的少量实物。在国际贸易中，凡是可以寄送样品的商品，如茶叶、纸张、服装、工艺品、小型工具等，都可以凭样品成交。

在凭样品买卖中，表示商品品质的样品，可以由卖方提出，也可以由买方提出。根据样品提供方式不同，凭样品买卖可分为两种：一是凭卖方样品买卖，即凭卖方样品磋商和订立合同，并以卖方样品作为交货品质的依据，在合同中以"质量以卖方样品为准（Quality as per seller's sample）"表示；另一是凭买方样品买卖，即凭买方提供的样品磋商交易和订立合同，并以买方样品作为交货品质的依据，在合同中以"质量以买方样品为准（Quality as per Buyer's sample）"表示，习惯上也叫"来样成交"。

无论是凭卖方样品买卖，还是凭买方样品买卖，均有两项基本要求：一是以样品作为交货品质的唯一依据；二是卖方所交货物必须与样品完全一致。如所交货物与样品不符，除非合同另有规定，否则买方有权提出索赔，甚至可以拒收货物，撤销合同。

因此，在国际贸易中，若凭样品买卖时，必须注意以下几个问题：

（1）取样应具有代表性，不能以高于或低于交货品质的样品作为成交样品。偏高会给生产、交货带来困难，偏低则会使卖方在价格上吃亏。

（2）力争以我方样品成交，对于一些难以做到货样一致或无法保证批量生产时质量稳定性的商品，应在合同中加列"质量与样品大致相同"（Quality to be about equal to the sample）或"质量与样品近似"（Quality to be similar to the sample）以及其他类似的弹性条款，以表示交货质量无法与确认样品严格相符。

（3）成交样品应留存复样，即保留与样品质量完全一致的另一样品，以备将来生产、交货或处理纠纷时作核对之用。

（4）如按来样成交，应考虑我方的原料和生产加工能力等方面条件能否做到，并注意对方来样是否符合我对外贸易原则。同时，为防止意外纠纷，应在合同中明确规定：如由买方来样发生侵犯第三者权利时，由买方承担一切经济和法律责任。

（5）在凭买方样品成交时，应尽量将来样成交改为凭对等样成交，即卖方可根据买方的来样仿制或选择质量相近的样品提交买方请其确认，以买方确认后的样品即对等样或回样，作为双方交易的质量依据，从而把凭买方样品成交变为凭卖方样品成交，使卖方处于较为主动的地位。

必须注意的是，在国际贸易中，买卖双方为了建立和发展业务关系，介绍和宣传商品，在用文字表示商品品质时，往往会互寄参考样品，特别是在交易达成前或达成后，卖方寄送给买方少量样品供买方参考。在这种情况下，卖方并不承担凭样品交货义务，为避免误解，卖方应在寄送的样品上注明"仅供参考"，以表明所寄样品为参考性样品，不作为交货时的品质依据。

（二）用文字说明表示

在国际贸易中，大多数商品用文字说明来表示其品质。用文字说明表示商品品质的方法称之为凭文字说明买卖，它包括了以文字、图表等方式来说明商品的品质，具体有以下几种：

1. 凭规格买卖（Sale by specification）

商品规格是指用来反映商品品质的一些主要技术指标，如成份、含量、纯度、尺寸等，买卖双方用规格来确定商品的品质，称为凭规格买卖。例如：东北大豆：含油量（最低）18%，水分（最高）15%，杂质（最高）1%，不完善粒（最高）9%。这种规定商品品质的方法简单方便、准确具体，在国际贸易中应用最广。

2. 凭等级买卖（Sale by grade）

商品的等级是指同一类商品，按其规格上的差异，用大、中、小，甲、乙、丙，一、二、三等文字、数码所做的分类。凭等级买卖，就是买卖双方在合同中列明买卖货物的级别，以此来表示商品的品质。例如：中国绿茶，特珍一级。

同一类商品等级不同则具体规格亦不相同，如果买卖双方已熟悉每个级别的具体规格，就可以只列明等级即可，但对双方不熟悉的等级内容，则应当明确每一等级的具体规格。

3. 凭标准买卖（Sale by standard）

商品标准是指经政府机关或商业团体统一制定和公布的规格或等级。买卖双方以标准来确定其商品品质，称为凭标准买卖。

凭标准买卖，必须明确其标准是什么组织制定和标准的版本名称及年份。因为世界各国都有自己的国家标准，如英国为 BS、美国为 ANSI、法国为 NF、德国为 DIN、日本为 JIS 等。除国家标准外，各国还有专业性的协会标准。另外，还有国际标准，如国际标准化组织 ISO 标准等。不同国家或组织颁布的某类商品的标准往往是不一样的，同时，由于科学技术、生产技术的发展，对某些标准需要经常修改，同一国家或组织颁布的某类商品的标准往往有不同年份的版本，版本不同，品质标准内容也不尽相同。因此，在用标准表示商品品质时，必须注明版本名称和年份。例如：利福平，英国药典 1993 年版。

在国际贸易实务中，如以标准表示商品的品质，一般应力争用我国有关部门颁布的标准。若外商不同意，也可采用其他国家的标准，但应以该标准合理可行，而我国产品质量上又能达到为前提。

另外，在国际市场上买卖农副产品时，由于长期形成的习惯，还在采用以下两种标准：

一是"良好平均品质"（Fair Average Quality，缩写为FAQ）。所谓"良好平均品质"是指装运地在某一时期运销的货物的中等平均品质，它通常是由装运地的公会或检验机构从某一时期各批出运的货物中抽样，然后加以混合，取其中等者作为良好平均品质标准。在我国出口农副产品时，有时也用FAQ来表示商品品质，习惯上称为"大路货"。但由于FAQ含义非常笼统，不能代表固定的、确切的品质规格，因此在使用时，除在合同中注明FAQ字样外，还应标明该商品的主要规格。例如：花生，大路货，规格：水分不超过13%，不完善粒最高5%，含油量最低44%。交货时以合同规定的品质规格作为品质的依据。

二是"上好可销品质"（Good Merchantable Quality，缩写为GMQ）。一般是指卖方所交货物应为品质上好，合乎商销。这种标准的含义更加笼统，一般只适用于木材或冷冻鱼虾等。

4. 凭牌号或商标买卖（Sale by brand or trade mark）

商品的牌号是工商企业给其制造或销售的产品所冠以的名称，商标则是牌号的图案化，是特定商品的标志。在国际市场上，一些名牌商品的品质比较稳定，并且已树立了良好的信誉，买卖双方在交易时，就可采用这些商品的商标或牌号来表示其品质，称为凭商标或牌号买卖。在用此种方法表示商品品质时，若商品规格单一，则只需列明该商品的商标或牌号即可，若商品尚有不同的规格，则在列明牌号或商标的同时，还需规定具体的规格指标。例如：梅林牌辣酱油；又如：蝴蝶牌缝纫机，A－1型脚踏式，三斗，折板。

5. 凭产地名称买卖（Sale by name of origin）

有些产品因生产地区的自然条件或传统加工工艺在产品品质上独具特色，在买卖双方签订合同时就以商品的产地或制造厂的名称成交，称为凭产地名称买卖。例如：四川榨菜，绍兴花雕酒等。

6. 凭说明书和图样买卖（Sale by description and illu stration）

在国际货物买卖中，有些商品如机械、电器、仪表等，由于其结构和性能复杂，必须用说明书详细说明其品质，必要时还要辅之以图样，以此种方法进行交易，称为凭说明和图样买卖。例如，在合同中规定"品质和技术数据必须与卖方提供的说明书严格相符"。

二、品质机动幅度和品质公差

在国际货物买卖中，无论以何种方法成交，卖方交付的货物品质必须与合同规定相符，否则卖方就须承担违约责任。但是，在实践中，由于某些商品自身的特性、生产加工条件等因素的影响，难以保证交货质量与合同规定的内容完全一致，为了避免交货品质与合同规定稍有不符而造成违约，保证交易顺利进行，可以在合同品质条款中加列品质机动幅度或品质公差，允许卖方交付货物的品质在一定范围内高于或低于合同规定。

（一）品质机动幅度

品质机动幅度是指允许卖方所交商品的品质指标可在一定幅度内机动，它主要适用于初级产品，以及某些工业制成品的品质指标。具体规定方法有以下三种：

（1）规定范围：即对某种商品的品质指标规定一个允许机动的范围。例如：漂布，幅宽 35/36 英寸。这就是说，只要布的幅宽在 35～36 英寸之间均属符合合同规定。

（2）规定极限：即对某些商品的品质规格，规定上下极限，通常以最高、最大、最多（Maximum 或 Max），或最低、最小、最少（Minimum 或 Min）来表示。例如：白籼米：碎粒（最高）25%，杂质（最高）0.25%，水分（最高）15% ［White Rile, Broke Grain（Max）25%, Admixture（Max）0.25%, Moisture（Max）15%］。

（3）规定上下差异，即在规定具体的质量指标的同时，规定上下变化的幅度。例如：中国灰鸭绒，含绒量为90%，允许1%上下 ［China Grey Duck Down with 90% down content, 1% more or less allowed］。

（二）品质公差（Quality tolerance）

品质公差是指为国际同行业所公认的或买卖双方认可的产品品质的差异。在工业制成品的生产过程中，某些指标是允许有一定幅度的偏差，如手表走时每天误差若干秒；某一圆柱体的直径误差若干毫米。品质公差如果是国际上或某一行业公认的，即使在合同中没有明确规定，只要卖方所交付货物的品质在所公认的误差范围内，也算符合合同；如果没有公认的明确规定，则应在合同的品质条款中加以明确规定。

（三）品质增减价条款

卖方所交货物的质量在品质公差范围内，买方不得拒收，也不得要求调整价格；在机动幅度范围内，买方也无权拒收，但可按交货时的实际品质状况调整价格，这时须在合同中规定品质增减价条款，以明确价格调整的具体方式。品质增减价条款有以下几种规定方法：

（1）对机动幅度内的品质差异，可根据交货时的实际品质，按规定予以增价或减价。例如：水分每±1%，价格±1%；含油量±1%，价格±1.5%……等。

（2）只规定交货品质幅度的下限，对于低于合同规定而不超出一定范围的，即予扣价；对高于合同规定的，却不予增价。

（3）只规定交货品质幅度的下限，对于低于合同规定而不超出一定范围的，视情况加大扣价比例，对于高于合同规定的，不予增价。例如：低于合同规定 1%，扣价 1%，低于合同规定 1% 以上者，加大扣价比例，以防止卖方交货品质太差。

如果合同中没有规定品质增减价条款，则在规定的品质机动幅度内的商品价格均按合同单价计价，不再另作调整。

三、订立品质条款时应注意的问题

合同中的品质条款，可因商品不一订法各不相同。在凭样品买卖时，合同中除了要列明商品的名称外，还应订明确认样品的编号以及寄送日期。在凭文字说明买卖时，合同中应明确规定商品的名称、规格、等级、标准、牌号、商标或产地名称等内容。在以说明书和图样表示商品品质时，还应在合同中列明说明书、图样的名称等内容。示例如下：

例1. 样品号 NT002 长毛绒玩具熊

Saple NT002 Pulsh Toy Bear

例2. 中国芝麻　水分（最高）8%；杂质（最高）2%；含油量（湿态、乙醚浸出物）52% 基础。如实际装运货物的含油量高或低 1%，价格相应增减 1%，不足整数部分按比例计算。

Chinese Sesamess　Moisture（Max）8%；Admixture（Max）2%；Oil Content（Wet basis，ethyl ether extract）52% basis. Should the oil content of the goods actually shipped be 1% higher or Lower. the price will be accordingly increased or decreased by 1%，and any fraction willbe proportionally calculated.

例3. 美加净牙膏

"MAXAM" Dental Cream

例4. 常州萝卜干

Changzhou Dried Radish

例5. 1515A 型多梭箱织机　详细规格如所附文字说明与图样

Multi - shuttle Box Loom Model 1515A Detail Specifications as per attached descriptions and illustrations

订立品质条款时应注意以下问题：

（1）商品的品质指标，不能订得过高或过低，要切合实际。品质指标订得太高，脱离实际生产的可能，势必造成生产上的困难。同时也不能保证对外按时、按质、按量交货。品质指标太低了，不但会影响销售价格、销售数量，有时甚至无法销售。

（2）商品的品质指标，不能订得过死，要有灵活性。也就是说，在订定商品的品质条款时，要使用一定的机动幅度和品质公差，而不能将品质指标绝对化，以免由于实际上做不到而造成生产和对外交货的困难。

（3）商品的品质指标不能订得过繁，应符合贸易惯例。在订立品质条款时，一般应按贸易习惯的需要，只订一些能反映货物品质的主要指标，对于次要指标可以不订或少订，对于与品质无关的条件，则避免订入。订得过繁，往往会弄巧成拙，给履约带来困难。

（4）要根据产品的特点确定表示商品品质的适当方法。表示商品品质的方法多种多样，每种方法都有其特定的含义，买卖双方也须按此承担相应的义务。因此，在交易时应根据商品的特性选择正确的方法来表示商品的品质，不能随便滥用。凡是能够用一种方法表示品质的，一般就不要采用两种或两种以上的方法来表示，特别是凭样品与凭规格两种确定商品品质的方法，不宜混合使用，如果一方面提供样品，另一方面又规定规格。此时为避免争议应作如下处理：第一，规定以样品为主，辅之以规格和必要的说明，相当于一种附条件的凭样买卖；第二，规定以规格说明为主，辅之以样品，这时的样品只供作规格的补充。

（5）品质条款应当尽量订得明确、具体。在规定品质条款时，应注意用词明确、具体，便于检验及分清责任，不宜采用诸如"大约"、"左右"、"合理误差"等笼统含糊的字眼，避免由于用词不当，引起不必要的纠纷。

● 第二节　商品的数量

在国际货物买卖中，商品的数量条款是合同的主要条款，也是买卖双方交接货物的数量依据。按照《联合国国际货物销售合同公约》规定，卖方所交货物的数量必须与合同规定相符，如卖方所交货物的数量小于合同规定的数量，卖方应在规定的交货期届满前补交，但不得使买方遭受不合理的不便或承担不合理的开支，同时买方有权要求损害赔偿。如果卖方的交货数量大于合同规定的数量，买方可以收取，也可以拒绝收取多交部分的货物。如果买方收取多交部分货物的全部或一部分，他必须按合同价格付款。

一、计量单位

根据买卖商品的种类和性质的不同，合同的数量条款中所采用的计量单位也不相同，主要有以下几种：

（一）重量单位（Weight）

如吨［公吨(Metril ton)、长吨(Long ton)、短吨(Short ton)］，千克（Kilogram）、磅（Pound）、盎司（Ounce）等。重量单位多用于天然产品及其制成品，如矿产品、钢铁、盐、羊毛、水泥、棉花、药品等。

（二）个数单位（Number）

如只或件（Piece）、双（Pair）、台或套（Set）、打（Dozen）、罗（Gross）、令（Ream）等。个数单位主要用于一般工业制成品及杂货类商品，如文具、纸张、玩具、车辆、拖拉机、活牲畜、成衣等。

（三）长度单位（Length）

如米（Metre）、英尺（Foot）、码（Yard）等。长度单位一般应用于金属绳索、布匹等。

（四）面积单位（Area）

如平方米（Square Metre）、平方英尺（Square Foot）、平方码（Square Yard）等。面积单位适用于皮制品、塑料玻璃制品，如塑料篷布、塑料地板、皮革、铁丝网、玻璃等。

（五）容积单位（Capacity）

如升（Litre）、加仑（Gallon）、蒲式耳（Bushel）等。容积单位多用于粮食及某些液体商品，如小麦、玉米、煤油、汽油、酒精、啤酒、天然瓦斯等。

（六）体积单位（Volume）

如立方米（Cubic Metre）、立方英尺（Cubic Foot）、立方码（Cubic Yard）等。体积单位仅用于木材和化学气体。

在国际贸易中，除了使用的计量单位不同以外，各国使用的度量衡制度也不相同。因此，同一计量单位表示的实际数量有时会有很大差异。例如重量单位吨，有公吨、长吨、短吨之分，分别等于 1000 千克，1016 千克，907.2 千克。多年来，在国际贸易中较为常用的度量衡制度有公制或米制（Metric System）、美制（U. S System）、英制（British System），此外还有在米制基础上发展起来的国际单位制（International System of Units）。

国际单位制，是国际标准计量组织大会在 1960 年通过的，其目的是要建立一种统一的计量单位制度，从而进一步推动国际贸易的发展。但由于计量制度的转变受各种因素的制约，加之各国在长期国际贸易中已形成了一些习惯做法。所以，到目前为止，统一的计量单位制尚未得到普遍的实行，国际贸易中的计量单位制度仍是多样的。因此，熟悉各国的计量制度，掌握各种计量制度的换算方法是十分必要的（详见表 2-1）。

表 2 - 1   **常用度量衡换算表单位重量换算表**

公制	英制	美制
公吨	长吨	短吨
1	0.9842	1.1023
1.016	1	1.12
0.9072	0.8929	1
公制	英制	美制
千克	磅	磅
1	2.2046	2.2046
0.4536	1	1

单位长度换算表

公制	英美制	
米	码	英尺
1	1.094	3.281
0.914	1	3
0.305	0.333	1

单位面积换算表

公制	英美制	
平方米	平方码	平方英尺
1	1.196	10.764
0.836	1	9
0.093	0.111	1

单位体积换算表

公制	英美制	
立方米	立方码	立方英尺
1	1.308	35.31
0.764	1	27
0.028	0.037	1

单位容积换算表

公制	英美制	
升	英加仑	美加仑
1	0.22	0.264
0.546	1	1.201
3.785	0.8325	1

二、商品重量的计算方法

在国际货物买卖中，很多商品的数量是以重量来计算的，按重量计算的方法有下列几种：

（一）毛重（Gross Weight）

毛重是指商品本身的重量加上包装重量，即加上皮重，一般适用于价值较低的商品。

（二）净重（Net Weight）

净重是指商品本身的实际重量，即由毛重减去皮重所得的重量。在国际货物买卖中，以重量计算的商品，大部分都是以净重计量并计价的。有些商品因包装本身不便分别计算，如卷筒白报纸或价值低廉的商品，如粮食、饲料等，因其包装材料的价值与商品本身的价值差不多，有时也以毛重计算重量和价格。这种以毛重计算重量并按毛重计价的办法，称为"以毛作净"。

货物如按净重计算时，应将皮重扣除。在实务中，计算皮重的方法有以下四种：

（1）实际皮重（Actual Tare or Real Tare）。即商品包装实际重量，是对整批货物的包装逐件衡量求得的重量之和。

（2）平均皮重（Average Tare）。有些商品的包装材料和规格比较划一，可从整批货物中，抽出一定的件数并求出其包装平均重量，再以平均每件的皮重乘以总件数求得整批货物的包装重量。

（3）习惯皮重（Customary Tare）。有些商品的包装比较规格化、标准化，其重量已为市场所公认，计算皮重时无需逐件过秤，可按公认的标准单件重量乘以商品的总件数，得出全部包装重量，即为习惯皮重。

（4）约定皮重（Compated Tare）。指按买卖双方事先约定的包装重量计算出的皮重，不必过秤，逐一衡量。

计算重量的方法，根据商品的特点及商业习惯的不同，由买卖双方事先商定并在买卖合同中作出明确规定。如果合同中没有规定采用何种方法计算重量和价格，按惯例应以净重计算。

（三）公量（Conditioned Weight）

所谓公量是指用科学方法除去商品中所含的实际水分，再另加标准水分所得的重量。这种方法通常适用于经济价值较高而含水量又不稳定、易吸潮的商品，如羊毛、生丝、棉花等。

（四）理论重量（Theoretical Weight）

有固定规格和尺寸的商品，如马口铁、钢板等，只要规格、尺寸一致，其重量大体相同，根据其件数即可推算出它的重量，谓之理论重量。

三、数量机动幅度

在磋商交易和签订合同时，一般都应明确规定具体的买卖数量。但有些商品由于自身特点计量不易精确，或受生产、运输或包装条件的限制，实际交货数量往往不能和合同中规定的具体数量完全相符。为了便于合同的顺利履行，避免日后发生争议，买卖双方通常都要事先商定并在合同中写明数量机动幅度，允许卖方交货数量在一定范围内灵活掌握。

买卖合同中的数量机动幅度一般有两种规定方法：即规定"溢短装条款"，或规定约数。

（一）溢短装条款

所谓溢短装条款就是在规定具体数量的同时，再在合同中规定允许多装或少装的一定百分比，卖方交货数量只要在允许增减的范围内，即为符合合同规定。

溢短装条款包括三项内容：

（1）允许溢短装的比率。如 3000 公吨，10% 上下（3000metric tons with 10% more or less）。按此规定，卖方实际交货数量如果为 2700 公吨或 3300 公吨，买方不得提出异议。

（2）溢短装的决定权。溢短装一般为卖方掌握，但在买方租船接货时，为了便于与租船合同衔接，也可规定为买方掌握。在采用租船运输时，为了充分利用船舱容积，便于船长根据具体情况，例如轮船的运载能力等考虑装货数量，也可授权船方掌握并决定装运增、减量。在此情况下，买卖合同中应明确由承运人决定伸缩幅度。

（3）溢短装部分的价格。对溢装或短装部分的计价方法有两种，一种是按合同价格计算，另一种是按交货时的市场价格计算。采用后一种方法主要是为了防止在市场价格波动下，有溢短装选择权的一方故意多装或少装。如果合同中未对溢短装部分的计价方法作出明确规定，一般按合同价格计算。

（二）约数

在少数场合下，也可使用约数（Approximately or About）来表示实际交货数量可有一定机动幅度，即在某一具体数字前加"约"字，例如：约100 000 码（About Yards）。由于目前在国际贸易中，对于"约"字的含义尚缺乏统一的解释，有的认为可以有2%的伸缩，有的则解释为5%，而国际商会制定的《跟单信用证统一惯例》第 34 条规定为：在增减不超过 10% 限度内准予伸缩。所以，如果买卖双方一定要使用约数时，双方应事先在合同中明确允许增加或减少的百分比，或在"一般交易条件"协议中加以规定，否则不宜采用。

四、订定数量条款应注意的问题

合同中的数量条款，主要包括成交商品的数量、计量单位和数量机动幅度。有的合同也可规定确定数量的方法。示例如下：

例 1. 中国大米 3000 公吨，卖方可溢短装 2%.

3000 M/T with 2% more or less at seller's option.

例 2. 玉米 10000 公吨，5% 上下由卖方决定。

10000 M/T, 5% more or less at seller's option.

例 3. 饲料蚕豆 60000 公吨，以毛作净，10% 上下由买方决定。

6000 M/T, gross for net, 10% more or less at buyer's option.

例 4. 棉布 100000 码，允许溢短装 5%。

100000 yds. allowing 5% more or less.

例 5. 生丝 6000 千克（公量）。

6000 kg（conditioned weight）.

在订立数量条款时需注意以下几方面问题：

（1）正确掌握进出口商品的数量。进出口商品的数量应在综合考虑多种因素的基础上来确定。具体地说，对于出口数量，既要考虑国外市场的需求状况、市场变化趋势、季节因素、保证及时供应，以便巩固和扩大销售市场，使我出口商品卖得适当的价格，又要考虑货源情况和适应国内生产能力，以免造成交货困难，同时还要考虑国外客户的资信情况和经营能力，以防发生货款落空的风险。对于进口数量，应根据国内市场的需要、外汇支付能力、运输能力、市场价格的变化来确定。

（2）合理规定数量机动幅度。订定数量条款时，不宜将成交数量订得过死，如订得过死，固定在某一绝对数量上，对买卖双方均不利。对卖方来说，他必须按合同规定的绝对数量交货，稍有偏差就可能造成违约；对于买方来说，由于卖方硬凑合同规定的绝对数量，有时可能出现包装不成整件的情形，这给进口商接货带来不便。因此，在订立数量条款时和在规定具体的成交数量的同时，还应规定实际交货数量可以伸缩的合理幅度。

（3）用词要明确、具体，在规定商品数量条款时，应尽量使用明确、具体的字眼，以免日后引起争议。首先，要避免在具体数量前加"约"字，以防止双方对其含义有不同的理解而引起纠纷；其次，在使用计量单位时一定要明确其度量衡制，如用重量单位吨表示数量时，一定要注明是公吨、长吨还是短吨，否则就可能由于双方理解不一给合同的执行带来困难。

第三节　商品的包装

商品的包装一般是指为了有效地保护商品的品质完好和数量完整，根据商品特性而采取一定的方法将商品置于适当容器的一种措施。

在国际贸易中，有些商品在运输、装卸过程中是不需要包装的，它们是散装货或裸装货。前者是指散装于承载的运输工具上的货物，例如：煤炭、矿砂、食盐、粮食等；后者是指没有包装或稍加捆扎就自然成件的商品，例如：铁板、木材等。但国际贸易中的大多数货物是需要包装的，包装对商品不仅起保护作用，减少储存、运输过程中的货损，节约仓容和节省运费，而且能美化商品，方便使用，扩大销路，提高售价。

包装条款是国际货物买卖合同中的重要条款之一。按《联合国国际货物销售合同公约》的规定，卖方必须按合同规定的方式包装。卖方交付的货物，如未按合同规定的方式装箱或包装，就要承担违约责任。因此为明确责任，买卖双方应在合同中对商品的包装作出明确、具体的规定。

一、包装种类

在国际货物买卖中，商品的包装按其在流通过程中的作用不同，可分为运输包装和销售包装两大类。

（一）运输包装

运输包装又称大包装或外包装，它的主要作用在于保护商品的品质和数量、便于运输、节省运费成本；便于储存，节省仓租；便于计数和分拨等。

1. 运输包装的方式

运输包装根据包装材料和包装方式的不同可分为单件运输包装和集合运输包装。

（1）单件运输包装：是指将一件或数件商品装入一个较小容器内的包装方式。常用的单件运输包装有箱（case），如木箱（woodencase）、纸箱（carton）等，主要用于价值较高，不能挤压的商品；包（bale），如棉布包、麻布包，主要用于可以挤压而品质不易变化的商品；桶（drum、cake），如木桶、铁桶、塑料桶，用于流质、半流质及粉状商品；袋（bag），如麻袋、棉布袋、纸袋、塑料袋等，主要用于农产品和化学原料等商品。

（2）集合运输包装：是指将若干单件运输包装组成一件大的包装或装入一个大的包装容器内。通常使用的集合运输包装有集装箱、托盘、集装袋等。

2．对运输包装的要求

（1）要采用适当的包装方式以保护商品的安全。商品的特性不同，采用的运输方式不同，对包装方式的要求也不相同。有些商品容易碰碎如玻璃器皿等，应采用防震、防碰撞的包装；有些商品极易生锈如机器、工具等，应采用防锈包装。海洋运输的商品需用坚固耐用的包装，空运商品则需轻巧牢固的包装，邮寄商品因受重量和体积的限制也要求采用轻型包装。

（2）要合理设计包装以减少包装用料和运费。运输包装设计的是否合理，不仅关系到包装用料的多少，同时还影响着运输成本，从而影响整个交易的费用，因此合理设计包装是十分必要的。具体地讲，轻泡货物在包装时应尽量压缩其体积，但以不损害货物的质量为前提，而大型机器商品可采用拆装的方法以减少容积。

（3）注意进口国对运输包装的规定。世界上许多国家对进口商品的运输包装都有一些特殊规定，如有的国家禁用虫蛀的或带有树皮的木材作包装箱；有的国家禁止用麻袋或玻璃陶瓷作包装容器；有的国家规定必须用托盘或集装箱包装等等，不仅如此，对内外包装之间的衬垫物或填充物也有严格规定。进口的商品包装若不符合规定，轻则罚款，重则拒绝进口。

（二）销售包装

销售包装又称内包装或小包装，是指直接接触商品，随商品进入零售市场和消费者见面的包装。销售包装除了具有保护商品的作用外，还具有美化和宣传商品，便于陈列展销，方便消费者识别、选购、携带等功能。

1．销售包装的方式

销售包装按其作用分为以下几种：

（1）堆叠式，是指包装的顶部和底部都设有吻合装置，可使商品在上下堆叠过程中相互咬合，常用于罐头、瓶装和盒装商品。

（2）悬挂式，指可以悬挂在货架上的包装。

（3）透明式，指包装容器全部或部分用透明材料制成的包装。

（4）开窗式，指容器上开有"窗口"的包装。

（5）易开式，包装容器上有严密的封口，使用者不需另备工具就可开启的包装。

（6）喷雾式，在气密性容器内，当打开阀门或按钮时，容器内的液体便能喷射出来的包装。

（7）配套式，指把用途相关的商品搭配成套，装在同一容器内的包装。

（8）礼品式，专供送礼用的包装。

2．对销售包装的要求

（1）要便于储存和运输。商品的运输包装一般都是方形的，因而销售包装的造型结构应与运输包装的要求相符合，以便充分利用运输包装的容积，同时在保护商品的前提下，销售包装的造型结构应尽量缩小体积，以节省包装材料、运输及仓储费用。

（2）要符合进口国对销售包装的规定和习惯。国际上大多数国家对食品、药品等都订有标签管理条例，对不同商品的标签内容、应使用的文字等都作了严格的规定。例如，日本政府规定：进口药品，必须有文字说明其成分、功能和服用方法，否则不准进口。美国的法律规定：进口的食品、药品的包装上必须用英文标明品名、产地、数量、成分、用途、服用量和服用方法等，否则美国海关将予以扣留。此外，不同国家的消费者又有不同的风俗习惯，尤其是对图案和色彩有各自的喜好和禁忌。对此，在设计销售包装时必须予以重视，既要保证商品包装设计的形象美，又要兼顾不同国家的有关规定和习惯，以利于商品的出口和扩大销路。

（3）要与商品的质量、价值相匹配。在设计销售包装时，应根据不同商品的档次，采用既实用、又美观的销售包装。对于高档商品，应采用高级包装，以突出其品质优良；对于普通商品应采用一般包装，以免华而不实。

二、包装方式

包装方式是指商品包装所采用的方法和材料，具体包括：用料、尺寸（大小）、每件重量（数量），以及填充物和加固条件等。

在国际货物买卖合同中，包装方式的规定依商品的种类及内容的不同而有所不同，具体有以下两种方法：

（1）明确规定包装方式，即对包装所用材料及尺寸，每件的重量或数量等作出具体约定。例如：纸箱装，每箱 60 听，每听 1000 片（In cartons containing 60 tins of 1000 tab. each）；又如：布袋装，内衬聚乙烯袋，每袋净重 25 千克（In cloth bags, lined with polythene bags of 25 kg net each）。这种方法明确、具体、便于操作，因而实务中较为常用。

（2）对包装方式只作笼统规定，即用一些术语表示包装方式。例如：按习惯方式包装（To be packed in the usual way）；按出口标准包装（To be packed in export standard packing），适合海运包装（seaworthy packing）。对于这种规定方法，由于其含义比较模糊，除非买卖双方对包装方式已有一致认识，否则不宜采用，以免产生争议。

三、包装标志

包装标志是指在商品外包装上刷制的简单的图形、数字和文字。它包括运输标志、指示性和警告性标志两大类。

（一）运输标志

运输标志（Shipping Mark），习惯上称为"唛头"，是指在运输包装上用文字、图形和数字制作的标记，其作用是方便运输过程中识别货物，防止错发错运，便于收货人收货，也利于运输、仓储、检验和海关查验。

运输标志通常由下列几部分组成：

（1）收货人或发货人简称或代号，可用文字、字母及图形表示，在该项下面，有时根据买方要求列入合同号或信用证号或许可证号。

（2）目的港或目的地名称，用来表示货物运往的目的地。

（3）件号／总件数，指本批每件货物的顺序号和总件数，用分母表示该批货物的总件数，分子表示该批货物在整批货物中的编号。

（4）原产地，用来标明制造生产加工的国别。

（5）体积和重量，用来表示每一包装件的体积和重量，以便计算运费和装卸。

以下是运输标志的式样：

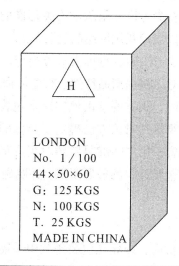

为了规范运输标志，适应电子计算机在运输和单据制作及交换方面的应用，国际标准化组织制定了"国际标准运输标志"并向各国推荐。它们建议运输标志应由以下四项内容组成：

（1）收货人（或买方）：英文名称字首或简称，但在国际铁路或公路运输时，必须用全文。

（2）参考号码：必须是一个重要号码，如发票号码、合同号码等。

（3）货物的最终目的港或目的地名称：如需转运要标明转运港或转运地名称，并在此前加上"VIA"字样，但多式联合运输的货物不必标明转运地点。

（4）件数号码：包括货物的总件数和每件货物的顺序号。

同时它们还建议，每项内容不得超过17个字母（包括数字和符号），只能使用打字机、电传设备和电子通讯设备所能打出或传递的字符，不得使用几何图形。

上述运输标志目前在许多国家尚未采用，但它是运输标志改革的方向。

（二）指示性和警告性标志

指示性标志是为了保护商品安全、指示运输、装卸、储存而刷制在商品的外包装上的简单、醒目的图像和文字记号，它主要用来表明商品的性质或说明操作要求。例如："小心轻放"（Handle with care）、"请勿用钩"（Use no hook）、"此端向上"（This side up）、"保持干燥"（Keep dry）等等。

警告性标志，又称危险品标志，是指在爆炸品、易燃品、有毒品和放射性物品等危险品的运输包装上所使用的文字说明和图形，以示警告。其作用是提醒有关人员采取防范措施，保护货物和人身安全。例如："有毒品"（Poison）、"爆炸品"（Explosive）、"易燃物品"（Inflammable）等等。

对于指示性和警告性标志，各国一般都有规定。此外，一些国际组织也有专门规定，并向各国推荐。我国在参考国际组织的有关标准的基础上，也已制定了国家标准指示性和警告性标志，以规范我国商品的包装标志。

商品的包装标志，可由卖方决定，也可由买方决定。按照国际贸易习惯，一般是由卖方在对货物进行包装时，根据商品特性、行业习惯或法规要求自行设计决定，而无需在合同中订明。但有时，买方要求由他们决定包装标志，此时可根据情况的不同做下述处理：第一，如果签约时买方已确定了具体的包装标志，则可以在合同中具体规定标志的式样和内容；第二，如果签约时买方仍未有确定的包装标志，则可以在合同中规定买方提出包装标志的最迟期限，并明确如果逾期由卖方自行决定。

四、包装费用

包装费用通常包括在货价内，因此在包装条款中不需列入。如果买方对包装有特殊要求而由他们负担费用，则应在合同中列明此特殊包装所需的费用，并规定买方支付费用的时间和方法及逾期支付买方应承担的责任。

五、定牌和中性包装

（一）定牌包装

定牌包装是指在商品或包装上卖方采用买方指定的商标或牌号。

定牌包装有三种做法：

（1）卖方采用买方指定的商标或牌号，不注明生产国别，即定牌中性包装。

（2）卖方采用买方指定的商标或牌号，注明卖方的生产国别制造。

（3）卖方采用买方指定的商标或牌号，注明卖方的某生产厂家制造，即定牌定产地。

在我国出口业务中，有时同意采用定牌包装，以利用买方的销售渠道和他们的名牌声誉，扩大产品的出口。在采用定牌包装时，一般应注明"中国制造"字样。

（二）中性包装

中性包装是指在商品上和内外包装上不注明生产国别。

常见的中性包装有两种：

（1）定牌中性包装，即在商品或包装上仅注明买方指定的商标或牌号，而不注明生产国别。

（2）无牌中性包装，指在商品或包装上既不注明商标或牌号，也不注明生产国别。

在我国出口业务中接受中性包装，主要是为了打破某些国家和地区对我商品实行高关税和不合理的配额限制，以使我国商品能顺利地进入这类国家市场。

六、签订包装条款应注意的问题

买卖合同中的包装条款，一般包括包装方式、包装费用、包装标志等内容。示例如下：

例1．木箱装，每箱5辆（拆散包装）。

In wooden cases of 5 sets（unassembled）each.

例2．布包，每包20匹，每匹42码。

In cloth bales each containing 20 pcs. of 42 Yds.

例3．纸箱装，每箱4盒，每盒约9磅，每颗涂蜡，包纸。

In cartons, each containing 4 boxes about 9/bs., each fruit waxed and wrapped with paper.

例4．铁桶装，每桶净重185～190千克。

In iron drums of 185～190 kg net each.

例5．筐装，外包麻袋，麻绳捆扎，每筐50千克。

In baskets of 50 kg each, corered with hessian cloth and secured with ropes.

签订包装条款时必须注意以下问题：

（1）包装方式应订得尽可能具体、明确，对于某些包装术语如"适合海运包装"、"习惯包装"、"出口包装"、"合适包装"等，因其含义含糊，各方理解不一，除非买卖双方事先取得一致认识，应避免使用。

（2）包装费用一般包括在货价内，在包装条款中不必列入。但如买方要求特殊包装，则可酌加包装费用，如何计费及何时收费应在条款中说明。如果包装材料由买方供应，则条款中应明确包装材料到达时间以及逾期到达买方应负的责任。

（3）运输标志如由买方决定，应规定标志到达时间，逾期不到买方应负的责任，还应明确标志内容须经卖方同意。

（4）如果采用定牌或中性包装，在订明使用客户的商标或牌号的同时，应明确规定我们可以做到的具体品质规格和交货时以合同规定的品质规格为准。同时为避免由于买方指定的商标侵占了他人产权而使我方卷入纠纷，应在合同中明确规定："买方指定的商标当发生被第三者控告是侵权时，应由买方与控告者交涉，与卖方无关，由此给卖方造成的损失应由买方负责赔偿"。

 实训练习题

一、名词解释

1. 对等样品　　　　2. 品质机动幅度　　　　3. 溢短装条款
4. 定牌　　　　　　5. 中性包装　　　　　　6. 唛头

二、单项选择题

1. 我国某进出口公司拟向马来西亚客商出口服装一批，在洽谈合同条款时，就服装的款式可要求买方提供（　　）。

　　A. 样品　　　　B. 规格　　　　C. 商标　　　　D. 产地

2. 凭卖方样品成交时，应留存（　　）以备交货时核查之用。

　　A. 回样　　　　B. 复样　　　　C. 参考样　　　　D. 对等样品

3. 对于大批量交易的散装货，因较难掌握商品的数量，通常在合同中规定（　　）。

　　A. 品质公差条款　　　　　　　B. 溢短装条款

　　C. 立即装运条款　　　　　　　D. 仓至仓条款

4. 我国现行的法定度量衡制度是（　　）。

　　A. 公制　　　　B. 国际单位制　　　C. 英制　　　　D. 美制

5. 在交货数量前加上"约"或"大约"字样，按《UCP600》的规定，这种约定可解释为交货数量不超过（　　）的增减幅度。

　　A. 10%　　　　B. 5%　　　　C. 2.5%　　　　D. 1.5%

6. 凡货样难以达到完全一致的，不宜采用（　　）。

　　A. 凭说明买卖　　B. 凭样品买卖　　C. 凭等级买卖　　D. 凭规格买卖

7. 合同中未注明商品重量是按毛重还是按净重计算时，则习惯上应按（　　）计算。

　　A. 毛重　　　　B. 净重　　　　C. 以毛作净　　　D. 公量

8. 在品质条款的规定上，对某些比较难掌握其品质的工业制成品或农副产品，我们多在合同中规定（　　）。

　　A. 溢短装条款　　　　　　　　　B. 增减价条款

　　C. 品质公差或品质机动幅度　　　D. 商品的净重

第二章 商品的品质、数量和包装

三、判断题

1. 若卖方交付货物的品质在约定的品质机动幅度或品质公差范围内，除非买卖双方另有规定，一般不另行增减价格。 （ ）

2. 在出口贸易中，表示品质的方法多种多样，为了明确责任，最好采用既凭样品，又凭规格买卖的方法。 （ ）

3. 根据《公约》的规定，如卖方所交货物多于约定数量，买方可以全部收下合同规定和卖方多交的货物，也可以全部拒收合同规定和卖方多交的货物。 （ ）

4. 以毛作净就是以净重代替毛重。 （ ）

5. 按买方来样，我方复制一样品寄交买方确认，这个样品即为复样。 （ ）

6. 运输包装上的标志都必须在运输单据上表明。 （ ）

7. 包装费用一般包括在货价之内，不另计收。 （ ）

8. 双方签订贸易合同时，规定成交货物为不需包装的散装货，而卖方在交货时采用麻袋包装，但净重与合同规定完全相符，且不要求另外加收麻袋包装费。货到后，买方以卖方交货的包装条件不符合合同的规定提出索赔，该索赔不合理。 （ ）

9. 某外商来电要我方提供大豆，要求按含油量 20%、含水分 15%、不完善粒 6%、杂质 1% 的规格订立合同。对此，在一般情况下，我方可以接受。 （ ）

四、案例分析题

1. 我方向西欧某国出口布匹一批，货到目的港后，买方因购销旺季，未对货物进行检验就将布匹投入批量生产。数月后，买方寄来几套不同款式的服装，声称用我方出口的布匹制成的服装缩水严重，难以投入市场销售，因而向我方提出索赔。问：我方是否应该理赔？为什么？

2. 日本 A 商在我沿海某地采取定牌来料加工某电器产品。成品返销日本市场后，日本另一 B 电器生产厂商控告 A 冒用它的牌子。事后查明 B 厂商上述牌子在日本和我国均已办妥商标注册。在上述情况下，A 商应承担什么责任？我国厂家有何教训？

3. 我国某出口公司对美成交出口电冰箱 4500 台，合同规定 pyw-A、pyw-B、pyw-C 型三种型号各 1500 台，不得分批装运。待我方发货时，发现 pyw-B 型电冰箱只有 1450 台，而其他两种型号的电冰箱存货充足，考虑到 pyw-B 数量短缺不大，我方于是便以 50 台 pyw-A 代替 pyw-B 装运出口。问：我方这样做是否合适？为什么？

4. 我国某公司向国外某客户出口榨油大豆一批，合同中规定大豆的具体规格为含水分 1%、含油量 18%、含杂质 1%。国外客户收到货物不久，我方便收到对方来电称：我方的货物品质与合同规定相差较远，具体规格为含水分 18%、含油量

10%、含杂质4%，并要求我方给予合同金额40%的损害赔偿。问：对方的索赔要求是否合理？合同中就这一类商品的品质条款应如何规定为宜？

5. 某公司与国外某农产品贸易有限公司达成一笔出口小麦的交易，国外开来的信用证规定："数量为1000公吨，散装货，不准分批装运，单价为250美元/公吨CIF悉尼，信用证金额为25万美元……"但未表明可否溢短装。卖方在依信用证的规定装货时，多装了15公吨。问：

(1) 银行是否会以单证不符而拒付？为什么？

(2)《公约》对交货数量是如何规定的？

第三章　商品的价格

买卖合同中的价格条款，一般包括商品的单价和总值两项内容，至于确定单价的作价方法及与单价有关的佣金和折扣，也属价格条款的内容。

在国际贸易中，商品的价格是买卖双方磋商的一项重要内容，价格条款是买卖合同中的一项重要条款。商品的价格是商品价值的货币表现，但国际贸易不同于国内贸易，在国际贸易中，商品价格除了包括每一计量单位的某种货币的价格金额外，还包括国际贸易中惯用的某种贸易术语。

🔵 第一节　贸易术语

一、贸易术语及其国际惯例

贸易术语（Trade Terms），亦称价格术语，是用一个简短的概念或外文缩写来表明商品的价格构成，成交货物的交接地点，买卖双方各自应负的责任、费用和风险。它是国际贸易商品价格的一个组成部分。

国际贸易较国内贸易复杂，国际贸易的每一笔交易都涉及很多问题，如：卖方在什么地方，以什么方式交货？风险何时由卖方转移给买方？货物的运输、保险、通关手续由谁办理？办理上述事项所需费用由谁负担？买卖双方需要交接哪些有关单据？上述问题关系到买卖双方的切身利益，影响商品价格的高低，涉及进出口国家的政策法令。因此，在买卖双方洽商具体交易时，必须对上述问题加以明确，而最简便的方法就是采用各种不同的贸易术语来说明。例如："CIF 大阪"这一贸易术语，按国际贸易惯例解释，是指卖方应在装运港（假如是天津）将货物装上开往目的港大阪的船上，并负担货物运至目的港大阪的运费和保险费，卖方负责出口通关手续及费用，买方负责进口通关手续及费用，货物的风险在装运港（天津）装船后就由卖方转移给买方。不同的贸易术语，既表示交货地点不同，又表示费用不同，风险不同，责任不同，因而商品的价格也不同。一般说来，卖方承担的责任重，风险大，费用高，则商品价格相对要高些；反之，则商品价格相对要低些。

贸易术语是在国际贸易长期实践中逐渐形成的。最初，这些贸易术语是不成文的，各国各地区乃至各行业的解释也不完全一致，这种情况对国际贸易的发展极为不利。后来一些国家和国际上的某些组织和工商团体对这些术语加以整理，给它以统一的解释，从而使它为国际贸易界所承认和采用，形成了以国际贸易术语为内容的国际惯例。

目前，影响较广的有关贸易术语方面的国际惯例主要有以下三种：

(一)《1932 年华沙—牛津规则》(Warsaw - Oxford Rules)

该规则是国际法协会在其制定的《1928 年华沙规则》的基础上，经过 1930 年纽约会议、1931 年巴黎会议和 1932 年牛津会议三次修订而成的。因为主要是在牛津会议上修改定稿的，因此定名为《1932 年华沙—牛津规则》。该规则的内容共有二十一条，主要说明了 CIF 术语的性质和特点，并具体规定了采用 CIF 价格术语时有关买卖双方责任的划分。

(二)《美国对外贸易定义 1941 年修订本》(Revised American Foreign Trade Definition

该定义原是美国的一些商业团体于 1919 年制定的，1941 年经美国第 27 届全国对外贸易会议修订，改称为《美国对外贸易定义 1941 年修订本》。这个定义对美国对外贸易中经常使用的六种贸易术语作了解释，这六种贸易术语是：

Ex   (Point of Origin)，即产地交货

FOB   (Free on Board)，即运输工具上交货

FAS   (Free Along Side)，即运输工具旁边交货

C&F   (Cost and Freight)，即成本加运费

CIF   (Cost，Insurance and Freight)，即成本保险费加运费

Ex Dock   (named port of importation)，即目的港码头交货

《定义修订本》对 FOB 术语有独特的规定，它将 FOB 术语分为以下六种：

1. 在指定内陆发货地点的指定内陆运输工具上交货

FOB   (named inland carrier at named inland point of departure)

2. 在指定内陆发货地点的指定内陆运输工具上交货，运费预付到指定的出口地点

FOB   (named inland carrier at named inland point of departure) Freight prepaid to (named point of exportation)

3. 在指定内陆发货地点的指定内陆运输工具上交货，减除至指定出口地点的运费

FOB　（named inland carrier at named inland point of departure）Freight Allowed to （named point）

4. 在指定出口地点的指定内陆运输工具上交货

FOB　（named inland carrier at named point of exportation）

5. 指定装运港船上交货

FOB Vessel　（named port of shipment）

6. 进口国指定内陆地点交货

FOB　（named inland point in county of importation）

（三）《国际贸易术语解释通则》（International Rules for the Interpretation of Trade Terms）

这是有关国际贸易术语方面包括内容最多、影响范围最广的一种惯例。它是国际商会于 1936 年制定的，后经 1953 年、1967 年、1976 年、1980 年、1990、2000、2010 年七次修改，最新的修订本是 2010 年颁布并于 2011 年 1 月 1 日实施的。其中《2000 年国际贸易术语解释通则》和《2010 年国际贸易术语解释通则》对国际贸易影响较大。

《2000 年国际贸易术语解释通则》共解释了 13 种贸易术语，并按照卖方承担责任、费用、风险的程度，从小到大，把 13 种贸易术语分为 E、F、C、D 四组。

（1）E 组：卖方在其自身所在地将货物提供给买方履行其交货义务。该组只有一个术语：

EXW　Ex Works　（…named place）工厂交货（指定地点）

（2）F 组：买方自负费用订立运输合同并指定承运人，卖方在出口国的装运地将货物交给买方指定的承运人履行其交货义务。该组包括三个术语：

FCA　Free Carrier　（…named place）货交承运人（指定地点）

FAS　Free Alongside Ship　（…named port of shipment）装运港船边交货（指定装运港）

FOB　Free On Board　（…named port of shipment）装运港船上交货（指定装运港）

（3）C 组：卖方须自负费用订立运输合同，并负责在装运港把货物装上船或在发运地将货物交给承运人履行其交货义务。该组术语有四个：

CFR　Cost and Freight　（…named port f destination）成本加运费（指定目的港）

CIF　Cost Insurance and Freight（named port of destination）成本、保险费加运费（指定目的港）

CPT　Carriage Paid To　（…named place of destination）运费付至（指定目的地）

C. I. P.　Carriage and Insurance Paid To（…named place of destination）运费、

保险费付至（指定目的地）

（4）D组：卖方须自负费用订立运输合同，并负责将货物运抵目的地交给买方履行其交货义务。该组有五个术语：

DAF　Delivered At Frontier（…named place）边境交货（指定地点）

DES　Delivered Ex Ship（…named port of destination）目的港船上交货（指定目的港）

DEQ　Delivered Ex Quay（…named port of destination）目的港码头交货（指定目的港）

DDU　Delivered Duty Unpaid（…named place of destination）未完税交货（指定目的地）

DDP　Delivered Duty Paid（…named place of destination）完税后交货（指定目的地）

《2010年国际贸易术语解释通则》共有11种贸易术语，按照所适用的运输方式划分为两大类：

第一类：适用于任何运输方式的术语七种：EXW、FCA、CPT、CIP、DAT、DAP、DDP。

EXW　Ex Works（…named place）工厂交货（指定地点）

FCA　Free Carrie（…named place of delivery）货交承运人（指定交货地）

CPT　Carriage Paid To（…named place of destination）运费付至（指定目的地）

CIP　Carriage and Insurance Paid To（…named place of destination）运费、保险费付至（指定目的地）

DAT　Delivered At Terminal（…named place of destination）运输终端交货（指定目的港或目的地）

DAP　Delivered At Place（…named place of destination）目的地交货（指定目的地）

DDP　Delivered Duty Paid（…named place of destination）完税后交货（指定目的地）

第二类：适用于水上运输方式的术语四种：FAS、FOB、CFR、CIF。

FAS　Free Alongside Ship（…named port of shipment）装运港船边交货（指定装运港）

FOB　Free On Board（…named port of shipment）装运港船上交货（指定装运港）

CFR　Cost and Freight（…named port f destination）成本加运费（指定目的港）

CIF　Cost Insurance and Freight（named port of destination）成本、保险费加运费（指定目的港）

二、在出口国交货的贸易术语

在国际商会《2010 年国际贸易术语解释通则》归纳的 11 种贸易术语中，E、F、C 三组为出口国交货的贸易术语，现分述如下。

（一）E 组

本组只有一个贸易术语，即 EXW Ex Works（…named place）工厂交货（指定地点）

这一贸易术语的含义是指卖方在其所在地指定地点的工厂，在合同规定的日期或期限内，将符合合同规定的货物交给买方，并承担货物交给买方支配前的费用和风险。它适用于任何运输方式。该术语是 11 种贸易术语中卖方承担义务最少的术语。

采用此种贸易术语成交，除非合同另有规定，卖方不负责将货物装上买方备妥的运输工具、办理出口报关手续，买方需自行负责取得出口许可证或其他官方批准文件，办理货物出口报关手续，并承担卖方交货后的一切货物风险及有关费用。因此买方在不能直接或间接地办理出口手续的情况下，则不应使用本术语。

（二）F 组

本组包括三个术语，货交承运人（FCA）、船边交货（FAS）、船上交货（FOB）。按这三种贸易术语签订的合同，均属于装运合同。它们的共同点是：由买方签订运输合同并指定承运人，卖方必须出口报关手续，并在装运港或启运国的约定地点将货物交付给买方指定的承运人；所不同的是：①在 FCA 术语下，卖方的交货地点是承运人所在地，风险的划分是以货交承运人为界；而在 FAS 和 FOB 术语下，卖方的交货地点是装运港，风险的划分是分别以船边和船上为界。② FCA 适用于任何运输方式，而 FAS 和 FOB 仅适用于水上运输方式。

1. FOB　Free On Board（…named port of shipment）装运港船上交货（指定装运港）

这一术语的含义是卖方在指定的装运港按约定日期将货物装上买方指定的船上，或购买已如此交付的货物即履行了交货义务，卖方负担货物装上船前的费用和风险。这一术语仅适用于水上运输方式。

根据《2010 年国际贸易术语解释通则》的规定，按 FOB 术语达成的交易，买卖双方各自承担的义务如下：

卖方的义务：

（1）自负风险和费用，取得出口许可证或其他官方文件，并办理出口所需的一切手续。

（2）负担在指定装运港将货物放置于买方指定船舶上为止的一切风险和费用。

（3）在合同规定的日期或期限内，将符合合同规定的货物交至指定的装运港买方指定的船上，并及时通知买方。

（4）提供商业发票及证明已按合同履行交货义务的通常单据或相等的电子数据交换资料。

买方的义务：

（1）自负费用，订立将货物自指定装运港运至目的港的运输合同，并及时通知卖方。

（2）负担在指定装运港将货物放置于买方指定船舶上后的一切风险和费用。

（3）自负风险和费用取得进口许可证或其他官方文件，并办理货物进口及必要时经由另一国过境运输的一切海关手续。

（4）接受符合合同规定的单据和货物，并按合同规定支付价款。

FOB术语是国际贸易中较为常用的，在采用此术语时应注意以下几个问题：

第一，重视船货衔接。

按FOB条件成交，买方负责租船或订舱，并将船名和装船日期及时通知卖方，而卖方负责在合同规定的时间和装运港将货物交至买方指定的船上，因而产生了船货衔接问题。按照国际惯例，买方须在合同规定的期限内安排船只到合同规定的装运港装货，如果船只按时到达装运港，而卖方货物仍未备妥，则卖方应承担由此而造成的空舱费和滞期费。相反，如果买方派船迟延，由此而引起的卖方仓储等费用支出的增加，以及因延收货款而造成的利息损失，均由买方负担。所以，以FOB术语成交，买卖双方对船货衔接问题需高度重视，除了在合同中应作明确规定外，还应在签约后加强联系，紧密配合，以防船货脱节。

第二，明确装船费用的负担。

装船费用是指装运港的装船费及理舱和平舱费。在FOB术语下，如采用班轮运输，则买方支付给班轮公司的运费中已含有装船与卸货费用，此时不需在合同中明确装船费用的负担问题。如果采用租船运输，因租船公司收取的运费中不包括装船与卸船费，所以，买卖双方需就装船费用的负担问题进行磋商，并应在合同中用文字或用FOB术语的变形加以明确。

常见的FOB术语的变形有：

（1）FOB班轮条件（FOB Liner Terms），指装船费用按班轮的做法办理，即由支付费用的一方（买方）负担。

（2）FOB吊钩下交货（FOB Under Tackle），指卖方仅负责将货物置于轮船吊钩可及之处，此后的装船费用由买方负担。

（3）FOB包括理舱（FOB Stowed），指卖方负责将货物装入船舱，并支付包括理舱费在内的装船费用。

（4）FOB包括平舱（FOB Trimmed），指卖方负责将货物装入船舱，并支付包括平舱费在内的装船费用。

（5）FOB 包括理舱和平舱（FOB Stowed and Trimmed），指卖方负责将货物装入船舱，并支付包括理舱费和平舱费在内的装船费用。

第三，注意美国对 FOB 术语的独特规定。

《美国对外贸易定义1941 年修正本》（以下简称为《定义修正本》）把 FOB 术语细分为6 种，其中只有 FOB Vessel 与《国际贸易术语解释通则》（以下称《通则》）中的 FOB 术语含义相近。但是，美国《定义修正本》对买卖双方在责任与费用的划分方面与《通则》有不同解释，按《定义修正本》的规定，FOBVessel 的买方须自负费用取得出口许可证，并支付出口关税及其他捐税。而按《通则》规定，FOB 卖方必须取得出口许可证，办理出口报关手续，并支付办理上述事项所需费用及出口关税、捐税。因此，我国企在与美国和其他美洲国家的出口商按 FOB 术语签订合同时，除应在 FOB 术语后加上轮船（vessel）字样外，还应明确由卖方自负费用取得出口许可证，并支付出口关税及与出口有关的各种捐税。

2. FCA　Free Carrie（…named place of delivery）货交承运人（指定交货地）

这一术语的含义是卖方负责办理货物的出口手续，在指定地点将货物交给买方指定的承运人，即完成交货义务，卖方应负担在此之前的一切费用和风险。这一术语适用于任何运输方式。

按《2010 年国际贸易术语解释通则》（以下简称为《2010 年通则》）的规定，FCA 术语买卖双方的义务如下：

卖方的义务：

（1）自负风险和费用，取得出口许可证或其他官方文件，并办理出口所需的海关手续，支付出口关税和捐税。

（2）负担货物在指定地点交给承运人前的一切风险和费用。

（3）在合同规定的期限内，将符合合同规定的货物交给买方指定的承运人并通知买方。

（4）提供商业发票和有关证明已交付货物的装运单据或相等的电子数据交换资料。

买方的义务：

（1）自负风险和费用，取得进口许可证或其他官方文件，并办理货物进口以及必要时经由另一国过境运输的一切海关手续。

（2）指定承运人，自负费用订立自指定地运输货物的合同，并及时通知卖方。

（3）负担货物在指定地点交给承运人监管后的一切风险和费用。

（4）接受符合合同规定的单据和货物，并按合同规定支付价款。

此外，《2010 年通则》还就 FCA 的卖方应如何完成向承运人的交货义务作了详细规定：

（1）如果指定地点是在卖方的场所，当货物装上买方或买方代理人指定的承运人提供的运输工具时，交货即告完成。

（2）如果指定地点是在卖方场所之外，当货物交由买方指定的或卖方选择的承运人或另一人支配，且没有卸离卖方的运输工具时，交货即告完成。

（3）如果没有约定指定地的具体地点，并且有几个地点可供使用，卖方可选择在指定交付地范围内的最适合其意图的地点交货。

3. FAS　Free Alongside Ship（…named port of shipment）装运港船边交货（指定装运港）

这一术语的含义是卖方应在合同规定的日期或期限内，将货物交至装运港买方指定的码头的船边或驳船上，并负担货物运至船边前的费用和风险。这里的船边是指买方指定的载货船上吊钩所及之处。如果买方指定的载货轮船不能靠岸，卖方必须自负费用和风险，将货物用驳船运至船边。此术语仅适合于水上运输方式。

FAS 术语的模式与 FOB 类似，主要区别是：在 FOB 条件下，买卖双方责任、费用和风险的划分是以货物在装运港装上买方指定的船上为界，而在 FAS 条件下，则是以装运港买方指定的载货船的船边为界。

（三）C 组

本组术语共有四个，它们是：成本加运费（CFR），成本、保险费加运费（CIF），运费付至（CPT），运费、保险费付至（CIP）。按这四种术语签订的合同，也属装运合同。它们有共同之处：即卖方须自负费用订立运输合同，在出口国将货物交给指定的承运人或装上船，风险在出口国的交货地点由卖方转移给买方。所不同的是：①在 CFR 和 CIF 条件下，卖方的交货地点是在装运港，风险的划分是以货物装上船为界；而在 CPT 和 CIP 术语下，卖方的交货地点是承运人所在地，风险的划分是以货交承运人为界。②在 CFR 和 CPT 术语下，卖方须自负费用办理运输事宜，而在 CIF 和 CIP 术语下，卖方则须自负费用办理运输和保险事项。③ CFR 和 CIF 仅适用水上运输方式，而 CPT 和 CIP 适用于任何运输方式。

1. CFR　Cost and Freight（…named port f destination）成本加运费（指定目的港）

这一术语的含义是卖方在指定装运港将货物装上船，或采购已如此交付的货物，支付货物运至指定目的港的运费，但自货物在装运港装上船时，风险即由卖方转由买方负担。这一术语只适用于水上运输方式。

根据《2010 年国际贸易术语解释通则》，CFR 术语买卖双方各自承担的义务是：
卖方的义务：

（1）自负费用和风险，取得出口许可证或其他官方文件，并办理货物出口所需的一切海关手续。

（2）订立将货物从指定装运港运至目的港的运输合同，并支付运费。

（3）在合同规定的日期或期限内，将符合合同规定的货物装上船，并通知买方。

（4）负担在装运港将货物装至船舶上为止的一切风险和费用。

（5）提供商业发票和符合合同规定的运输单据或相等的电子数据交换资料。

买方的义务：

（1）自负风险和费用，取得进口许可证或其他官方文件，办理货物进口及必要时经由另一国过境的一切海关手续。

（2）负担货物自装运港装上船舶后的一切风险和费用。

（3）接受符合合同规定的单据和货物，并按合同规定支付货款。

在国际货物买卖中，CFR 术语是使用较多的。在以该贸易术语成交时，应注意以下问题：

第一，明确卸货费用由谁负担。

在 CFR 术语下，卖方负责租船订舱，支付运费，并将货物装上船，因此，装船费用应由卖方负担，至于卸货费用由谁负担并未明确。如果采用班轮运输，因班轮公司所收运费中含有装卸费，因此，卸货费用实际上由卖方负担。但在租船运输情况下，租船公司所收运费中不含装卸费，此时，买卖双方必须在合同中明确卸货费用的负担问题，既可用文字作出具体规定，又可采用 CFR 术语的变形。

CFR 术语的变形有以下几种：

（1）CFR 班轮条件（CFR Liner Terms），指如同班轮运输那样，卸货费用由支付费用的一方（卖方）负担。

（2）CFR 卸到岸上（CFR Landed），指卖方负担将货物卸到岸上的费用，包括驳运费和码头捐。

（3）CFR 吊钩下交货（CFR Under Tackle），指卖方负担将货物自舱底吊至船边卸离吊钩为止的费用。

（4）CFR 舱底交货（CFR Ex Ship Hold），指买方负担将货物由舱底卸到码头的费用。

第二，及时发出装船通知。

采用 CFR 术语，卖方在装运港将货物装上船后，须及时向买方发出装船通知，以便买方及时办理保险手续，并为在目的港接货采取必要措施。如果卖方未及时发出装船通知，致使买方未能及时投保，由此而给买方带来的一切损失由卖方负担。

第三，正确理解 CFR 术语的性质。

首先，CFR 术语属象征性交货。以 CFR 术语成交的合同，卖方在合同规定的时间内，将符合合同规定的货物装于运往指定目的港的船上，并取得装运单据，即完成交货义务，此后的一切风险由买方负担，卖方并无义务必须将货物安全运抵指定目的港。如果在采用此术语时，卖方被要求保证货物安全送达或以何时到货作为收取货款的条件，则该合同便不是一份真正的 CFR 合同。

其次，CFR 术语属单据买卖。按 CFR 术语达成的交易，只要卖方提供的单据齐全和正确，买方必须接受单据和支付价款；即使在卖方提交单据时，货物已经灭失或损坏，买方必须付款。但是，如果卖方提交的单据不齐全或不正确，即使货物完全符合合同规定，买方也可拒付货款，拒收货物。

2. CIF Cost Insurance and Freight（named port of destination）成本、保险费加运费（指定目的港）

这一术语的基本含义是卖方在指定装运港将货物装上船，支付货物自装运港至指定目的港的运费和保险费，但风险自货物在装运港装上船时即由卖方转移给买方。它适用于水上运输方式。

CIF 术语买卖双方的义务与 CFR 术语相似，不同之处是：在 CIF 术语下，卖方自负费用办理货物保险，并向买方转让保险单：而在 CFR 术语下，是由买方办理货物运输保险，并支付保险费。

采用 CFR 术语应注意的问题同样适用于 CIF 术语，此外，采用 CIF 术语时，还应注意保险问题。在 CIF 合同中，卖方须自负费用办理货运保险，但货物在装运港装上船起，风险就由卖方转移到买方承担，卖方对运输中的货物已不拥有可保权益，卖方是为买方的利益办理货运保险，也就是说，卖方投保实属代办性质。因此，双方应就投保的险别和保险金额，事先予以磋商并在合同中作出明确规定，以免货物遭到损失时因得不到应有的赔偿而引起纠纷。如果合同中没有明确规定，根据惯例，卖方只需按照货物保险条款中最低责任的保险险别进行投保。

3. CPT Carriage Paid To（…named place of destination）运费付至（指定目的地）

这一术语的基本含义是卖方支付货物运至指定目的地的运费，在出口国的约定地点、规定日期或期限内，将货物交给承运人，并负担在此前的费用和风险。这一术语适用于任何运输方式。

根据《2010 年国际贸易术语解释通则》规定，CPT 术语买卖双方的义务为：

卖方的义务：

（1）自负风险和费用，取得出口许可证或其他官方文件，并办理出口所需的一切海关手续。

（2）订立将货物从装运地运至指定目的地的运输合同，并支付运费。

（3）在规定日期或期限内将符合合同规定的货物交给承运人，并及时通知买方。

（4）承担货物交给承运人为止的一切风险和费用。

（5）提供商业发票和证明已交货的运输单据或相等的电子数据交换资料。

买方的义务：

（1）自负风险和费用取得进口许可证，办理货物进口及必要时经由另一国边境运输的海关手续。

（2）负担货物交给承运人后的一切风险和费用（运费除外）。

（3）接受符合合同规定的单据及货物。

（4）按合同规定支付价款。

4. CIP　Carriage and Insurance Paid To（…named place of destination）运费、保险费付至（指定目的地）。

这一术语的基本含义是卖方自负费用，订立从装运地将货物运至目的地的运输合同，并办理货物运输保险，而风险自货物在装运地交给承运人时，即由卖方转移给买方承担。此术语适合于任何运输方式。

CIP 术语的基本原则与 CPT 术语是一样的，但采用 CIP 术语，卖方除负有与 CPT 术语相同的义务外，还需办理货物运输保险，支付保险费。

三、在进口国交货的贸易术语

在《2010 年国际贸易术语解释通则》中，只有 D 组为进口国交货的贸易术语。本组术语包括：运输终端交货（DAT）、目的地交货（DAP）、完税后交货（DDP）。这 3 种术语都是在目的地交货的术语，卖方都必须自费订立运输合同，将货物运至指定的目的地，并将货物置于买方的控制之下，承担在此之前的一切费用和风险。按这 3 种术语签订的合同，均属到货合同。

1. DAT　Delivered At Terminal（… named place of destination）运输终端交货（指定目的港或目的地）

这一术语的含义是指卖方须自负费用订立运输合同，在规定日期或期限内，将符合合同规定的货物运往指定目的港或目的地指定运输终端，从到达运输工具上卸下交由买方处置时，即完成交货义务。卖方负担将货物运至位于指定目的港或目的地的运输终端并在该处将货物卸载的一切风险和费用。按此术语，卖方须自费取得出口许可证，办理出口手续及必要时经由另一国的过境手续，并支付出口所需的一切费用。而买方则须负担费用取得进口许可证，办理进口手续，并支付进口所需的一切费用。此术语中的运输终端包括任何地方，无论是否有遮蔽（即是否露天），例如码头、仓库、集装箱堆场或公路、铁路或航空运输站。在采用此术语时，必须明确具体的交货地点。该术语适用于任何运输方式。

2. DAP　Delivered At Place（…named place of destination）目的地交货（指定目的地）

这一术语的基本含义是指卖方负担费用订立运输合同，将货物运往指定目的地，在指定目的地，将到达的运送工具上准备卸载的货物交由买方处置，并承担在此之前的费用和风险。在此术语下，卖方须负担费用，订立运输合同，取得出口许可证，办理出口手续及经另一国的过境手续，而进口所需的一切证件或手续及其费用均由买方负责。采用此术语，买卖双方最好能清楚地列明约定目的地内的地点，因为至该地点的是双方风险划分的界限。该术语适用于任何运输方式。

3. DDP Delivered Duty Paid（…named place of destination）完税后交货（指定目的地）

这一术语的含义是卖方需自负费用订立运输合同，在规定的日期或期限内，将符合合同规定的货物从出口国运到进口国的指定目的地，将已经办妥进口通关手续仍放置在到达的运送工具上准备卸载的货物交给买方，并负担货物运至指定地的一切费用和风险。按此术语成交，卖方需要办理进出口通关手续，且承担关税和增值税在内的税捐。也就是说，卖方承担了货物出口、进口以及必要时经另一国过境运输的一切手续、费用和风险。它适用于任何运输方式。该术语是 11 种贸易术语中，卖方承担的责任、费用和风险最大的。

四、贸易术语的选用

在国际贸易中，FOB、CIF 和 CFR 三种术语最为常用，之所以如此，是因为这三种贸易术语历史悠久，最为人们所熟悉。同时，在这三种贸易术语下，卖方的交货地点都是在装运港，以货装上船作为划分双方责任、风险的分界点，而且都是凭单交货，凭单付款，买方或卖方不必到对方国家办理货物的交接，对买卖双方都比较公平和方便。

在我国对外贸易中，我们应多选用上述三种贸易术语。具体地讲，出口业务应多选用 CIF 或 CFR 术语，它有利于我方船货衔接，按时完成出口业务；也有利于促进我国远洋运输事业的进一步发展。此外，使用 CIF 术语，还有利于我国保险业的发展和增加保险收入。但有些国家为了扶持其本国保险业的发展，规定其进口贸易必须在本国投保，在这种情况下，我们可使用 CFR 术语。有时，国外进口商向我购买大宗商品，为了得到运价上的优惠，要求自行租船订舱接运货物，为了不影响出口，我们也可同意以 FOB 术语成交。在我国进口业务中应多使用 FOB 术语，由我方派船到国外接货，并由我方自办保险，以节约外汇运费和保险费支出，促进我国海运和保险业的发展。在我方进口货物数量较少，或某些国外港口我方不便派船的情况下，我方也可采用 CFR 术语进口货物。

随着国际贸易和运输方式的发展，多式联合运输和集装箱运输正在被广泛应用。在我国出口业务中，如果货物是以集装箱船或是多式联运方式运输的，则应选用 FCA、CPT 或 CIP 术语，以替代传统的、仅适用于海洋运输的 FOB、CFR 或 CIF 术语。这样对我方更有利，因为：①可减轻我方的风险责任，将我方的风险责任从货装上船缩短至货交承运人。FOB、CFR 和 CIF 术语，卖方的交货地点均为装运港船上，买卖双方风险的划分均以货物在装运港装上船为界；FCA、CPT 和 CIP 术语，卖方交货地点均为承运人所在地，买卖双方风险的划分以货物交承运人照管的时间、地点为界。②可提前我方交单结汇的时间。FOB、CFR 和 CIF 的卖方凭已装船提单向银行结汇，而已装船提单是在货物装上船以后，船公司才予签发的，而卖方将货物交给承运人到货物装上船，其间需要几天，有时甚至多达十几天。而 FCA、CPT 和 CIP 的卖方将货物交给指定的承运人后，即可获得提单，并凭此提单向银行收取货款。

第二节 商品的单价和总值

商品的单价和总值是价格条款的一项重要内容。

一、单价（Unit Price）

单价是指商品的每一计量单位的价格金额，它由四个部分组成，即计量单位、单位价格金额、计价货币和贸易术语。例如：

计量单位：每打或每公吨
单位价格金额：200
计价货币：美元
贸易术语：CIF 旧金山
例：每打 200 美元 CIF 旧金山（USD 200 per dozen CIFSan Francisco）

（一）计量单位

计量单位一般是采用数量条款中的各种计量单位。合同中的计量单位必须明确度量衡制，而且，单价中采用的计量单位必须与数量条款中采用的度量衡制相一致，不应在数量条款中用公制，而在价格条款中采用英制或美制。

（二）单位价格金额

买卖合同中的单位价格金额，需经双方协商一致后确定并应正确填写，如金额写错，低于或高于原来商定的金额，有可能被国外商人所利用。在确定商品价格时应遵循以下原则：

1. 按照国际市场价格并结合购销意图作价

国际市场价格是指在国际市场上具有代表性的国际间的商品成交价格。它包括：某些商品的国际集散中心的市场价格、某些商品的交易所价格、某些商品的主要生产国或消费国的进出口价格，以及我国广交会的价格等。

商品的国际市场价格是国际价值通过国际间的交换而转化过来的，是国际间商品交换的尺度，它可以作为我们研究和制订进出口商品价格的参考。我们的进出口商品价格，应该符合或基本接近国际市场价格。对于暂时找不到国际市场价格的商品，可参照国际市场上类似的商品的价格，作为我们制定对该国的进出口商品价格的参考。

购销意图是指对进出口商品的购销方针，它是根据国民经济总任务和外贸总计划的要求及商品情况来确定的。我们应根据不同类型的商品的供求情况，结合我们的购销意图主动灵活地掌握商品价格，以提高经济效益。在出口贸易中，对我国独特的、名贵的土特产品、食品，以及珍贵的艺术品要高价出售，而对新商品和未打开销路的出口商品，可略低于国际市场价格推销；对我方在国际市场上占优势的商品要卖好价，而对库存滞销商品可以较低价格进行推销。对于重要的进口物资，先进技术和关键设备等，在认真比价的基础上作好还价工作，及时进口。

2. 合理利用各种差价

在国际货物买卖中，商品差价主要有：

（1）质量差价。商品品质的优劣、档次的高低、包装装潢的好坏，以及商标、牌号的知名度都影响商品的价格，我们应按品质的差别掌握一定品质差价，做到优质优价，名牌高价。

（2）数量差价。按国际贸易习惯，成交数量的大小影响价格，即成交量大时，在价格上应给予适当优惠；成交量小时，也可适当提高价格。在我国出口贸易中，为了调动外商的经营积极性，鼓励增加购买我出口商品，可按成交数量的大小，掌握一定的差价。对于进口商品，也应按照订购数量的大小，争取数量差价。

（3）地区差价。运输距离的远近直接影响运费和保险费开支，从而影响商品的价格。因此，确定商品价格时，必须核算运输成本，做好比价工作，以体现地区差价。

（4）季节差价。根据季节需求的变化，按照销售旺季、淡季而对进出口商品掌握一定的差价。在旺季时争取好价出售，在淡季时给经销者以一定的优惠。

（5）贸易条件的差价。由于贸易条件的不同，买卖双方承担的责任、费用和风险不同。一般来讲，承担责任、费用和风险小的一方要在价格上对承担责任、费用和风险大的一方做出让步。因此，在确定进出口商品价格时，贸易条件往往是确定价格的关键。

（6）其他差价。如滞销货与畅销货、现货与期货、使用货币的软与硬的差别等，也是在确定商品价格时应考虑的因素。

3. 加强出口商品的成本核算

通过成本核算，比较出各种出口商品盈亏情况，作为制定出口商品价格决策的依据，从而改善经营管理，提高经济效益。出口商品成本核算有以下三种：

（1）出口商品盈亏率

出口商品盈亏率是指出口盈余额或亏损额与出口总成本的比率。出口盈余和出口亏损是就人民币出口总成本与出口外汇净收入折成人民币后比较而言的。出口净收入大于出口总成本为盈余，小于出口总成本则为亏损。通过核算盈亏率，可以检查商品的出口价格是否合理。其计算公式是：

$$出口商品盈亏率 = \frac{出口销售人民币净收入 - 出口总成本}{出口总成本} \times 100\%$$

其中，出口销售人民币净收入是指出口商品 FOB 价按当时外汇牌价折合为人民币的数额，出口总成本是指出口商品进货成本加上出口前的一切费用和税金。

（2）出口商品换汇成本

出口商品换汇成本是指以某种商品的出口总成本与出口所得的外汇净收入之比，得出用多少人民币的出口商品可换回一美元外汇。它表示出口的换汇能力。出口换汇成本若高于结汇时银行的外汇牌价，则出口为亏损；反之则说明出口有盈利。其计算公式是：

$$出口商品换汇成本 = \frac{出口总成本（人民币）}{出口销售外汇净收入（美元）}$$

其中，出口销售外汇净收入是指出口商品按 FOB 价出售所得的外汇净收入。

换汇成本与盈亏率的关系是：换汇成本越高，盈利越少，甚至亏损；换汇成本越低，亏损越少，甚至盈利。

（3）出口创汇率

出口商品创汇率是指加工后成品出口的外汇净收入与原料的外汇支出的比率。生产成品出口，如果使用的是进口原料，就应该计算出口创汇率。如果使用的是国产原料，这种原料是可以直接出口的，也应该计算出口创汇率。如为进口原料，其外汇成本可按原料的 CIF 价计算；如为国产原料，其外汇成本可按原料的 FOB 出口价计算。出口创汇率的高低，可作为制定出口方案的依据。其计算公式是：

$$出口创汇率 = \frac{成品出口外汇净收入 - 原料外汇成本}{原料外汇成本} \times 100\%$$

创汇率与盈亏率不同，创汇率是计算某类商品的出口能增加多少外汇收入，所以又称外汇增值率。

（三）计价货币 (Money of Account)

计价货币是用来表示商品价格的货币，与商品价格相关的还有支付货币，即用来支付货款的货币。在国际货物买卖中，交易的商品以何种货币计价和支付，需经买卖双方协商确定。如果合同中的价格是用一种双方约定的货币（如美元）表示的，没有规定用其他货币支付，则此约定的货币既是计价货币，又是支付货币，两者是统一的。如果合同中规定了用某种货币（如美元）计价，同时又规定用另一种货币（如英镑）支付，则美元是计价货币，而英镑是支付货币，在这种情况下，买卖双方需约定两种货币的兑换比率。按照国际上的习惯做法，除非合同另有规定，通常是按付款日美元与英镑的汇率，把美元表示的价款折合成等值的英镑进行支付。

在国际货物买卖中，大多数交易的计价货币和支付货币采用同一种货币。选用何种货币计价和支付，关系到交易双方的经济利益，因而买卖双方对此都十分慎重。

选择计价货币和支付货币应注意以下问题：

（1）用可自由兑换货币。可自由兑换货币是指可以在国际市场上自由进行买卖的货币，选用可自由兑换货币，既有利于调拨和使用，如可以用这种货币支付给第三国，或兑换为其他货币；又可以根据汇率变化的趋势，在外汇市场上买卖以转移汇率变动的风险。

（2）出口贸易中应选择硬币作为计价货币，在进口贸易中应选择软币作为计价货币。所谓硬币（Hard Currency）是指币值较为稳定且呈上浮趋势的货币；软币（Soft Currency）是指币值不稳且呈下浮趋势的货币。货币的软与硬是相对而言的，不是固定不变的。在出口贸易中采用硬币计价和支付，可增加外汇收入；进口贸易使用软币，可减少外汇支出，降低进口成本。

在实际业务中，究竟采用何种货币计价和支付，需经双方当事人协商确定。如果为了成交而选择了对我不利的货币，则可采用调整商品价格和订立保值条款的方法予以补救，具体做法如下：

（1）压低进口价格或抬高出口价格。在磋商进口合同时，如进口商接受了硬币作为计价和支付货币，可在确定价格时，将该货币在付汇时可能上浮的幅度考虑进去，将进口价格相应压低。在磋商出口合同时，如出口商接受了软币作为计价和支付货币。则可在确定商品价格时，将该货币在付汇时可能下浮的幅度考虑进去，将出口价格相应提高。这一方法适用于成交后进口付汇或出口收汇时期较短的交易，而对于时期较长的交易，由于无法确切预测汇率在较长时期内变动的趋势与幅度，则应在合同中订立保值条款。

（2）订立保值条款。合同中订立保值条款的方法主要有两种：

第一，在订合同时，明确订明计价货币与另一种货币的汇率，付款时，该汇率如有变动，则按比例调整合同价格。

第二，订明计价货币和支付货币是两种不同货币时的经济效果。即合同中规定用一种货币计价，用另一种货币支付，由于这两种货币的软硬不一和按不同时间的汇率进行结算，而给买卖双方带来不同的经济效果。

按照国际惯例，如果两种货币的汇率是按付款日的汇率计算，则无论计价和支付采用的是哪种货币，卖方都可以按计价货币的量收回货款。对卖方来讲，如果计价货币是硬币，支付货币是软币，则基本上不会受损失；如果计价货币为软币，支付货币是硬币，则他收入的硬币就会减少。对于买方恰好相反。

如果计价货币和支付货币的汇率在订约时已经固定，那么，在计价货币是硬币，支付货币是软币的情况下，卖方在结算时所收入的软币量通常要少于按付款日的汇率应收入的软币量，这对卖方是不利的。反之，如果计价货币是软币，支付货币是硬币，则卖方结算时所收入的硬币量就会比付款日汇率应收的硬币量要多，这对卖方是有利的。

（四）贸易术语

在国际贸易中，买卖双方洽商价格一般都要使用一定的贸易术语。贸易术语一方面表明商品的价格构成，另一方面表明买卖合同的性质。一般说来，在单价中用何种贸易术语，就为何种性质的合同。如订约后双方发生争议，就得按不同合同的性质分清双方当事人的权利和义务。因此，在订立合同时，必须列明双方协商一致的贸易术语。

二、总值（Amount or Total Value）

总值是单价和数量的乘积，也即一笔交易的货款总金额。总值除用阿拉伯数字填写外，一般还用文字表示。总值所使用的货币应与单价所使用的货币一致。

第三节　作价方法及佣金和折扣

确定商品价格的作价方法，以及同商品价格有关的佣金和折扣也是价格条款的内容。

一、作价方法

所谓作价方法是指如何确定商品价格的具体做法。在国际贸易中，作价方法有以下几种：

（一）固定作价

固定作价即在合同中明确规定具体的成交价格，在合同有效期内，非经双方协商一致不得变更。这在国际贸易中是常见的做法，采用这种方法确定的价格，称为固定价格。

固定作价具有明确、具体、肯定和便于核算的特点。但是，由于国际市场行情变化频繁，特别是某些受供求因素影响较大的商品，价格跌涨剧烈。因此，采用固定作价，买卖双方均要承担从订约到交付货款期间的价格和汇率变动的风险。

（二）非固定作价

非固定作价即在合同中不具体规定商品价格，只规定作价方式。采用这种方法规定的价格称为活价。

对某些商品，因国际市场价格变动频繁、幅度较大，或交货期较远，买卖双方对市场趋势难以预测，但又确有订约意旨，则可对有关商品的品质、数量、包装、交货、支付条件作具体规定，而对价格暂不作具体规定，而只规定作价方式。

在合同中，非固定作价有两种规定方法：

（1）明确规定订价时间和订价标准。例如："以装船月份的某地某交易所的全月平均价作为合同价格"。

（2）只规定作价时间。例如："由双方在某年某月某日协商确定合同价格"。这种方法由于未就作价标准作出具体的规定，容易给合同带来较大的不稳定性，双方可能因无确切的作价标准而产生分歧，导致合同无法履行。因此，这种方法一般只适用于有长期贸易关系的老客户。

采用非固定作价必须明确两个问题，一是明确作价标准，另一是明确作价时间。这样，才便于双方签订合同后，可在一个确定的时间和确定的作价标准下，规定最后成交价格，以利于合同顺利履行。

（三）暂固定价

暂固定价即在合同中规定一个暂时价格，作为开立信用证和初步付款的依据，但不作为买卖双方最后结算的依据，待日后交货前的一段时间，再由双方按照当时市价商定最后价格，并按此价格进行最后清算，多退少补。

例如：每件 5000 港元 CIF 香港。备注：上列价格为暂订价，于装船月份 15 天前由买卖双方另行协商确定价格。此种做法缺乏明确的作价标准，若到时买卖双方对最后价格不能达成一致，合同便无法执行。

又如：单价暂定 CIF 神户，每公吨 2000 英镑，作价方法：以××交易所 3 个月期货，按装船月份月平均价加 8 英镑计算，买方按本合同规定的暂订价开立信用证。这种做法既明确了作价标准，又不影响信用证的开立，有利于合同的履行。

（四）滑动价格

某些商品，如成套机械设备，从合同成立到最后交货需要时间较长，为了避免原材料、工资变动而承担风险，可采用滑动价格。所谓滑动价格，是指在合同中规定一个基础价格，到交货前一段时间或交货时再根据工资、原材料价格变动的情况进行调整，以确定最后成交价格。采用这种方法作价，除需在合同中规定基础价格外，还应对如何调整价格的方法予以约定。例如：

以上基础价格将按下列调整公式根据×××（机构）公布的 20×× 年 × 月的工资指数和物价指数予以调整。

调整公式：$P = P_0 \left(A + B \cdot \dfrac{M}{M_0} + C \cdot \dfrac{W}{W_0} \right)$

P ＝调整后的最后价格

P_0 ＝订约时的基础价格

A ＝管理费用，基础价格的固定部分

B = 原材料成本，基础价格的可变部分

C = 工资成本，基础价格的可变部分

M = 若干月后交货时的原材料批发价指数

M_0 = 订约时原材料批发价指数

W = 若干月后交货时的工资指数

W_0 = 订约时的工资指数

注：A 指管理费用占货物单位价格的百分率；

B 指各种主要原材料成本率 $= \dfrac{\text{原材料成本}}{\text{货物的单位价格}}$；

C 指工资成本率 $= \dfrac{\text{工资成本}}{\text{货物的单位价格}}$。

A、B 和 C 各占价格的若干百分比，由买卖双方订约时商定。例如：A 为 10%；B 为 50%；C 为 30%；A、B 和 C 三者相加，应为 100%。

二、佣金和折扣

在磋商价格条款时，往往会涉及佣金和折扣的规定。

佣金（commission）是中间商介绍交易而从卖方处收取的报酬，折扣（Discount，Rebate）是卖方按原价给予买方的一定百分比的减让。在市场竞争日益激烈的情况下，采用佣金和折扣的方式已成为价格竞争的重要手段之一。恰当地运用佣金和折扣，可以增强出口商品在国际市场上的竞争力，扩大销售；而对于进口商品，也可通过佣金和折扣的运用争取到有利的价格。

（一）佣金和折扣的表示方法

在国际货物买卖中，佣金可分为明佣和暗佣两种。明佣是指在价格中表明的佣金，暗佣是指在价格中未表明的佣金。

凡价格中表明佣金的称为含佣价。含佣价的表示方法有两种，一是用文字表示，例如：每打 100 英镑 CIF 伦敦包含佣金 2%（£ 100 per doz. CIF Londen including 2% Commission）另一是在贸易术语后面加上佣金的英文缩写字母"C"来表示，例如：每打 100 英镑 CIFC2% 伦敦（£ 100 per doz. CIFC2% London）

折扣的名目繁多，如因订购数量较大而给予的数量折扣（Quantity Discount），在年度终了时根据成交额而给予的年终回扣（Turnover Bonus），作为试订而给予的样品折扣（Sample Discount）等。

折扣的表示方法与佣金类似，既可以用文字表明，例如：每公吨 335 美元 CIF 纽约减折扣 2%（USD 335 per metric ton CIF New York Less 2% discount），也可在贸易术语后加注"折扣"的英文缩写字母"R"或"D"表示，例如：每公吨 335 美元 CIFR1% 纽约（USD 335 per metric ton CIFR1% New York）。

凡价格中不包含佣金和折扣的称为净价，在这种情况下，除非双方事先另有约定，卖方将照价收取全部货款，不另支付佣金和折扣。有时，双方为了强调成交价格是净价，可在贸易术语后面加上净价字样。例如：每台 2000 美元 CFR 净价旧金山（USD 2000 per set CFR net San Francisco）

净价与含佣价之间的关系是：

含佣价 = 净价 ÷（1 - 佣金率）

或　净价 = 含佣价 ×（1 - 佣金率）

（二）佣金和折扣的计算

佣金的计算公式为：佣金 = 计算佣金的基数 × 佣金率。计算佣金的基数及佣金率各为多少，买卖双方在交易磋商时应协商确定。按国际贸易习惯，佣金一般是按交易额（即发票金额）为基础确定的。例如，CIF 发票金额为 20 000 美元，佣金率为 3%，则佣金为 600 美元（20 000 × 3%）或 CFR 发票金额为 18 000 美元，佣金率为 3%，佣金为 540 美元（18 000 × 3%）。但也有的不管采用何种价格术语成交，均按 FOB 价作为计算佣金的基础。从理论上讲，采用后者较为合理。因为，在 CIF 价和 CFR 价中分别包含有运费、保险费，这些费用是卖方支付给轮船公司和保险公司的，并非卖方的收益，不应在这些费用上再付给买方佣金。

计算佣金是以发票金额还是以 FOB 价值为基础，国际上并无统一规定。因此，买卖双方应在合同中明确计算佣金的基础。

折扣的计算和佣金一样，既可在原价的基础上计算折扣，也可把原价一律变为 FOB 价，然后在 FOB 价的基础上计算折扣，其计算公式为：折扣 = 计算折扣的基数 × 折扣率。

必须注意的是，在既有折扣，又有佣金的情况下，一般做法是先扣除折扣，再计算佣金。

（三）佣金和折扣的支付

在进出口业务中，佣金一般应在卖方收妥全部货款后，再支付给中间商。因为，中间商的服务，不仅在于促成交易，还应负责联系，督促买方履行合同，协助解决合同履行过程中可能发生的问题，以便合同顺利履行。如果先付佣金，中间商对日后合同能否切实得到履行，货款能否按时收到，往往关心不够。但是，为了避免有些中间商于交易达成后即要求卖方付佣，对佣金于货款全部收妥后才予支付的做法，应由卖方与中间商在双方建立业务关系之初予以明确，并达成书面协议。

折扣一般可由买方在支付货款时预先扣除。

实训练习题

一、名词解释

1. 国际贸易惯例　　　　2. 贸易术语　　　　3. 象征性交货

4. 出口销售人民币净收入　　5. 换汇成本　　　6. 出口总成本

二、单项选择题

1. 一笔业务中，若出口销售人民币净收入与出口总成本的差额为正数，说明该笔业务为（　　）。

    A. 盈　　　　　　　　　　　　B. 亏

    C. 平　　　　　　　　　　　　D. 可能盈，可能亏

2. （　　）是含佣价。

    A. FOBS　　　B. FOBT　　　C. FOBC　　　D. FOB

3. 在我国进出口业务中，应选择计价货币（　　）。

    A. 力争采用硬币收付

    B. 力争采用软币收付

    C. 进口时采用软币计价付款，出口采用硬币计价收款

    D. 出口时采用软币计价收款，进口采用硬币计价付款

4. 在货物买卖中，收取佣金的通常是（　　）。

    A. 买方　　　D. 保险公司　　　C. 船方　　　D. 中间商

5. 在国际贸易中，含佣价的计算公式是（　　）。

    A. 单价×佣金率　　　　　　　B. 含佣价×佣金率

    C. 净价×佣金率　　　　　　　D. 净价/(1−佣金率)

6. 凡货价中不包含佣金和折扣的被称为（　　）。

    A. 折扣价　　　B. 含佣价　　　C. 净价　　　D. 出厂价

7. 支付给中间商的酬金叫（　　）。

    A. 预付款　　　B. 折扣　　　C. 佣金　　　D. 订金

8. 以下出口商品的单价，只有（　　）的表达是正确的。

    A. 250 美元/桶　　　　　　　B. 250 美元/桶 CIF 伦敦

    C. 250 美元/桶 CIF 广州　　　D. 250 美元/桶 CFR 德国

9. 出口总成本是指（　　）。

    A. 进货成本

    B. 进货成本＋出口前的一切费用＋出口前的一切税金

    C. 对外销售价

D. 进货成本＋出口前一切费用

10. 象征性交货意指卖方的交货义务是（　　）。

A. 不交货　　　　　　　　　　B. 既交单又实际性交货

C. 凭单交货　　　　　　　　　D. 实际性交货

11. 在交货地点上，《美国对外贸易定义1941年修订本》中对（　　）的解释与《2010年通则》中对FOB的解释相同。

A. FOB UnderTackle　　　　　B. FOB

C. FOB Vessel　　　　　　　　D. FOB linerTerms

12. 《1932年华沙—牛津规则》是国际法协会专门为解释（　　）合同而制定的。

A. FOB　　　　B. CFR　　　　C. CIF　　　　D. FCA

13. 下列术语中卖方不负责办理出口手续及支付相关费用的是（　　）。

A. FCA　　　　B. FAS　　　　C. FOB　　　　D. EXW

14. 在以CIF和CFR术语成交的条件下，货物运输保险分别由卖方和买方办理，运输途中货物灭失和损坏的风险（　　）。

A. 前者由卖方承担，后者由买方承担

B. 均由卖方承担

C. 均由买方承担

D. 前者由买方承担，后者由卖方承担

三、判断题

1. 出口销售外汇净收入是指出口商品的FOB价按当时外汇牌价折成人民币的数额。　　　　　　　　　　　　　　　　　　　　　　　　　　　（　　）

2. 出口商品盈亏率是指出口商品盈亏额与出口总成本的比率。　　（　　）

3. 从一笔交易的出口销售换汇成本中可以看出，在这笔交易中用多少人民币换回一美元，从而得出这笔交易为盈利还是亏损。　　　　　　　　（　　）

4. 在实际业务中，较常采用的作价办法是固定作价。　　　　　（　　）

5. 不论在何种情况下，固定作价都比非固定作价有利。　　　　（　　）

6. 佣金和折扣都可分为明佣（扣）和暗佣（扣）两种。　　　　（　　）

7. 在规定单价时，若明确规定佣金的百分比，则规定总值时也应作出相应的规定。　　　　　　　　　　　　　　　　　　　　　　　　　　　（　　）

8. 含佣价＝净价/（1－佣金率），其中的净价一定是FOB价。　（　　）

9. 在FOB条件下，如合同未规定"装船通知"条款，卖方将货物装船后可不发装船通知，此做法不算违约。　　　　　　　　　　　　　　　　　（　　）

10. 我国从汉堡进口货物，如按FOB条件成交，需由我方派船到汉堡口岸接运货物；而按CIF条件成交，则由出口方洽租船舶将货物运往中国港口，可见，我方

按 FOB 进口承担的货物运输风险比按 CIF 进口承担的风险大。　　　　（　　）

11. 买卖双方以 CIF 条件成交，若双方在洽商合同时未规定具体的险别，则卖方投保时，只有投保最低限度险别义务。　　　　（　　）

12. 国际贸易惯例已得到各国的公认，因此，它对于买卖合同中的当事人都具有普遍的法律约束力。　　　　（　　）

13. 按 CIF 贸易术语成交，只要货物已在运输途中灭失，即使出口方提供全套正确的货运单据，进口方也是有权拒收单据和拒付货款的。　　　　（　　）

14. 以 FAS 术语成交，若装运港口吃水线浅，使船舶不能靠岸，则货物从码头驳运到装运船只船边的一切风险及费用，应由买方负担。　　　　（　　）

四、计算题（以下各题均按 USD100 = RMB ￥627.36 - 627.68，￡100 = RMB ￥952.14 - 952.24 的汇率计算）

1. 某公司出口单晶糖 200 公吨，每公吨 USD450CIFC2% 利物浦，货物装船后，公司财会部门根据合同规定将 2% 的佣金汇给中间商，试求：应付的佣金为多少？

2. 我出口某商品对外报价为 480 欧元/公吨 FOB 湛江，现外商要求将价格改报 CIF 旧金山，试求：我方的报价应为多少才能使 FOB 净值不变？（设运费是 FOB 价的 3%，保险费为 FOB 价的 0.8%）

3. 某批商品的卖方报价为每打 60 美元 CIF 香港，若该批商品的运费是 CIF 价的 2%，保险费是 CIF 价的 1%，现外商要求将价格改报为 FOBC 3%。问：

（1）FOBC 3% 应报多少？

（2）若卖方国内进货价为每打 380 元人民币，出口前的费用和税金合计为每打 15 元人民币，该批商品的出口销售换汇成本和盈亏率各是多少？

4. 某公司向香港客户报水果罐头 200 箱，每箱 132.6 港元 CIF 香港，客户要求改报 CFR 香港含 5% 佣金价。假定保险费相当于 CIF 价的 2%，在保持原报价格不变的情况下，试求：

（1）CFRC5% 香港价应报多少？

（2）出口 200 箱应付给客户多少佣金？

（3）某公司出口 200 箱可收回多少外汇？

5. 某笔交易中，我方向外商的报价为每公吨 780 欧元 CFR 香港，含 2% 的折扣，该笔交易的数量为 200 公吨，试求：我方扣除折扣后的总收入是多少？

6. 某外贸公司出口一批商品，国内进货价共 10 000 元人民币，加工费支出 1500 元人民币，商品流通费是 1000 元人民币，税金支出为 100 元人民币，该批商品出口销售外汇净收入为 2000 美元。试计算：

（1）该批商品的出口总成本是多少？

（2）该批商品的出口销售换汇成本是多少？

（3）该商品的出口销售盈亏率是多少？

7. 我某公司出口某商品 1000 箱, 对外报价为每箱 11 美元 FOBC3% 广州, 外商要求将价格改报为每箱 CIFC5% 汉堡。已知运费为每箱 1 美元, 保险费为 FOB 价的 0.8%, 请问:

(1) 要维持出口销售外汇净收入不变, CIFC5% 应改报为多少? (2) 已知进货成本为 160 元人民币/箱, 每箱的商品流通费为进货成本的 3%, 出口退税为 30 元人民币/箱, 该商品的出口销售盈亏率及换汇成本是多少?

五、案例分析题

1. 我某出口公司就钢材出口对外发盘, 每公吨 2500 美元 FOB 广州黄埔, 现外商要求我方将价格改为 CIF 伦敦。问: (1) 我出口公司对价格应如何调整? (2) 如果最后按 CIF 伦敦条件签订合同, 买卖双方在所承担的责任、费用和风险方面有何不同?

2. 我某进出口公司向新加坡某贸易有限公司出口香料 15 公吨, 对外报价为每公吨 2500 美元 FOB 湛江, 装运期为 10 月份, 集装箱装运。我方 10 月 16 日收到买方的装运通知, 为及时装船, 公司业务员于 10 月 17 日将货物存于湛江码头仓库, 不料货物因当夜仓库发生火灾而全部灭失, 以致货物损失由我方承担。问: 在该笔业务中, 我方若采用 FCA 术语成交, 是否需要承担案中的损失? 为什么?

3. 某进出口公司以 CIF 汉堡向英国某客商出售供应圣诞节的应季杏仁一批, 由于该商品的季节性较强, 买卖双方在合同中规定: 买方须于 9 月底以前将信用证开抵卖方, 卖方保证不迟于 12 月 5 日将货物运抵汉堡, 否则, 买方有权撤销合同。如卖方已结汇, 卖方须将货款退还买方。问: 该合同是否还属于 CIF 合同? 为什么?

4. 我方与荷兰某客商以 CIF 条件成交一笔交易, 合同规定以信用证为付款方式。卖方收到买方开来的信用证后, 及时办理了装运手续, 并制作好一整套结汇单据。在卖方准备到银行办理议付手续时, 收到买方来电, 得知载货船只在航海运输途中遭遇意外事故, 大部分货物受损。据此, 买方表示将等到具体货损情况确定以后, 才同意银行向卖方支付货款。问: (1) 卖方可否及时收回货款? 为什么? (2) 买方应如何处理此事?

5. 我某进出口公司对日本某客户发盘, 供应棉织浴巾 4000 打, 每打 CIF 大阪 80 美元, 装运港大连; 现日商要求我方改报 FOB 大连价, 问: 我出口公司对价格应如何调整? 如果最后按 FOB 条件签订合同, 买卖双方在所承担的责任、费用和风险方面有什么区别?

第四章　国际货物运输

装运是国际货物买卖的一个重要环节。在买卖合同签订以后，按照合同规定的时间、地点和运输方式，将货物运交买方或买方代理人或指定的承运工具，是卖方承担的责任。

买卖合同中的装运条款，一般包括装运时间、装运港和目的港、分批装运和转船、装运通知，以及滞期速遣条款等内容。

● 第一节　运输方式

国际贸易的运输方式种类很多，其中包括海洋运输、铁路运输、航空运输、邮政运输、联合运输等。在国际货物买卖中，正确选择运输方式，对买卖双方都是至关重要的，它关系到货物的安全、费用的多少等问题。买卖双方应根据商品特点、数量大小、价值高低，以及运输路程远近、时间长短等因素，商定应采用的运输方式。

目前，在我国对外贸易货物运输中采用的运输方式主要有以下几种：

一、海洋运输

海洋运输（Ocean Transportation），简称海运，它是利用货船在国内外港口之间，通过一定的航区和航线进行的。在国际货物运输中海洋运输是最主要的一种方式，我国的进出口货物的80%以上是通过海运方式进行的。

海洋运输按船舶经营方式的不同，可分为班轮运输和租船运输两种。

（一）班轮运输（Liner Shipping）

班轮运输，也称定期船运输，它是按固定的航线、固定的船期、既定的港口顺序装卸货物的船舶的运输。利用班轮运输货物，在装运时间、数量和卸货港方面都十分灵活。对于成交数量少、批次多、交货港口分散的货物，适于采用班轮运输。

1．班轮运输的特点

班轮运输具有以下特点：

（1）四固定：即固定的航线、固定的船期、固定的停靠港口、相对固定的运费率。

（2）两管：班轮承运人负责包括装卸在内的作业，装卸费用已包含在运费中，不另计收。

（3）承运人和托运人之间不签订租船合同，双方的权利和义务以船公司签发的提单条款为依据。

（4）承运人和托运人之间不计算装卸时间及滞期费和速遣费。

2．班轮运输的运费

运费是托运人为运输其货物而付给班轮公司的费用。

班轮运费有两部分构成：基本运费和运费附加费。基本运费是指普通货物在正常运输条件下运至班轮固定的停靠港口的运费，运费附加费是指根据各种不同的具体情况而在基本运费的基础上加收的运费。基本运费和附加费都是按班轮运价表的规定计收。

班轮运价表是承运人和托运人双方计算运费的依据，每一个班轮公司都有自己的运价表。班轮运价表的内容不仅包括在不同航线上运输不同货物的单位费率，而且也包括计算运费的标准和规定。具体内容有：说明及有关规定、货物分级表、航线费率表、附加费率表、冷藏货及活牲畜费率表。班轮运价表根据其基本费率的规定不同，分为单项费率表和等级费率表，前者是按每项货物列出其费率，后者是将承运的货物分为若干等级（一般分为20等级）。每一个等级的货物有一个基本费率，属于第一等级的商品运费率最低，第二十级的商品运费率最高。目前，在我国海洋班轮运输业务中使用的运价表，分别由中国远洋运输集团总公司和中国对外贸易运输公司制订，它们均属于等级运价表。

（1）基本运费的计算标准与方法。

根据货物的不同，班轮基本运费的计算标准有以下几种：

①按货物的重量计收：一般以每一公吨（或长吨或短吨）作为计算单位，也称重量吨，运价表中以"W"字母表示。主要适用于重金属、建筑材料、矿产品等。

②按货物的体积计收：一般以一立方米或40立方英尺作为计算单位，也称尺码吨，在运价表中以"M"字母表示。主要适用乎轻泡货物，如纺织品等。

重量吨和尺码吨统称运费吨，按上述两种标准计收基本运费，其公式为：

基本运费＝运费吨×基本费率

③按货物的重量或体积计收：按货物的重量和体积二者中较高的一种计收。按照惯例，凡一重量吨货物其体积超过一立方米或 40 立方英尺，即按体积计收；凡一重量吨货物其体积不足一立方米或 40 立方英尺，则按毛重计收。在运价表中以"W/M"字母表示。

④按货物的价格计收：一般按 FOB 价的百分之几计收，又称从价运费，在运价表中用"Ad. Val."或"A. V."字母表示，主要适用于贵重物品，如精致的工艺品、金属钻石等。从价运费的计算公式为：从价运费＝货物 FOB 价×从价费率。

⑤按货物重量或体积或价格计收：即按货物的重量、体积和价格三者中较高的一种计收。在运价表中以"W/M or A. V."表示。也有先按货物的重量和体积二者较高的一种计收，再加上一定的从价运费，在运价表中以"W/M Plus A. V."表示。

⑥按议价费率计收：按承运人和托运人临时议定的费率计算运费。议价费率一般比按等级计算的低廉，多用于大宗低值货物，如谷物、豆类、矿石、煤炭等的运输。

⑦按件数计收：如卡车按辆、活牲畜按头等，在运价表中以"Per unit"表示，一般适用于包装固定，体积固定不变的货物。

（2）班轮附加运费的种类和计算方法。

班轮附加运费的种类繁多，常见的附加费有：

①燃油附加费：因燃油价格上涨而加收的费用。

②超重附加费：一件货物的毛重达到或超过公司规定的重量而加收的费用。

③超长附加费：一件货物的长度达到或超过班轮公司规定的长度而加收的费用。

④直航附加费：对运往非基本港的货物，一次货量达到一定数量时，班轮公司将其直线运抵非基本港而加收的费用。

⑤选港附加费：货物托运时尚未确定最终目的港，需要在两个或两个以上的目的港中选择而加收的运费。

⑥港口附加费：有些港口的设备差、装卸效率低、费用高，增加船舶成本开支而加收的费用。

⑦港口拥挤附加费：为因港口拥挤，船舶延迟航行造成的损失而加收的运费。

⑧货币贬值附加费：为弥补因运费货币贬值造成的损失加收的费用。

⑨绕航附加费：因战争等原因，船舶不能按正常航线航行，必须绕道而加收的费用。

⑩转船附加费：对运往非基本港的货物，需要在中途港转船至目的港而加收的费用。

班轮附加费的计算方法主要有两种，一是以百分率计算，即在基本运费的基础上增加一个百分率，计算公式为：附加运费＝基本运费×附加费率；另一种是以绝对数计算，即每运费吨加收若干金额。

附加运费在运费中占有一定的比重，因此，在计算商品价格时应予以充分考虑，否则，可能出现货价尚不足支付运费，卖了商品还倒贴运费的现象，造成经济损失。

在计算班轮运费时，首先应按该货物的英文名称的字母顺序从运价表中查找它所属等级和计费标准，然后再按航线查出该货物的基本费率和附加费率，最后计算得出该批货物的总运费。其计算公式为：

运费 = 重量吨或尺码吨 × 基本费率 ×（1 + 附加费率）

（二）租船运输

租船运输是指货主或其代理人向船公司包租整条船舶运载货物。对于成交数量大、需要舱容多的货物，如矿产品、粮谷、石油、木材、化肥等，用租船运输较为适宜和方便。

1. 租船运输的特点

（1）无固定航线、固定装卸港口、固定船期及固定价格，航线、装卸港口和船期可根据货主的需要和船公司的可能，经双方洽商临时决定，而运价可随租船市场供需情况的变化而变化。

（2）租船人和船公司签订租船合同，双方的权利和义务以租船合同中的条款为依据。

（3）船方向租船人收取的运费中不包含装卸费，双方之间计算装卸时间及滞期、速遣费。

2. 租船运输的方式

租船运输按其经营不同分为三种：

（1）定程租船（Voyage Charter）：定程租船又称程租船和航次租船。它是根据船舶完成一定的航程（航次）来租赁的，可分为单程租船、来回程租船和连续航次租船。在这种租船方式下，按租船合同的规定，船方按时到装运港装货后，再驶抵卸货港卸货，负责完成货物运输任务，并承担船舶的经营管理和一切开支，包括船员工资、港口使用费、港口代理费、船用燃料和物料费等。租船人则应及时提交货物，并负担运费、货物装卸费和船舶滞期费。

（2）定期租船（Time Charter）：定期租船又称期租船。它是按期限租赁船舶，在租船期内，租船人支付租金，船舶由租船人经营和管理，租船人可在租船合同规定的航行区域根据自己的需要来安排船舶的营运和调度，由此而产生的燃料费、港口费、装卸费等皆由租船人负责，船方则负责船员的工资、伙食费等，并保证船舶在租赁期间的适航状态，但不负责船舶的营运管理。

（3）光船租船（Demise Charter）：光船租船即租船人向船公司租赁整条船舶，并支付租金，而船长和船员由租船人自行配备，船舶的经营管理及航行的有关事宜均由租船人负责。

在当前国际货物运输中，定程租船运用较为广泛，而光船租船因其对船方和租船人都有不利而较少采用。

二、铁路运输

铁路运输是指利用铁路进行货物运输的一种方式。它具有运输量大、速度快、成本低、受气候影响小、运输的准确性及连续性强等优点。因而，在国际贸易货物运输中，是一种仅次于海洋运输的主要运输方式。

我国对外贸易的铁路运输即国际铁路联运，它是指两个或两个以上国家的铁路按照共同签署的有关协定，联合完成货物的全程运输任务，使用一份运输单据，在由一国铁路向另一国铁路移交货物时，无需收、发货人参加。采用这种运输方式，有关当事国事先必须签有书面协定。

（一）《国际货协》与《国际货约》

1953 年，我国与朝鲜、罗马尼亚、苏联、阿尔巴尼亚、越南、保加利亚、匈牙利、原民主德国、波兰、蒙古、捷克斯洛伐克等共 12 个国家，签订了《国际铁路货物联运协定》（简称《国际货协》）。按《国际货协》规定，凡参加《国际货协》国家的进出口货物，发货人使用一张运单在发货站向铁路托运，即可由铁路以连带责任办理货物的全程运输，在最终到达站将货物交付收货人。在由一国铁路向另一国铁路移交货物时，收发货人也无需参加。

《国际货约》是 1890 年欧洲各国在瑞士的伯尔尼举行的各国铁路代表会议上制定的《国际铁路货物运送规则》，1938 年改为《国际铁路货物运送公约》（简称《国际货约》）。参加国有：德国、奥地利、比利时、丹麦、西班牙、芬兰、法国、希腊、意大利、列士敦士登、瑞士、土耳其、南斯拉夫、保加利亚、匈牙利、罗马尼亚、捷克斯洛伐克。

参加《国际货协》国家的进出口货物，可以通过铁路转运至参加《国际货约》的国家，反方向亦可以。其具体做法是：从参加国际货协的国家发货，使用国际铁路货协的联运运单，当货物运到离开国际货协参加国的最终出口国国境站时，由铁路过境站负责改换适当的联运单据继续转运至最终到站。从未参加《国际货协》的国家向参加《国际货协》国家铁路发货，其继续转运发送事宜，则由参加《国际货协》的第一过境铁路的进口国国境站负责办理。

（二）国际铁路货物联运的运输费用

联运货物的运输费用有如下规定：

发送国铁路的运送费用，按发送国铁路的国内运价计算；到达国铁路的运送费用，按到达国铁路的国内运价计算；过境国铁路的运送费用，按国际铁路联运协定统一运价规程的规定计算。

三、航空运输方式

航空运输是一种现代化的运输方式，它的特点是运行速度快，安全准时，手续简便，货物破损率低。对于一些易腐商品、季节性较强的商品、贵重物品以及鲜活商品，尤其适于用航空运输。

（一）航空运输的方式

航空运输的方式有下列几种：

1. 班机运输（Scheduled Airline）

班机运输是指在固定航线、固定的始发站、目的站和途经站定期航行的飞机运输。采用班机运输，收发货人可以确切掌握起运和到达时间，对于急需物品、鲜活商品以及节令性强的商品的运输是非常有利的。但是，班机一般采用客货混合型飞机，舱位有限，不能满足大批量货物及时装运的需要，且运费也比包机方式昂贵。

2. 包机运输（Chartered Carrier）

包机运输是指发货人单独包租整架飞机或由几个发货人联合包租一整架飞机进行运输。它分为整包机和部分包机运输，前者是指航空公司或航运代理公司按事先约定条件和费率，将整架飞机租给租机人运输商品，适用于运送数量较大的商品；后者是由几家航空货运代理公司或发货人联合包租一架飞机，适用于多个发货人但货物是同一地方机场的货物运输。

3. 集中托运（Consolidation）

集中托运是指航空货运代理公司把若干批单独发运的货物组成一整批向航空公司集中托运，填写一份总运单发运至同一到站，并由航空货运代理公司委托到站当地的代理人负责收货、报关，并将货物分拨给实际收货人。这种托运方式可争取到较低的运价，在国际航运中使用比较普遍。

4. 航空急件传送（Air Express）

航空急件传送是目前国际航空运输中最迅速的运输方式，它是由专门经营该项业务的机构，派专人以最快的速度在货主—机场—用户之间运送货物。具体操作程序为：经营该项业务的机构收到发货人委托后，以最快速度从发货人那里提走急件并立即送机场由最早航班出运。急件起运后，代理机构即用电传告知其国外空运代理该急件的装机航班号、货号、收货人等，待该航班抵达目的地后，急件即由专人送达收货人。

（二）航空运价

航空运价一般是按重量或体积计算，以两者较高者为准。根据货物的性质和种类的不同，航空运价又分为特种货物运价、等级运价和普通货物运价。普通货物运价较低，等级运价是在普通运价的基础上增加或减少一定的白分率。特种运价是航空公司与托运人事先协商制订的价格，运价较普通货物低。

四、邮政运输（Postal Delivery）

邮政运输指利用邮局来办理货物运输，它的特点是手续简便，费用低。但由于邮政运输对邮件重量和体积均有限制，因此，它只适用于重量轻、体积小的商品，如精密仪器、机器零配件、药品、样品资料及生产上急需的零星物品。

邮政运输的费用一般以重量计算。

五、联合运输（Combined Transport）

联合运输是指使用两种以上运输方式完成某一运输任务的连贯运输方式。它包括：

（一）大陆桥运输（Landing Transport）

大陆桥运输是指以公路和铁路运输系统为中间桥梁，把大陆两端的海洋运输连接起来，组成海—陆—海的连贯运输。

（二）国际多式联运（International Multimodal Transport）

国际多式联运是指按照多式联运合同，由多式联运经营人将货物从一国境内接管货物的地点运至另一国境内指定交付货物的地点的运输方式。这种运输方式需具备以下基本条件：①必须有一个多式联运合同；②必须使用一份包括全程的多式联运单据；③必须至少是两种不同运输方式的连贯运输；④必须是国际间的货物运输；⑤必须由一个联运经营人对全程运输负责；⑥必须是全程单一的运费率。

六、集装箱运输（Container Transport）

集装箱运输是将一定数量的单件货物装入特制的标准规格的集装箱内，以集装箱作为运送单位所进行的运输。它具有安全、迅速、方便、节约等优点，因而得以迅速发展。

采用集装箱运输，按托运的货物是否可以装一整箱分为整箱货和拼箱货两种。如果是整箱货，则由货方自行将货物装箱后以箱为单位送往集装箱堆场托运，如果货方托运的数量不足一整箱时，由货方将货物送往码头集装箱货站或内陆集装箱转运站，由承运人将运往同一目的地的货物，集中到一定数量拼装入箱。

第二节 装运条款

在国际贸易中，买卖双方在货物交接过程中所承担的责任，是根据买卖合同所采用的贸易术语决定的。在以 FOB、CIF、CFR，以及 FCA、CIP、CPT 术语达成的交易中，卖方只要在装运港或装运地将货物装上船或交给承运人监管，就算完成了交货义务。因此，在采用上述 6 种术语订立合同的条件下，"装运"和"交货"是一致的。但是，如果买卖合同中采用了其他贸易术语，"装运"和"交货"在时间上就不一致了。

一、装运时间

装运时间，又称装运期，在 FOB、CIF、CFR 等以装运港为交货地点的贸易术语下，就是指卖方交货的时间。

装运时间是装运条款的重要内容之一，卖方必须在约定时间将货物装上船。因此，在合同中合理地规定装运时间是很重要的。

（一）装运时间的规定方法

买卖合同中的装运时间，通常有以下几种规定方法：

1. 明确规定装运时间

采用这种方法，一般不需规定某一具体时期，而只需确定一段时间，常见的有：

（1）规定某月装。例如：20××年4月装（Shipment during April）按此规定，卖方可在4月1日至4月30日这段期间内的任何时候装运出口。

（2）规定某几个月内装。例如：20××年3、4月份装运（Shipment during March/April）按此规定卖方可在3月1日至4月30日这段时期内的任何时候装运出口。

（3）规定某月某日以前装。例如：20××年6月15日前装运（Shipment on or before June 15th）按此规定卖方可以从合同生效日至6月15日，这一段时间内的任何时候装运出口。

以上规定装运时间的方法，较为明确具体，即可使卖方有一定时间进行加工备货和安排运输，也可使买方预先掌握货物的装运时间。作好支付货款和接受货物的准备。因此，这种方法在国际贸易中使用最广。

2. 规定在收到信用证后一定时间内装运

对某些外汇管制较严的国家和地区，或交易的商品是专为买方特制的，或对买方的资信不够了解，为了防止生产、包装后买方不如期付款，使我遭受损失，可采用收到信用证一定时间内装运的规定方法，以保障我方利益。例如：收到信用证后50天内装运（Shipment within 50 days after receipt of L/C）

在采用此种规定时，卖方的装运期是以买方开出信用证为前提的，如买方故意拖延或拒绝开证，卖方即处于无法履行合同的被动地位。因此，在采用此种方法时，必须同时规定信用证的开到日期。例如：买方最迟于某月某日前将有关信用证开抵卖方（The relevant L/C must reach the Seller not later than ××）

3．采用一些术语表示

如"立即装运"（Immediate Shipment）、"即期装运"（Prompt Shipment）、"尽速装运"（Shipment as soon as possible）。由于这些术语在国际上并无统一的解释，使用这些术语时极易引起争议和纠纷，因而在国际贸易中，除非买卖双方有一致理解，一般应避免使用。

（二）规定装运时间应注意的问题

（1）应考虑货源和运输的实际情况。货源是完成装运的物质基础，在出口中规定装运时间必须与库存商品的品种、规格和数量相适应。如不考虑货源，盲目成交，就可能出现到时不能交货的情况。同时，还应考虑运输能力、航线、港口等条件，对有直达船或航次较多的港口，装运时间可定得短一些，而对无直达船或较偏僻的港口，装运时间要订得长一些，以免出现到时订不到舱位或租不到船而造成有货无船的局面。

（2）装运期的规定要明确适度。所谓明确是指在买卖合同中应确定装运的具体期限，不能采用笼统含糊的词语表示装运期，对立即装运、即期装运和尽速装运等术语应避免使用。所谓适度是指装运期不能规定得过长或过短，应根据货源、运输及市场状况和商品的性质来确定。如果装运期过长，会使买方资金周转缓慢，如果装运期过短，会给卖方安排生产交货带来困难。

（3）装运期和开证期应相互衔接。装运期和开证期是互相关联的，在规定装运期的同时，还应明确规定合理的开证日期，以使二者相互衔接起来。

二、装运港和目的港

装运港（Port of Shipment）是指货物起始装运的港口，目的港（Port of Destination）是指货物的卸货港口。

在海洋运输方式下，合同中规定的装运港和目的港是买卖双方交接货物的地点，通常装运港由卖方提出经买方同意后确定，以便于卖方安排货物的装运；目的港由买方提出经卖方同意后确定，以便买方接货和转售。装运港和目的港关系到责任和义务，必须在合同中明确规定。

（一）装运港和目的港的规定方法

在进出口交易中，对于装运港和目的港的规定方法有三种：

1. 规定一个装运港和目的港

如：装运港：上海，目的港：伦敦

2. 规定两个或两个以上的港口，或规定某一航区为装运港和目的港

如：装运港：上海、广州，目的港：伦敦、汉堡或装运港：中国港口，目的港：欧洲主要港口

3. 规定选择港

所谓选择港就是在两个或两个以上的港口或某一航区的港口中，允许买方在订约一定时期后再确定卸货港口。

如目的港：伦敦、汉堡、鹿特丹，任选，选港附加费由买方负担。

（二）规定装运港和目的港应注意的问题

规定装运港时应注意：

1. 在出口业务中，装运港一般应选择接近货源所在地的港口。一个合同通常只规定一个装运港，但如果某一合同规定分口岸交货，也可规定两个或两个以上港口，或规定中国口岸。

2. 在进口业务中，国外装运港应根据港口的运输和装卸条件来确定，特别是在我方派船接货的情况下，国外装运港应选择设备较好、费用较低、船舶可以安全停靠的港口。

国外装运港的规定应明确具体，不宜使用"欧洲主要港口"或"非洲主要港口"等笼统规定方法。对于世界上同名的港口，应加注装运港所在国的名称。

规定目的港时应注意：

（1）在进口业务中，如果是卖方租船订舱，目的港应只规定一个港口，而且要选择接近用货单位或消费地区的港口作为目的港。如果是我方派船接货，目的港可以订一个港口，但有时为避免港口到船集中造成堵塞或疏运困难的现象，也可采用规定"中国口岸"作为目的港。

（2）在出口业务中，如果是买方派船接货，国外目的港只要不是我国对外政策不允许往来的国家或地区的港口都可以接受。如果是我方租船订舱，应注意以下几方面的问题：

①不能接受我国对外政策不允许往来国家或地区的港口。

②目的港的规定应明确具体，避免笼统规定"欧洲主要港口"或"非洲主要港口"。因为，对于哪些港口是欧洲主要港口或非洲主要港口，国际上并无统一解释，不同的港口其运费率和装卸条件有很大的差别。因此，除非事先有约定，一般不宜采用。

③如果国外进口方在签订合同时还未找到合适的买主，为了把商品在运输途中转卖出去，要求规定选择港，我方可考虑接受。但应注意：a. 选择港的数目不能超过 3 个，而且必须在同一航线上，是同一班轮可以停靠的基本港口。b. 买方必须在船只到达第一选择港前 48 小时，通知船方最后确定的卸货港，否则船方有权在任何一个卸货港卸货。c. 运费应按选择港中最高的费率和附加费计算，对于选择卸货港所增加的费用也由买方负担。

④除采用多式联运外，一般不宜规定以内陆城市为目的港。因为这样规定，我方要承担从港口到内陆城市这段路程的风险和费用。

⑤重视目的港的具体条件，如：有无直达航线、港口装卸条件、运费和附加费水平等，应尽量选择有直达班轮航线、装卸条件好、费用较低的目的港。

⑥注意国外港口有无重名。世界各国港口重名的很多，如维多利亚（Victoria）、波特兰（Portland）、波士顿（Boston）等，全世界有数个之多。因此，凡有重名的港口应加注国名，在一个国家有同名的，则还须加注所在国的位置，以免错运。

三、分批装运和转船

（一）分批装运（Partial Shipments）

分批装运就是对一次成交的货物分成若干批次装运，但同一船只、同一航次装运的货物即使装运港不同，装运日期不同，一般不作分批装运。

国际商会 600 号出版物《跟单信用证统一惯例》规定：除非信用证另有规定，允许分批支款及/或装运。按此规定，在信用证业务中，除非信用证明确规定不准分批装运，卖方有权分批装运。但有些国家的法律却规定，如果合同中没有明确准许分批装，即是不允许分批装运。因此，为了避免争议，对于能否分批装运应在合同中订明。

关于分批装运问题，在买卖合同中有以下几种处理方法：

1. 不准分运（Partial shipment not to be allowed）。

2. 准许分运（Partial shipment to be allowed）具体又有两种做法。

（1）只规定允许分运，对于分批的时间、批次和数量均不作限制。如：10 月份装运，允许分批和转运（Shipment during Oct. , with partial shipment and transhipment allowed）。采用这种规定方法，卖方可以根据货源和运输情况，在合同规定的装运期内灵活掌握装运的具体批次、时间及数量，对卖方较为有利。

（2）规定允许分运，并具体订明批次、每批装运的时间和数量。如：20××年 1/2 月份分两次装（Shipment during Jan. /Feb. , 20×× in two lots），20××年 1/2 月份分两次大约平均装运（Shipment during Jan. /Feb. 20×× in two about equal lots）。这种规定方法对买方来说比较主动，他可以根据对进口货物的使用或转售的需要来确定装运的批次、时间及数量。特别是在进口成套设备等重要的物资时，这种规定更有必要。它可以避免国外供货方将急需的物品后装，不急需的物品先装，打乱用货部门的生产安排。但这种方法对卖方的限制严格，他必须按时、按量、按品名装运，如果任何一期未按时、按量、按品名装运，则该期及以后各期卖方均不能凭装运收汇。因此，卖方在接受限时、限量分批装运条款时，应慎重考虑货源及运输条件的可能性，以免造成被动。

（二）转船（Transhipment）

转船是指在装运港和卸货港之间的海运过程中，货物从一条船只上卸下，再装上另一条船只的行为。

关于转船问题，在买卖合同中有以下三种处理方法：

1. 不准转船（Transhipment not to be allowed）。如：3/4 月份装运，禁止转运（Shipment during Mar. /Apr. transhipment is prohibited）。

2. 准许转船（Transhipment to be allowed）。有以下两种具体做法：

（1）准许转船而不加任何限制。如：20××年1071 1月份装运，允许分批和转船（Shipment during Oct. /Nov. 20××, With partical shipment and transhipment allowed）。

（2）准许转船但增加限制性规定。如：3/4 月份装运，由香港转运（Shipment during Mar. /Apr. to be transhipment at Hong Kong）。

在签订转船条款时，应注意以下问题：

①在我国出口业务中，如由对方派船接货时，此项条款不需订上。如由我方租船订舱，一般应力争在合同中订上"准许转船"条款，特别是在没有直达船，或者在有直达船但船期不多的情况下。

②凡准许转船的合同，不应接受买方指定中转港或指定第二程船名的要求。因为，按国际航运公司的习惯，有关转船的一切事宜一般都由承运人根据具体情况办理，事先不必征得货主的同意。

③如合同中规定了"不准转船"，而实际上进行了转运，卖方就是违约，银行和买方都将不接受转船提单。

④在我国进口业务中，如由我方租船订舱，在合同和信用证中，不宜规定"不准转船"条款，以使我们灵活主动。因为，根据银行办理信用证业务的习惯，凡信用证内未明确规定禁止转船者，即视为可以转船。

四、装运通知

装运通知是买卖合同中必不可少的一项条款。规定这一条款的目的在于明确买卖双方的责任，促使买卖双方相互配合，共同做好船货衔接工作。合同中的装运通知包括备货通知、派船通知和装船通知。在以 FOB 条件成交的合同中，应订明卖方备货通知、买方派船通知和卖方装船通知条款，而在以 CFR 和 CIF 条件成交的合同中，则应订明卖方装船通知条款。

备货通知是指卖方在预备交货若干天前，将备货情况电告买方，以便买方能安排接货。

派船通知是指买方收到卖方备货通知，并办好租船订舱手续后，将船名、船籍、吨位、预计到港日期等通知卖方，以便卖方及时安排货物出运和准备装船。

装船通知是指卖方将货物装船完毕后，将合同号、货物的品名、件数、重量、发票金额、船名及装船日期等内容，以电报通知买方，以便买方办理保险并做好接货、卸货的准备。这是卖方的一项法律责任，不论合同中有无规定，卖方在装船后都必须及时发出装船通知。如果漏发或未及时向买方发出装船通知，卖方应对买方因漏保或未能及时投保而遭受的损失承担责任。

第三节　运输单据

在国际货物买卖中，货物装运后，卖方必须向买方提供有关的运输单据，作为履行合同的依据。运输单据又称装运单据，它是承运人或其代理人收到发货人交来的货物后，签发给发货人的书面收货单据。运输单据反映了与货物有关的各当事人之间的契约关系。在出口国装运地交货条件下，它是卖方证明其已履行交货义务的重要凭证，也是出口商向银行进行议付和买方凭之支付货款的主要依据之一。在磋商和签订合同时，买卖双方必须对运输单据的种类和份数作出明确规定。

在对外贸易中，根据不同的运输方式，有多种运输单据，包括：海运提单、铁路运单、航空运单、邮政收据、多式联运单据等。

一、海运提单

海运提单（Ocean Bill of Lading 简称"提单" B/L）是由船公司或其代理人签发的，证明承运人已接管货物或已将货物装上船，并保证在目的地交付货物的凭证。它是用来确定承运人与托运人之间权利和义务的一种运输单据。

（一）海运提单的作用

提单是在长期的国际贸易实践中逐步完善的，其作用主要表现在以下三个方面：

1. 货物收据（Receipt for the goods）

提单是承运人或其代理人签发给托运人的货物收据，确认承运人已按提单所载内容收到货物，并已装船或等待装船。承运人从签发提单之日起，就承担了对提单上所载货物的保管和运输责任，并负责将其交付给收货人。

2. 物权凭证（Document of title）

提单代表货物，谁持有提单谁就有权在目的港请求承运人交付货物，还可以在载货船舶到达目的港交货前，通过合法手续转让提单来转移货物的所有权，亦可以凭提单向银行办理抵押贷款。

3. 运输合同的证明

提单是承运人和托运人之间订立的运输合同的证明。提单条款规定了承运人与托运人之间的权利和义务，责任与豁免，是处理承运人与托运人之间争议的法律依据。

（二）提单的内容

提单的内容很广泛，它涉及承运人、托运人以及收货人与提单持有人等关系人的责任和利益。提单的内容包括正面的记载和背面的条款。

提单正面的内容一般包括以下几个方面：

（1）托运人（Shipper）；

（2）收货人（Consignee）；

（3）被通知人（Notify Party）；

（4）收货地或装货港（Place of Receipt or Port of Loading）；

（5）目的地或卸货港（Destination or port of Discharge）；

（6）船名及航次（Vessel's Name & voyage Number）；

（7）唛头及件号（Shipping Marks & Numbers）；

（8）货名及件数（Description of Goods & Number of Packages）；

（9）重量和体积（Weight & Measurment）；

（10）运费预付或运费到付（Freight Prepaid or Freight Collect）；

（11）正本提单的张数（Number of Original B/L）；

（12）船公司或其代理人的签章（Name & Signature of the Carrier）；

（13）签发提单的地点及日期（Place & Date of Issue）。

提单背面的内容是托运人事先印制的，它规定了承运人与托运人之间以及承运人与收货人及提单持有人之间的权利和义务关系，是他们相互处理争议的主要法律依据。主要包括承运人责任及负责项目；提单所适用的法律；对托运人货物包装和标志的要求；运费和其他费用支付的方式；自由转船条款；承运人责任限额；美国条款等内容。

（三）提单的种类

提单的种类繁多，可从以下几个角度分类：

第四章　国际货物运输

1. 按货物是否已装船，分为已装船提单和备运提单

已装船提单（Shipped Bill of Lading；On Board Bill of Lading）是指货物装船后，由承运人签发给托运人的提单，提单上记载有装船船名和装船日期。买卖合同中一般都规定卖方需提供已装船提单，因为已装船提单对按时收货有保障。特别是在采用 C.I.F. 和 C.F.R. 术语下，卖方有义务向买方提供已装船提单。

备运提单（Received for Shipment Bill of Lading）是指承运人在收到托运人货物等待装船期间向托运人签发的提单。由于货物尚未装船，因而提单上没有记载装船日期和船名，买方一般不愿接受这种提单。在跟单信用证支付方式下，银行一般也不接受备运提单。但在货物装船后，托运人可凭备运提单换取已装船提单，或由承运人在备运提单上加注"已装船"字样和装船日期并签字盖章，使之成为已装船提单。如果采用集装箱船运输，备运提单银行也予接受。

2. 按提单有无不良批注，分为清洁提单和不清洁提单

清洁提单（Clean Bill of Lading）是指承运人在签发的提单上未加货物存在缺陷或包装不良等批注的提单。在信用证支付方式下，卖方提供的提单必须是清洁提单，银行才予接受办理议付货款。此外，清洁提单亦是提单转让必备的条件。

不清洁提单（Unclean Bill of Lading）是指承运人在提单上加注了货物存在缺陷或包装不良等批注的提单。对于不清洁提单，除非信用证明确规定可接受者外，银行为了保障买方利益，一般都拒绝接受。因此，为安全收汇，在装船时对包装等出现问题应及时采取措施，力求取得清洁提单。一旦遇到货物外表状况不良或存在缺陷时，应向承运人出具保函，要求其签发清洁提单。

3. 按提单抬头不同，分为记名提单、不记名提单和指示提单

记名提单（Named Consignee Bill of Lading）是指在提单上收货人栏内，具体填写某一特定的人或公司的提单。这种提单只能由特定的收货人提货，不能转让。在信用证支付方式下，银行也不愿接受这种提单作为议付货款的凭证。因此，记名提单在国际贸易中极少使用，通常只对价值较高的或特殊用途的货物才采用记名提单。

不记名提单（Bearer Bill of Lading）是指在提单上收货人栏内留空不填，或填 To Bearer（交持票人）的提单。这种提单的持有人不须通过背书，就能凭提单转让货物所有权或提取货物，承运人只凭提单交货。由于这种提单风险较大，在国际贸易中基本不使用。

指示提单（Order Bill of Lading）是指在提单收货栏内填写"凭指示交货（To order）"或"凭某人指示交货（To order of）"字样的提单。指示提单又可分为记名指示和不记名指示提单两种，记名指示提单是指提单收货人栏内写明特定的指示人，如："Order of Shipper"由托运人指示；"Order of Applicant"由开证人指示；"Order of Issuing Bank"由开证行指示。这种记名提示提单，通过提单上的指示人背书就可以转让流通，成为可转让流通提单。不记名指示提单是指提单收货人栏内未写明特定的指示人，只填 To order。这种提单，在托运人未指定受货人之前，托运人仍保有

货物所有权，通过托运人背书方可转让流通。背书一般有两种方法，一是空白背书，即转让提单时仅由转让人在提单的背面签章，并写上×年×月×日，不加其他字句，谁持有这种提单谁就拥有该批货物所有权，谁就有权提货。二是记名背书，即提单转让时转让人除在提单背面签章外，还要注明受让人（被背书人）的名称，并写上×年×月×日，这时被背书人有权提货，也有权再用背书的方法指定他人提货。

4. 按提单内容的繁简，分为全式提单和略式提单

全式提单（Long Form Bill of Lading）是指提单上正面和背面内容都完备，全面记载了承运人和托运人的权利、义务等条款的提单。

略式提单（Short Form Bill of Lading）指提单上只有正面必要的项目，而背面没有记载承运人和托运人责任、义务和权利等条款的提单。使用简式提单一般有两种情况：一是租船合同项下的简式提单，因其不是一个完整的、独立的文件，要受租船合同的约束，所以银行不愿接受；二是班轮运输下的简式提单，它主要是为了简化手续，是一个完整、独立的文件，银行一般都予以接受。

5. 按运输方式，分为直达提单、转船提单、联运提单

直达提单（Direct Bill of Lading）是指承运人签发的货物自装运港装船后中途不转船而直接运抵目的港的提单。这种提单上列有装运港和目的港的名称。凡合同和信用证中规定不准转船者，卖方必须提供这种直达提单。

转船提单（Transhipment Bill of Lading）是指由承运人在装运港签发的、货物经由两艘以上船舶运至目的港的提单。这种提单上一般都注明"在××港转船"字样。其转船运输的手续由第一承运人办理，费用也由其负担，但责任由各程船公司分段负责。

联运提单（Through Bill of Lading）是指海陆、海河、海海或海空等联运货物，由第一承运人在启运地签发的全程提单。它的性质和转船提单相似，途中转运的手续和费用由第一承运人承担，但责任由各段承运人分别负责。

6. 其他分类。提单除以上各种分类外，还有舱面提单、过期提单、预借提单和倒签提单

舱面提单（On Deck Bill of Lading）是指承运人注明将货物'装载在舱面上的提单。装载在舱面上的货物风险大，货物容易受损，加之《海牙规则》规定，舱面货不属于"货物"之列，承运人对舱面货的损失或灭失不负责任。所以，收货人一般均不接受舱面提单；除非信用证特别授权，银行也将拒收注明货物已装舱面或将装于舱面的运输单据。但对于有毒品、危险品、体积大或价值低的废旧物品，舱面提单亦可结汇。

过期提单（Stale Bill of Lading）是指货物装船后，卖方向当地银行提交装船提单时，银行按正常邮程寄单预计收货人不能在船抵达目的地前收到的提单。又按《跟单信用证统一惯例》规定，在提单签发日后21天才提交的提单也属过期提单。产生过期提单的原因主要有两方面：一方面是货物装船后，托运人延迟向银行交单

结汇；另一方面是短途海洋运输致使提单不可能先于货物到达目的地。由于银行一般不接受过期提单，以防止买方拒付货款时银行受到损失。因此，在短途运输时，卖方应要求买方在信用证中规定："过期提单可以接受"（Stable B/L is Acceptable），以免日后引起争议。

预借提单（Advanced Bill of Lading）是指信用证规定的装船结汇日期已到，货主因故未能及时备妥货物装船，托运人要求承运人先行签发的已装船提单。

倒签提单（Anti－date Bill of Lading）是指由于货物实际装船日期迟于信用证规定的装船日期，影响向银行交单结汇，船方或其代理人应托运人要求，仍按信用证规定的装船日期签发的提单。

签发预借提单和倒签提单均属违法，承运人需承担由此可能产生的风险，特别是在货价下跌时，收货人可以"伪造单据"为由，拒绝提货并向法院起诉，要求扣留船舶及取得补偿等，则出口方和承运人都要承担法律责任。为了避免这种情况的发生，有利于装船和结汇，在信用证支付方式下，卖方应要求买方开立信用证时加列如下条款："卖方在装运期内因故未能装船时，该信用证可自动延期××天"。

（四）有关提单的国际公约

提单在国际贸易中用作转移货物的媒介，它的背面载明了承运人和托运人以及提单持有人之间的权利和义务，由于各国的法律不同，其具体内容也不尽相同。为了统一海上运输中承运人和托运人以及提单持有人的权利和义务，国际上先后制订了《海牙规则》、《维斯比规则》、《汉堡规则》三个公约。

1. 《海牙规则》（The Hague Rules）

《海牙规则》的全称是《统一有关提单的若干法律规则的国际公约》（International Convention for the unification of Certain Rules Relating to Bill of Lading）。该公约是 1924 年 8 月 25 日在布鲁塞尔由 26 国代表签字通过的，于 1931 年 6 月正式生效。由于公约草案是 1921 年在海牙通过的，因此就简称为《海牙规则》。我国于 1981 年承认该公约，我国船公司的提单均参照该公约规则制订。

《海牙规则》的主要内容包括：

（1）公约的适用范围及货物的涵义。公约明确规定，它适用于在任何缔约国所签发的提单。公约所指"货物"包括货物、制品、商品和任何种类的物件，但活动物和装载于甲板上的货物不属"货物"范围。

（2）承运人的责任期限。公约将承运人的责任期限限定为自货物装上船时起至卸下船时止的一段期间，即采用"钩至钩"原则。

（3）承运人的责任。主要是使船舶处于适航状态，适当和谨慎地装载、搬运、配载、运送、保管、照料和卸载所运货物。

（4）承运人免责范围。该公约规定承运人对由 17 种原因造成的货物损失或延迟交货，可以免除责任。不仅海难、天灾、战争、货物内在缺陷以及由于托运人的疏忽而造成的货物损失可以免责，而且由于船长、船员、引水员或承运人的雇员在航行或管理船舶的行为、疏忽或不履行义务所造成的损失也可不负责任。

（5）承运人的责任限额。公约规定，承运人对每件或每单位货物的灭失或赔偿金额不超过 100 英镑或相当于 100 英镑的其他货币。

（6）诉讼时效。公约规定的诉讼时效为从货物交付之日或应交付之日起一年。

2.《维斯比规则》（The Visby Rules）

《维斯比规则》全称为《修改海牙规则的议定书》（Protocol to amend the International Convention for the Unification of Certain Rules relating to Bill of Lading signed at Brussels on 25 August. 1924），也称为《1968 年布鲁塞尔议定书》（The 1968 BrusselsProtocol）。因该规则的准备工作是在维斯比完成的，因而简称为《维斯比规则》。它于 1977 年 6 月 23 日起生效。

《维斯比规则》与《海牙规则》的内容基本相同。只是对《海牙规则》作了以下修改和补充。

（1）扩大了规则的适用范围。该规则既适用于《海牙规则》适用的任何缔约国所签发的提单，也适用于从一个缔约国起运的提单，同时还适用于受该规则约束的任何提单。

（2）提高了承运人的责任限额。承运人的责任限额由《海牙规则》的每件或每计费单位的 100 英镑改为 10 000 金法郎，或按毛重每千克 30 金法郎计算，以两者中较高的为准。

（3）增加了"集装箱准则"条款。规定如果在提单上载明装在集装箱和托盘中的件数或单位数，就以提单上所载的件数或单位数计算赔偿责任的限制数额。如果提单未载明具体数量，则把一个集装箱或一个托盘视作一个单位。

3.《汉堡规则》（Hamburg Rules）

《汉堡规则》的全称是《1978 年联合国海上货物运输公约》（United Nations Convention on the Carriage of Goods by Sea, 1978）。该规则是 1978 年在汉堡通过的，已于 1991 年 11 月 1 日起生效。

《汉堡规则》的主要内容有：

（1）公约适用范围及货物的涵义。该公约适用于在任何缔约国签发的提单，或装卸港在缔约国内的提单，或受该公约约束的任何提单。该公约所指"货物"既包括《海牙规则》所列范围，也包括活动物和甲板货。

（2）承运人的责任期限。公约规定承运人的责任期限是从接受货物时起到交付货物时止。

（3）承运人的责任。公约摒弃了关于承运人的免责事项，规定承运人不仅对于管理货物疏忽而致货物灭失、损坏或延迟交货所造成的损失负赔偿责任，而且对于管理和驾驶船舶的过失而造成的损失也应负责。

（4）承运人的责任限额。规定承运人对货物灭失或损坏造成的损失所负的赔偿责任，以灭失或损坏的货物每单位 835 特别提款权或毛重每千克 2.5 特别提款权为限，两者中以较高者为准。

（5）诉讼时效。公约规定诉讼时效为两年，即自承运人交付货物之日或应该交付货物最后之日起两年。

二、铁路运单

铁路运单是国际铁路联运的主要运输单据。它是发、收货人与铁路之间缔结的运输契约，具体规定了参加联运的各国铁路和收、发货人的权利和义务，对当事人各方都有法律效力。铁路运单一式两份，正本随货同行直至目的地交收货人作为通知、清关和交付货物的凭证。副本则在始发站经铁路加盖承运日戳后交给发货人作为收据，在货物到达目的地以前，只要托运人仍持有运单副本，就可以指示承运人停运，或将货物运给另一收货人，在托收和信用证支付方式下，运单副本是发货人向银行办理结汇的主要单据之一。铁路运单只是运输合同和货物收据，不是物权凭证。在实务中，铁路运单一律作记名抬头，货到目的地后承运人就通知该指定人提货。

三、航空运单

航空运单（Air Way Bill）是航空运输货物的主要单据，它是航空承运人与托运人之间缔结的运输合约，也是承运人或其代理人接受货物的收据，但它不是货物所有权的凭证。收货人在目的地提货，不是凭航空运单，而是凭航空公司签发的到货通知。航空运单一律作记名抬头。

航空运单正本一式三份，分别注明：

Original 1（For Issuing Carrier）由航空公司留存；

Original 2（For Consignee）随机交给收货人；

Original 3（For shipper）交托运人。

货物发出后，托运人得到运单 Original 3，在货物到达目的地前，只要托运人仍掌握这张运单，就可像铁路运输的托运人那样指示承运人停运或将货物交给其他收货人。在信用证和托收支付方式下，托运人凭 Original 3 收款。

四、邮政包裹收据

邮政包裹收据（Parcel Post Receipt）是邮政运输的主要单据，它是邮局收到寄件人的邮包后所签发的一种收据，也是收件人凭以提取邮件的凭证。邮政包裹收据的性质和铁路运单和航空运单性质一样，它只是货物收据和运输契约的证明，不是物权凭证，一律作记名抬头。

五、多式联运单据

多式联运单据（Multimodal Transport Documents，简称 MTD）是由联运经营人签发给托运人的对联运全程负责的单据。它与海运业务中使用的"联运提单"有相似之处，但也有着本质区别，主要表现在以下几方面：

（1）联运提单限于在由海运与其他运输方式所组合的联合运输时使用，多式联运单据使用范围更为广泛，它既可用于海运与其他运输方式的联运，也可用于不包括海运的其他运输方式的联运。

（2）联运提单由承运人或其代理人签发，签发人仅对自己执行的第一程运输负责，以后各程运输的责任由各程承运人分别承担；多式联运单据则由多式联运经营人签发，签发人要对全程运输负责。

（3）联运提单一般是已装船提单，提单上都载明装船的船名和装船日期；多式联运单据是一种收讫待运性质的单据，无须载明具体的运输工具和装运时间。

 实训练习题

一、名词解释

1. 清洁已装船提单　　　　2. 班轮运输　　　　3. 大陆桥运输

4. 国际多式联运　　　　　5. W/M　　　　　　6. 分批装运

二、单项选择题

1. 海运提单日期应理解为（　　　）。

　　A. 货物开始装船的日期　　　　B. 货物装船过程中任何一天

　　C. 货物装船完毕的日期　　　　D. 签订运输合同的日期

2. 班轮运费应该（　　　）。

　　A. 包括装卸费，但不计滞期费、速遣费

　　B. 包括装卸费，但应计滞期费、速遣费

　　C. 包括装卸费和滞期费，但不计速遣费

　　D. 包括装卸费和速遣费，但不计滞期费

3. 按《UCP 600》解释，若信用证条款中未明确规定是否"允许分批装运"、"允许转运"，则应视为（　　　）。

　　A. 可允许分批装运，但不允许转运　　B. 可允许分批装运和转运

　　C. 可允许转运，但不允许分批装运　　D. 不允许分批装运和转运

4. 我某公司与外商签订一份 CIF 出口合同，以 L/C 为支付方式。国外银行开来的信用证中规定："信用证有效期为 8 月 10 日，最迟装运期为 7 月 31 日。"我方加紧备货出运，于 7 月 21 日取得大副收据，并换回正本已装船清洁提单，我方应不迟于（　　）向银行提交单据。

  A. 7 月 21 日   B. 7 月 31 日

  C. 8 月 10 日   D. 8 月 11 日

5. 经过背书才能转让的提单是（　　）。

  A. 指示提单   B. 不记名提单

  C. 记名提单   D. 清洁提单.

6. 签发多式联运提单的承运人的责任是（　　）。

  A. 只对第一程运输负责   B. 必须对全程运输负责

  C. 对运输不负责   D. 只对最后一程运输负责

7. 信用证的到期日为 12 月 31 日，最迟装运期为 12 月 16 日，最迟交单日期为运输单据出单后 15 天，出口人备妥货物安排出运的时间是 12 月 10 日，则出口人最迟应于（　　）向银行交单议付。

  A. 12 月 16 日   B. 12 月 25 日

  C. 12 月 28 日   D. 12 月 31 日

三、判断题

1. 不清洁提单是指船公司或其代理在签发提单时，在提单上对货物的品质加注不良批注的提单。 （　　）

2. 重量吨和尺码吨统称为运费吨。 （　　）

3. 所有运输单据都是承运人签发给托运人的货物收据，故都是物权凭证，都可凭以向目的地承运人提货。 （　　）

4. 属于第一级的商品，其班轮运费的计收标准是最高的。 （　　）

5. 班轮运费计收标准中的 "W/M Plus Ad Val" 是指计收运费时，应选三者中较高者计收。 （　　）

6. 同一票货物如包装不同，其计费标准和等级也不同，如托运人未按不同包装分别列明毛重和体积，则全票货物均按收费较高者计收运费。 （　　）

7. 在规定装运期条款时，如使用了"迅速"、"立即"、"尽速"或类似词句者，按《UCP600》规定，银行将不予置理。 （　　）

四、计算题

1. 某公司出口货物共 200 箱，对外报价为每箱 438 美元 CFR 马尼拉，菲律宾商人要求将价格改报为 FOB 价。试求每箱货物应付的运费及应改报的 FOB 价为多少？（已知该批货物每箱的体积为 45cm×35cm×25cm，毛重为 30 千克，商品计费标准为 W/M，每运费吨基本运费为 100 美元，到马尼拉港需加收燃油附加费 20%，货币附加费 10%，港口拥挤费 20%）

2. 我方按 CFR 迪拜价格出口洗衣粉 100 箱，该商品内包装为塑料袋，每袋 0.5 千克，外包装为纸箱，每箱 100 袋，箱的尺寸为：长 47cm、宽 30cm、高 20cm，基本运费为每尺码吨 HK＄367。另加收燃油附加费 33%，港口附加费 5%，转船附加费 15%，计费标准为 M，试计算：该批商品的运费为多少？

3. 广东某出口公司以 CIF FELIXSTOWE 出口一批货物到欧洲，经香港转船。2×40' FCL，已知香港至费力克斯托（FELIXSTOWE）的费率是 USD3500.00/40'，广州经香港转船，其费率在香港直达费力克斯托的费率基础上加 USDl50/40'，另有港口拥挤附加费 10%，燃油附加费 5%。问：该出口公司应支付多少运费？

4. 我方出口商品共 100 箱，每箱的体积为 30cm×60cm×50cm，毛重为 40 千克，查运费表得知该货为 9 级，计费标准为 W/M，基本运费为每运费吨 109HK＄，另收燃油附加费 20%，港口拥挤费 20%，货币贬值附加费 10%。试计算：该批货物的运费是多少港元？

5. 我方某公司向东京某进口商出口自行车 100 箱，每箱壹件，每箱体积是 20cm×50cm×120cm，计收运费的标准为 M，基本运费为每运费吨 280HK＄，另加收燃油附加费 30%，港口拥挤费 10%。问：该批商品的运费是多少？

6. 我某外贸公司出口商品货号 H208 共 5000 箱，该货每箱净重 20 千克，毛重 22 千克，体积 0.03 立方米，出口总成本每箱人民币 999 元，外销价每箱 120 美元 CFR 卡拉奇。海运运费按 W/M12 级计算，装中远公司班轮出口，查运价表到卡拉奇 12 级货运费为每运费吨 52 美元。试计算：该商品的出口销售换汇成本及盈亏率是多少？

五、案例分析题

1. 北京某公司出口 2000 公吨大豆，国外来证规定：不允许分批装运。结果我方在规定的期限内分别在大连和青岛各装 1000 公吨于同一航次的同一船只上，提单上也注明了不同的装货港和不同的装船日期。试问：我方做法是否违约？银行能否议付？

2. 我某公司与美国某客商以 FOB 条件出口大枣 5000 箱，5 月份装运，合同和信用证均规定不允许分批装运。我方于 5 月 10 日将 3000 箱货物装上"喜庆"轮，取得 5 月 10 日的海运提单；又于 5 月 15 日将 2000 箱装上"飞雁"号轮，取得 5 月 15 日的海运提单，两轮的货物在新加坡转船，均由"顺风"号轮运往旧金山港。试分析：我方的做法是否合适？将导致什么结果？为什么？

3. 一份买卖日用品的 CIF 合同规定"9 月份装运"，即期信用证的有效期为 10 月 15 日。卖方 10 月 6 日向银行办理议付所提交的单据中，包括 9 月 29 日签发的已装船清洁提单。经银行审核，单单相符、单证相符，银行接受单据并支付了货款。

但买方收到货物后，发现货物受损严重，且短少50箱。买方因此拒绝收货，并要求卖方退回货款。问：（1）买方有无拒收货物并要求退款的权力？为什么？（2）此案中的买方应如何处理此事才合理？

4. 某公司向国外出口茶叶1000箱，合同与信用证均规定："自4月份开始，每月装20箱，分5批交货。"卖方从4月份开始交货，但交到6月时，因故不装。卖方决定在7月、8月补装完毕。问是否可行？

5. 我某出口公司按CFR条件向日本出口红豆250吨，合同规定卸货港为日本口岸，发货物时，正好有一船驶往大阪，我公司打算租用该船，但在装运前，我方主动去电询问哪个口岸卸货。时值货价下跌，日方故意让我方在日本东北部的一个小港卸货，我方坚持要在神户、大阪卸货。双方争执不下，日方就此撤销合同。问题：试问我方做法是否合适？

第五章 国际货物运输保险

在国际货物买卖业务中，保险是不可缺少的条件和环节。货物从卖方交至买方手中，要经过长途运输，多次装卸和储存，在此过程中，货物可能遇到自然灾害或意外事故，从而使货物遭受损失。货主为了保障货物一旦发生损失，可取得经济上的补偿，通常都要投保货物运输险。

货物运输保险就是投保人（买方或卖方）向保险人按一定金额投保一定的险别，并交纳保险费。保险人承保后，如果保险货物在运输途中发生保险险别责任范围内的损失，则按投保金额和损失程度赔偿保险单的持有人。因此，买卖双方在签订合同时，必须明确由哪一方负责投保，投保金额是多少，投保何种险别，适用哪个保险公司的保险条款等。负责投保的一方必须了解有关保险事宜，才能正确进行投保。

国际货物买卖中的运输保险按照运输方式的不同，分为海运保险、陆运保险、空运保险以及邮政包裹运输保险等，其中业务量最大的是海洋货物运输保险。

● 第一节 海洋货物运输保险

一、海洋货物运输保险的承保范围

海洋货物运输保险的承保范围，包括承保的风险、承保的损失和承保的费用。正确理解海上货物运输保险的承保范围，对于了解保险条款，选择保险险别，以及一旦货物发生损失后如何正确进行索赔和理赔具有重要意义。

（一）海洋货物运输保险承保的风险

海洋货物运输保险的保险人承保的风险即海运风险，主要是海上风险和外来风险两类，前者包括自然灾害和意外事故，后者包括一般外来风险和特殊外来风险，现列表于下并说明：

$$\text{风险}\begin{cases}\text{海上风险}\begin{cases}\text{自然灾害}\\\text{意外事故}\end{cases}\\\text{外来风险}\begin{cases}\text{一般外来风险}\\\text{特殊外来风险}\end{cases}\end{cases}$$

1. 海上风险（Risk of Sea）

海上风险一般是指船舶或货物在海上航行中发生的或伴随海上运输所发生的风险。

在现代海上保险业务中保险人所承保的海上风险是有特定范围的，一方面它并不包括一切在海上发生的风险，另一方面它又不局限于航行中所发生的风险。具体地讲，海上风险是既包括海上航行中所特有的风险，又包括一些与海上运输货物有关的风险。

海上风险由自然灾害和意外事故构成。

（1）自然灾害（Natural Calamities）是指不以人的意志为转移的自然界的力量所引起的灾害。但在海洋货物运输保险业务中，自然灾害并非指一切由于自然力量引起的灾害，而仅指恶劣气候、雷电、海啸、洪水、地震、火山爆发、浪击落海等人力不可抗拒的自然力所造成的灾害。

（2）意外事故（Accident）是指不属于意料中的原因而造成的事故。在海上货物运输保险业务中，意外事故也并非指海上发生的所有意外事故，而仅是指运输工具的搁浅、触礁、沉没、破船、碰撞、失踪、失火、爆炸等。

在海洋货物运输保险中，对上述各种自然灾害和意外事故均有专门的解释。主要有：

①恶劣气候：指海上的飓风和大浪。

②浪击落海：指存在舱面上的货物在运输过程中受海浪冲击落海。

③搁浅：是指船舶在航行过程中，由于意外或异常的原因。船底与水下障碍物紧密接触牢牢地被搁住，并且持续一定时间失去进退自由的状态。这一状态必须是在事先预料不到的意外情况下发生的。至于规律性的潮汛涨落船舶搁浅在沙滩上，则属于必然现象，不能作为保险的"搁浅"事故。

④触礁：是指船舶在航行中触及海中的海礁或岩石等障碍物造成的意外事故。

⑤沉没：是指船体的全部或大部分已经没入水面以下，并已失去继续航行的能力。

⑥破船：船舶在航行或停泊时遭遇暴风、狂浪等袭击，造成船体的破裂。

⑦失踪：船舶在航行中失去联络，达到一定时间仍无音讯者视为失踪。

2. 外来风险（Extraneous Risks）

外来风险是指海上风险以外的其他外来原因所造成的风险。这里的外来原因是指必须是意外的事先难以预料的而不是必然发生的外来因素。外来风险可分为一般外来风险和特殊外来风险两大类。

一般外来风险包括：

（1）失火：指船舶本身、船上设备和机器及货物自身的燃烧。

（2）偷窃：指货物被人暗中窃取，不包括公开的攻击性盗窃。

（3）提货不着：托运货物整件提不着。

（4）短量：货物在运抵目的地时发现数量短少或重量短缺。

（5）沾污：指货物在运输途中同其他物质接触而受污染。

（6）淡水雨淋：指直接由于淡水、雨水淋湿造成货物的水渍。

（7）渗漏：指流质和半流质的货物在运输途中因容器损坏而引起的损失。

（8）破碎：主要指易碎物品在运输途中因受震动、颠簸、碰撞、受压等而造成的破碎。

（9）受潮受热：指由于气候的骤然变化或船上通风设备失灵，使舱内水汽凝结，造成舱内货物受潮发热。

（10）串味：指货物受到其他异味物品的影响引起串味，失去了原来的味道。

（11）钩损：指袋装、捆装货物在装卸搬运过程中因使用吊钩作业而使货物受到损坏。

特殊外来风险是指由于政治、军事、国家、法令、政策及行政措施等外来原因造成的风险。常见的有：战争、罢工、武装冲突、交货不到、拒收等。

（二）海洋货物运输保险承保的损失

在海运货物保险中，保险人承保由于上述风险造成的损失，现将其列表于下：

损失 { 海上损失 { 全部损失 { 实际全损 / 推定全损 } 部分损失 { 共同海损 / 单独海损 } } 其他损失 { 一般损失 / 特殊损失 } }

1. 海上损失（Marine Loss）

海上损失简称海损，是指由于海上风险造成的损失。海损按损失程度可分为全部损失和部分损失。

（1）全部损失（Total loss）。整批货物的全部灭失称为全部损失。发生全损时，保险人将按照保险金额的100%予以赔偿。全损又有实际全损和推定全损之分。

实际全损（Actural Total Loss）是指被保险货物已经完全损坏或灭失。它包括下列四种情况：

第一，被保险货物已经完全灭失。如：货物遭遇大火被全部焚毁；船舶遇难，货物随同船舶沉入海底灭失。

第二，被保险货物遭到严重损害已失去了原有的用途和价值。如：水泥被海水浸泡成硬块；茶叶被海水侵蚀变质。

第三，被保险人对保险货物的所有权已被剥夺而不能再恢复。如：战时货物被敌方所捕获或没收。

第四，载货船舶失踪达到一定时期（有的国家法律规定为4个月。有的则为6个月，我国海商法规定为2个月）仍无音讯。

推定全损（Constructive Total Loss）是指被保险货物遭受损失时虽未达到完全灭失的状态，但对受损货物进行施救、整理、复原且将其运抵目的地所用的费用将超过货物在目的地完好状态下的价格。发生推定全损时，被保险人必须立即向保险人发出"委付通知"，将残余货物及一切权益转让给保险人，要求保险人按全损给予赔偿，否则将被视为部分损失。

推定全损包含下列三种情况：

第一，被保险人对其船货的所有权被剥夺，恢复对货物的所有权所需费用将超过货物本身的价值。

第二，被保险船舶受损，已达不能修理的程度，如勉强修理，其费用将超过该船舶的价值。

第三，被保险货物虽未全部受损，但如果将货物整理续运，所需费用将超过货物本身的价值。

实际全损和推定全损是有一定区别的。发生实际全损时，被保险货物已全部灭失和损坏，被保险人可以向保险人要求全部赔偿，而不需办理委付手续。而发生推定全损时，被保险货物并未完全灭失，是可以修复或者可以收回的，但所需费用将超过货物在完好状态下的价值，被保险人可以向保险人办理委付手续，要求保险人按全损赔偿。

（2）部分损失（Partial Loss）。凡被保险货物的损失没有达到全部损失的程度，称为部分损失。部分损失按其性质又分为共同海损和单独海损。

共同海损（General Average）是指船在海运途中遇难，船方为维护船舶和所有货物共同安全使之脱险，而有意识地作出的特殊牺牲或支出的额外费用。

在海洋货物运输过程中，因船方采取某种措施而造成的船货本身的损失或费用损失，并非都是共同海损，构成共同海损必须同时具备以下条件：

第一，共同海损的危险必须是确实存在的或不可避免出现的，危及船舶与货物的共同安全。

第二，共同海损所采取的救助措施必须是为了解除船、货的共同危险，人为地、有意识地采取的合理措施。

第三，共同海损的牺牲是特殊的，支出的费用是额外的。也就是说，共同海损的牺牲是为解除危险，而不是危险本身造成的；共同海损的费用是船舶正常营运所需费用以外的。

第四，共同海损所做的牺牲和支出的额外费用最终必须是有效的。即经过抢救措施以后，船舶或货物的全部或一部分安全抵达目的港；从而避免了船货同归于尽的局面。

共同海损发生后，其牺牲或费用应由船舶、货物和运费三方按获救价值，按比例共同分摊。其原则是，全体利害关系人，不论其是否受损，都必须分摊共同海损的牺牲或费用。

共同海损分摊是在共同海损理算基础上进行的。共同海损理算是一项极为复杂的工作，一般都由专业理算机构或人员来进行，他们负责共同海损的审核，估计损失并计算各项牺牲应获得的补偿金额，以及有关利益方应分摊的共同海损金额，然后编制出理算报告，分别送给船、货各方和保险公司，凭此结算。为了做好共同海损理算工作，各国都设有专门的理算机构，我国共同海损理算工作由中国贸促会海损理算处承办，而且各国都制订了相应的理算规则。目前国际上通行的共同海损理算规则是《约克—安特卫普规则》，该规则虽不是强制性的国际公约，但因其内容详细、办法合理，已被国际海运、贸易和保险界广泛接受。我国的《北京理算规则》也是依据《约克—安特卫普规则》制订的。

单独海损（Particular average）是指船舶在航行过程中发生的，除共同海损以外的部分损失。单独海损是一种特定利益方的部分损失，它不涉及其他货主或船方，该损失应由受损方单独承担。

共同海损与单独海损虽然同属部分损失，但两者是有区别的。首先两者的成因不同，单独海损是风险所直接造成的船货的损失，而共同海损则是为了解除风险人为造成的一种损失。其次两者的承担方不同，单独海损的损失由受损方自己承担，而共同海损的损失则由各利害关系方根据获救价值的大小按比例共同分摊。

2．其他损失

凡海上风险以外的其他外来风险造成的损失，均为其他损失。它包括一般损失和特殊损失。前者是由一般外来风险造成的损失，而后者则是由特殊外来风险导致的货物损失。

（三）海洋货物运输保险承保的费用

保险货物遭遇保险责任范围的风险，除了会造成保险货物的损失，还会引起大量的费用支出，这种费用保险人也给予赔偿。在海运保险中，保险人负责赔偿的费用主要有施救费用和救助费用。

（1）施救费用（Sue and Labou Charges）是指被保险货物在遭遇承保责任范围内的灾害事故时，被保险人或其代理人、雇佣人员或受让人等为防止损失的扩大，采取各种抢救与防护措施所支出的合理费用。

（2）救助费用（Salvage Charges）是指被保险货物在遭遇承保范围内的灾害事

故时，由保险人和被保险人以外的第三者采取救助行动并获成功，由被救方支付给救助方的报酬。

对于施救费用和救助费用，保险人的赔偿责任是不同的。施救费用可在保险货物本身的保额以外，再赔一个保额，亦即保险人对保险标的损失的赔款和对施救费用的赔偿两者之和，不得超过两个保险金额。而保险人对救助费用的赔偿责任是以不超过获救财产的价值为限，亦即救助费用与保险货物本身损失的赔偿金额两者之和，不得超过货物的保额。

二、海洋货物运输保险的险别与条款

海洋货物运输保险条款是指保险人或保险公司在其保险单内所载明的，明确规定投保人与保险人之间的权利与义务，即赔偿的责任范围、除外责任、保险期限及其他有关事项的条款。所谓险别是保险公司按不同情况所规定的不同的保险范围，它是保险人承保责任大小、被保险人缴付保险费多少的依据。

为了适应对外贸易的发展，各国都设有国际货物运输保险机构，并制订了相应的保险条款。中国人民保险公司根据我国保险工作的实际情况，并参照国际保险市场的习惯做法，分别制订了海洋、陆上、航空及邮包运输方式的货物运输保险条款，以及适用于以上四种运输方式货物保险的附加险条款，总称为"中国保险条款"（China Insurance Clauses，简写 CIC），在上述各种运输方式的货物保险中，海运货物保险的险种最多。

我国海洋货物运输保险的险别，按照是否能单独投保分为基本险、附加险和专门险三类。基本险所承保的主要是自然灾害和意外事故所造成的货物损失或费用，附加险承保的是其他外来风险所造成的损失和费用。现将中国保险条款中有关海洋货物运输保险的险别列表于下并加以说明：

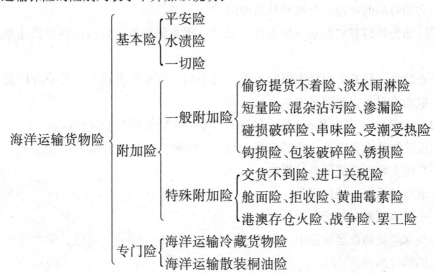

（一）海洋货物运输保险的基本险

1. 责任范围

按照中国人民保险公司1981年1月1日修订的《海洋运输货物保险条款》的规定，海洋运输货物保险的基本险别分为平安险、水渍险和一切险三种，各自的责任范围是不同的。

（1）平安险（Free From Particular Average，简称FPA）

根据英文翻译，平安险的原意是"单独海损不赔"，即保险人在承保这种险别时，对全损和共同海损负责，而不负责赔偿被保险货物所遭受的单独海损损失。随着保险业的发展，平安险的责任范围也进一步扩大，现在保险人对某些特定情况下的单独海损也要赔偿。

平安险的承保责任范围包括：

①被保险货物在运输途中由于恶劣气候、雷电、海啸、地震、洪水等自然灾害造成整批货物的全部损失或推定全损。

②由于运输工具遭受搁浅、触礁、沉没、互撞、与流冰或其他物体碰撞以及失火、爆炸等意外事故造成货物的全部或部分损失。

③在运输工具已经发生搁浅、触礁、沉没、焚毁等意外事故的情况下，货物在此前后又在海上遭受恶劣气候、雷电、海啸等自然灾害所造成的部分损失。

④在装卸或转运时由于一件或数件货物整件落海造成的全部或部分损失。

⑤被保险人对遭受承保责任内危险的货物采取抢救、防止或减少货损的措施而支付的合理费用。但以不超过该批被抢救货物的保险金额为限。

⑥运输工具遭遇海难后，在避难港由于卸货所引起的损失以及在中途港、卸货港由于卸货、存仓和运送货物所产生的特别费用。

⑦共同海损的牺牲、分摊和救助费用。

⑧运输契约订有"船舶互撞责任"条款，根据该条款规定应由货方偿还船方的损失。

平安险是三种基本险别中保险人责任最小的。在CIF条件下，除非合同另有规定，一般卖方只负责投保平安险。

（2）水渍险（With Particular Average，简称WA或WPA）

水渍险的英文含义是"单独海损也赔"，它除了包括平安险各项责任外，还负责由于自然灾害所造成的部分损失。

水渍险的承保责任范围是：

①平安险所承保的全部责任。

②被保险货物在运输途中，由于恶劣气候、雷电、海啸、地震、洪水等自然灾害造成的部分损失。

（3）一切险（All Risks）

一切险的责任范围，除包括平安险和水渍险的责任外，还包括被保险货物在运输途中由于一般外来原因所造成的全部或部分损失。具体地说，一切险的责任既包括平安险、水渍险，还包括一般附加险的全部险别。一般附加险的险别有：偷窃、提货不着险，淡水雨淋险，短量险，混杂、沾污险，渗漏险，碰损、破碎险，串味险，受潮受热险，钩损险，包装破裂险、钩损险等11种。

一切险的承保责任也是有一定的范围的，保险人并非对任何风险所造成的损失都负赔偿责任，对因货物的内在缺陷和自然损耗，以及运输延迟、战争和罢工所导致的损失，保险人均不负赔偿责任。

2. 除外责任

除外责任是保险人不负赔偿责任的范围。中国人民保险公司《海洋运输货物保险条款》中，对海运基本险的除外责任有以下五项规定：

（1）被保险人的故意行为或过失所造成的损失。

（2）属于发货人的责任所引起的损失。

（3）在保险责任开始前，被保险货物已存在的品质不良或数量短差所造成的损失。

（4）被保险货物的自然损耗、本质缺陷、特性以及市价跌落、运输延迟所造成的损失或费用。

（5）战争险和罢工险条款规定的责任范围和除外责任。

3. 责任期限

责任期限是指保险人承担责任的起讫时限。按照国际保险业的习惯做法，我国货物基本险的保险期限，一般也采用"仓至仓条款"（Warehouse to Warehouse Clause，简称 W/W Clause）。它的基本内容是：保险人对被保险货物所承担的保险责任，自被保险货物运离保险单所载明的发货人仓库或储存处所时开始生效，包括正常运输过程中的海上、陆上、内河和驳船运输在内，直至该货物到达保险单所载明的目的地收货人的仓库或储存处所为止。如货物未抵达收货人仓库或储存处所，则以被保险货物在最后卸货港全部卸离海轮后起满60天为止。如在上述60天需将被保险货物运到非保险单所载明的目的地时，则于货物开始转运时终止。

4. 索赔期限

索赔期限是被保险货物发生保险责任范围内的风险与损失时，被保险人向保险人提出索赔的有效期限。中国人民保险公司《海洋运输货物保险条款》规定的索赔时效为，自被保险货物在目的港卸离海轮之日起算，最多不超过两年。但按1993年7月1日施行的《中华人民共和国海商法》的规定，索赔时效为自保险事故发生之日起算两年。

（二）海洋货物运输保险的附加险

上述基本险所承保的是由于自然灾害和意外事故所造成的风险损失。货物在运输过程中除可能遭受到此种风险损失外，还可能会遇到其他各种外来原因所引起的风险损失。因此，保险人在基本险条款之外，又制订了各种附加险条款。这些附加险是对基本险的补充和扩大，不能单独投保，投保人必须在投保一种基本险的基础上才能加保一种或数种附加险。

目前，《中国保险条款》中的附加险有一般附加险和特殊附加险两种。

1. 一般附加险

一般附加险所承保的是一般外来风险所造成的全部或部分损失。中国人民保险公司承保的一般附加险主要有以下 11 种：

（1）偷窃、提货不着险（Theft pilferage and Non-delivery）

这一险别承保在保险有效期内，被保险货物被偷窃或货物在目的地整件提不着货的损失。

（2）淡水雨淋险（Fresh Water&/or Rain Damage）

承保货物在运输途中由于直接遭受雨淋或淡水所造成的损失。

（3）短量险（Risk of Shortage）

这一险别承保货物在运输过程中因外包装破裂或散装货物发生的数量短缺或重量短少的损失。

（4）混杂、沾污险（Risk of Intermixture and Contamination）

承保货物在运输过程中因混进杂质或被污染所致的损失。

（5）渗漏险（Risk of Leakage）

承保流质、半流质、油类等货物，因容器损坏而引起的渗漏损失，或用液体储藏的货物因液体渗漏而使货物变质、腐烂所致的损失。

（6）碰损、破碎险（Risk of Clash and Breakage）

这一险别承保货物在运输过程中因震动、碰撞、受压而引起破碎和碰撞所致的损失。

（7）串味险（Risk of Odour）

承保货物在运输过程中，因受其他带异味货物的影响而引起的串味损失。

（8）受潮受热险（Damage Caused by Sweating and Heating）

承保货物在运输过程中，由于气候突然变化，或由于船上通风设备失灵致使船舱内水汽凝结、发潮或发热所造成的损失。

（9）钩损险（Hook Damage）

承保货物在装卸过程中因遭受钩损而引起的损失。

（10）包装破裂险（Breakage of Packing）

承保货物在运输过程中因包装破裂所造成的损失，以及为续运安全需要对包装进行修补或调换所支付的费用。

（11）锈损险（Risk of Rust）。

承保货物在运输过程中因生锈造成的损失。

当投保险别为平安险和水渍险时，可加保上述 11 种一般附加险中的一种或多种。如果已投保了一切险，则不需要加保一般附加险，因为，一切险的责任范围已包括了上述 11 种附加险所承保的损失和费用。

2. 特殊附加险

特殊附加险主要承保由于特殊外来风险所造成的全部或部分损失。特殊附加险有下列险别：

（1）交货不到险（Failure to Delivery）

对不论由于何种原因，已装船货物不能在预定抵达目的地的日期起算 6 个月内交货，保险公司均按全部损失赔付。

（2）进口关税险（Import Duty Risk）

如果被保险货物发生保险责任范围的损失，而被保险人仍须按完好货物价值完税的，保险公司对受损部分货物所缴纳的进口关税负责赔偿。

（3）舱面险（On Deck Risk）

保险人对装于舱面上的货物的损失负责赔偿，但保险人一般只负责赔偿货物被抛弃或被风浪冲击落水的损失。

（4）拒收险（Rejection Risk）

对不论什么原因造成的进口国当局拒绝货物进口或没收货物所造成的损失，保险人负责赔偿。投保该险时，被保险人必须持有进口所需的一切文件。

（5）黄曲霉素险（Aflatoxin Risk）

承保货物因所含黄曲霉素超过进口国限制标准，被拒绝进口，或者被没收，或者被强制改变用途而造成的损失。

（6）货物出口到香港（包括九龙在内）或澳门存仓火险责任扩展条款（Fire Risk Extension Clause for Storage of cargo at Destination Hongkong, including kowloon, or Macao）

被保险货物到达目的地卸离运输工具后，如直接存放于保险单载明的过户银行所指定的仓库，存仓期间由于发生火灾所造成的损失，保险人负责赔偿。这一险别的保险期限，是从货物运入过户银行指定的仓库时开始，直到银行解除货物的权益为止，或运输责任终止时起满 30 天为止。

（7）战争险（War Risk）

战争险的责任范围包括：直接由于战争、类似战争行为和敌对行为、武装冲突或海盗行为所造成的损失；由于上述原因引起的捕获、拘留、扣留、禁制、扣押等所造成的损失；各种常规武器，包括水雷、炸弹等所造成的损失；由本险责任范围所引起的共同海损牺牲、分摊和救助费用。但对由于敌对行为使用原子或热核制造的武器所造成的损失，以及由于执政者、当权者或者其他武器集团的扣押、拘留引起的承保航程的丧失或挫折所造成的损失不负赔偿责任。

战争险的保险责任期限是以"水上危险"为限，即以货物在起运港装上海轮或驳船时开始，到目的港卸离海轮时为止。如被保险货物不卸离海轮或驳船，则以海轮到达目的港的当日午夜起算满15天，保险责任自行终止。

（8）罢工险（Strikes Risk）

承保货物由于罢工者、被迫停工工人或参加工潮、暴动、民众斗争的人员的行为或任何人的恶意行为所造成的直接损失，和上述行动或行为所引起的共同海损的牺牲、分摊和救助费用。但对在罢工期间由于劳动力短缺，或不能使用劳动力所造成的被保险货物的损失或费用，如因罢工而引起的动力或燃料缺乏，使冷藏机停止工作造成冷藏货物化冻变质的损失；因罢工无劳动力搬运货物，致使货物堆积在码头遭受雨淋的损失；因罢工无法在原定港口卸货，改运其他港口卸货致使运费增加的损失等，保险人不负赔偿责任。

罢工险的保险责任期限，也采用"仓至仓条款"。

被保险人在投保了基本险中任一种的基础上，均可另行加保有关的特殊附加险。按照国际保险业的习惯，在投保战争险的前提下，加保罢工险不另收费。

（三）海洋货物运输保险的专门险

在我国海洋货物运输保险中，还有两种专门险：海洋运输冷藏货物保险和海洋运输散装桐油险。

1. 海洋运输冷藏货物保险（Ocean Marine Insurance Frozen Products）

海洋运输冷藏货物保险分为冷藏险（Risk for Shipment of Frozen Products）与冷藏一切险（All Risks for Shipment of Frozen Products）两种。

冷藏险的责任范围除负责水渍险的责任外，还承保由于冷藏机器停止工作连续达24小时以上所造成的货物腐烂或损失。

冷藏一切险的责任范围，除包括冷藏险的各项责任外，还负责承保被保险货物在运输途中由于一般外来原因所造成的腐烂或损坏。

海洋运输冷藏货物保险的除外责任，除上述海洋运输货物保险的除外责任外，还包括以下两方面：

（1）被保险货物在运输过程中的任何阶段，因未存放在有冷藏设备的仓库或运输工具中，或辅助运输工具没有隔温设备所造成鲜货腐烂的损失。

（2）被保险货物在保险责任开始时，因未保持良好状态，包括整理加工和包装不妥，冷冻上的不合规定及肉食骨头变质所引起的腐烂和损失。

海洋运输冷藏货物保险的责任期限与海洋运输货物三种基本险的责任期限基本相同，也采用"仓至仓条款"。但是，货物到达保险单所载明的最后目的港，如在30天内卸离海轮，并将货物存入岸上冷藏仓库后还继续负责，以货物全部卸离海轮时起算满 10 天为限。在上述期限内货物一经移出冷藏仓库，保险责任即告终止。货物卸离海轮后不存入冷藏仓库，保险责任自卸离海轮时终止。

2. 海洋运输散装桐油保险

海洋运输散装桐油保险的责任范围是，保险人承保不论什么原因造成的被保险散装桐油的短少、渗漏、沾污或变质的损失。

海洋运输散装桐油保险的责任期限也是"仓至仓条款"。但如果被保险散装桐油运抵目的港不及时卸载，则自海轮抵达目的港时起算满 15 天，保险责任自行终止。

 ## 第二节　其他货物运输保险

中国人民保险公司现行的保险条款中，除了以上介绍的海洋运输货物保险外，还包括陆上货物运输保险、航空运输货物保险、邮包运输货物保险。

一、陆上运输货物保险险别与条款

我国陆上运输货物保险有陆运险、陆运一切险、陆上运输冷藏货物险和战争险。

（一）陆运险（Overland Transportation Risk）

陆运险是陆上运输货物保险的一种基本险，它的责任范围是：被保险货物在运输途中遭受暴风、雷电、地震、洪水等自然灾害，或由于陆上运输工具遭受碰撞、倾覆或出轨，如有驳运过程，包括驳运工具搁浅、触礁、沉没或由于遭受隧道坍塌、崖崩或火灾、爆炸等意外事故所造成的全部损失或部分损失。

（二）陆运一切险（Overland Transportation All Risks）

陆运一切险也是一种基本险，其承保责任范围，除包括上述陆运险的责任外，保险人还负责被保险货物在运输途中由于外来原因造成的短少、短量、偷窃、渗漏、碰损、破碎、钩损、雨淋、生锈、受潮、受热、发霉、串味、沾污等全部或部分损失。

陆运险和陆运一切险的除外责任同海洋运输货物基本险的除外责任类似。

陆运险和陆运一切险的责任期限同海洋货物运输保险的基本险一样，采用"仓至仓条款"。保险人的责任自被保险货物运离保险单所载明的起运地仓库或储存处所开始运输时生效，包括正常运输过程中的陆上和与其有关的水上驳运在内，直至该项货物运达保险单所载目的地收货人的最后仓库或储存处所为止。如未运抵上述仓库或储存处所，则从被保险货物到达最后卸载车站后 60 天为止。

(三) 陆上运输冷藏货物险（Overland Transportation Insurance Frozen Products）

陆上运输冷藏货物险是陆上运输货物保险中的一种专门保险。它的责任范围与陆运险相同，其主要差别在于陆上运输冷藏货物险还负责由于冷藏机器或隔温设备在运输途中损坏所造成的被保险货物解冻溶化而腐败的损失。但对于因战争、工人罢工或运输延迟而造成的被保险货物的腐败或损失以及被保险冷藏货物在保险责任开始时未能保持良好状况，整理、包扎不妥或冷冻不合规定所造成的损失则不予负责。

陆上运输冷藏货物险的责任自被保险货物运离保险单所载起运地点的冷藏仓库装入运送工具开始运输时生效，包括正常陆运和与其有关的水上驳运在内，直至该货物到达目的地收货人仓库为止。但最长不超过货物到达目的地车站后10天。

(四) 陆上运输货物战争险（Overland Transportation Cargo War Risks）

陆上运输货物战争险是一种附加险，只有在投保了陆运险或陆运一切险的基础上，并征得保险公司的同意方可加保。

陆上运输货物战争险的承保责任范围是：被保险货物在火车运输途中由于战争、类似战争行为和敌对行为、武装冲突所致的损失，以及各种常规武器包括地雷、炸弹所致的损失。但对由于敌对行为使用原子或热核武器所致的损失和费用，以及由于执政者、当权者或其他武装集团的扣押、拘留所引起的承保运程的丧失和挫折而致的损失不负责任。

陆上运输货物战争险的责任期限以货物置于运输工具时为限。即自被保险货物装上保险单所载起运地的火车时开始到保险单所载目的地卸离火车时为止。如果被保险货物不卸离火车，则以火车到达目的地的当日午夜起计算满48小时为止；如在运输中途转车，则以火车到达该中途站的当日午夜起计算满10天为止，只有在此期限内装上续运火车，保险责任才继续有效。

二、航空运输货物保险险别与条款

我国航空运输货物保险的基本险别有航空运输险和航空运输一切险两种，附加险有航空运输战争险。

(一) 航空运输险（Air Transportation Risks）

航空运输险的承保责任范围与海洋运输货物保险中的水渍险基本相同，保险公司负责货物在运输途中遭受雷电、火灾、爆炸或由于飞机遭受恶劣气候或其他危难事故而被抛弃，或由于飞机遭受碰撞、倾覆、坠落或失踪等自然灾害和意外事故造成的全部或部分损失。

（二）航空运输一切险（Air Transportation All Risks）

航空运输一切险的责任范围是保险公司除承保上述航空运输险的全部责任外，还负责被保险货物由于偷窃、短少等一般外来原因所造成的全部和部分损失。

航运险和航运一切险的除外责任与海洋运输货物基本险的除外责任相同。

航运险和航运一切险的责任期限，从被保险货物运离保险单所载明起运地仓库或储存处所开始运输时生效，直至该货物运抵保险单所载明目的地交到收货人仓库或储存处所为止。如果货物未抵达上述仓库或储存处所，则以被保险货物在最终卸货地卸离飞机后满30天为止。

（三）航空运输战争险（Air Transportation Cargo War Risks）

航空运输货物战争险的承保责任范围：保险公司负责被保险货物在航空运输途中由于战争、类似战争行为、敌对行为或武装冲突以及各种常规武器和炸弹所造成的损失，但不包括因使用原子或热核制造的武器所造成的损失。

航空运输货物战争险的保险责任期限是，自被保险货物装上保险单所载明的启运地的飞机时开始，直到卸离保险单所载明的目的地的飞机时为止。如果被保险货物不卸离飞机，保险责任期限以载货飞机到达目的地当日午夜起算15天为止。如被保险货物需在中途转运，也不得超过15天。只要在此期限内装上续运飞机，保险责任仍恢复有效。

航空运输货物战争险属附加险，须在投保了航运险或航运一切险并取得保险公司认可的前提下才能投保。

三、邮包运输货物保险

我国的邮包运输货物保险有邮包险、邮包一切险和邮包战争险。

由于邮包运输可能经过海、陆、空三种运输方式进行，因此保险责任也兼顾了海、陆、空三种运输方式的风险。

（一）邮包险（Parcel Post Risks）

邮包险的承保责任范围是保险公司负责被保险邮包在运输途中，由于恶劣气候、雷电、海啸、地震、洪水等自然灾害，或由于运输工具搁浅、触礁、沉没、倾覆、坠落、失踪、失火和爆炸等意外事故所造成的全部或部分损失，还包括海运途中共同海损的牺牲、分摊和救助费用。

（二）邮包一切险（Parcel Post All Risks）

邮包一切险的承保责任范围是保险公司除承担上述邮包险的全部责任外，还对由于一般外来原因所造成的全部或部分损失负责。

邮包险和邮包一切险的责任期限是自被保险货物离开保险单所载起运地寄件人的处所运往邮局时开始生效，直至被保险邮包运抵保险单所载明的目的地邮局，自邮局发出到货通知书给收件人当日午夜起算满 15 天为止，但在此期限内，邮包一经递交至收件人的处所时，保险责任即行终止。

（三）邮包战争险（Parcel Post War Risks）

邮包战争险是邮包货物运输的一种附加险，投保人在投保了邮包险或邮包一切险基础上，并须与保险公司协商后才可加保。

邮包战争险的保险责任是，保险公司对被保险邮包在运输过程中由于战争、类似战争行为和敌对行为、武装冲突或海盗行为及各种常规武器包括水雷、鱼雷、炸弹所造成的损失，以及被保险人对遭受以上承保责任范围内风险的物品采取抢救、防止或减少损失措施而支付的合理费用负责赔偿。但保险公司对因使用原子或热核制造的武器所造成的损失不负赔偿责任。

邮包战争险的保险责任期限是自被保险货物由邮局收讫后自储存处所开始运送时生效，直到该邮包运抵保险单所载明的目的地邮局送交收件人为止。

● 第三节　伦敦保险协会海运货物保险条款

在世界保险业中，英国是一个历史最悠久和最发达的国家，它所制订的保险法、保险条款等对世界各国影响较大。目前，世界上仍有许多国家和地区的保险公司在国际货物运输保险业务中直接采用由英国伦敦保险业协会制订的《协会货物条款》。

《协会货物条款》（Institute Cargo Clauses 简称，ICC）制定于 1921 年，为了适应国际贸易、航运、法律等方面发展的需要，该条款已先后多次进行补充和修订，最近一次修订完成于 1982 年 1 月 1 日，并于 1983 年 4 月 1 日正式实行。

现行的伦敦保险协会的海运货物保险条款共有 6 种险别，它们是：①协会货物（A）险条款；②协会货物（B）险条款；③协会货物（C）险条款；④协会战争险条款（货物）；⑤协会罢工险条款（货物）；⑥恶意损害险条款。现分述如下：

一、协会货物（A）险条款（Institute Cargo Clauses A，简称 ICC（A））

在现行的协会货物条款中，对 ICC（A）险的承保责任的规定，采用了"一切风险减除除外责任"的方式，即除了"除外责任"项下所列风险导致的损失保险人不予负责外，其他风险所致损失均予负责。（A）险的除外责任有以下四项：

（1）一般除外责任。由于被保险人故意的不法行为造成的损失或费用；货物的自然渗漏、重量或容量的自然耗损或自然磨损；包装或准备不足或不当所造成的损失或费用；保险标的内在缺陷或特性所造成的损失或费用；直接由于延迟所引起的损失或费用；由于船舶所有人、经理人、租船人或经营人破产或不履行债务造成的损失或费用；由于使用任何原子或热核武器等造成的损失或费用。

（2）不适航和不适宜除外责任。由于载货船舶、运输工具、集装箱不适宜安全运载保险标的引起的损失或费用，而且这种不适航或不适宜的情况已为被保险人或其受雇人知悉。

（3）战争除外责任。由于战争、内战或敌对行为等造成的损失或费用；由于捕获、拘留、扣留、扣押（海盗行为除外）所造成的损失或费用；由于遗弃的水雷、鱼雷、炸弹等造成的损失或费用。

（4）罢工除外责任。由于罢工者、被迫停工工人或参与工潮、暴动人员等造成的损失或费用；由于罢工、被迫停工、工潮、暴动等造成的损失或费用；任何恐怖主义者或任何出于政治目的而采取行动的人所造成的损失或费用。

二、协会货物（B）险条款（Institute Cargo Clauses B，简称 ICC（B））

ICC（B）险对承保责任的规定采用的是"列明风险"的方式，即把保险人承保的风险一一列出。

（B）险承保由下列原因造成的损失：

（1）火灾或爆炸。

（2）船舶或驳船搁浅、触礁、沉没或倾覆。

（3）陆上运输工具倾覆或出轨。

（4）船舶、驳船或运输工具同水以外的任何外界物体碰撞。

（5）在避难港卸货。

（6）地震、火山爆发或雷电。

（7）共同海损的牺牲。

（8）抛货或浪击落海。

（9）海水、潮水或河水进入船舶、驳船、运输工具、集装箱、大型海运箱或存放处所。

（10）货物在装卸时落海或跌落造成整件的全损。

（B）险的除外责任除了包括（A）险的除外责任外，保险人还对以下两方面的损失不负赔偿责任：

（1）被保险人以外的其他人（如船长、船员）的故意非法行为所导致的损失。

（2）海盗行为所造成的损失。

三、协会货物（C）险条款（Institute Cargo Clauses，简称 ICC（C））

（C）险承保责任的规定，同（B）险相同，也采用"列明风险"的方式，但

（C）险的承保责任比（B）险小，它只承保意外事件所造成的损失，而对由于自然灾害（如地震、火山爆发、雷电等）所造成的风险损失不予负责。

（C）险承保下列原因所引起的损失：

（1）火灾或爆炸。

（2）船舶或驳船搁浅、触礁、沉没或倾覆。

（3）陆上运输工具倾覆或出轨。

（4）船舶、驳船或运输工具同水以外的外界物体碰撞。

（5）在避难港卸货。

（6）共同海损的牺牲。

（7）抛货。

在除外责任方面，ICC（C）险与 ICC（B）险完全相同。

上述三种基本险别的保险期限，均采用"仓至仓条款"。

四、协会战争险条款（货物）（Institute War Clauses Cargo）

协会战争险的承保责任范围是：

（1）战争、内战、革命、叛乱、造反或由此引起的内乱，或交战国的或针对交战国的任何敌对行为所造成的货物损失。

（2）由于上述风险引起的捕获、拘留、扣留或扣押所造成的货物损失。

（3）遗弃的水雷、鱼雷、炸弹或其他遗弃的战争武器所造成的货物损失。

（4）由于上述原因导致的共同海损和救助费用。

协会战争险的除外责任包括：

（1）ICC（A）险的"一般除外责任"与"不适航和不适宜除外责任"。

（2）由于战争原因造成航程中止，货物未能运抵保险单所规定的目的地而引起的间接损失。

（3）由于敌对行为使用原子武器所造成的货物损失。

协会战争险的保险责任期限同中国保险条款战争险相同。

五、协会罢工险条款（货物）（Institute Strikes Clauses Cargo）

协会罢工险的承保责任范围是：

（1）罢工者、被迫停工工人或参与工潮、暴动或民变人员所造成的货物灭失或损坏。

（2）任何恐怖主义者或任何出于政治目的采取行动的人所引起的货物灭失或损坏。

（3）为了避免以上风险所造成的共同海损和救助费用。

协会罢工险的除外责任包括：

（1）ICC（A）险的"一般除外责任"与"不适航和不适宜除外责任"。

（2）由于罢工、停工、工潮、暴动和民变等造成劳动力缺乏、缺少或扣押所引起的损失或费用。

（3）由于航程挫折而引起的损失。

（4）由于战争、内战、革命、叛乱或由此引起的内乱、或交战国或针对交战国的任何敌对行为所造成的损失或费用。

协会罢工险的保险期限同 ICC（A）、ICC（B）、和 ICC（C）险相同，也采用"仓至仓条款"。

六、恶意损害险条款（Malicious Damage Clauses）

恶意损害险是一种附加险，它承保被保险人以外的其他人（如船长、船员等）的故意破坏行为所造成的被保险货物的灭失或损害，但对于出于政治动机的人的故意破坏行动所造成的损失不予负责。

第四节　买卖合同中的保险条款与投保程序

一、合同中的保险条款

买卖合同中保险条款的内容因所采用的贸易术语的不同而有所不同。凡采用 FCA、FOB、CFR 和 CPT 术语成交的合同，因为货物在运输途中的风险及投保责任均由买方承担，所以合同中的保险条款一般应订明：

保险：由买方投保

Insurance：To be coverd by the buyer.

凡采用 CIF 或 CIP 术语成交的合同，保险由卖方负责办理，而卖方则是为买方的利益而投保。因此，合同中应具体订明保险金额、保险险别以及适用的保险条款。如：

保险：由卖方按发票金额的 110% 投保一切险和战争险按 1981 年 1 月 1 日中国人民保险公司海洋运输货物保险条款负责。

Insurance：To be covered by the sellers for 110% of the invoice value against All Risks and War Risk as per Ocean Marine Cargo Clauses of the People's Insurance Company of China date Jan. 1. 1981.

二、进出口货物的投保程序

在我国进出口贸易中，出口多以 CIF 或 CFR 术语成交，进口多以 FOB 术语成交。如果由我方负责投保，一般应按以下程序办理：

（一）选择投保险别

保险险别是保险人承担保险责任的根据，险别不同，保险人承担的保险责任不同，收取的保险费也不相同。因此，合理地选择保险险别对投保人来说至关重要。它既可以使被保险货物的安全得到充分的保障，还可以节省保险费用，避免不必要的费用支出。那么，如何合理地选择保险险别呢？一般地说，由于进出口货物运输保险承保的基本风险是在运输途中因自然灾害和运输工具遭受意外事故所造成的货物损失，所以选择保险险别应首先在基本险别中选择水渍险或平安险，然后根据货物的种类、性质、包装、运输路线、季节、气候、港口情况及政治局势等因素加保适当的附加险别。

（二）确定保险金额

保险金额是被保险人对保险标的实际投保金额，是保险人承担赔偿责任的最高限额，还是计算保险费的基础。投保人在投保货物运输保险时，一般应向保险人申报保险金额。

在我国出口业务中，如按 CIF 或 CIP 术语成交，保险金额通常按 CIF 或 CIP 总值加 10% 计算，所加的百分率称为保险加成率，作为买方的经营管理费用和预期利润。当然，保险加成率百分之十并不是固定不变的，买卖双方可以根据不同的经营管理费用和预期利润率水平，约定不同的加成率。但如果买方要求的保险加成率过高，卖方应在取得保险公司许可的基础上才能同意，并且由此而增加的保险费应由买方承担。

出口货物保险金额的计算公式为：

保险金额 = CIF 货价 × （1 + 加成率）

由于保险金额是以 CIF 价格为基础计算的，如我对外报价为 CFR 价，而对方要求改报 CIF 价，则不能以 CFR 价直接加保险费求得，而应按下列公式计算：

$$CIF 价 = \frac{CFR 价}{1 - [保险费率 × （1 + 保险加成率）]}$$

在我国的进口业务中，货物的保险金额原则上以 CIF 货值计算，不另加成。由于我国进口合同大部分采用 FOB 或 CFR 术语，为简化手续，方便计算，在进出口公司与保险公司签订的预约保险合同中，约定了平均运费率和平均保险费率。据此，就可按进口合同所采用的贸易术语计算保险金额，其计算公式如下：

以 FOB 价成交：

$$保险金额 = \frac{FOB 价 × （1 + 平均运费率）}{1 - 平均保险费率}$$

以 CFR 价成交：

$$保险金额 = \frac{CFR\ 价}{1 - 平均保险费率}$$

（三）办理投保手续

1. 出口货物的投保

出口合同如采用 FOB 或 CFR 条件成交，保险由买方办理，卖方无办理保险的义务。但货物从卖方仓库到装船之间的风险损失须由卖方承担，为使此间的风险损失能获得保险保障，卖方应自行办理装船前的保险。

出口合同采用 CIF 或 CIP 条件成交，保险由卖方办理，卖方应在备妥货物并确定装运日期和运输工具后，向保险公司办理投保。我国出口货物投保，一般需逐笔填写投保单提出书面申请，投保单包括的主要内容有：被保险人名称，被保险货物名称、数量、包装及标志，保险金额，投保险别，运输工具名称，起讫地点、起讫日期等。投保单经保险公司接受后，保险即开始生效。

2. 进口货物的投保

进口货物如采用 CIF 条件，保险由卖方负责办理，如采用 CFR 或 FOB 条件，则由买方自行办理、我国进口货物的投保有两种方式：

（1）订立预约保险合同，它适合于在一定时期内分批装运进口的货物。为了简化保险手续，并避免进口货物在国外装运后因信息传递不及时而发生漏保或迟误投保等情况，经营进口业务的公司可同保险公司签订海运进口货物运输预约保险合同。凡属预约保险合同规定范围内的进口货物，一经起运，保险公司即自动按照既定条件承保，各进口公司对每批进口货物无须填制投保单，只须在获悉每批货物起运时，将起运货物的具体情况，包括装运货物的船名、货物名称和数量、货物价值和保险金额等通知保险公司。

（2）逐笔办理投保，它适合于不经常进口货物的单位。在采用这种方式时，进口单位必须在接到卖方的装船通知后，立即向保险公司索取并填写《进口货物国际运输预约起运通知书》，该项通知书经保险公司认可并盖章后，保险合同即告生效。

（四）支付保险费

保险费是被保险人就其货物保险而付给保险人的费用。它是保险合同生效的条件。

保险费是以保险金额为基础，按一定保险费率计算出来的，其计算公式为：

保险费 = 保险金额 × 保险费率

保险费率是保险公司计算保险费的依据，它是保险公司根据保险标的危险性大小、损失率高低、经营费用多少等情况确定的。商品不同、目的地不同、投保的险别不同，保险费率是不同的。

中国人民保险公司出口货物保险费率分为"一般货物费率"和"指明货物费

率"，前者适用于所有海运出口的货物，凡投保基本险别的所有海运出口货物，均按此货物费率表所列费率收费。后者是针对一些易受损货物加收的一种附加费率，凡此附加费率表所列明的货物在投保一切险时，除按一般费率表所列费率计收保费外，还要按指明货物费率表所列费率加收保费。

我国进口货物保险也有两种费率，"特约费率"和"进口货物费率"。"特约费率"仅适用于同中国人民保险公司签订了预约保险合同的各经营进出口公司的进口货物，它是保险公司与各进出口公司协商拟订的，是一种优惠费率。"进口货物费率"适用于未与中国人民保险公司订有预约保险合同的单位的进口货物，它分为一般货物费率和特价费率两项，前者适用于一切商品，而后者则是在指定的商品投保一切险时采用。

（五）取得保险单证

保险单证是保险公司和投保人之间订立的保险合同，也是保险公司出具的承保证明，它反映了保险公司与投保人之间的权利和义务关系。当发生保险责任范围内的损失时，它是被保险人凭以向保险公司索赔和保险公司理赔的主要依据，同时它也是向银行办理结汇的重要单据之一。

目前，在我国进出口业务中使用的保险单证主要有以下几种：

（1）保险单（Insurance Policy）。它是保险人与被保险人之间成立保险合同关系的正式凭证。保险单的正面和背面都载有内容。其正面内容包括：被保险人名称、被保险货物名称、运输工具种类和名称、承保险别、开航日期及起讫地点、保险金额及偿付地点等项目。保险单的背面载有有关保险人的责任范围以及保险人与被保险人的权利和义务等方面的详细条款。由于这种保险单的责任条款比较全面，所以又被称为"大保单"。

（2）保险凭证（Insurance Certificate）又称"小保单"。它是保险人签发给被保险人，证明货物已经投保和保险合同已经生效的文件。保险凭证只有正面项目而无背面条款，其正面项目与保险单完全相同。

（3）联合凭证（Combined Insurance Certificate）。它是比保险单证更简化的保险单据，保险人将承保险别、保险金额、保险编号加注在出口公司开具的发票上，作为保险单据使用，其他项目均以发票列明者为准。

（4）预约保险单（Open PoLicy）。它是承保一定时期内分批发运的货物。在预约保险单内，载明保险货物的范围、险别、保险费率、保险金额等。货物起运后，保险人按预约保险单所列条件自动承保，保险人可不再签发每批货物的保险单。但被保险人在得知货物起运后，应以起运通知书形式将该批货物的名称、数量、保险金额、运输工具的种类和名称、航程起讫地点、开航日期等情况通知保险人。在实际业务中，预约保险单主要适用于我从国外进口的货物。

三、进出口货物的保险索赔

保险索赔是指被保险人的货物遭受承保责任范围内的风险损失时，被保险人向保险人提出索赔要求。在索赔工作中，一般按下列程序进行。

（一）发出损失通知

当被保险人得知或发现货物已遭受保险责任范围内的损失，应立即通知保险人，并尽可能保护现场。保险人在接到通知后即能会同有关方面进行检验，勘察损失程序，核实损失原因，确定损失性质，并签发检验报告。

（二）向承运人等有关方面提出索赔

当被保险货物运抵目的地，被保险人或其代理人提货时发现货物整件短少或有明显残损痕迹，应立即向承运人以及海关、港务当局索取残损或短量证明。如果货物涉及第三者的责任，则应及时向有关责任方提出索赔，并保留追偿的权利，有时还要申请延长索赔期限。

（三）采取合理的施救措施

被保险货物受损后，被保险人应对受损货物采取可能的、合理的施救措施，以防止损失扩大。因抢救、阻止或减少货损而支付的合理费用，保险人负责赔偿，但以不超过被保险货物的保险金额为限。

（四）备齐索赔单证

被保险人在向保险人索赔前，通常需备齐下列单证：

（1）保险单或保险凭证正本。这是向保险人索赔的基本证件，可证明保险人承担保险责任的范围。

（2）运输合同。包括海运提单、铁路或公路运单、航空运单、邮包收据、多式联运单据等，这些单据载明被保险货物及运输状况，如件数、运输路线、装运时货物的状态，以确定货物的损失是否保险责任范围内的。

（3）发票。发票上所列金额是保险人计算赔偿数额的依据。

（4）装箱单、重量单。载明被保险货物装运时件数和重量的详细情况，有助于保险人核实数量损失。

（5）向承运人等第三者责任方请求索赔的函电或其他证明文件。证明被保险人已经取得了向第三者责任方追偿的权益。

（6）货损货差证明。当承运人签发的提单是清洁提单，而所交的货物有残损或短缺时，可要求承运人签发此证明，作为向保险人索赔的依据。

（7）海事报告。它是船长对海上遭受风险的情况、货损原因以及采取的措施的记录，有助于保险人确定损失原因和保险责任。

（8）索赔清单。其主要列明索赔金额和计算依据，以及有关费用项目和用途。

（五）在规定时效内提出索赔

当上述工作准备好以后，被保险人就可向保险人提出索赔。值得注意的是，一旦货物发生了保险责任范围内的损失，被保险人必须在规定的索赔期限内向保险人索赔，超过这一期限，保险人可以拒赔。如果货物损失既属于保险责任范围，又涉及船方或其他第三者责任方的责任，被保险人必须在有关责任方规定的有效期限内向保险人索赔，以使保险人在支付赔偿金后能向其他第三者责任方行使代位求偿权，即向第三者责任方要求赔偿。如果因被保险人延迟办理索赔而丧失向第三者责任方追偿的权力，保险人将不负赔偿责任。

 实训练习题

一、名词解释

1. 实际全损　　　2. 推定全损　　　3. 共同海损

4. 单独海损　　　5. "仓至仓" 条款　　6. 保险金额

二、单项选择题

1. "仓至仓" 条款是（　　）。

    A. 承运人负责运输起讫的条款

    B. 保险人负责保险责任起讫的条款

    C. 出口人负责交货责任起讫的条款

    D. 进口人负责付款责任起讫的条款

2. 我某公司出口稻谷一批，因保险事故被海水浸泡多时而丧失其原有用途，货到目的港后只能低价出售，这种损失属于（　　）。

    A. 单独损失　　　　　　　　　B. 共同损失

    C. 实际全损　　　　　　　　　D. 推定全损

3. 根据我国 "海洋货物运输保险条款" 规定，"一切险" 包括（　　）。

    A. 平安险加 11 种一般附加险　　B. 一切险加 11 种一般附加险

    C. 水渍险加 11 种一般附加险　　D. 11 种一般附加险加特殊附加险

4. 按国际保险市场惯例，投保金额通常在 CIF 总值的基础上（　　）

    A. 加一成　　　B. 加二成　　　C. 加三成　　　D. 加四成

5. CIC "特殊附加险" 是指在特殊情况下，要求保险公司承保的险别，（　　）

    A. 一般可以单独投保

    B. 不能单独投保

    C. 可单独投保两项以上的 "特殊附加险"

    D. 在被保险人同意的情况下，可以单独投保

6. 某批出口货物投保了水渍险，在运输过程中由于雨淋致使货物遭受部分损失，这样的损失保险公司将（　　）。

    A. 负责赔偿整批货物

    B. 负责赔偿被雨淋湿的部分

    C. 不给予赔偿

    D. 在被保险人同意的情况下，保险公司负责赔偿被雨淋湿的部分

7. 有一批出口服装，在海上运输途中，因船体触礁导致服装严重受浸。如果将这批服装漂洗后再运至原定目的港所花费的费用已超过服装的保险价值，这批服装应属于（　　）。

    A. 共同海损   B. 实际全损

    C. 推定全损   D. 单独海损

8. 我方按 CIF 条件成交出口一批罐头食品，卖方投保时，按下列（　　）投保是正确的

    A. 平安险＋水渍险   B. 一切险＋偷窃提货不着险

    C. 水渍险＋偷窃提货不着险   D. 平安险＋一切险

9. 在海洋运输货物保险业务中，共同海损（　　）。

    A. 是部分损失的一种

    B. 是全部损失的一种

    C. 有时为部分损失，有时为全部损失

    D. 是推定全损

三、判断题

1. 在国际贸易中，向保险公司投保了一切险后，货物运输途中由于任何外来原因造成的一切货损，均可向保险公司索赔。（　　）

2. 按照中国人民保险公司现行的保险条款规定，凡已投保了战争险，若再加保罢工险，保险公司不另行增收保险费。（　　）

3. 根据 CIC 条款，平安险是指保险公司对单独海损不负赔偿责任。（　　）

4. 伦敦保险协会制定的 "协会货物条款" 中的 A 险、B 险和 C 险，其保险公司承保的范围与我国海运货物保险的 FPA、WA 和 ALL RISKS 三种险别的承保范围大致相当。（　　）

5. 按国际保险市场惯例，大保单与小保单具有同等法律效力。（　　）

6. 如果被保险货物运达保险单所载明的目的地，收货人提货后即将货物转运，则保险公司的保险责任于转运到达目的地仓库时终止。　　　　　　（　　）

7. 海运提单的签发日期应早于保险单的签发日期。　　　　　　（　　）

8. 按 CFR 术语进口时，我方在国内投保了一切险，我方承担的风险起讫应为"仓至仓"。　　　　　　（　　）

四、计算题

1. 我某公司对外报价某商品每公吨 10 000 美元 CIF 纽约，现外商要求将价格改报为 CFR 纽约。问：我方应从原报价格中减去的保险费是多少？（设该商品投保一切险，保险费率为 1%）

2. 我出口某商品净重 100 公吨，装 5 000 箱，每箱单价为 89 美元，加一成投保一切险。货到目的港后，买方发现除短少 5 箱外，还短量 380 千克。问：保险公司负责赔偿的金额是多少？

3. 设我方以 50 美元/袋 CIF 新加坡出口某商品 1 000 袋，货物出口前，由我方向中国人民保险公司投保水渍险、串味险及淡水雨淋险，水渍险、串味险及淡水雨淋险的保险费率分别为 0.6%、0.2% 和 0.3%，按发票金额 110% 投保。问：该批货物的投保金额和保险费各是多少？

4. 我方出口货物 3000 件，对外报价为 2 美元/件 CFR 纽约。为避免漏保，客户来证要求我方装船前按 CIF 总值代为办理投保手续。查得该货的保险费率为 0.8%。问：我方对该货投保时的投保金额和应缴纳的保险费是多少？

5. 某货主在货物装船前，按发票金额的 110% 办理了货物投保手续，投保一切险加保战争险。该批货物以 CIF 成交的总价值为 20.75 万美元，一切险和战争险的保险费率合计为 0.6%。问：（1）该货主应交的保险费是多少？（2）若发生了保险公司承保范围内的风险，导致该批货物全部灭失，保险公司的最高赔偿金额是多少？

6. 我某出口商品对外报价为每公吨 1200 英镑 FOB 黄埔，对方来电要求改报 CIFC5% 伦敦，试求：CIFC5% 伦敦价为多少？（已知保险费率为 1.68%，运费合计为 9.68 英镑）

7. 我出口某商品，原报价为 350 美元/桶 CIF 纽约，现外商要求将价格改报为 CFRC5%。已知保险费率为 0.6%，试求：我方应将价格改报为多少？

五、案例分析题

1. 某远洋运输公司的"东风"号轮在 6 月 28 日满载货物起航，出公海后由于风浪过大偏离航线而触礁，船底被划出长 2 米的裂缝，海水不断渗入。为了船货的共同安全，船长下令抛掉 A 仓的所有钢材并及时组织人员堵塞裂缝，但无效果。为使船舶能继续航行，船长请来拯救队施救，共支出 5 万美元施救费。船的裂缝补好后继续航行，不久，又遇恶劣气候，入侵海水使 B 舱的底层货物严重受损，放在甲板上的 2000 箱货物因没有采用集装箱装运也被风浪卷入海里。问：以上的损失，各属什么性质的损失？投保什么险别的情况下，保险公司给予赔偿？

2. 我某公司以 CIF 条件出口大米 1000 包，共计 100 000 千克。合同规定由卖方投保一切险加战争险，后应买方的要求加附罢工险，保险公司按"仓至仓"条款承保。货抵目的港卸至码头后，适遇码头工人罢工与警方发生冲突，工人将大米包垒成掩体进行对抗。罢工经历 15 天才结束。当收货人提货时发现这批大米损失达 80%，因而向保险公司索赔。问：保险公司应否给予赔偿？为什么？

3. 某合同出售一级小麦 150 公吨，按 FOB 条件成交，装船时货物经检验，符合合同规定的品质条件，卖方在装船后及时向买方发出装运通知。但船舶在航行途中，由于遭遇触礁事件，小麦被海水浸泡，品质受到严重影响。当货物到达目的港后，只能降价出售，买方因此要求卖方赔偿其差价损失。问：卖方对上述情况下产生的货物损失是否要承担赔偿责任？为什么？

4. 一份 CIF 合同，出售大米 50 公吨，卖方在装船前投保了一切险加战争险，自南美内陆仓库起，直至英国伦敦的买方仓库为止。货物从卖方仓库运往码头装运途中，发生了承保范围内的货物损失。当卖方凭保险单向保险公司提出索赔时，保险公司以货物未装运，货物损失不在承保范围内为由，拒绝给予赔偿。问：在上述情况下，卖方有无权利向保险公司索赔？为什么？

5. 我方按 CIF 纽约出口冷冻羊肉一批，合同规定投保一切险加战争险、罢工险。货到纽约后适逢码头工人罢工，货物因港口无法作业不能卸载。第二天货轮因无法补充燃料，以致冷冻设备停机。等到第五天罢工结束，该批冷冻羊肉已变质。问：进口商向保险公司索赔是否有理？

6. 某货轮在某港装货后，航行途中不慎发生触礁事故，船舶搁浅，不能继续航行。事后船方反复开倒车强行浮起，但船底被划破，致使海水渗入货舱，造成船货部分损失。为使货轮能继续航行，船长发出求救信号，船被拖至就近港口的船坞修理，暂时卸下大部分货物。前后花了 10 天，共支出修理费 5000 美元，增加各项费用支出（包括员工工资）共 3000 美元。当船修复后继续装上原货起航。次日，忽遇恶劣气候，使船上装载的某货主的一部分货物被海水浸湿。(1) 试从货运保险义务方面分析，以上所述的各项损失，各属于什么性质的损失？(2) 在投保了平安险的情况下，被保险人有权向保险公司提出哪些赔偿要求？为什么？

第六章 国际货物价款的支付

在国际货物买卖合同中，支付条款是其重要内容之一，它主要涉及支付时间、支付地点、支付工具和支付方式等问题。这些问题对买卖双方的切身利益有着重要的影响，对卖方来说，它关系到能否及时安全地收汇；对买方而言，它关系到能否安全地收到符合合同规定的货物。因此在磋商交易时，买卖双方必须就上述问题取得一致意见，并在合同中加以明确规定。

第一节 支付时间

在国际货物买卖中，货款的支付时间应视交易金额的大小、交易对手的信誉状况及交易商品的特点确定。买卖合同中支付时间的规定主要有以下三种：

一、交货前付款（Payment prior to delivery）

交货前付款，是指合同签订后卖方尚未支付货物之前买方即需付款，如国际贸易中采用的预付货款。采用交货前付款对卖方最为有利，他可以在收到货款后再购货发运，对他来说是做一笔无本钱的生意。此外，因为是收款后再发货，主动权就在他手里，根本没有什么风险。但对于进口商来说，这种方法是最为不利的，因为先付出货款，资金占用时间长，而且还承担着付了款而收不到货的风险。因此，除非卖方信誉极佳或卖方能够供给非常抢手的货物，作为进口商一般不宜采用此种规定方法。

二、交货时付款（Payment against delivery）

交货时付款是一手交钱一手交货，银货当面两讫。但在国际货物买卖中，由于交易双方分处两地，无法面对面地进行交易，因此通常是卖方交货后将作为货权凭证的单据通过银行向买方提示，买方一般只有付款后才取得货权凭证，并凭以提货或转售，这种方法降低了买卖双方的风险，对买卖双方都较为公平合理。国际贸易中普遍采用的即期信用证付款，以及即期付款交单等，都属交货时付款。

三、交货后付款（Payment after delivery）

交货后付款是指卖方将货物装运出口，买方收货后或收货后再过一段时间付款。采用交货后付款的付款方式有远期信用证，远期付款交单、承兑交单、货到付款等。这种方法对买方最为有利，他不但掌握主动权，而且资金负担最少。但对卖方而言则最为不利，因为卖方先发货，他就冒买方不付款的风险。因此，只有在买方信誉极佳，或有银行担保或卖方为开辟新市场的情况下才可采用。

● 第二节　支付工具

在我国进出口业务中，除对极少数国家的交易，是根据政府间签订的贸易支付协定的规定由双方的国家银行相互开立账户，采用记账方式结算外，对绝大部分国家的交易是通过银行使用现汇结算方式，即逐笔结算、一笔一清。而在现汇结算中，以现金结算者较少，大多利用非现金即票据来结算彼此间的债权债务。

票据是以无条件支付一定金额为目的的可流通转让的有价证券。它具有以下性质和特点：

（1）有价性。票据是以一定的货币金额表示一定的财产权力，票据债务人在偿还其债务时，必须用金钱而不是金钱以外的其他财产。

（2）无因性。票据持有人要求票据所载明的权利时，不需要说明要求权利的原因。只要其所持票据符合法律规定的条件，无论持票人如何取得该票据，票据的债务人都必须无条件地支付。

（3）要式性。票据必须依照法定的形式做成，票据上面记载的必要项目必须齐全，各项必要项目又必须符合规定。此外，处理票据的票据行为也必须符合有关法律的规定。

（4）流通转让性。票据的持有人有权通过交付或背书及交付将票据转让给他人（受让人），而不必向债务人发出通知。

（5）文义性。票据当事人的权利和义务完全依照票据上的文字记载决定，不能以票据文义以外的其他任何理由而改变票据当事人的权利和义务。

（6）提示性。票据的持有人欲实现票据上的权利要求债务人付款时，必须向其提示票据，债务人才予以给付。

（7）返还性。持票人领取票据上所示的金额后，必须在票据上签收并将此票据交还给付款人。

在国际贸易中使用的票据主要有汇票、本票和支票。其中以汇票使用最多。

一、汇票（Draft）

汇票是由出票人向另一人签发的要求即期、定期或在可以确定的将来时间向指定人或根据其指示向来人无条件地支付一定金额的书面命令。

（一）汇票的基本内容

对于汇票的必要项目，各国法律的规定是不一样的，但其基本内容大体是相同，一般有以下几个方面：

（1）"汇票"的字样。汇票上必须写有"汇票"的文字，其目的在于明确票据的性质，以便同其他支付工具如本票、支票等加以区别。

（2）无条件支付命令。汇票是出票人指定付款人向收款人付的无条件支付命令书，汇票票款的支付不能受到限制，也不能附带任何条件。

（3）确定的金额。汇票必须注明确切的金额，并且要用文字大写和数字小写分别表明。如大写与小写数额不同，则以大写为准，如记载金额的文字在汇票上有多处而金额不一致时，则以金额最小为准，而在实务中则多是退票要求出票人更改相符后，再进行提示要求付款。

（4）付款人名称（Drawee）。付款人又称受票人，即接受支付命令付款的人，在进出口业务中，通常是进口人或其指定的银行。如果汇票上的付款人是出票人本人，或者付款人是虚构的，或是没有支付能力的人，持票人有权决定，把它作为本票或作为汇票处理。出票人与付款人同为一人，严格地说，是不符合汇票定义的，因此这种汇票可视为本票。

（5）收款人名称（Payee）。收款人又称受款人，即接受汇票所规定金额的人，在进出口业务中，通常是出口人或其指定的银行。汇票上的收款人是主债权人，必须明确记载。汇票上的收款人又称汇票"抬头"，它可以有许多种类，这些种类直接影响汇票是否可以转让，用什么方法转让。现将这些种类详述如下：

①限制性抬头。例如："仅付××公司"（Pay to ×× company）或"付××公司，不得转让"（Pay to ×× company not transferable）。这种汇票不能流通转让，只能由汇票上指定的受款人收取货款。

②指示性抬头。例如："付给××公司指定的人"（Pay to the order of ×× company)，或者"付给××公司或其指定的人"（Pay to × × company or order）。指示性抬头的汇票，既可由抬头人去收取货款，又可经其背书后转让给第三者。

③来人抬头。例如："付给来人"（Pay bearer）。这种汇票不需背书，只要交付就可转让。

（6）出票日期（Date of Issue）。汇票上必须加列出票日期，它有二个重要作用：①确定出票人在开立汇票时有无行为能力，如果出票时法人已宣告破产或清理，已丧失行为力，则票据不能成立。②确定某些汇票的有效期或到期日，即期汇票的有效期和出票后定期付款的远期汇票的到期日，均从出票日起算。

（7）出票人及其签字。出票人（Drawer）即签发汇票的人，在进出口业务中，通常是出口人或银行。出票人在汇票上签字是承认自己的债务，收款人因此有了债权，从而汇票成为债权凭证。

如果汇票上没有出票人签字，则票据无效。如果汇票上的签字是伪造的，或是由未经授权的人签字，则票据不能成立。

（8）付款地点（Place of payment）。付款地点是持票人提示票据请求付款的地点，在汇票遭拒付时，还是拒绝证书作出地。付款地点有一个非常重要的作用，即在付款地发生的"提示"、"承兑"、"付款"等票据行为，必须符合付款地国家的法律规范。

（9）付款期限（Tenor）又称付款到期日，是付款人履行付款义务的日期。汇票付款日期的规定有4种：①即期付款；②出票后若干天付款；③见票后若干天付款；④提单签发日后若干天付款；⑤定日付款。如果汇票上没有明确表示付款日期，即没有注明到期日，可视为见票即付。

（10）出票地点（Place of Issue）。出票地点是指汇票签发地，它在国际汇票中作用在于汇票是否成立是以出票地国家的法律来衡量的。一张汇票根据出票地国家法律已具备必要项目而生效时，付款地也同样认为有效。

根据《日内瓦汇票和本票统一法公约》（以下简称《统一法》和《中华人民共和国票据法》（以下简称《票据法》）的规定，一张汇票必须具备上述1至7项内容才能有效，而付款日期、付款地点和出票地点可不作具体规定。按我国《票据法》，汇票上未记载付款日期的，为见票即付；汇票上未记载付款地的，付款人的营业场所、住所或者经常居住地为付款地；汇票上未记载出票地的，出票人的营业场所、住所或经常居住的地方为出票地。

（二）汇票的种类

汇票依不同的分类标准，可作如下分类：

1. 按出票人的不同，可分为银行汇票和商业汇票

银行汇票（Banker's Draft）由银行签发的汇票，其出票人和付款人均为银行。这种汇票一般是银行应汇款人的要求而开立的，以汇入行为付款人。银行开出汇票

后交给汇款人，由汇款人寄交国外的收款人，向银行收取货款。银行汇票多为光票，不附单据，主要用于汇款。

商业汇票（Commercial Bill）由银行以外的企业或个人签发的，其付款人可以是企业、个人，也可以是银行。在国际货物买卖中，由出口商签发的向国外进口商或付款银行收取货款的汇票，属于商业汇票。

2. 按付款时间的不同，可分为即期汇票和远期汇票

即期汇票（Sight Draft）是持票人向付款人提示汇票时，或付款人见票时，应立即付款的汇票。这种汇票以持票人提示汇票之日作为汇票到期日。

远期汇票（Time Bill or Usance Bill）是在一定期限或特定日期付款的汇票。远期汇票的付款日期一般有以下几种规定方法：

（1）见票后若干天付款（At × × days after sight），即从持票人提示汇票之日起算，于一定时期内（如6个月）付款。这种汇票使付款人较主动，他可以避而不见票以推迟付款时间，对出票人不利。

（2）出票后若干天付款（At × × days after date），即从出票日起算，在一定期间内（如3个月）付款。这种汇票不受付款人是否见票的限制，对出票人有利，但不易为受票人接受。

（3）提单签发后若干天付款（At × × days after Bill of Lading），即从提单签发日起算，于一定期间内（如2个月）付款。这种规定方法比较合理，易为双方所接受。

（4）定日付款（Fixed Date）即在汇票上载明付款的具体日期。

在实务中，上述第（1）种方法运用较多，第（3）种方法次之，而第（2）、（4）种运用较少。

3. 按汇票是否附有货运单据的不同，可分为光票和跟单汇票

光票（Clean Bill）是不附带任何货运单据的汇票、货运单据包括提单、发票、保险单等。由于光票的付款与代表货物所有权单据的转移相分离，受票人（进口商）仅凭一张汇票付款，对获得物权单据缺乏保证，因而在国际贸易中较少采用，一般仅限于贸易从属费用如样品费、运费、保险费、进口索赔及货款尾数和佣金的支付。

跟单汇票（Documentary Draft）是附有货运单据的汇票。采用这种汇票，汇票的收款人必须同时提交合同约定的货运单据，才能取得货款，而付款人必须在付清款项或提供一定保证后，方能取得货运单据，提取货物。因此跟单汇票体现了货款与单据对流的原则，收款人如不提供单据或提供了不合规定的单据，付款人有权拒付货款；反之，付款人如拒绝接受汇票或不付款，则得不到提单及其他货运单据，就无法提货。这对买卖双方均提供了一定的安全保障，所以在进出口业务中，跟单汇票成为使用量最大的支付工具。

4. 按承兑人的不同，可分为商业承兑汇票和银行承兑汇票

商业承兑汇票（Commercial acceptance draft）是由企业或个人作为付款人并经

其在汇票上履行承兑手续的汇票。这种汇票的出票人通常是工商企业或个人，它是建立在商业信用基础上的。

银行承兑汇票（Banker's acceptance draft）是由银行在汇票上履行承兑手续的汇票。这种汇票是建立在银行信用基础上的，因为虽然该汇票的出票人仍为工商企业或个人，但一经银行承兑，银行就成为主债务人，而出票人则变为从债务人。

一张汇票可以同时具备上述多种特性，例如一张商业汇票，可以同时又是即期跟单汇票，一张远期商业跟单汇票，可以同时又是远期商业承兑跟单汇票或远期银行承兑跟单汇票。

（三）票据的使用

汇票代表一定的金钱权利，但其权力的创设和实现需要经过一定的使用程序，并且这些程序必须符合有关法律的规定。

1. 出票（Issue）

出票是出票人在汇票上填写付款人、付款金额、付款日期和地点以及受款人等项目，经签字交给受款人的行为。

出票包括两个动作：①写成汇票，即出票人按照汇票的必要项目与付款人的约定制作汇票并签名。②交付，即将汇票交给收款人。收款人只有获得票据才拥有债权，仅写成汇票而无交付，尚不构成出票，汇票不能生效。因此出票人只有将票据交给收款人，才算真正设立了债权。

出票人出票后，对收款人或持票人应担保汇票于提示时被付款人承兑和付款。如果付款人拒绝承兑或付款时，持票人有权向出票人追索，要求其偿付票款。

2. 提示（Presentation）

提示是持票人将汇票提交付款人要求承兑或付款的行为。

汇票代表一定的金钱权利，而要实现这种权利，就必须向债务人提示票据，提示票据就是要求票据权利。根据提示目的的不同，可将提示分为两种：①付款提示：持票人向付款人提交汇票，要求付款。这是即期汇票或已到期的远期汇票向付款人提示的目的。②承兑提示：持票人向付款人提交汇票，要求其办理承兑手续，到期付款。这是远期汇票持票人向付款人提示的目的。

无论是付款提示还是承兑提示必须符合以下规定，持票人才能取得汇票权利。

第一，在法定期限内提示。按照《统一法》的规定，即期汇票的付款或未承兑远期汇票的承兑提示期限为出票日起算 1 年；已承兑远期汇票的付款提示期限为付款到期日或次日的两个营业日内。我国《票据法》则规定为：定日付款或者出票后定期付款的汇票应当在汇票到期日前向付款人提示承兑；见票后定期付款的汇票应当自出票日起 1 个月内向付款人提示承兑；即期汇票的提示付款期限为出票日后 1 个月；已经承兑的远期汇票的提示付款期限为到期日起 10 日内。如果未在规定的时间内提示，持票人即丧失对其前手的追索权。

第二，在正当地点提示。即持票人应在汇票上指定的地点向付款人提示汇票，如果汇票上未指定地点，应在付款人营业所提示，如果没有营业所，应在付款人住所提示。

3. 承兑（Acceptance）

承兑是远期汇票的付款人在汇票上签名，用以表示到期付款的意愿的票据行为。

承兑也包括两个动作：①作成承兑。即付款人在汇票上写明"承兑"字样，注明承兑日期并签名，确认对汇票的付款责任。②交付，即把承兑的汇票交给持票人，只有在交付以后，承兑方始生效和不可撤销。付款人承兑后，即成为主债务人，必须首先负担付款责任。

汇票的承兑有两种：普通承兑和限制性承兑。普通承兑（General Acceptance）是指承兑人对出票人的指示不加任何限制地同意确认。限制性承兑（Qualified Acceptance）是指承兑人有限地接受出票人的指示，它包括三种情况：①有条件承兑：即在满足所述条件后承兑人才付款。②部分承兑：即只对汇票金额的一部分承担到期付款的责任。③地方承兑：即承兑时限定付款地点。根据我国《票据法》的规定，限制性承兑应视为拒绝承兑，而《统一法》承认部分承兑的效力，但将其他限制性承兑视为拒绝承兑。

汇票的承兑也必须在规定的时间内作成。按《统一法》规定，持票人第一次提示汇票时，付款人可以不承兑而要求其第二天再提示，而当持票人第二天提示时付款人就必须作成承兑。根据我国《票据法》，汇票的付款人应当自收到提示承兑的汇票之日起3日内承兑或拒绝承兑。如果付款人没有在规定的时效内作成承兑，就作为拒付。

在国际货物买卖中，凡是远期汇票，除非汇票注明"不得提示承兑"，持票人都作承兑提示。如果付款人不承兑，持票人就可立即向前手追索。如果承兑了持票人在到期日就可向付款人收款。正由于此，一般的受让人都不愿意接受未承兑的汇票。所以已承兑的汇票，对持票人来说不仅有助于安全收款，还有利于汇票的转让。

4. 付款（Payment）

付款是付款人向持票人支付汇票金额的行为。对即期汇票，在持票人提示汇票时，付款人即应付款；对远期汇票，付款人经过承兑后，在汇票到期日付款。付款后，汇票上的一切债务即告终止，付款人一般要求收款的持票人在背面签字作为收款证明并收回汇票，并且可要求持票人开出收据，此时汇票就注销了，不仅付款人解除了债务义务，所有汇票债务人的债务都因此消失。但如果不是由付款人或承兑人付款，而是由出票人或背书人付款，则付款人或承兑人对汇票的债务责任并没有解除，这样的付款就不能使汇票注销。

5. 背书（Endorsement）

背书是由汇票抬头人在汇票背面签上自己的名字，或再加上受让人（被背书人）的名字，并把汇票交给受让人的行为。

背书同样包括两个动作：①写成背书，即背书人在汇票背面签字，以表明其转让票据权利的意图；②交付，即背书人将汇票交付给被背书人，汇票权利的转让只有交付之后才算完成。

经过背书这一行为，汇票的权利就由背书人（让与人）转移给被背书人（受让人），除背书人加以限制的以外，被背书人可以再经过背书将汇票转让给他人。凡需背书转让的汇票，一般都可以经过背书不断转让下去。对汇票受让人来说，所有在他以前的背书人以及出票人都是他的"前手"，对汇票让与人来说，所有在他以后的受让人都是他的"后手"，前手对后手负有担保汇票必然会被承兑或付款的责任。如果付款人对汇票拒绝承兑或付款，后手有权向其前手进行追索。对于受让人来说，前手越多。即已在票据上签名的人越多，他的债权的担保人也就越多，对他来说也就越安全。

背书的方式主要有三种：

（1）限制背书（Restrictive Endorsement），即背书人在汇票的背面签字并注明"仅付给××（被背书人名称）"。限制性背书的汇票只能由被背书人取款收账，不得转让给他人。

（2）记名背书（Special Endorsement），又称特别背书，是指背书人在汇票背面签字并写明被背书人的姓名，汇票经背书和交付后，即由背书人转让给被背书人。经过记名背书的汇票，被背书人可以再作记名背书来转让票据权利，也可以仅作空白背书来转让。这样，背书的汇票可以经过连续背书多次转让。

（3）空白背书（Blank Endorsement），又称不记名背书，即背书人仅在汇票背面签上自己的姓名，而不注明被背书人的姓名。此后，被背书人还可通过空白背书，再度转让汇票。

6. 拒付（Dishonour）

拒付又称退票，是指持票人提示汇票要求承兑或付款时，遭到拒绝承兑或拒绝付款。它包括以下几种情况：

（1）到期日不获付款。持票人按规定的时间和地点向付款人作付款提示时，遭到付款人的明确拒绝；或付款人虽未明确拒绝，但在规定的期限内不付。另外付款人避而不见致使持票人无法按规定作付款提示也属此类。

（2）到期日前不获承兑。包括持票人按规定向付款人作承兑提示，付款人拒绝承兑，或虽未表示拒绝，但在规定时效内未作承兑或仅作限制性承兑，以及付款人避而不见使持票人无法向付款人作承兑提示。

（3）承兑人或者付款人死亡或逃匿。汇票的承兑人或付款人，在持票人向其作承兑提示或付款提示前就已经死亡或逃匿，此时持票人无法向付款人提示承兑或提示付款。

（4）承兑人或付款人被依法宣告破产或因违法被责令终止业务活动。此时承兑人或付款人已丧失行为能力或资格，持票人根本不可能获得承兑或付款。

当汇票遭拒付时，持票人有权行使追索权，向其前手要求偿付汇票所载金额。

7. 追索（Recourse）

持票人在票据被拒付时，对背书人、出票人及其他票据债务人行使请求偿还的权利，这种行为称为追索。持票人行使追索权应具备以下条件：

（1）必须在法定期限内向付款人提示承兑或提示付款。如未经提示或未在规定期限内提示，持票人不得对其前手进行追索。

（2）必须在法定期限内作成拒绝证书。拒绝证书是指由拒付地点的法定公证人或法院、银行、公会等其他依法有权作出证书的机构作出证明拒付事实的书面文件，有拒绝承兑证书和拒绝付款证书两种。其作用在于证明持票人已按规定行使票据权利但未获结果。由此，持票人得以行使追索权。拒绝证书必须在法定期限内作成，否则持票人就会丧失对出票人和背书人的追索权。根据《统一法》规定，拒绝证书必须在规定的承兑或付款提示期中作成，即远期汇票承兑拒绝证书及即期汇票的付款拒绝证书，必须在遭拒绝后的第二天终了前作成；远期汇票付款拒绝证书必须在到期日及以后两天内作成。

（3）必须在法定期限内将拒付事实通知前手。

遭拒付时，除非汇票上载有"免作拒付通知"的文字，持票人必须在规定期限内向前手作拒付通知。按《统一法》规定：持票人应当在拒绝证书作成后4个营业日内将拒绝事由通知背书人及出票人，背书人应当在收到拒绝事由后2个营业日内通知其前手。我国《票据法》规定：持票人应当自收到被拒绝承兑或者被拒绝付款的有关证明之日起3日内，将被拒绝事由书面通知其前手，其前手应当自接到通知之日起3日内书面通知其再前手。如果未按照规定期限将拒付事由通知前手，持票人仍可行使追索权，但应赔偿因其未及时通知而给前手造成的损失。

（4）必须在法定期限内行使追索权。各国票据法都对持票人行使追索的期限作了规定，如果持票人未在法定期限内行使追索权，则即行丧失。《统一法》规定：持票人对前一背书人及出票人行使追索权的期限为1年。我国《票据法》规定，持票人对前手的追索权，自被拒绝承兑或被拒绝付款之日起6个月；持票人对前手的再追索权，自清偿日或被提起诉讼之日起3个月。

二、本票（Promissory Note）

本票是一个人向另一个人签发的，保证于见票时或在可以确定的某个时间对某人或某指定的人或持票人支付一定金额的无条件书面承诺。

（一）本票的基本内容

根据《统一法》的规定，本票应载明以下事项：

①"本票"的字样；②无条件支付一定金额的承诺；③付款日期（未载明付款

日期的，视为见票即付）；④付款地点（未载明付款地点的，出票地视为付款地）；⑤收款人或其指定人的姓名；⑥出票日期及地点（未载明出票地的，出票人姓名旁之地点视为出票地）；⑦出票人签章。

按我国《票据法》，本票必须记载下列事项：

①表明"本票"的字样；②无条件支付的承诺；③确定的金额；④收款人名称；⑤出票日期；⑥出票人签章。本票上未记载上述之一的本票无效。

本票的付款地及出票地对本票有重要作用，主要表现在：本票是否有效以出票地国家法律作为判断标准，本票的行为应符合付款地国家的法律规定。但根据我国《票据法》，本票上没有记载付款地和出票地的，本票仍有效，未记载付款地的，出票人营业场所为付款地；未记载出票地的，出票人营业场所为出票地。

（二）本票的种类

本票可从以下两个角度分类：

1. 按出票人的不同，本票可分为一般本票和银行本票

一般本票（General Promissory Note）的出票人是工商企业或个人，又称商业本票；银行本票（Banker's Promissory Note）的出票人是银行。我国《票据法》所称本票指银行本票。

2. 按付款期限的不同，本票可分为即期本票和远期本票

即期本票是见票即付的本票；远期本票是指承诺于未来某一规定的或可以确定的日期支付的本票。商业本票可有即期和远期之分，而银行本票都是即期的。

（三）本票与汇票的区别

本票在许多方面与汇票相同或相似，如有关汇票的出票、背书、提示、付款、追索等票据行为的规定，基本上都适用于本票，但两者也有区别，表现在以下几方面：

（1）本票是无条件支付的承诺，而汇票是无条件支付的命令。

（2）本票的当事人只有出票人和收款人，出票人即为付款人，所以本票无需记载付款人的姓名；而汇票的当事人至少有出票人、付款人和收款人三个。

（3）本票是付款承诺，因而无承兑行为，其出票人始终是主债务人；而汇票是付款命令，如系远期汇票，则必须经过承兑，承兑之后，承兑人就成为汇票的主债务人，而出票人则为从债务人。

（4）汇票能够开成一式多份，而本票只能一式一份，因为本票就像已承兑过的汇票，汇票的付款人在汇票有一式多份时只承兑一张，因此本票也只有一张。

三、支票（Cheque）

支票是银行的存款储户对银行签发的授权银行对某人或其指定人或持票人即期

支付一定金额的无条件支付命令。

（一）支票的基本内容

《统一法》规定，支票必须具备以下项目：

①写明"支票"的字样；②无条件支付一定金额的委托；③付款人名称；④付款地（未载明付款地的，以付款人姓名旁之地为付款地）；⑤出票日期及出票地点（未载明出票地的，以出票人姓名旁之地为出票地）；⑥出票人签章。

我国《票据法》规定，支票必须记载下列事项：

①表明"支票"的字样；②无条件支付的委托；③确定的金额；④付款人名称；⑤出票日期；⑥出票人签章。

支票上缺少上述任一项者，支票无效。

（二）支票的种类

常见的支票有以下几种：

（1）记名支票（Cheque to Order），它是在支票收款人一栏内写明收款人姓名的支票，这种支票在取款时须由收款人签章方可支取。

（2）不记名支票（Cheque Bearer），又称空白支票，指支票上不记载收款人姓名，只写"付来人"。这种支票的持票人无须在支票背面签章即可支取票款，而且可以通过交付将其转让。

（3）划线支票（Crossed Cheque），又称横线支票，这种支票在票面上划有两道平行线。它与一般支票不同，一般支票可以委托银行收款入账，也可以由持票人自行提取现款；而划线支票只能委托银行入账，不能取现。使用这种支票的目的，主要是为了防止支票遗失时被人冒领。

（4）保付支票（Certified Cheque），即经银行加盖"保付"戳记，由银行承担付款责任。为了防范出票人开立空头支票，支票的收款人或持票人可以要求付款银行对支票保付，以表明在支票提示时一定付款，支票经过保付后，付款银行就成为主债务人，出票人和背书人均可免于追索。

（5）银行支票（Banker's Cheque），是由银行签发并由银行付款的支票，实际上这种支票就是银行签发的即期汇票。

（四）支票与汇票的区别

票据法有关汇票的出票、背书、付款、追索等方面的规定，同样也适用于支票。但支票与汇票相比也有许多不同之处，其主要区别是：

（1）支票的付款人一般仅限于银行，而汇票的付款人可以是银行，也可是工商企业或个人。

（2）支票的出票人与付款人之间必须先有资金关系；而汇票的出票人与付款人

之间则不必先有资金关系。

（3）支票均为见票即付，无需承兑手续；而汇票则不限于见票即付，除见票即付者外，一般均须办理承兑手续。

（4）支票有保付和划线制度，而汇票则无此制度。

第三节 支付方式

在国际贸易中常用的支付方式有汇付、托收和信用证。这三种支付方式根据资金流向与支付工具的传递方向的不同，可分为顺汇和逆汇两大类。顺汇（Remittance）是由债务人或付款人主动通过银行将款项汇交收款人，因其资金流向与支付工具的传递方向一致，故称顺汇，又称汇付法。汇付即属于顺汇。逆汇（Honour of Draft）是债权人以出具票据的方式委托银行向债务上收取款项，因其资金流向与支付工具的传递方向相反，故称逆汇，又称出票法。托收及信用证结算方式均属于逆汇。

一、汇付（Remittance）

汇付又叫汇款，是汇款人通过银行将款项汇交收款人的一种支付方式。

（一）汇付的当事人

汇付方式有四个当事人：

（1）汇款人（Remitter）即债务人或付款人，在进出口业务中通常为进口人。

（2）收款人（Beneficiary）即债权人，在进出口业务中通常为出口人。

（3）汇出行（Remitting Bank）即受汇款人委托汇出款项的银行。通常为进口人所在地银行。

（4）汇入行（Paying Bank）即受汇出行委托解付汇款的银行。通常为出口人所在地银行。

汇款人在委托汇出行办理汇款时，要出具汇款申请书，该项申请书是他们之间的一种契约。汇出行有义务按申请书的要求，通过他的代理行（汇入行）向收款人解付汇款。但是，汇出行仅仅是代客办理汇款业务，在此业务之外，它不承担任何责任。

（二）汇付的种类

汇付主要有三种：

1. 电汇（Telegraphic Transfer，简称 T/T）

电汇是汇出行应汇款人的请求，通过电报或电传，委托汇入行向收款人解付汇款。在汇款时，汇款人须填写《电汇申请书》，然后将申请书连同汇款及所需费用交汇出行，由汇出行以加注密押的电报或电传作为结算工具，拍发给汇入行。汇入行收到电报或电传核对密押相符后，即通知收款人凭收据或适当证明文件取款。汇款交付收款人后，汇入行除向汇出行收回款项或邮寄付讫借记通知进行转账外，应将收据交汇出行或转交汇款人，作为款已交付的凭证。

电汇的优点是速度快，收款人可以迅速收到款项，因此在国际货物买卖中使用最广，但其费用较高。

2. 信汇（Mail Transfer，简称 M/T）

信汇是汇出行应汇款人申请，将《信汇委托书》邮寄给汇入行，委托汇入行向收款人解付汇款。信汇的业务处理大致与电汇相同，所不同的是汇款人在汇款时须填写《信汇申请书》，银行不以加注密押的电报或电传为结算工具，而以《信汇委托书》为结算工具，邮寄给汇入行。

信汇费用低，银行可利用其资金，但收款人收到汇款的时间较迟。

电汇、信汇业务流程见图 6-1：

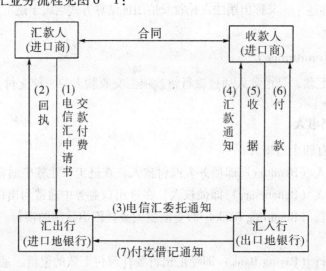

图 6-1　电汇、信汇业务流程图

3. 票汇（Demand Draft，简称 D/D）

票汇是汇出行应汇款人的申请，代汇款人开立以汇入行为解付行的即期汇票，向收款人支付汇款。票汇的具体做法是：由汇款人向汇出行填写票汇申请书，交款付费给汇出行，汇出行开立以汇入行为解付行的银行汇票交付款人，由汇款人自行寄给收款人，汇出行在开立汇票的同时，将票汇通知书或票根寄汇入行，收款人收到汇票后持票向汇入行取款，汇入行将汇票与票根核对无误后，解付票款给收款人。

票汇业务流程见图 6-2。

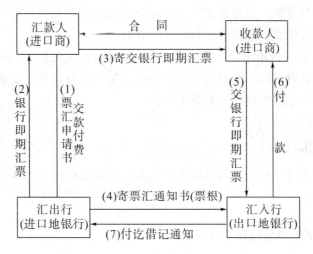

图 6-2　票汇业务流程图

电、信汇与票汇有不同之处，表现在：①电、信汇的收款人须接到汇入行的通知后方能取款；而票汇的收款人无须汇入行通知，凭汇票登门取款。②电、信汇的收款人不能转让收款权，而票汇的收款人可通过转让汇票将收款权转让给他人，除非该汇票限制转让。③电、信汇的收款人只能向汇入行一家取款，而票汇的收款人可将汇票卖给任何一家汇出行的代理行而取得现款。

（三）汇付的方式

在国际货物买卖中，以汇付方式结算买卖双方债权债务时，根据支付货款与交货时间的先后不同，可分为预付货款和货到付款两种：

（1）预付货款（Payment in Advance），是指买方在订货时即汇付全部或部分货款。在这种方式下，买方必须提早垫付资金，并承担卖方可能迟延交货的风险，所以对买方甚为不利。

（2）货到付款（Payment after Arrival of the Goods），是买方在收到货运单据或货物后，按合同规定的时间和汇款方式，将货款汇给卖方。这种方式与预付货款相反，由于是卖方先发货，如果买方拒不履行或延迟履行付款义务，卖方就将蒙受货款落空或晚收货款的损失，因而对卖方不利。

（四）汇付的特点

（1）风险大。无论是预付货款的买方，还是货到付款的卖方，采用汇付方式意味着要承担较大的风险。因为一旦付了款或发了货就失去了约束对方的手段，他们能否及时安全地收到货物或货款，完全取决于对方的信誉，如果对方信誉不佳，就可能钱货两空。

（2）资金负担不平衡。采用汇付方式，在整个交易中买卖双方的资金占用极不平衡。如果是预付货款，则整笔交易需要的资金几乎全部由买方垫付；如果是货到付款，则由卖方提供交易过程中需要的全部资金。

（3）手续简便、费用小。汇款支付方式的手续是最简便的，如同一笔单纯的汇款业务，银行只负责汇款，而对买卖双方间的交易不负任何责任，因而银行的手续费也最少，只有一笔数额很小的汇款手续费。

二、托收（Collection）

托收是由卖方开立以买方为付款人的汇票，委托银行向买方收取货款的一种结算方式。

（一）托收的当事人及其权利义务关系

在托收业务中一般涉及四个当事人：

（1）委托人（Principal），亦称出票人，即开立汇票委托出口地银行收取货款的人，通常为出口商。

（2）托收行（Remitting Bank），即接受委托人委托，代为收取货款的银行，通常为出口地银行。

（3）代收行（Collecting Bank）或称解付行（Paying Bank），即接受委托行委托向进口商收取货款的银行，通常为进口地银行。

（4）付款人（Drawee），即汇票上指定的支付托收款项的人，在进出口业务中，通常就是进口商。

（5）提示行（Presenting Bank），即向付款人提示汇票和单据的银行，通常由代收行兼。但代收行也可以委托与付款人有往来账户关系的银行作为提示行。

在托收的当事人之间，委托人与托收行的关系是委托代理关系，他们之间的代理合同就是委托人填写的并经托收行确认的托收申请书，托收申请书具体写明委托人的委办指示，以及双方的责任范围。

托收行和代收行的关系，同样是委托代理关系。在办理某起委托业务时，托收行一般向代收行寄出托收委托书，委托其向付款人收取货款。作为托收行的代理人，代收行应按托收行的指示，及时向汇票的付款人作付款提示或承兑提示。

代收行与委托人、付款人之间则不存在直接的合同关系，代收行不过是委托人的代理人的代理人。因此，如果代收行违反委托书的指示，致使委托人蒙受损失，委托人不能直接向他追究责任，而只能通过托收行向他交涉。同样，如果付款人拒绝付款，代收行既没有义务，也不能直接向付款人追索，而只能把拒付的情况通知托收行，再由托收行通知委托人。

（二）托收的种类

托收可从不同的角度分类：

1. 根据汇票是否跟随单据，分为光票托收和跟单托收

光票托收（Clean Bill for Collection），是指汇票不附带任何货运单据的托收，委托人向托收行办理托收手续时，只提供汇票向付款人收款，并不跟随货运单据。光票托收的汇票，有即期、远期之分，对于即期汇票，代收行收到后应立即向付款人作付款提示；对于远期汇票，代收行收到后应立即向付款人作承兑提示，待汇票到期后再作付款提示。光票托收在国际货物买卖中使用较少，一般用于收取出口货款的尾数、样品费、佣金及其他贸易从属费用。

跟单托收（Documentary Bill for Collection），是汇票附有货运单据的托收。委托人在向银行办理跟单托收业务时，不仅要提供汇票，而且要提供货运单据。国际货物买卖中的托收大都是跟单托收，之所以要跟单，就是为了要把作为货权的货运单据与货款作一手来一手去的当面两讫的交易。

2. 根据交单的条件不同，跟单托收又分为付款交单托收和承兑交单托收

付款交单（Document against Payment，简称 D/P）是指委托人（卖方）交单以付款人（买方）的付款为条件，即委托人在委托托收行收款时指示，托收行必须在付款人付清票款之后，才能把全套单据交给付款人。

付款交单又可分为即期付款交单和远期付款交单。即期付款交单（D/P at sight）是由委托人（卖方）开出即期汇票，通过托收行及代收行向付款人（买方）提示，付款人见票后即需付款，付清款项后领取货运单据。远期付款交单（D/P after sight）是由委托人（卖方）开出远期汇票，通过托收行及代收行向付款人（买方）提示，由付款人承兑，于汇票到期日付清票款后领取货运单据。

在远期付款交单条件下，买方为了尽快取得单据，提取货物，一般采用信托收据（Trust Receipt）方式向银行借取货运单据。所谓信托收据是买方向银行出具的，表示愿意以银行受托人身份代银行保管货物，承认货物所有权属于银行，银行有权随时收回货物，并承诺货物出售后所得货款应交给银行的一种书面文件。信托收据方式实际上是银行对进口商的资金融通的一种方法，在这种方式下，代收行允许进口商开立信托收据，凭以借出单据，提货出售，待取得货款后，偿还代收行，换回信托收据。凭信托收据提取的货物，其产权仍属银行，进口商作为代管人不得将该货物抵押给他人，在货物出售后，必须将所得货款交付银行。银行作为信托人，则有权随时取消信托，收回借出的货物，如果货物已出售，可随时收回货款，倘若进口商破产倒闭，银行对该项货款享有优先债权。如果在托收委托书中，卖方授权银行可允许买方在承兑汇票后凭信托收据先行借单，买方如到期拒付，卖方自担风险。但倘若银行未经卖方授权私下凭买方开立的信托收据将单据借出，那么，汇票到期日无论买方是否付款，银行都要承担付款责任。

承兑交单（Document against Acceptance，简称 D/A）是指委托人（卖方）交单以付款人（买方）承兑汇票为条件。付款人承兑汇票后即可向银行取得货运单据，待汇票到期日才付款。因为只有远期汇票才需要承兑，所以承兑交单条件只适用于

远期汇票的托收。

（三）托收的业务流程

1. 即期付款交单的业务流程（见图6-3）

（1）进出口商在合同中规定以即期付款交单方式支付。

（2）出口商按合同规定装运货物并取得货运单据。

（3）出口商填写托收申请书，将即期汇票及全套货运单据交给托收行，委托其代收货款。

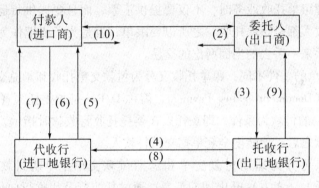

图6-3　即期付款交单业务流程图

（4）托收行接受委托后，将出口商送交的汇票及单据寄交给代收行（一般是托收行的分支机构或代理行），并按托收申请书中的指示委托其代收货款。

（5）代收行收到汇票和单据后，向进口商提示汇票和单据，请其付款赎单。

（6）进口商审核汇票和单据无误后付清货款。

（7）代收行收取全部款项后将货运单据交予进口商。

（8）代收行根据托收行的指示汇出货款。

（9）托收行收到货款后向出口商付款或转账。

（10）进口商凭货运单据提取货物。

2. 远期付款交单的业务流程（见图6-4）

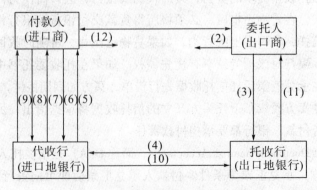

图6-4　远期付款交单业务流程图

（1）进出口商在合同中规定以远期付款交单方式支付。

（2）出口商按合同规定装运货物并取得货运单据。

（3）出口商填写托收申请书，将远期汇票及全套货运单据交给托收行，委托其代收货款。

（4）托收行接受委托后，将出口商送交的汇票及单据寄交代收行，并按托收申请书中的指示，委托其代收货款。

（5）代收行收到汇票和单据后，向进口商作承兑提示，请其在汇票上承兑。

（6）进口商审核汇票和单据无误后在汇票上承兑，代收行收回汇票与单据。

（7）代收行于付款日再次向进口商提示汇票请其付款。

（8）进口商付清全部款项。

（9）代收行将货运单据交给进口商。

（10）代收行根据托收行的指示汇出货款。

（11）托收行收到货款后向出口商付款或转账。

（12）进口商凭货单据提取货物。

3. 承兑交单业务流程（见图6-5）

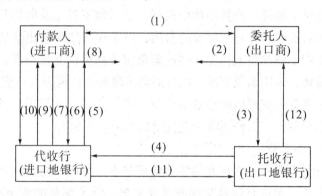

图6-5　承兑交单业务流程图

（1）进出口商在合同中规定以承兑交单方式支付。

（2）出口商按合同规定装运货物并取得货运收据。

（3）出口商填写托收申请书，将远期汇票及全套货运单据交给托收行，委托其代收货款。

（4）托收行接受委托后，将出口商送交的汇票及单据寄给代收行，并根据托收申请书的指示，委托其代收货款。

（5）代收行收到汇票和单据后，向进口商作承兑提示，请其在汇票上承兑。

（6）进口商审核汇票和单据无误后在汇票上承兑，代收行收回承兑的汇票。

（7）代收行将货运单据交给进口商。

（8）进口商凭货运单据提取货物。

（9）代收行于汇票到期日向进口商作付款提示。

（10）进口商付清全部货款。

（11）代收行根据托收行的指示汇出货款。

（12）托收行收到货款后向出口人付款或转账。

（四）托收的特点

1. 比汇付安全

在跟单托收下，由于是付款交单或承兑交单，对出口商来说，就不会像货到付款时，要承担"钱货两空"的风险。而对进口商来说，托收比预付货款更为安全，因为采用托收方式，只要进口商付清了货款，就一定能得到货运单据，并凭以提取货物。

2. 收款依靠商业信用

在托收业务中，银行作为转手交单的代理人，对汇票的付款人是否付款不承担任何责任。出口商在发货后能不能收取货款，完全取决于进口商的信誉。'因此，从其信用的性质而言，托收是建立在商业信用基础上的。正因为如此，对出口来讲，采用托收结算方式有较大的风险。在付款交单情况下，如果进口商破产丧失付款能力，或因市场价格下跌进口商拒不赎单提货，出口商不仅无法收回货款，而且还要负担货到目的地后提货、存仓和保险的费用，以及在当地降价出售货物而发生的损失；如因外汇管制不能在当地转售，则还需负担货物运往其他地区、国家或运回本国的运费、保险费。采用承兑交单，出口商的风险更大，因为，在承兑交单条件中，进口商在汇票上承兑后就可以取得货运单据，提取货物。如果进口商破产倒闭，或提货出售后拒不付款，出口商就将蒙受钱货两空的巨大损失。

3. 资金负担不平衡

采用托收支付方式，买卖双方的资金负担是不一样的。对出口商来说，资金负担较重且时间较长，无论是付款交单或承兑交单，整笔交易的资金是由他垫付的。如果出口商通过托收出口押汇（Collection Bill Purchased）的方式获得银行的融资，其资金负担可减轻。所谓托收出口押汇，是指在跟单托收条件下，托收行根据出口商的请求，在它认为进口商资信可靠，托收项下的货物销售状况良好的情况下，买入跟单汇票，将票面金额扣除从付款日至估计收到票款日的利息及手续费后的净额付给出口商。托收行买入汇票后即作为跟单汇票的持有人将汇票和单据寄代收行，委托代收行向付款人收回垫款。但是，由于银行承做托收出口押汇仅凭商业信用，将承担一定风险，特别是在承兑交单条件下，风险更大。因此，除对资信可靠的企业，银行一般不轻易承做此项业务。

对进口商来说，采用跟单托收方式结算，其资金负担远比出口商小。在承兑交单时，进口商可在支付货款前，经承兑汇票取得单据并提取货物，用销售货物所得款项支付出口商的货款。对他而言，实质上是做了一笔无本钱的交易。在付款交单时，进口商付清货款即可得到单据并提取货物，资金占用时间较短，如果是远期付款交单，进口商可凭信托收据获得银行的资金融通，借出单据提货出售，付款日用售货款偿还银行。此时进口商未垫付任何资金就完成了交易。因此，托收是对进口商比较有利的一种支付方式。

4. 手续稍多，费用稍高

托收要通过银行向进口商提示单据，手续较汇付略多些，因此费用也比汇付高。

（五）有关托收的国际惯例

在各国银行的托收业务中，银行与委托人之间的关系，托收银行与代收银行之间的关系，往往由于各方对权利、义务和责任的解释有分歧，加之不同的银行业务做法有差异，常常导致误会、争议和纠纷。国际商会为了调解各有关当事人间的矛盾，明确托收当事人间的权利、义务关系，促进国际贸易的开展，于1958年草拟了《商业单据托收统一规则》，建议各国采用。1967年国际商会订定和公布该规则，从而使托收有了统一的术语、定义、程序和规则，为了适应国际贸易不断发展的需要，国际商会于1978年对该规则作了进一步的修改，并更名为《托收统一规则》（即国际商会322号出版物），于1979年1月1日正式实施。1995年国际商会公布了新的《托收统一规则》（即国际商会522号出版物），简称《URC522》，并于1996年1月1日生效。该规则共有条文26条，主要规定了托收各当事人的权利与义务，以及银行对一些具体问题如提示、付款、承兑、拒付等的处理办法等。主要内容有以下几方面：

（1）银行应善意合理地谨慎行事，必须核实所收到的单据在表面上与托收指示书所列一致。如发现任何单据有遗漏，应立即通知发出托收指示书的一方。除此以外，银行没有进一步检验单据的义务。

（2）银行代委托人执行其指示而利用其他银行服务时，其风险应由委托人承担，并且外国法律或惯例对银行规定的义务和责任，委托人应受其约束并负赔偿责任。

（3）银行对由于任何通知、信件或单据在寄送途中发生延误或失落所造成的一切后果，或对电报、电传、电子传送系统在传送中发生延误、残缺和其他错误，或对专门性术语在翻译和解释上的错误，概不承担义务或责任。

（4）银行对由于天灾、暴动、骚乱、战争或银行本身无法控制的任何其他原因，或对由于罢工或停工致使银行营业间断所造成的一切后果，概不承担义务和责任。

（5）除非事先征得银行同意，货物不应直接运交银行，亦不应以银行为收货人。如果未经银行事先同意，货物运交银行或以银行为收货人，该银行并无义务提取货物，对此货物仍由发货的一方承担风险和责任。

（6）关于跟单托收中包括有远期付款的汇票，该项托收指示书中必须载明在承兑后抑或在付款后将商业单据交给付款人，如无此载明，商业单据只有在付款后交付。

(7) 如果付款人拒付，托收行应毫无延误地将拒付通知送交发出托收指示书的银行，委托行收到该项通知后，必须在合理时间内作出进一步处理单据的相应指示。如在送出拒绝付款或拒绝承兑通知的 90 天内，代收行仍未接到该项指示时，可将单据退回发出托收指示书的银行。

《托收统一规则》作为国际惯例，并不是国际上公认的法律，只有在有关当事人事先约定时，才受其约束，但它在一定程度上解答了托收过程中的问题，可避免和减少纠纷。因此自公布以来，在许多国家的银行得到应用。随着我国对外贸易的发展，贸易方式的多样化，我国进出口业务中使用托收收汇方式也相应地增加。我国银行在办理国际贸易结算，使用托收方式时，也参照该规则的解释和原则办理。

（六）采用托收方式应注意的问题

(1) 必须要掌握进口商的经营范围、经营能力及资信情况，成交额不宜超过其经营能力及信用程度。

(2) 必须要了解进口国的贸易管制与外汇管制规定，防止货到目的地后不准进口或收不到外汇而造成的损失。如对于有关的商品，对方国家进口是否需要许可证，如果需要则应在确实了解到进口商已经领到许可证及许可证的有效期后再发货；同时还要摸清许可证的颁发是否意味着外汇也自动批准，还是需要另外申请外汇，等等。若许可证和申请外汇未批准，则我装运货物抵达目的港后无法清关进口，会给我方造成不应有的损失。

(3) 必须了解有关国家的银行对托收的规定和习惯做法。在国际货物买卖中，托收业务的处理主要依据《托收统一规则》。但某些国家的银行仍有一些特殊的规定和做法，如拉丁美洲、北欧一些国家的银行，不论是即期或远期汇票的托收，一律在货到目的港后才提示付款或承兑。这样，货运时间长的就必然要推迟收汇时间。因此，对这些国家以托收结算时，商品的出口价格应包括延期付款利息。

(4) 在使用托收收款时，出口合同应以 CIF 条件成交，由我方办理保险。因为由我方投保，如果货物在买方未付清货款前遭受意外损失，我方可凭保险单向保险公司索赔。

(5) 在托收方式下，各种单据应严格按合同规定正确缮制，以免给对方以延付或拒付货款的借口。

三、信用证（Letter of Credit，简称 L/C）

信用证是指由开证银行依照开证申请人的要求和指示，凭规定的单据，在符合信用证条款的条件下，向第三者（受益人）或其指定的人进行付款，或支付或承兑受益人所开立的汇票，或授权另一银行进行该项付款，或支付、承兑或议付该项汇票。简单地说，信用证是银行应买方的要求和指示，开给卖方的一种有条件付款的书面承诺。所谓有条件付款保证，是指当卖方在规定的期限内，提示符合信用证所要求的单据时，银行须承担向卖方支付规定数额款项的义务。

（一）信用证的当事人

信用证的当事人一般有以下几个：

（1）开证申请人（Applicant for the Credit）简称开证人，是指向银行申请开立信用证的人。在国际货物买卖关系中，开证申请人就是进口商。

（2）开证银行（Opening Bank 或 Issuing Bank）简称开证行，是指接受开证申请人的申请，开立信用证的银行。开证行开出信用证后，即向卖方承担有条件付款责任。开证行一般是进口商所在地银行。

（3）受益人（Beneficiary）是指信用证中所指定的有权使用该信用证的人，也就是国际货物买卖合同中的出口商。

（4）通知银行（Advising Bank 或 Notify Bank）简称通知行，是指受开证行的委托，将信用证转交给受益人的银行。通知行一般是出口商所在地银行，其主要职责是证明信用证的真实性，并不承担其他义务。

（5）议付银行（Negotiating Bank）简称议付行，是指愿意买进或贴现受益人交来的跟单汇票的银行。议付行通常就是通知行。

（6）付款银行（Paying Bank 或 Drawee Bank）简称付款行，是指信用证上指定的支付信用证上款项的银行。付款行一般就是开证行，但也可以是开证行所指定的另一家银行。

（二）信用证的业务流程

采用信用证结算方式，大体要经过的程序见图 6-6：

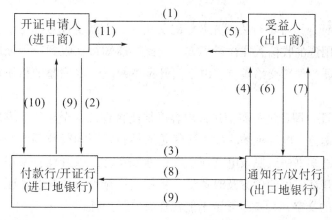

图 6-6　信用证的业务流程

（1）进出口双方当事人在买卖合同中明确规定以信用证方式结算。

（2）进口商根据买卖合同的规定向开证行申请开立信用证，填写《开证申请书》，交付一定的押金或提供其他保证。

（3）开证行根据《开证申请书》的内容，开立以出口商为受益人的信用证，并将信用证邮寄或加注密押以电报或电传的形式拍发给出口商所在地的通知行，要求通知行通知或转递给出口商。

（4）通知行收到信用证后，按开证行的要求或者以自己通知书格式照录全文通知出口商，或者将信用证直接转递给出口商。

（5）出口商接到通知行通知或转递的信用证后，严格审查信用证是否符合合同规定。如有不符，可以要求进口商通过开证行予以改正；如无误，须按信用证规定装运货物。

（6）出口商装运货物后，备齐各项单据连同汇票，在信用证有效期内，按信用证规定送当地议付行议付货款。

（7）议付行收到受益人送交的单据并按信用证条款审核无误后，将汇票金额扣减自付款日到估计收到票款日的利息及手续费后，付给出口商。

（8）议付行议付货款后，将汇票和货运单据寄给开证行，向开证行索汇。

（9）开证行收到单据后按信用证规定严格审核，如单证相符即偿还议付行票款，同时通知进口商备款赎单。

（10）买方付款赎单时要严格审核单据，如发现单据与信用证不符，有权拒付货款和拒收单据；如单据相符，买方须付货款，付清款项后取得货运单据。

（11）进口商凭货运单据提取货物。

（三）信用证的形式与内容

开证行可以用信函，也可以用电报的方式开立信用证，因此常见的信用证有两种形式：

（1）信开证，即开证行将事先开好的信用证，以航空挂号邮寄给卖方所在国通知行。这种信用证的收信人往往是卖方，因此，通知行在收到信用证后核对印鉴相符后，将信用证原件转交给卖方。由于信开证本身是一个完整的信用证，因此是交单议付的依据。

（2）电开证，即开证行将信用证内容以加注密押的电报通知卖方所在国的代理行，请其转告卖方。电开证的收件人往往是通知行，通知行收到电开证经核押无误后，以自己的通知书格式照录电开证全文，通知买方。电开证主要用于时间紧迫的交易，通过电开证，可使卖方及时备货，租船或订舱。但如果电开证中附注"详情后告"或类似的文字，则该电开证不能视作有效信用证。

信用证虽然没有统一的格式，但其主要内容大体相同，主要有以下几个方面：

（1）有关信用证本身的项目：包括开证申请人、开证行、受益人、通知行、议付行、付款行的名称和地址，信用证号码、开证日期、信用证金额、有效期限和到期地点以及信用证的种类等。

（2）有关货物的情况：包括货物名称、品质、规格、数量和单价等。

（3）有关货运单据的规定：包括要求提交的单据的名称及份数。通常要求提供商业发票、运输单据、保险单据，此外还有装箱单、产地证、检验证书等。

（4）有关运输的要求：包括装运港、目的港、运输方式、装运期限、可否分批装运和可否转船等。

（5）开证行对议付行的指示条款：包括议付金额、背书条款、索汇方法、寄单方法等。

（6）开证行负责条款，这是确定开证行付款责任的依据。

（7）特殊条款：它是根据具体交易的需要而加列的，通常包括：开证行要求通知行保兑条款；限制由某银行议付条款；限装某国籍船只或不许装某国籍船只条款；装运船只不许在某港口停靠，或不许采取某条航线的条款；受益人必须交纳一定数额的履约保证金后，信用证方始生效的条款等。

（四）信用证的性质

（1）开证行负第一性的付款责任，这是信用证不同于托收的重要特征。在托收业务中，收款完全依靠商业信用，卖方能否收取货款，完全取于进口商。银行只是作为代理人履行收款职能，它不承担付款及有关责任。而信用证结算依靠的是银行信用，只要出口商履行信用证的条款，银行就要负责偿还货款，出口商可以直接要求开证行付款，而不需要向进口商索款。

（2）信用证独立于国际货物买卖合同。信用证的开立是以国际货物买卖合同为依据的，但信用证一经开出，便与国际货物买卖合同相脱离而独立存在。开证人、受益人及其当事人只对信用证负责，受信用证约束，不受合同约束。银行在办理信用证业务时，只以信用证受益人履行信用证条款的情况为依据，而不以其履行合同的情况为依据。

（3）信用证业务是单据买卖。在信用证业务中，银行从卖方购进单据，再由买方付款赎单，所有有关当事人对信用证的处理均以单据为依据。开证行只凭正确的单据付款，只要卖方提交的单据在数量上与信用证相符，单据内容上与信用证条款无误差，银行即付款。至于单据所代表的货物的真伪优劣及装运情况，银行概不负责。同样，卖方要取得信用证下的货款，他必须如期向银行提交信用证要求的合格单据，否则，即使卖方交付的货物完全符合合同，银行也有权拒付。

（五）信用证的种类

信用证可以从不同的角度进行分类，概述起来有以下几种：

1. 按信用证是否要求货运单据，分为跟单信用证和光票信用证

跟单信用证（Documentary L/C）是凭跟单汇票或仅凭单据付款的信用证，在这种信用证下，受益人必须提供符合信用证规定的汇票和货运单据，开证行才保证付款。在我国对外贸易中常用的信用证是这种跟单信用证。

光票信用证（Clean L/C）是凭不随附货运单据的汇票付款的信用证。在这种方式下，受益人提供符合合同规定的不跟单的汇票时，开证行就保证付款。光票信用证一般使用于非贸易结算，如果用于贸易结算，受益人可在装运货物前，仅提供汇票即可支取货款。在国际货物买卖中几乎不使用这种信用证。

2. 按信用证是否加以保兑，分为保兑信用证和不保兑信用证

保兑信用证（Confirmed L/C）是指由一家银行开立的经由另一家银行加以保证兑付的信用证。这种信用证为受益人的安全收汇提供了更为充分的保障，因为，信用证经保兑后，受益人就取得了两家银行的双重保证，一是开证行对付款的承诺，一是保兑行的保兑承诺。同时保兑行与开证行一样，承担第一付款责任，即保兑信用证受益人可以首先要求保兑行承担支付信用证下的款项的义务，而不必先向开证行要求付款。对信用证加以保兑的银行称为保兑行，它通常是通知行，也可以是出口地的其他银行或第三国银行。保兑行加保是以开证行的资信为基础的，所以一般的银行只对关系较好的、资信可靠的银行开立的信用证加以保兑，并且银行只对不可撤销信用证加具保兑，凡是可撤销信用证，都不是保兑信用证。

在实务中，受益人之所以要求开证申请人开立保兑信用，主要由于两方面的原因，一是受益人对开证行不信任，要求由另一家可靠的银行对信用证项下的款项的支付加以保兑，另一是开证行与受益人所在国的银行没有业务往来，因此所开立的信用证在出口商所在国缺乏议付的可能性。保兑信用证使受益人获得双重保证，但他需要多付一笔保兑费。

不保兑信用证（Unconfirmed L/C）是指一家银行开出的，未经另一家银行加以保兑的信用证。不保兑信用证如果是不可撤销的，则由开证行负有不可撤销的保证付款的责任。在不保兑信用证中，通知行只履行通知的义务，不承担任何保证责任。

3. 按信用证付款时间不同，分为即期信用证、远期信用证和预支信用证

即期信用证（Sight L/C）是指受益人提供信用证要求的即期汇票和单据，即可立即取款的信用证。即期信用证有两种：①凭即期汇票付款信用证，即期汇票的付款人可能是开证行，也可能是开证申请人或其他指定的银行。如果付款人是开证行，则开证行应直接承担对汇票的付款责任。如果付款人是开证行以外的指定银行，则开证行在该银行拒付时应承担付款责任。如果付款人是开证申请人，开证行应承担在受益人提交符合信用证规定的票据时必须予以付款的责任。②凭单据付款信用证。在这种信用证下，开证行收到与信用证条款相符的单据后，应立即履行付款义务，开证行只有在受益人提供的单据与信用证规定不一致的情况下方可拒付。

远期信用证（Usance L/C）是指开证行或其指定的付款银行在收到受益人开立

的远期汇票和单据后，保证在规定的期限内付款的信用证。远期信用证按其不同的兑现方式，又可细分为以下几种：

（1）承兑信用证，是指开证行或其指定的付款银行在收到受益人提示的符合信用证规定的汇票和单据时，先在汇票上履行承兑手续，俟汇票到期日再行付款。银行承兑后留下单据，交回汇票，在此期间，受益人如欲提前支取现金，可在承兑汇票到期之前，到市场上去贴现，将汇票转让出去，该汇票到期日时则由汇票的持有人向银行取款。如果承兑银行倒闭，受益人作为汇票出票人，则要负被迫索的责任。

（2）迟期付款信用证，是指远期付款而又不需要汇票的信用证。其结算货款的特点是：先交单后付款，即付款行（一般为开证行）在收到受益人提交的单据后，将单据交给开证人，在规定付款到期日付款人才对受益人付款。由于该信用证不用汇票，受益人就不可能通过贴现汇票获得资金，这对受益人融通资金不利。

（3）远期议付信用证，是指开证行在信用证中规定其他银行（不是以付款行身份）可买入受益人的远期汇票与单据的信用证。如果信用证中限定由某一银行议付，则该证为"限制议付信用证"，如果任何银行均可议付的信用证，则称为"自由议付信用证"。

"议付"与"付款"的区别在于：开证行或指定付款行一经付款就无权向受益人追索；而议付行议付后，如因单证不符或开证行无力偿付等原因未能收回款项时，可向受益人追索。

4. 按信用证可否转让，分为可转让信用证和不可转让信用证

可转让信用证（Transferable L/C）是指开证行授权，通知行在受益人要求时，可将信用证的全部或一部分商品和金额转让给一个或数个受让人，即第二受益人使用的信用证。这种信用证的受益人（即第一受益人）通常是中间商，第二受益人为实际供货人。信用证转让后，由第二受益人办理交货，但原信用证的受益人仍须对买卖合同的履行承担责任，并在第二受益人交单议付单证不符时，承担第一责任。

在国际货物买卖中，要求开立可转让信用证的受益人通常是中间商。中间商自己并不掌握商品，他常常是一边和厂商订立供货合同，一边同国外进口商签订出口合同，从两者的差价赚取利润。因此，中间商为了自己不垫付资金，一般要求进口商开立可转让信用证，以便转给实际供货人办理交货。在办理转让时，转让行按原信用证条款制作新证，但中间商有权按照他与供货人签订的合同，要求转让行部分变更信用证的内容，如支票和单据以第一受益人的名称代替原开证申请人的名称，单价、金额可以减少，信用证的有效期和装运期可以提前等。

只有注明"可转让"的信用证才能转让，而且仅限于一次转让，第二受益人不得再转让。

不可转让信用证（Non – Transferable L/C）是指受益人不得把信用证的权利转让给他人的信用证。凡信用证中未注明"可转让"字样，该信用证则不可转让。在这种情况下，只有信用证中规定的受益人有权凭合格单据支取信用证规定的款项。

5. 几种特殊的信用证

循环信用证（Revolving L/C）是允许受益人按规定金额使用后可以重新恢复到原金额使用，直至达到规定的次数或累计金额为止的信用证。

循环信用证按循环计算方式的不同分为两种：①按时间循环，例如：信用证规定每个月支取金额不能超过50万美元，可循环使用1年，则当第1个月的金额用完后，以后每个月的第1天就可恢复原金额再使用，直到12个月期满为止。②按金额循环。例如：信用证中规定金额为5万美元，循环累计总金额不得超过25万美元。这样，每次5万美元，循环使用5次，使用至25万美元为止。

循环信用证按恢复方式不同可分为三种：①自动循环，即受益人在规定时间内发货议付后，无需等待开证行通知，即可恢复至原金额使用。②半自动循环，指受益人在规定时间内发货议付后，须等待开证行通知，如开证行在一定期限内未发出不能恢复原金额的通知，即可恢复至原金额使用。③非自动循环，即受益人每使用一次后，无论是否恢复使用，都必须等待开证行通知，只有通知允许恢复使用时，方可恢复使用。

循环信用证主要适用于买卖双方订立了长期合同而又允许卖方分批交货的情况，它使卖方减少逐批催证、审证的手续，而且每批交货都得到付款保证；同时也使买方节省开证手续和费用，充分利用银行的开证额度，避免资金积压。

对开信用证（Reciprocal L/C）是指买卖双方同时以对方为受益人而开立的金额大体相等的信用证。利用对开信用证结算时，交易的一方先开出信用证，但暂不生效，须俟交易的另一方开来一定金额的信用证后，两证同时生效。对开信用证的特点是，交易双方互为信用证的开证申请人和受益人，具体地讲，第一张信用证的受益人就是第二张证的开证申请人；第二张信用证的受益人就是第一张信用证的开证申请人。对开信用证多用于易货贸易或补偿贸易，其目的是为做到，当一方进口另一方货物时，另一方也必须进口对方的货物，而且达到交易金额大体相等。

预支信用证（Anticipatory L/C）是指允许受益人在装货交单前可以支取全部或部分货款的信用证。这种信用证的最明显特点是付款不以交单为条件，出口商可以在交货前甚至在货物装运前即可获得全部或部分货款。通知行或保兑行在预付货款后，即使受益人届时不能装运交单，也可要求开证行偿付货款，开证行有义务立即偿还通知行或保兑行的垫款本息。开证行偿还垫款后，可向开证申请人追索货款。

备用信用证（Standby L/C）是指开证行应开证申请人的请求对受益人开立的承诺某些义务的凭证。在此凭证中，开证行向受益人承诺，当开证申请人未能按时偿还贷款或货款，或未能履行投标诺言时，开证行负责为其支付。

备用信用证和一般信用证均属银行信用，但它们之间有着明显的区别：①在跟单信用证下，开证行对信用证上的款项负有绝对的支付责任，只要受益人履行了信用证内所规定的条件，开证行就必须向其付款。即使开证申请人无力偿付或拒付，开证行也不得向受益人追回已支付的款项。而在备用信用证下，只有当开证申请人未履行其义务时，开证行才可凭受益人提交的索赔单据付款。②跟单信用证一般只适用于买卖货物，而备用信用证的适用范围则较为广泛，除适用于货物买卖外，还用于技术贸易、对外加工贸易、补偿贸易和资金借贷等。③跟单信用证一般以符合信用证规定的代表货物的货运单据，作为付款的依据。而备用信用证一般只凭受益人出具的说明开证申请人违约的证明付款。

（六）信用证的特点

（1）交易依靠银行信用。对于出口商来说，信用证收付方式明显优于托收方式和货到付款。因为银行承担付款责任，只要出口商提供了符合信用证规定的单据，银行就一定付款。所以在实际业务中，一旦出口商按合同规定履行了交货义务，取得了合格单据，收款是有可靠保证的。

对于进口商来说，只要他向银行支付货款，就一定能获得货运单据并凭以提取货物。但由于在信用证结算中，银行只负责审核单据表面上是否符合信用证的规定，而对单据上所载货物是否已装船、是否符合合同规定并无审查义务。因此，一旦出口商信誉不佳，通过伪造没有货物的假单据骗取货款，进口商仍须付款赎单，遭受经济上的损失。所以在贸易谈判时，进口商一定要调查出口商的信用情况。

（2）资金负担平衡，由于有开证行的信用作担保，出口商出运货物后即可把单据卖给出口地银行获得款项，从而使他的资金负担比托收和货到付款轻得多。此外，出口商收到信用证后，有时还可以通过出口地银行预支款项。因此，对于出口商来说，信用证是一种非常有利于资金周转的方式。对进口商而言，由于开证时通常只要交付部分押金，俟收到单据时才支付全部货款，因而资金负担轻于预付货款。

（3）手续繁，费用多。信用证的手续要比托收繁锁，为使单证相符还需要技术性较强的严格审单。手续增多，不仅费时，而且开证、通知、议付等每个环节都要收取费用，增加了业务的成本。

（七）有关信用证的国际惯例

目前，有关信用证的国际惯例主要有《跟单信用证统一惯例》。它是国际商会于1930年制定的，最初名为《商业跟单信用证统一惯例》。后来经过了1951年、1962年、1974年、1983年、1993年和2007年的六次修改，并在1962年的修改中更名为《跟单信用证统一惯例》，目前最新的版本是2007年修订本，即国际商会600号出版物（UCP600）。

《跟单信用证统一惯例》明确规定了信用证的各当事人之间的权利、义务与责任，并对有关的术语和定义作了统一的解释，从而统一了各国对跟单信用证条款的理解和做法，消除了国际贸易中因对信用证的不同解释而形成的障碍，促进了国际贸易的顺利发展。虽然《跟单信用证统一惯例》不是国际法律，但迄今为止，已为世界上175个国家和地区的银行和银行公会广泛采用。我国银行在对外贸易中也参照《统一惯例》的规定来处理信用证业务。

《统一惯例》共有 39 条，现摘选其主要内容介绍如下：

1. 《统一惯例》的适用范围

《统一惯例》适用于跟单信用证及包括在其范围内的备用信用证。除非在信用证上另有明确约定的，它的条文对有关各方均有约束力。

2. 银行的责任

（1）银行必须合理谨慎地审核信用证的所有单据，以确定其是否表面上与信用证条款相符，并应在收到单据的 7 个工作日内将其审单结果及接受或拒收单据的决定，通知从其收到单据的当事人。

（2）如果银行确定单据表面上与信用证不符，可拒收单据；如确定相符，则须向受益人议付或付款，开证行付款后，不得向受益人追索。

（3）对可撤销信用证开证行可随时修改或撤销，无须事先通知受益人。但对可撤销信用证下办理即期付款、承兑或议付的银行，在其收到修改或取消通知以前，根据表面上符合信用证条款的单据所进行的任何付款、承兑或议付，开证行必须予以偿付。

3. 银行的除外责任

（1）银行对任何单据的形式、完整性、准确性、虚假性或法律效力，以及对单据所代表货物的描述、数量、重量、品质、包装、交货、金额或存在与否，概不负责。

（2）银行对由于任何讯息、信函或单据在传递过程中发生的迟延或遗失而产生的后果，以及对专门性术语在翻译中产生的误解，概不负责。

（3）银行对由于天灾、暴动、骚乱、叛乱、战争或本身无法控制的其他原因，或任何罢工、停工而中断营业所引起的后果，概不负责。

（4）银行为了执行开证申请人的指示而利用另一家银行或其他银行的服务，其风险应由该申请人承担。即使银行主动选择了其他银行代办业务，如发出的指示未被执行，银行亦不承担义务和责任。

4. 对单据的要求

（1）运输单据。除非信用证另有规定，银行可以接受的海运单据必须是由指名的承运人签发的已装船清洁提单或表明货物已发运或接受监管的运输单据。银行将拒收注明货物已装于舱面的运输单据，但载有货物可装舱面的条文而未特别注明货物已装舱面的运输单据除外。

（2）保险单据。保险单据必须是由保险公司或其代理人开立和签署的。除非合同另有规定，或在保险单据上表明保险责任最迟于货物装船或发运或接受监管之日起生效外，银行将拒收出单日期迟于装船或发运或接受监管的保险单据；保险单据必须以信用证同样的货币表示，保险单据必须表明的最低投保金额应为货物的 CIF 或 CIP 金额加 10%。

（3）商业发票。除非合同另有规定，商业发票必须以信用证申请人为抬头人；银行可拒收其金额超过信用证允许金额的商业发票；商业发票中的货物描述必须与信用证中的描述一致。

5. 对装运条件的规定

除非信用证另有规定，允许分批装运，通常海运或多式联运包括海运时，同一船只同一航次的多次装运，即使注明已装船的运输单据上有不同的装船日期或表明不同的装运港口，亦不作分批装运论。如果信用证规定在指定的时期内分批装运，而任何一期未能按期装运，则信用证的该期及以后各期均告失效。

6. 关于信用证的种类和有效期

一切信用证都必须清楚地表明是即期付款、延期付款、承兑或议付。同时，所有的信用证都必须规定一个付款、承兑或议付交单的到期日和地点，该到期日即为提交单据的到期日，单据必须于到期日或到期日以前提交。除此以外，每个要求提交运输单据的信用证还应规定一个装运日期后必须按信用证条款交单的特定期限，如未规定期限，银行将拒收晚于装运日二十一天后提交的单据。但无论如何，单据不得晚于信用证到期日提交。

7. 对信用证金额、数量、单价的容差的规定

凡"约"、"近似"、"大约"或类似词语用于信用证金额或信用证所列的数量或单价时，应解释为允许对有关金额或数量或单价有不超过10%的增减幅度。除非信用证规定所列的货物不得增减，在支取金额不超过信用证金额的条件下，即使不准分批装运，货物数量亦允许有5%的增减幅度，但信用证规定货物数量按包装单位或个数计数时，此项增减幅度则不适用。

四、银行保函（Banker's Letter of Guarantee）

在对外贸易中，有时由于种种原因，双方当事人之间的交易难以采用信用证方式成交。在这种情况下，如果当事人一方履行了某种应该履行的义务，而另一方不按规定履行其义务，则履约方就会遭受损失。为了避免这种损失，当事人一方可要求对方提供银行保函，让银行担保该方履行义务。

银行保函又称银行保证书，是保证人（银行）根据委托人的申请向受益人开立的书面担保。在委托人未能按时全部或部分完成其应尽义务时，出具保函的银行担保受益人可凭保函向银行提出索偿。银行保函属银行信用。

（一）银行保函的种类

银行保函按其用途的不同，可分为许多种类，常见的有以下三种：

（1）投标保函（Tender guarantee）是银行（保证人）应投标人（委托人）的申请向招标人（受益人）开立的保函。保证投标人在开标前不中途撤销投标或片面

修改投标条件，中标后不拒绝答约，不拒绝交付履约金。否则，银行负责赔偿招标人一定金额的损失。

（2）履约保函（Performance Guarantee）是银行（保证人）应货物买卖、劳务合作或其他经济合同当事人（委托人）的申请向合同另一方当事人（受益人）开立的保函，保证当委托人未及时按合同条款履行其义务时，对受益人支付一定金额限度以内的款项。

国际货物买卖中的履约保函有两种：

①进口保函：即保证人（银行）应进口人（委托人）的申请开给出口人（受益人）的保函，保证如出口人按合同交货后，进口人未能按期付款，由银行负责偿还。

②出口保函：即保证人（银行）应出口人（委托人）的申请开给进口人（受益人）的保函，保证如出口人未能按期交货，银行负责赔偿进口人的损失。

（3）还款保函（Repayment Guarantee）是保证人（银行或其他金融机构）应货物买卖、劳务合作、资金借贷或其他经济合同当事人（委托人）的申请，向合同另一方当事人（受益人）开立的保函。保证如委托人不履行其与受益人之间订立的合同规定的义务，将受益人预付、支付或贷放给委托人的任何金额的款项，退还或还款给受益人，则由开立保函的银行向受益人支付该款项。

（二）银行保函的当事人

银行保函的当事人主要有三个：

（1）委托人（Applicant）又称申请人，即要求银行开立保函的人。保函的委托人一般是债务人。在投标保函项下，为投标人；在履约保函项下，如为出口保函，是货物的出口人，如为进口保函，则是货物进口人；在还款保函项下，一般是预付款或借款的收受人。

（2）受益人（Beneficiary）即有权凭银行保函向银行要求索赔的人。根据他与委托人之间的合同，在委托人未履行合同义务时，受益人可通过保函取得款项。

（3）保证人（Guarantor）也称担保人，即开立保函的人。银行保函的保证人一般多为银行，有时也可能是其他金融机构。保证人根据委托人的申请，并由委托人提供一定担保的条件下向受益人开具保函，保证在保函中的付款条件成立时即向受益人付款。

（三）银行保函的内容

银行保函并无统一格式，其形式因用途不同而异，但其主要内容应包括以下几方面：

（1）基本栏目：包括保函的编号；开立日期；有关合同或标书的编号和日期；有关工程项目或其他标的物的名称。

（2）三方当事人：即委托人、受益人和保证人。保函中应列明三方当事人的完整名称和详细地址。其中保证人的地址尤为重要，因为保函通常是受保证人所在地的法律约束的。

（3）担保金额。担保金额是开立保函的银行的责任限度，通常就是受益人的索赔金额。保函的担保金额可以是具体的金额，也可以是某合同金额的一定百分比。

（4）责任条款，即出具保函的银行所应承担的责任。这是银行保函的主体。

（5）保函有效期。保函的有效期，又称保函的到期日，它是担保银行承担赔偿责任的期限，亦为保证人收到受益人索赔文件的最后期限。一般来说，保函的有效期一过，保证人的责任即告解除。

（6）索赔条件。指受益人在何种情况下才能向保证人提出索赔。可有两种情况，一种是无条件的，即"见索即偿"；另一种是附有某些条件，即"索偿有理"。如属前者，受益人仅凭自己出具并提供的索偿的书面文件即可索偿，这种保函对受益人有利；如属后者，则受益人向银行索赔时必须提交规定的单据，这种保函对受益人不利，而对委托人十分有利。

（四）银行保函的特点及与信用证的区别

银行保函同信用证一样属银行信用，但与信用证相比具有不同的特点：

（1）银行的付款责任是第二性的。信用证支付方式下，银行负有首要付款责任，受益人履行交货义务取得单据后，即可向开证行交单要求付款，而无须先找进口商，因此开证行负有第一性的付款责任。在使用保函时，通常受益人应该先向委托人要求付款，只有在委托人不予付款时，才可凭保函要求银行付款，因此银行的付款责任是第二性的。

（2）只有在违约情况下才支付。信用证是用于完成货物买卖合同项下的支付，卖方装运货物后，凭信用证支取货款，在交易情况正常时，信用证项下的支付是一定会发生的。而保函则相反，只有在委托人违约时，受益人才可凭保函向银行索偿，如委托人已履行其应尽义，银行便不承担付款责任。因此，保函项下的支付不一定发生。

（3）可用于除货物买卖以外的多种交易。信用证仅用于买卖货物，而银行保函则除了用于一般的货物进出口交易外，还可用于技术贸易、对外加工贸易、补偿贸易及资金借贷等。

● 第四节　买卖合同中的支付条款与支付方式的选用

一、买卖合同中的支付条款

买卖合同中的支付条款，根据采用的支付方式的不同，具体订法也有所不同。

（一）汇付的合同条款

在使用汇付方式时，应在合同中明确规定汇付的时间、汇付的种类、汇付的具体方式和汇付金额等。示例如下：

"买方应不迟于 12 月 15 日将 100% 的货款用票汇预付并抵达卖方"。

（The buyers shall pay the total Value to the sellers in advance by Demand Draft not Later than Dec. 15）

（二）托收的合同条款

在采用托收方式时，合同的支付条款应订明托收的种类、付款期限、交单方式、买方承兑汇票的责任等。示例如下：

即期付款交单条款：

"买方应凭卖方开具的即期跟单汇票，于第一次见票时立即付款，付款后交单。"

（Upon first presentation the buyers shall pay against documentary draft drawn by the sellers at sight, the shipping documents are to be delivered against payment only.）

远期付款交单条款：

"买方对卖方开具的见票后 30 天付款的跟单汇票，于第一次提示时应即承兑，并应于汇票到期日即予付款，付款后交单。"

（The buyers shall duty accept the documentary draft drawn by the sellers at 30 days sight upon first presentation and make payment on its maturity, The shipping documents are to be delivered against payment only.）

承兑交单条款：

"买方对卖方开具的见票后 30 天付款的跟单汇票，于第一次提示时即予承兑，并应于汇票到期日即予付款，承兑后交单。"

（The buyers shall duty accept the documentary draft drawn by the sellers at 30 days sight upon first presentation and make payment on its maturity, The shipping documents are to be delivered against acceptance.）

（三）信用证的合同条款

订立信用证方式支付条款时，买卖合同中应明确规定受益人、开证银行、开证日期、信用证种类、信用证金额、信用证的议付有效期、信用证的到期地点等。示例如下：

即期信用证条款：

"买方应通过××银行于装运月份前××天开立并送达装运口岸以卖方为受益人的全部发票金额的不可撤销即期信用证，有效期至装运月份 15 天在中国议付。"

(The buyers shall open through × × Bankan Irrevocable letter of Credit at sight in the favour of the sellers for the full amount of the invoice to reach the sellers × × days before the month of shipment and it shall be valid for negotiation in china until the 15th day after the month of shipment.)

远期信用证条款：

"买方应通过××银行于装运月份前××天开立并送达卖方不可撤销见票后 30 天付款的信用证，有效期至装运月份后 15 天在中国议付。"

(The buyers shall open through × × Bankan Irrevoeoble Letter of Credit at 30 days sight to reach the sellers × × days before the month of shipment, valid for negotiation in China until the 15th day after the month of shipment.)

二、支付方式的选择与使用

（一）支付方式的选择

以上介绍了国际贸易的三种基本支付方式。在实务中究竟选择哪一种支付方式成交，应根据各种支付方式的特点，并综合考虑相关因素的影响来决定。

汇付、托收、信用证支付方式的特点比较：

（1）手续、费用方面：汇付的手续最少、费用最低；托收次之；信用证的手续最繁，费用最高。

（2）风险方面：按卖方的风险大小排列依次为：货到付款、托收、信用证、预付货款；按买方的风险大小排列依次为：预付货款、信用证、托收、货到付款。

（3）资金占用方面：按卖方资金占用多少排列依次为：货到付款、托收、信用证、预付货款；按买方资金占用多少依次排列为：预付货款、信用证、托收、货到付款。

在一笔具体的交易中，究竟选择哪种支付方式，一般应根据三种支付方式各自的特点，并综合考虑下列因素而定：

（1）交易对手的信用。这是一笔交易能否顺利进行的关键。出口商能否安全及时地收汇，进口商能否安全地收到货物，都取决于交易对手的信用，因此在交易前一定要掌握对手的信用情况。如果对方的信用不是很好或初次交易不了解对方，就应选择风险较小的支付方式，以避免损失。如果对方信用很好，交易风险小，就应选择手续简单，费用少的支付方式，以节约交易成本。

（2）货物的销路。这也是选择支付方式必须考虑的一个重要因素。如果商品是畅销货，卖方就掌握主动权，他可以选择对其有利的支付方式特别是资金占用较少的方式成交，而买方就需在支付方式上做些让步。如果商品积压滞销，情况则恰好相反，此时买方在支付方式的选择上占据主动，而卖方则应作适当让步。

(3）贸易术语的性质。在国际商会 2000 年《国际贸易术语解释通则》中归纳的 13 种贸易术语，按其性质可分为两类：一是象征性交货的贸易术语，即卖方无需提交实物而只需提供代表货物所有权的单据履行其交货义务的贸易术语，包括 F 组和 C 组术语。采用这些术语，卖方交付货物和买方收取货物不是同时发生，因而以单据作为交接货物的媒介，买方在收到单据后必须付款。另一是实际交货的贸易术语，即卖方必须提交商品实物履行其交货义务的贸易术语，包括 E 组和 D 组术语。在这些贸易术语下，卖方交货和买方收货是同时发生的，买方只有收到货物才支付货款。

利用托收和信用证方式结算，实质是卖方将货物装运并取得货运单据后，将代表货物所有权的单据通过银行向进口商提示付款，利用代表物权的装运单据制约进口商，如果进口商付款就可取得货运单据提取货物，如不付款就得不到单据及货物。所以只有象征性交货的贸易术语适于采用托收或信用证结算。而实际交货的贸易术语由于是卖方直接向买方交货，卖方和银行缺乏制约买方的手段，因而不宜采用托收和信用证结算。

（4）货运单据的性质。在所有货运单据中，只有海运提单是物权凭证，收货人只有持有海运提单才能提货，因而采用海洋运输可以托收方式结算。但其他货运单据，如铁路运输单据、航空运输单据和邮包运输单据均不是物权凭证，收货人提取货物不是凭这些货运单据而是凭承运人签发的到货通知，因而采用这些运输方式不宜作托收。

（二）支付方式结合使用

在国际贸易中，一笔交易通常只使用一种支付方式，但有时由于双方基于各自利益的考虑，未能就某一种支付方式达成协议，也可以把两种或多种支付方式结合起来使用。常见的有：

1. 信用证与汇付相结合

这是指部分货款用信用证支付、部分货款用汇付结算。通常有两种情况，一种是部分货款先开信用证，余数用汇付支付。例如，对于矿砂等初级产品的交易，双方约定，信用证规定凭装运单据先付发票金额的若干成，余数待货到目的地后根据检验的结果，按实际确切金额用汇付方式支付。另一种是先汇付部分货款，余数发货时开立信用证。具体做法是，进口商在货物发运前先汇付一部分订金，其余部分由进口商开立信用证支付，这种情况在成套设备的交易中较为常见。

2. 信用证与托收相结合

这是指部分货款以信用证支付，余数用托收结算。一般做法是信用证规定出口商开立两张汇票，属于信用证部分的货款凭光票付款，而全套单据附在托收部分汇票项下，按即期或远期付款交单方式托收。但在信用证和托收委托书中必须注明，在发票金额全部付清后才可交单。例如："货款××% 应开立不可撤销信用证，其余××%见票立即（或见票后××天）付款交单。全套单据随附于托收部分，在到期时发票金额全数付清后方予交单。如××%托收金额被拒付时，开证行应掌握单据并听凭卖方处理。"这种做法，对进口商来说，可减少开证金额，少付开证押金，少垫资金；对出口人来说，因有部分信用证的保证，且信用证规定货运单据跟随托收汇票，开证银行须俟全部货款付清后才能向进口人交单。所以收汇比较安全。

3．托收与汇付相结合

这是指部分货款用汇付支付，余数用托收方式结算。具体做法是进口商在货物发运前使用汇付方式预付一定的订金，或支付一定比例的货款。在货物发运后，出口商在办理托收时，将已预付款扣除。例如："凭电汇（或信汇）汇给卖方总金额×××的预付货款（或定金）装运，汇款时列明合同号×××，其余部分货款以托收方式即期付款，付款后交单。"

4．汇付与保函相结合

在采用汇付方式时，无论是预付货款还是货到付款，都可以用保函来防止不交货或不付款。具体做法是，如是预付货款，则由出口商提供银行保函，保证如出口商未能按期交货，银行负责赔偿进口商的损失；如为货到付款，则由进口商提供银行保函，保证如出口商按合同交货后，进口商未能按期付款，由银行负责偿还。

5．托收与保函相结合

在采用托收方式时，为了使出口商收取货款有保障，由进口商申请开出保证托收付款的保函，由开立保函的银行担保，一旦出口商按期履行交货义务向进口商提交单据，而进口商未在收到单据后的规定时间内付款，出口商有权向开立保函的银行索取出口货款。

 实训练习题

一、名词解释

1．汇票　　　　　2．背书　　　　　3．汇付

4．托收　　　　　5．D/P·T/R　　　6．L/C

二、单项选择题

1．L/C与托收相结合的支付方式，其全套货运单据应（　　）。

A．随信用证项下的汇票

B．随托收项下的汇票

C．50%随信用证项下，50%随托收项下

D．单据与票据分列在信用证和托收汇票项下

2. 承兑是（　　）对远期汇票表示承担到期付款责任的行为。

  A. 付款人   B. 收款人

  C. 出口人   D. 议付银行

3. 根据《UCP600》的解释，信用证的第一付款人是（　　）。

  A. 进口人   B. 开证行

  C. 议付行   D. 通知行

4. 信用证经保兑后，保兑行（　　）。

  A. 只有在开证行没有能力付款时，才承担保证付款的责任

  B. 和开证行一样，承担第一性付款责任

  C. 需和开证行商议决定双方各自的责任

  D. 只有在买方没有能力付款时，才承担保证付款的责任

5. 信用证上若未注明汇票的付款人，根据《UCP600》的解释汇票的付款人应是（　　）

  A. 开证人   B. 开证行

  C. 议付行   D. 出口人

6. 国外开来的信用证规定，汇票的付款人为开证行，货物装船完毕，但出口人闻悉申请人已破产倒闭，则（　　）。

  A. 由于付款人破产，货款将落空

  B. 开证行得悉申请人破产后，即使货已装船，仍可撤回信用证，受益人未能取得货款

  C. 只要单证相符，受益人仍可从开证行取得货款

  D. 待付款人财产清算后方可收回货款

三、判断题

1. 出口商采用 D/A30 天比采用 D/P30 天承担的风险要大。   （　　）

2. 信用证是一种银行开立的无条件承诺付款的书面文件。 （　　）

3. 光票信用证是指开证行不需凭任何单据就履行付款责任的信用证。（　　）

4. 汇票经背书后，使汇票的收款权利转让给被背书人，被背书人若日后遭到拒付可向前手使追索权。   （　　）

5. 保兑信用证中的保兑行对保兑信用证负第一性的付款责任。 （　　）

6. 若错过了信用证有效期到银行议付，受益人只要征得开证人的同意，即可要求银行付款。   （　　）

7. 根据《UCP600》的规定，议付是指由议付行对汇票和（或）单据付出对价。只审单而不付出对价，不能构成议付。   （　　）

8. 汇付是付款人主动通过银行或其他途径将款项交收款人的一种支付方式，所以属于商业信用，而托收通常称为银行托收，因而它属于银行信用。（　　）

第六章　国际货物价款的支付

四、案例分析题

1. 某笔进出口业务，约定分两批装运，支付方式为即期信用证。第一批货物发送后，买方办理了付款赎单手续，但收到货物后，发现货物品质与合同严重不符，便要求开证行通知议付行对第二批信用证项下的货运单据不要议付，银行不予理睬。后来议付行对第二批信用证项下的货运单据仍予议付。议付行议付后，付款行通知买方付款赎单，遭到买方拒绝。问：(1) 银行处理方法是否合适？(2) 买方应如何处理此事为宜？

2. A 与 B 两家食品进出口有限公司共同对外成交出口货物一批，双方约定各交50%，各自结汇，由 B 公司对外签订合同。事后，外商开来以 B 公司为受益人的信用证，证中未注明"可转让"字样，但规定允许分批装运。B 公司收到信用证后及时通知了 A 公司，两家公司都根据信用证的规定各出口了 50% 的货物并以各自的名义制作有关的结汇单据。问：两家公司的做法是否妥当？为什么？

3. 我某食品进出口公司向澳洲某国出口鲜活品一批，双方规定以即期信用证为付款方式。买方在合同规定的开证时间内开来信用证，证中规定："一俟开证人收到单证相符的单据并承兑后，我行立即付款。"我方银行在审核信用证时，把问题提出来，要求受益人注意该条款。但某食品进出口公司的业务员认为该客户为老客户，应该问题不大，遂根据信用证的规定装运出口。当结汇单据交到付款行时，付款行以开证行认为单据不符不愿承兑为由拒付。问：(1) 银行拒绝付款有无道理？(2) 我方的失误在哪里？

4. 某纺织品进出口公司与国外 H 公司按 CFR 条件签订一份棉织品出口合同，合同规定装运期为 10 月份，但未规定具体开证日期。外商拖延开证，我方见装运期快到，从 9 月底开始，连续多次电催外商开证。10 月 5 日，收到开证的简电通知书（详情后告），我方因怕耽误装运期，即按简电办理装运。10 月 28 日，外商开来信用证正本，正本上对有关单据作了与合同不符的规定。我方审证时未予注意，交银行议付时，银行也未发现，开证行即以单证不符为由，拒付货款。试分析：我方应从此事件中吸取哪些教训？

5. 我某丝绸进出口公司向中东某国出口丝绸织制品一批，合同规定：出口数量为 2100 箱，价格为 2500 美元/箱 CIF 中东某港，5~7 月份分三批装运，即期信用证付款，买方应在装运月份开始前 30 天将信用证开抵卖方。合同签订后，买方按合同的规定按时将信用证开抵卖方，其中汇票条款载有"汇票付款人为开证行/开证申请人"字样。我方在收到信用证后未留意该条款，即组织生产并装运，待制作好结汇单据到付款银行结汇时，付款银行以开证申请人不同意付款为由拒绝付款。问：(1) 付款银行的做法有无道理？为什么？(2) 我方的失误在哪里？

第七章　商检、索赔、不可抗力与仲裁

在国际货物买卖中，买卖双方交易的商品，无论是出口还是进口，一般都要进行商品检验。买卖双方中任何一方有违约的情况，受害方都有权提出索赔。如果是由于不可抗力事件导致一方不能履行合约的，未履行合约的一方可免除法律责任。一旦因双方对是否违约理解不一而产生争议，可以通过仲裁来解决。因此，买卖双方在磋商和签约时，要对商检、不可抗力，仲裁和索赔条款予以详细规定，以防止争议发生或争议发生后能得到妥善的解决。

● 第一节　商品检验

进出口商品检验，就是对商品的品质和重量（数量）等进行检验和鉴定，以确定交货品质、重量（数量）是否符合合同规定。在国际货物买卖中，买卖双方一般不能当面交接货物和检验货物，因而往往在商品品质和数量（重量）等问题上产生争议。为了解决这个问题，长期以来形成一种习惯，即由有资格的商检机构在装运港货物装运前或在目的港买方卸货前进行检验，并出具检验证书，作为卖方交货符合合同规定的证明，或作为买方对卖方交货不符合合同规定的索赔依据。因而买卖双方需就检验时间和地点、检验机构、检验证书、检验方法和检验标准、复验时间、地点和机构等问题进行磋商，这些内容就构成商品检验条款。

一、商品检验时间和地点

这主要是确定商品在什么时间和什么地方进行检验，实际上就是确定买卖双方中哪一方行使对货物的检验权，它关系到买卖双方的权利与义务。

在国际货物买卖中，关于商品检验时间和地点的规定方法有以下几种：

（一）在出口国于货物装运前检验

这种方法通常称为"离岸品质、离岸重量"，即买卖合同中规定货物在装运港（地）装运以前，由卖方委托经买卖双方同意的出口地的商检机构，对商品的品质和重量（数量）进行检验，出具检验证书，作为最后依据。这就意味着，货到目的港后，买方即使再委托当地检验机构进行复验，也无权向卖方提出任何异议。这种方法对卖方有利，而对买方不利。因为它使买方失去了对货物品质、重量（数量）提出异议的权利，并且货物在运输途中品质或重量（数量）发生变化的风险也由买方承担。但这种方法对买方也有有利之处，主要表现在：采用这种方法，对货物的检验是由买卖双方约定的商检机构在货物装运前进行的，经检验货物合格，则商检机构发给检验证书，卖方凭商检证书和其他单据向银行议付货款。如货物不符合同规定，则商检机构签发现场检验报告，买方可根据现场检验报告决定同意收货或拒绝收货或要求卖方降低价格。由于货物在品质上的细小差别，会引起价格上有很大不同，尽早发现这些差别，从而尽早提出解决办法，可使买方避免一定的损失。

（二）在进口国于卸货后检验

这种方法通常称为"到岸品质、到岸重量"，即在买卖合同中规定，商品的品质和重量应在目的港（地）卸货后进行检验，以目的港（地）签发的检验证书作为决定商品品质和重量（数量）的最后依据。也就是说，即使卖方在出口国以符合合同规定的商品交货，但经复验商品品质和数量与合同不相符时，买方有权提出异议。采用这种方法，实际上是由卖方承担了货物在运输途中的品质和数量上的变化损失，因而对卖方不利，而对买方有利。不过这种方法对买方也有不利的一面，由于货到目的地后才发现品质和数量上存在问题，买方向卖方提出索赔或退货，手续较为繁琐、复杂，一旦卖方拒赔，买方虽可凭合同通过仲裁或诉讼解决，但费时费力。

（三）在出口国检验，在进口国复验

这种方法以装运港（地）的检验证书作为议付货款的依据，货到目的港后，允许买方对货物进行复验。采用这种方法时，货物在出口国装运前由装运港的商检机构进行检验，但出具的商检证明不作为最后依据，只作为卖方向银行议付货款时的单据之一，货到目的港卸货后，买方有权复验，买方可凭复验结果向卖方索赔。

第三种方法较前两种方法合理，前两种方法均以单方提供的检验证书为准，而第三种方法卖方有权检验，买方有权复验，对双方较为公平，因而我国对外贸易合同有关检验地点和时间的条款，一般采用第三种方法。

值得注意的是，在采用第三种方法时，由于货物的品质和数量在运输过程中常常会发生变化，因而货物在装运港装运前的检验结果与货物在目的港的检验结果有时会出现差异，这种差异应当由谁来负责，进一步讲，究竟由谁来承担货物在运输途中质量或数量发生变化的风险和损失。对于这个问题不同国家的法律有不同的规定，有些国家法律规定：卖方有责任在货物装运时采取必要的措施，保证货物在正常情况下运到目的港时仍处于适合销售的状态，如发生变质情况，应由卖方负责。另一些国家法律则认为：在 FOB 合同和 CIF 合同条件下，卖方的责任是在合同规定的时间内，把符合合同规定的货物装上船，装船以后货物的风险即由卖方转移给买方，卖方并不负责保证货物运抵目的地时仍须符合销售状态。因此，在采用第三种方法规定商品的检验时间和地点时，除在合同中订明装运港检验，目的港复验外，还应对装运港检验与目的港复验结果不一致时的处理方法作出明确规定，以明确责任，避免不必要的纠纷。

二、商品检验机构

商检机构是对商品进行检验的机构即接受委托进行商品检验与公证鉴定工作的专门机构。在国际上的商品检验机构，有官方的，也有私人的，或同业公会的，或某些协会经营的，其中比较著名的有：英国劳氏公证行、瑞士日内瓦通用鉴定公司、美国食品药品管理局、日本海事鉴定协会等。

我国的商检机构是中华人民共和国进出口商品检验局及其在全国各地的分支机构。根据我国《商检法》的规定，我国商检局的主要任务有以下方面：

（1）实施法定检验。法定检验是指对重要进出口商品实行的强制性检验。对法定检验的出口商品，未经检验的，不得出口；对法定检验的进口商品，未经检验者，不准销售、使用。目前我国商检局实施法定检验的范围包括：列入《现行实施检验进出口商品种类表》内的商品；根据《中华人民共和国食品卫生法》应实施卫生检验的出口商品；根据《中华人民共和国进出口动植物检疫条例》规定应实施检疫的进出口动物产品；装运易腐烂变质的出口食品的船舶和集装箱；列入《国际海上危险货物运输规则》内的危险品的出口包装；以及买卖合同中规定由商检局检验的进出口商品。

（2）实施监督管理。其主要是督促并组织出口商品的生产、经营单位和进口商品单位对进出口商品按规定要求进行检验，对出口商品的质量进行监督检查和管理。

（3）办理公证鉴定。即根据对外贸易关系人的申请，或外国商检机构的委托，对进出口商品进行公证鉴定，并签发各种鉴定证书。公证鉴定不同于法定检验，它不具有强制性。

在国际货物买卖中，由哪一个机构进行商品检验必须在合同中明确规定。我国出口的货物，如需在装运港办理商品检验的，买卖合同中一般规定，由中华人民共和国进出口商品检验局及其分支机构办理。如在目的港（地）检验，或买方提出要求复验，则应选择委托办事公正且有一定专业检验技术的检验机构进行检验或复验。

三、商品检验证书

商检证书是商检机构依照有关规定，对进出口商品进行检验鉴定后出具的证明文件。在国际货物买卖中商检证书具有重要作用：首先，它是议付货款的单据之一。如果检验证书中所列的项目或检验结果与信用证的规定不符，有关银行可以拒付货款。其次，它是核对卖方所交货物是否符合合同规定和买方索赔的依据。商检证书可以证明卖方交货的品质、重量（数量）、包装及卫生条件等的具体情况，以此可判定卖方所交货物是否符合合同规定。如果与合同规定不相符，买方可以拒收货物，要求赔偿。最后，它是海关验关放行的凭证。我国有关法律规定，出口商品未经商检机构检验合格的，一律不予放行，而进口商品未经检验合格者，不准进口。

商品检验证书的种类繁多，归纳起来有以下几种：

（1）品质检验证书（Inspection Certificate of Quality）是证明进出口商品品质、规格、等级、成分等实际情况的证书，它具体证明进出口商品的品质是否与合同或信用证的规定相符。

（2）重量（数量）检验证书［Inspection Certificate of weight（quantity）］。主要证明货物的重量或货物数量情况的证书。对出口来说，该证书是对外交货、结算及计算运费的依据；对进口来说，该证书是对外进行数量、重量结算和发生短缺时对外办理索赔的依据。

（3）兽医检验证书（Veterinary Inspection Certificate）主要证明动物产品，如冻肉、冻禽、皮张、毛绒类商品的卫生检疫情况。

（4）卫生检验证书（Sanitary Inspection Certificate）是证明出口动物产品、食品经过卫生检验合格的文件，适用于肠衣、罐头、冻鱼虾、蛋品、乳制品等商品。

（5）消毒检验证书（Disinfection Inspection Certificate）是证明出口动物产品已经过消毒处理的证书。它适用于猪鬃、皮张、山羊毛、羽毛和羽绒制品等。

（6）产地检验证书（Inspection Certificate of Origin）是证明出口商品原产地的证书。它是各国执行贸易管制、差别关税、进口配额制度必需的文件。

（7）价值检验证书（Inspection Certificate of Value）是用来证明出口商品价值或发货人所载商品价值的证书。

（8）残损检验证书（Inspection Certificate on Damaged Cargo）是证明进口商品残损情况的证书。它是进口商向有关责任方索赔的有效文件。

买卖双方在签约时，应对商检证书的种类作出明确规定。

四、检验的标准与检验方法

检验标准是商检机构检验和评定进出口商品是否合格的依据。如果没有检验标准，就无法判定所交货物是否合格。因此，在合同中必须对检验标准予以明确规定。

在磋商和规定检验标准时应遵循下列原则：凡我国出口商品，一般应按我国法律、行政法规规定的强制性标准或其他必须执行的检验标准进行检验；法律法规未规定有强制性标准或其他必须执行的检验标准的，按国家标准（没有国家标准按部级标准，无部级标准按企业标准）检验；目前尚无统一标准的，可以参照同类商品标准或者由我国生产部门与商检部门商定的标准进行检验。如果对方要求按他们国家或第三国的标准进行检验时，必须在征得我国商检部门同意后再确定。凡我国进口商品，一般按生产国标准、有关国家标准、或者按买卖双方商定的标准进行检验，国家另有规定的，按照有关规定办理，但原则上不能以与我国没有贸易关系的国家的标准作为检验依据。

检验方法是对进出口商品的品质、数量、包装等进行检验的具体做法，包括抽样的数量和方式。在外贸业务中，商品检验的方式主要有感官检验、化学检验、物理检验、微生物学检验等。有些商品虽属同一品质规格，但由于使用不同的检验方法，往往可能得出不同的结果。因此，在检验条款中应明确检验方法。

五、复验期限和地点

复验期限实际上就是索赔期限。在买方有权复验的情况下，一般应在合同中规定复验期限，以避免因买方拖延检验而导致商品质量、数量发生变化。按国际贸易惯例，若买方超过合同规定的期限进行复验后提出索赔，则卖方有权拒赔。复验期限的长短，一般应根据商品的性质、运输条件和港口情况，由买卖双方共同商定。如合同中未明确复验期限，则应理解为买方可在"合理时间"内复验。但对于什么是"合理时间"国际上并无统一规定，一旦买卖双方因理解不一而发生争议，则须由有关国家的法院或仲裁机构按具体情况作出解释，这样往往对出口商不利。

复验地点一般应在货物的目的港或收货人的最终仓库。

六、签订商检条款应注意的问题

买卖合同中的商检条款主要包括：商检时间和地点、商检机构、商检证书、商检标准和方法，以及复验期限和地点等内容，示例如下：

出口合同的检验条款：

"双方同意以装运港中国进出口商品检验局签发的品质和数量（重量）检验证书作为信用证下议付单据的一部分。买方有权对货物的品质、数（重）量进行复验。复验费由买方负担。如发现品质/或数（重）量与合同不符，买方有权向卖方索赔，但须提供经卖方同意的公证机构出具的检验报告。索赔期限为货到目的港××天内。"

进口合同的检验条款：

"双方同意以制造厂或××公证行出具的品质和重量（数量）检验证书作为有关信用证项下付款的单据之一。但货物的品质和重量（数量）的检验应按下列规定办理：货到目的港××天内经中国商检局复验，如发现品质和重量（数量）与本合同规定不符时，除属保险公司或船公司负责外，买方凭中国商检局出具的检验证书，向卖方提出退货或索赔。所有退货或索赔引起的一切费用（包括检验费）及损失均由卖方负担。在此情况下，如抽样是可行的话，买方可按卖方要求，将有关货物的样品寄交卖方。"

在拟定检验条款时应注意以下两方面的问题：

1. 检验条款的有关内容应与合同的其他条款相衔接

如采用 CIF、CFR、FOB 术语成交时，商检时间和地点的规定就不应采用到岸品质、到岸重量（数量）的方法；在采用信用证支付方式时，检验条款中有关商检机构、商检证书等规定必须与信用证中有关议付单据的规定相一致，否则，银行将以我方提交的商检证书与信用证的规定不符为由拒付货款。

2. 复验期限与复验地点的规定要明确具体

当买方有权对商品进行复验时，合同中应对复验期限、机构和地点予以明确规定。复验期限就是索赔期限，超过复验期限买方就失去索赔权。复验期限的长短应视商品的性质和港口的情况而定，但应具体明确。关于进口商品的复验地点，应根据业务经营情况来确定，一般地说，在我国进口业务中，进口商品的复验应在口岸或集中储存地点进行；对于按照合同规定或国际贸易惯例，需要结合安装调试检验的成套设备、机电仪器等，应在收货、用货地点检验；对于集装箱运输的进口货物，应在拆箱地点进行检验。

第二节　索赔

索赔是指在进出口交易中，因一方违反合同规定，直接或间接地给另一方造成损失，受损方向违约方提出赔偿要求，以弥补其所受损失。一方对另一方提出的索赔进行处理则是理赔。

在国际货物买卖中，一般说来，当事人订立买卖合同的目的，是希望彼此都能严格履行合同，以实现合同的利益。但是由于种种原因，在国际货物买卖合同的履行过程中，买方或卖方没有按照合同中所规定的某项条款办事，未完全尽到应尽的义务和责任，以致出现事故、造成损失，引起索赔。可见合同当事人违约是导致索赔的根源。因此，了解违约的具体行为、原因，以及不同违约行为的法律责任，对于正确地进行索赔和理赔具有重要作用。

一、违约的行为及原因

在对外贸易中，买卖合同的当事人的违约行为有以下两类：

（1）卖方违约，即卖方不履行或不完全履行合同规定的义务，包括不按时交货，或不按合同规定的品质、数量、包装交货；不提供合同与信用证规定的合格单据等。

（2）买方违约：即买方不履行或不完全履行合同规定的义务，包括不按时开信用证，不按时付款赎单，无理拒收货物或在买方负责运输的情况下，不按时派船或签订运输合同等。

造成违约的原因主要有三个方面，一是由于当事人的故意行为导致违约；二是由于当事人一方的疏忽、过失或业务生疏导致违约；三是因合同条款规定得不够明确，双方对条款的理解不同而形成违约。

二、违约行为的性质及其法律责任

根据各国法律和国际公约的规定，不同性质的违约行为，其法律后果是不同的。但不同国家的法律对违约行为性质划分的依据是不一致的，有的国家以合同中交易条件的主次为依据来划分，而有的国家则以违约行为造成后果的严重程度为依据进行划分。下面就有关国家的法律和国际公约在这方面的规定作一介绍：

（一）英国法律的规定

英国法律关于违约的性质及其责任是以合同中交易条件的主次来划分的，它将违约分成违反要件（Breach of Condition）和违反担保（Breach of Warranty）两种。违反要件是指违反合同的主要条款，在这种情况下，受害方有权解除合同并要求损害赔偿。违反担保是指违反合同的次要条款，在这种情况下，受害方不能解除合同，只能要求损害赔偿。至于合同中哪些条款属于要件，哪些条款属于担保，英国法律并未明确规定，要由法官在审理案件时根据合同的内容和推定双方当事人的意愿来决定。不过一般认为，与商品有关的品质、数量和交货期等条件属于要件，与商品不直接联系的为担保。但英国法律允许受害方把一方的违反要件当作违反担保处理，即不要求解除合同，而只要求损害赔偿。

（二）美国法律的规定

美国法律是根据违约后果的严重性来划分违约性质的。按美国法律，违约分为重大违约（Material Breach）和轻微违约（Minor Breach）。所谓重大违约是指一方当事人违约，以致使另一方无法取得该交易的主要利益，受害方有权解除合同，并要求损害赔偿。轻微违约是指一方违约，并未影响对方在该交易中取得的主要利益，受害方只能要求损害赔偿,而不能解除合同。

(三)《联合国国际货物销售合同公约》的规定

《联合国国际货物销售合同公约》(以下简称《公约》)将违约分为根本违约(Fundamental Breach)和非根本违约(Non-fundamental Breach)两种。根本违约是指一方当事人违反合同的结果,使另一方当事人蒙受损失,以至于实际上剥夺了受害方根据合同有权期待得到的利益。非根本违约是指一方当事人违反合同,但尚未给对方造成实质性损害。根据《公约》规定,如果某种违约行为已构成根本违约,受害的一方就有权宣告解除合同,并有权要求损害赔偿或采取其他补救措施。如果某种违约行为不构成根本违约,则受害的一方不能解除合同,而只能要求损害赔偿或采取其他补救措施。

(四)我国《合同法》的规定

我国《合同法》也肯定了根本违约这一法制制度,并明确规定了根本违约的法律责任。根据我国《合同法》,根本违约是指一方违反合同,致使不能实现合同的目的,受损害的当事人一方有权通知另一方解除合同。

三、索赔条款的内容

索赔条款是索赔和理赔的依据。国际货物买卖合同中的索赔条款有两种规定方式,每一种方式的具体内容又有所不同。

(一)议异和索赔条款

该条款一般是为了解决因卖方交货的品质数量或包装不符合合同规定引起双方争议而订立的。主要内容包括索赔依据、索赔期限,有的还包括索赔的处理办法。

(1)索赔依据:是索赔的一方向违约方提出索赔要求时必须具备的证据以及出具证明文件的机构。一方索赔时,如果提供的证据不全或出证机构不符规定,对方有权拒赔。在规定索赔依据时,要与检验条款的内容相一致,不能互相矛盾。

(2)索赔期限:是索赔的一方向违约方提出索赔要求的有效期限。逾期提出索赔,对方可不予受理。索赔期限的长短应视商品的特点来定,通常一般货物的索赔期限为货到目的地后30~45天,食品、农产品等易腐商品的索赔期限可规定的短些,机器设备一般为货到目的地后60天或60天以上,通常不超过6个月。但对有质量保证期的机器设备,其索赔期限可根据保证期的长短来确定。总之,索赔期限的规定应根据不同种类的商品作出合理安排,不宜过长,也不宜过短。为防止超过索赔期而被拒赔,可在合同中补充规定:"如在有效期内,因检验手续或发证手续未能及时办妥,可先电告对方延长若干天。"

如果买卖双方在合同中对索赔期限未做具体约定，则索赔期限的长短将根据合同的适用法律来确定。按照《公约》规定，索赔期限为自买方实际收到货物之日起两年内。按照我国《合同法》规定，索赔期限为自当事人知道或应当知道其权利受到侵犯之日起计算四年。可见，合同的适用法律不同，索赔期限长短不一。因此，买卖双方在签订合同时，一定要具体约定索赔期限。

（3）索赔处理方法。由于违约的情况较为复杂，当事人在订约时往往难以预料。因此，合同中关于索赔的处理方法一般只作原则性规定。

异议和索赔条款的示例如下：

①买方对于装运货物的任何索赔，必须于货到目的口岸××天内提出，并须提供给卖方同意的公证机构出具的检验报告。属于保险公司，轮船公司或其他运输机构责任范围内的索赔，卖方不予受理。

②如买方对装运货物提出索赔，凡属品质异议须于货到提单规定的目的地××天内提出。凡属数量异议须于货到提单规定的目的地××天内提出。对装运货物所提任何异议属于保险公司、轮船公司或其他运输机构负责者，卖方概不负责。

（二）罚金条款

该条款适用于卖方延期交货或买方延期开信用证的索赔。其特点是在合同中规定卖方未能按期交货或买方未能按期开立信用证时，其应向对方支付的一定数额的罚金或罚金的百分率，以弥补对方的损失。

罚金条款示例如下：

（1）如卖方不能如期交货，在卖方同意由付款行从议付的款项中扣除罚金的条件下，买方可同意延期交货。但是罚金不得超过货物总值的5%。罚金按每七天收取0.5%，不足七天者按七天计算。如卖方延期交货超过合同规定期限十周时，买方有权撤销合同，但卖方仍应按上述规定支付罚金。

（2）如买方因自身原因不能按合同规定的时间开立信用证，应向卖方支付罚金。但是罚金不得超过买方应开信用证金额的x%。罚金按迟开信用证每x天收取信用证金额的x%，不足x天者按x天计算。

值得注意的是，对于合同中的罚金条款，各国法律规定有所不同。法国、德国等大多数国家的法律对罚金条款是予以承认和保护的。在这种情况下，不论违约发生后对另一方是否造成损失，也不论这种损失有多大，违约方都必须按合同向对方偿付违约金。但是，英美等国家的法律则不承认这种带惩罚性的条款，这些国家的法律将合同中订有的固定赔偿金额区分为两项：预定的损害赔偿金和罚金，前者是指双方当事人在订立合同时，根据估计可能发生违约所造成的损失确定的；后者是指双方当事人为了保证合同的履行，对违约方征收的罚金。但英美国家的法律只承认前者，而不承认后者。如果法院认为双方当事人约定的赔偿金额属于预定的损害赔偿，则不管损失金额的大小，均按合同规定的金额判付。如属于罚金，则法院不予承认，受损方因对方违约所应得的赔偿金额须根据受损方所遭受的实际损失重新确定。至于双方当事人在合同中约定的赔偿金额，是属于预定的损害赔偿金还是罚金，完全由法院根据具体案情作出它认为适当的判决。因此，进出口企业在订立上述索赔条款时，要充分了解有关国家法律的规定。

我国合同法关于违约金的规定不同于英美法，根据我国合同法，合同中约定的违约金，视为违反合同的损失赔偿。但是，约定的违约金过分高于或者低于合同所造成的损失的，当事人可以请求仲裁机构或者法院予以适当减少或者增加。

在外贸实务中，一般贸易合同中只规定异议和索赔条款，但在大宗货物买卖合同和机械设备合同中，除订明异议和索赔条款外，还须订立罚金条款。

四、对外索赔应注意的问题

（1）正确确定索赔金额。如合同中约定了损害赔偿金额，则应按合同中约定的金额索赔，如合同中未明确约定，则应按实际遭受的损失确定索赔金额。

（2）提供合同规定的索赔单证。索赔时应按照合同规定提供必要的索赔单证，若单证不齐，对方可以拒赔。索赔单证包括：提单、发票、保险单、装箱单、重量单、商检机构出具的检验证书，以及列有索赔根据和索赔金额的索赔清单。

（3）在合同规定的有效期内提出索赔。超过合同的索赔期限提出索赔，对方可以拒赔。如果在合同规定索赔期限内不能取得索赔必备的单证，则应及时向对方要求延长索赔期限，以免使我方丧失索赔权。如果合同中未规定索赔期限，则应在有关法律规定的期限内办理索赔。

第三节　不可抗力

不可抗力又称不可抗力事件，是指国际货物买卖合同的当事人在订立合同时不能预见，对其发生和后果不能避免且不能克服的事件。

在国际货物买卖中，交易双方签订合同以后，有时会因不可抗力事件的发生致使一方当事人不能履行合同的全部或部分义务，或不能按合同规定的期限履行其义务，如果合同中订有不可抗力条款，则因不可抗力事件而未履行合同义务的一方可不承担法律责任。

买卖合同中的不可抗力条款主要包括以下内容：不可抗力事件的范围、不可抗力事件的法律后果、出具事件证明的机构发生事件通知对方的期限。

一、不可抗力事件的范围

不可抗力事件一般包括两种情况：一种是由于自然原因引起的，如火灾、水灾、台风、大雪、暴风雨、地震等；另一种是由于社会原因引起的，如战争、政府禁运、罢工、骚乱等。由于不可抗力事件涉及面非常广，而对哪些事件可以构成不可抗力事件，各国法律解释不一，国际上也没有一个统一的确切规定。因此，买卖双方在订约时必须对不可抗力事件的范围作出明确规定。

不可抗力事件范围的规定方法有三种：

（1）概括式，即在合同中不具体订明哪些事件是不可抗力事件，而只作笼统规定。例如："由于公认的不可抗力原因而不履行合同义务的一方不负责任。"这种规定方法虽然全面，但比较含糊，买卖双方容易因对不可抗力事件的解释不一致引起纠纷。

（2）列举式，即在合同中对哪些事件是不可抗力事件一一列举出，凡合同中未列举的则不属不可抗力事件。例如："由于战争、洪水、水灾、地震、暴风、大雪的原因而不能履行合同规定义务的一方可不负责任。"这种方法虽然明确规定了不可抗力事件的范围，但由于不可抗力事件的范围很广，合同中不可能一一列出，一旦发生了合同中未列举的事件，买卖双方仍可能发生争议。

（3）综合式，即将概括式和列举式相结合，在合同中将不可抗力事件一一列举出来，再加上"以及其他人力不可抗拒的事件"或类似的文句。例如："由于战争、地震、严重的风灾、雪灾、水灾、火灾以及双方同意的其他人力不可抗拒的原因而不能履行合同规定义务的一方可不负责任。"这种规定方法综合了前两种方法的优点，它将不可抗力事件逐一列举，使之明确具体，而对未列明的不可抗力事件，双方又有协商的余地，具有一定的灵活性。因而实务中常采用这种方法。

二、不可抗力事件的法律后果

不可抗力事件所引起的法律后果主要有两种，一种是免除不履行合同的责任，一种是免除延期履行合同的责任。究竟是哪一种要视不可抗力事故对履行合同的影响程度而定。一般说来，如果不可抗力事故的发生只是暂时或在一段时间内影响合同的履行，就只能暂时中止合同，一旦事件消除后仍需履约，即免除延期履行合同的责任。如果由于不可抗力事件发生，完全排除了继续履行合同的可能性，则可允许不再履约，即免除该方当事人不履行合同的责任，对于在哪种情况下应当免除不履行合同的责任，在哪种情况下只能延迟履行合同，买卖双方应当在合同中予以明确规定。

三、不可抗力事件的出证机构

在国际货物买卖中，当一方援引不可抗力条款要求免除责任时，必须向对方提交有关机构出具的证明文件，以证明不可抗力事件确已发生。不可抗力条款中对出具事件证明文件的机构，一般规定为发生不可抗力事件地的商会或登记的公证人。

在我国由中国国际贸易促进委员会出具。

四、不可抗力事件的通知期限和方式

按照有关法律，当发生不可抗力事件影响合同履行时，当事人应及时通知对方。如《联合国国际货物销售合同公约》规定：因不可抗力事件不履行义务的一方，必须将障碍及其对他履行义务能力的影响通知另一方。如果该项通知在不履行义务的一方已知道或理应知道此一障碍后一段合理时间内未为另一方收到，则他对由于另一方未收到通知而造成的损害应负赔偿责任。我国《涉外经济合同法》对此也作了类似规定。因此，在买卖合同中应明确发生事件后通知对方的期限和方式。

合同中不可抗力条款的示例如下：

（1）如由于战争、地震、水灾、火灾、暴风雨、雪灾或其他不可抗力的原因，致使卖方不能全部或部分装运或延迟装运合同货物，卖方对于这种不能装运或延迟装运本合同货物不负任何责任。但卖方须用电报或电传通知买方，并须在×天内以航空挂号信件向买方提交由中国国际贸易促进委员会出具的证明此类事件的证明书。

（2）如由于战争、地震、水灾、火灾、暴风雨、雪灾或其他不可抗力的原因，买卖双方不能在规定的时间内履行合同，如此种行为或原因，在合同有效期后继续三个月，则本合同未交货部分即视为取消，买卖双方的任何一方，不负任何责任。但遭受事故影响的一方应用电报通知对方，并提供发生此类事故的证明书。该证明文件，如由卖方提出时，应由中国国际贸易促进委员会出具；如由买方提出，应由×××出具。

五、援引不可抗力条款应注意的问题

（1）任何一方在遭受到不可抗力事故后，应按合同规定及时通知对方。否则，遭受不可抗力的一方对因未及时通知而给对方造成的损失负责赔偿。此外，还应提供有关机构出具的证明文件，在国外一般由当地的商会或合法的公证机构出证，在我国则由中国国际贸易促进委员会出证。

（2）一方接到不可抗力事件通知和证明后，应认真调查研究所发生的事件是否属于不可抗力事件，如所发生事件不在合同所列范围之内，则不能按不可抗力事件处理，即使属于合同列举范围，未必就一定构成不可抗力事件。构成法律上允许免责的不可抗力事件必须具备两个条件，一是事件的发生是合同的当事人在订立合同时不能预见的；二是对事件的发生及后果合同当事人是无法克服的，两者缺一不可。因此，当对方援引不可抗力条款要求免责时，我方必须慎重对待，以避免不必要的损失。

第四节　仲裁

在国际货物买卖中，当买卖双方签订合同后，有时会因买卖双方对合同条款的理解不一致，或因买卖双方不能按合同规定履行义务而发生争议，解决交易双方发生争议的方式有四种：协商、调解、仲裁和司法诉讼。

协商是争议发生后，在没有第三者参加的情况下由双方当事人自行解决争议，而调解则是在第三者（调解人）参与下解决争议。协商和调解方式，气氛比较友好，有利于双方交易的开展，是买卖双方解决争议的理想方式。但是，在上述两种方式下，买卖双方为解决争议而达成的和解协议，一般不具有法律上的约束力，也就是说，即使双方达成协议，但如果一方在执行过程中反悔，另一方则不能请求法院执行双方签署的和解协议。因此，采用协商和调解方式解决双方之间的争议，必须具备前提条件：即争议双方应当自动执行已经达成的协议。如果买卖双方的争议通过协商和调解未能解决，就只有通过仲裁和司法诉讼加以解决。但仲裁比司法诉讼有显著的优点，因此，国际货物买卖中的争议解决常常采用仲裁方式。

一、仲裁及其特点

仲裁是指买卖双方达成协议，在双方发生争议时，如通过协商调解不能解决，自愿将有关争议提交给双方同意的第三者进行裁决，裁决的结果对双方具有约束力，双方必须依照执行。

与诉讼相比，仲裁具有以下特点：

（1）简便。仲裁虽然也要递交仲裁申请书和有关材料，但不像诉讼那样要经过一系列起诉的复杂程序。仲裁也不需要辩护律师，相对来说是比较简便的。

（2）迅速。诉讼一般是二审终审制，当事人对一审法院的判决不服在法定期限内向上级法院上诉，只有在上诉被上级法院驳回后，判决才发生效力，因而争议解决所需时间较长，对贸易双方不利。而仲裁具有一裁终局的特点，可以迅速及时地解决争议。

（3）灵活。采用仲裁方式，争议双方有权指定仲裁员和约定仲裁程序，比较灵活。而采用司法诉讼，争议案件的审理必须按法院的审判程序进行，当事人双方无权约定审判程序，也没有选择法官的权利。

（4）保密。为了适应合同双方当事人不愿将其商业秘密公之于众的要求，仲裁一般是秘密进行的。而法院的审理必须是公开的，允许旁听，对当事人来说，不仅不利于保守其商业秘密，而且对其信誉也有一定影响。

（5）费用少。诉讼要请律师，费用较高。如果诉讼持续时间较长，其律师费用可能会超过标的物价值，而仲裁的仲裁费只占标的物价值的百分之几。

（6）气氛好。仲裁是一种民间性的解决争议的方式，它充分尊重当事人双方的意愿，在友好和谐的气氛中使争议得到最终解决，有利于争议双方今后继续业务往来。而司法诉讼是当事人不得已而采取的解决争议的方式，经过法院判决强制执行，双方矛盾激化，互不信任，今后很难再有业务往来。

正是由于仲裁具有上述特点，在国际货物买卖中，它已成为解决买卖双方争议的最为普遍的一种方式。

二、仲裁协议及其作用

凡采用仲裁方式处理争议时，双方当事人必须订有仲裁协议。

仲裁协议（Arbitration Agreement）是双方当事人表示愿意将它们之间的争议提交仲裁机构解决的书面文件。仲裁协议可以在争议发生前订立，此时的仲裁协议是作为国际货物买卖合同的一个条款，即仲裁条款；仲裁协议也可以在争议发生后由双方达成，这时的仲裁协议是独立于国际货物买卖合同的一个专门文件。这两种形式的仲裁协议具有同等法律效力。

在国际货物买卖中，仲裁协议具有重要作用，主要表现在以下方面：

（1）约束双方当事人只能以仲裁方式解决争议，不得向法院起诉。一旦双方当事人签订了仲裁协议，则双方当事人均须受其约束。如果发生争议，应以仲裁方式解决，不能向法院提起诉讼。

（2）使仲裁机构取得对争议案件的管辖权。买卖双方当事人只有签订了仲裁协议，才能将他们之间的争议交付仲裁机构解决。仲裁机构不受理没有仲裁协议的案件，这是仲裁的基本原则。

（3）排除了法院对争议案件的管辖权。如果双方当事人订有仲裁协议，法院不得受理该案件。如果任何一方违反仲裁协议，把他们之间的争议向法院提起诉讼，对方可根据仲裁协议请求法院拒绝受理。

三、仲裁条款的内容

在国际货物买卖合同中，仲裁条款的内容包括仲裁地点、仲裁机构、仲裁程序、仲裁裁决的效力和仲裁费用的负担等。

（一）仲裁地点

仲裁地点是当事人双方在订立仲裁条款时必须考虑的一个重要问题，它是仲裁条款的最主要内容之一。因为仲裁地点与仲裁时所适用的仲裁程序与法律有密切的关系。规定在哪一个国家或地区仲裁，就要适用该国或该地区的仲裁规则或有关法律。

在我国对外贸易中，仲裁地点的规定主要有以下三种形式：

（1）规定在中国仲裁。对于我国当事人来说这是最为理想的仲裁地点，因为在中国仲裁可按中国法律进行处理和裁决。近年来，随着中国国际经济贸易仲裁委员会在国际上声望的提高，我国同英、法、日、美等国家订立的国际货物买卖合同仲裁条款，多确定中国为仲裁地点。

（2）规定在被诉人所在国仲裁。如果双方不能就在中国进行仲裁达成协议，仲裁条款可规定在被诉人一方所在国的仲裁机构进行仲裁。我国仲裁机构与意大利、罗马尼亚、希腊、挪威、菲律宾等国的仲裁机构签有协议，规定仲裁地点在被诉一方国家。因此，对这些国家的进出口合同，采用在被诉方所在国家仲裁。

（3）在第三国仲裁。如果当事人不愿意到对方所在国仲裁时，就可以共同选择在第三国或地区的仲裁机构仲裁。在考虑把第三国作为仲裁地点时，我方当事人应当选择在政治上对我友好、仲裁法律和做法比较公平，其仲裁机构享有一定声誉并具有一定业务能力的国家。

（二）仲裁机构

仲裁机构主要负责仲裁活动的组织和审理工作。国际贸易的仲裁机构分为临时仲裁机构和常设仲裁机构。

临时仲裁机构是根据当事人双方的仲裁协议而临时设立的审理某一特定案件的机构。它是直接由双方当事人指定的仲裁员自行组成，争议解决后自动解散。由于临时仲裁机构没有固定的办公地点和仲裁规则，因此，凡与仲裁审理有关的事项，包括仲裁庭的组成人员、仲裁适用的规则等，都应在仲裁协议或仲裁审理中作出约定。

常设仲裁机构是根据国际公约或一国国内法设立的负责通过仲裁方式处理商事争议的机构，国际上主要常设仲裁机构有：国际商会仲裁院、瑞典斯德哥尔摩商会仲裁院、伦敦仲裁院、美国仲裁协会、苏黎世商会仲裁院、中国国际经济贸易仲裁委员会等。由于这些常设仲裁机构有固定的办公地点、专门的仲裁员和仲裁规则，为仲裁案件的进行提供了各种方便，其办案质量和效率较高，所以大多数仲裁案件提交在常设仲裁机构审理。

至于选择哪一个仲裁机构，须由买卖双方根据仲裁地点协商确定，并在合同中作出明确规定。

（三）仲裁程序

仲裁程序是指进行仲裁的手续和做法，它的主要作用是为当事人或仲裁员提供进行仲裁的程序准则，其主要内容包括：如何提出申请、如何进行答辩、如何指定仲裁员、怎样进行仲裁审理、如何作出裁决和裁决的效力等内容。各国常设的仲裁机构的仲裁规则对仲裁程序都有明确规定。为便于仲裁，仲裁条款中应明确规定采

第七章 商检、索赔、不可抗力与仲裁

用哪个仲裁机构的仲裁规则进行审理。一般来说，仲裁条款中规定在哪个机构进行仲裁，就按哪个机构制定的仲裁规则办理。当然，法律上也允许买卖双方约定采用仲裁地点以外的其他国家仲裁机构的仲裁规则进行仲裁。

无论是哪个机构的仲裁规则，其规定的仲裁程序大致相同，均包括以下几个方面：

1. 提出仲裁申请

这是仲裁机构受理案件的前提条件。根据我国《仲裁规则》规定，我国仲裁机构受理仲裁案件的依据是双方当事人的仲裁协议和一方当事人（申诉人）的书面申请。仲裁申请书的内容包括：①申诉人和被诉人的名称和地址；②申诉人所依据的仲裁协议；③案情和争议的要点；④申诉人的请求及所依据的事实和证据。申诉人提交申请书时，应随附有关证件，如合同、来往函电等的原本或副本、抄本，并预交规定的仲裁费。

仲裁机构收到仲裁申请书及有关附件后，对申诉人提交的仲裁协议是否合法，争议是否属于仲裁协议范围，该争议是否被处理过，以及时效是否过期等进行严格审查，经审查确认申诉人仲裁的手续合法、完备，即予立案，并立即向被诉人发出仲裁通知，将仲裁申请书及仲裁机构的仲裁规则、仲裁员名册各一份发送给被诉人。被诉人应在收到仲裁通知之日起45天内向仲裁委员会提交答辩及有关证明文件。被诉人如有反诉，应将其反诉请求、反诉理由及所依据的事实和证据以书面形式提交仲裁机构，并按规定预交仲裁费。

2. 组成仲裁庭

争议案件提交仲裁后，由仲裁员组成的仲裁庭进行审理并作出裁决。仲裁庭如何组成，通常取决于当事人双方在仲裁协议中的约定。根据各国有关的国际经济贸易仲裁的立法与实践，仲裁庭的组成有以下几种方式：①由当事人指定仲裁员组成；②由当事人共同委托的第三者指定仲裁员组成；③由仲裁所适用的仲裁规则或法律规定的机构指定组成。究竟采用哪种方式，当事人双方应在仲裁协议中加以明确。如果当事人在仲裁协议中未能就仲裁庭的组成方式作出约定，则按所适用的仲裁规则或法规办理。

根据《中华人民共和国仲裁法》规定，仲裁庭可以由3名仲裁员或1名仲裁员组成，由3名仲裁员组成的，设首席仲裁员。当事人约定由3名仲裁员组成仲裁庭的，应当各自选定或者各自委托仲裁委员会主任指定1名仲裁员，第三名仲裁员由当事人共同选定或共同委托仲裁委员会主任指定，第三名仲裁员是首席仲裁员。当事人约定由1名仲裁员组成仲裁庭的，应当由当事人共同选定或者共同委托仲裁委员会主任指定仲裁员。双方如未能在仲裁规则规定的期限内约定仲裁庭的组成方式或者选定仲裁员的，由仲裁委员会主任指定。《中国国际贸易仲裁委员会仲裁规则》对仲裁庭的组成也作了类似的规定。

3．仲裁审理

仲裁审理的方式主要有两种：开庭审理和书面审理。开庭审理即口头审理，就是在约定的时间内，由仲裁庭直接听取当事人双方提交审理的仲裁案件的事实陈述和各自的主张。其特点是当事人或其代理人必须到庭参加，仲裁庭对案件的审理开庭时如果一方无正当理由不出席，仲裁庭可以进行缺席审理和作出缺席裁决。书面审理是指仲裁庭不开庭审理案件，只根据双方当事人及证人、专家等提供的与被审理的仲裁案件有关的书面材料进行审理。其特点是当事人不必亲自到庭参加仲裁庭对案件的审理，但他们必须向仲裁庭提供仲裁审理所依据的各种书面材料。根据我国仲裁规则的决定，除非双方当事人申请或征得双方当事人同意以书面审理，仲裁庭应当开庭审理。仲裁庭开庭审理案件不公开进行，如果双方当事人要求公开审理，由仲裁庭作出是否公开审理的决定。

在仲裁审理过程中，为了查明争议事实，仲裁庭会要求当事人将其准备提出支持其申诉、反诉或答辩的有关文件或其他证据提交仲裁庭，由仲裁庭审定，同时仲裁庭还可以通过询问证人或专家获取第一证据，在仲裁庭认为必要时，也可自行调查事实和搜集证据。此外，仲裁庭在作出裁决之前，可根据当事人的请求，对有关当事人的财产采取保全措施，如出售易腐货物、冻结资金、扣押财产等，以防止有关当事人变卖或转移其财产，保证仲裁庭将来作出的裁决能够得到顺利执行。

必须指出的是，有些国家的仲裁规则认为保全措施是一种强制性措施，仲裁机构不具有实施这项措施的权利，只能通过申请由法院作出保全的决定。但是，也有一些国家和地区的仲裁规则认为可以这样做。我国仲裁规则规定，如果当事人申请采取财产保全措施，仲裁委员会应当将当事人的申请提交被申请人住所地或其财产所在地的中级人民法院作出裁定。

4．仲裁裁决

仲裁案件经过审理后，仲裁庭应在规定的时间内按规定的方式作出裁决。仲裁裁决是指仲裁庭按照仲裁规则审理案件后，根据查明的事实和认定的证据，对当事人提交仲裁的有关争议的请求事项作出的予以支持或者驳回，或者部分支持部分驳回的书面决定。

根据我国仲裁规则的规定，仲裁庭应当在组庭后九个月内根据多数仲裁员的意见作出裁决，仲裁庭不能形成多数意见时，仲裁裁决根据首席仲裁员的意见作出。

仲裁裁决作出后，审理程序即告终结。争议双方当事人应当自觉履行裁决规定的义务，如果一方当事人不主动履行裁决规定的义务，另一方当事人可依据法律的规定，向主管法院申请强制执行。

（四）仲裁裁决的效力

仲裁裁决的效力是指仲裁裁决是否具有终局性，对双方当事人有无约束力，能否向法院起诉等。根据各国仲裁法和仲裁规则的规定，仲裁裁决具有终局性，对双方当事人均有约束力。大多数国家不允许对仲裁裁决提起上诉，有些国家虽然允许当事人上诉，但法院一般只审查程序，而对裁决本身是否正确不予核查，法院只有在查出裁决在程序上有问题时，才有权宣布裁决无效。尽管如此，为了明确仲裁裁决的效力，双方当事人在订立仲裁条款时仍应明确仲裁裁决是终局性的，对双方当事人都有约束力，任何一方不得向法院起诉。

合同中仲裁条款的示例：

1. 规定在我国仲裁的条款

凡因执行本合同发生的或与本合同有关的一切争议，双方应通过友好协商的办法解决；如果协商不能解决，应提交北京中国国际经济贸易仲裁委员会，根据该会的仲裁规则进行仲裁。仲裁裁决是终局的，对双方均有约束力。

2. 规定在被告国仲裁的条款

凡因执行本合同发生的或与本合同有关的一切争议，双方应通过友好协商来解决；如果协商不能解决，应提交仲裁。仲裁在被诉人所在国进行。如在中国，由中国国际经济贸易仲裁委员会，根据该会的仲裁规则进行仲裁。如在×国（被诉人所在国名称），由××（被诉人所在国仲裁机构的名称）根据该仲裁机构的仲裁规则进行仲裁。仲裁裁决是终局的，对双方都具有约束力。

3. 规定在第三国仲裁的条款

凡因执行本合同发生的或与本合同有关的一切争议，双方应通过友好协商来解决；如果协商不能解决，应提交×国（第三国名称）××地××仲裁机构，根据该仲裁机构的仲裁规则进行仲裁。仲裁裁决是终局的，对双方都具有约束力。

四、有关承认与执行外国仲裁裁决的国际公约

仲裁裁决作出以后，当事人应按裁决书的要求履行各自的义务。在大多数情况下，败诉方能够自动履行裁决，但是由于种种原因，败诉方拒不履行仲裁裁决的案件也时有发生。由于仲裁裁决是由民间性质的仲裁机构作出的，败诉方拒不履行裁决时，仲裁机构无强制执行的权利和义务，败诉方只能求助于本国或败诉方所在国家的法院，请其协助强制败诉方执行。一般情况下，法院承认与执行本国仲裁裁决不会发生困难，因为各国的法律都承认裁决的法律效力。裁决作出后，应一方当事人的申请，法院经司法审查，认为仲裁机构在仲裁程序中遵守了法律规定，即可按法定方式承认裁决的效力并强制执行。但是法院承认与执行外国仲裁裁决就比较困难，因为许多国家对承认和执行外国仲裁裁决规定有种种限制。为了解决外国仲裁裁决的承认与执行问题，国际上曾签订了一些国际仲裁公约。

1.《关于仲裁条款的日内瓦议定书》（Geneva Protocol on Arbitration Clause）

该议定书于1923年制订，于1924年7月生效。参加的国家有美国、法国、意大利、比利时、西班牙、挪威、日本、新西兰、印度等国家。议定书规定，各缔约

国间承认当事人订立的仲裁条款的有效性，并承担义务依据各国国内法执行在其领土内作成的仲裁裁决，但对在其他国家领土内作成的仲裁裁决执行问题未作规定。

2.《关于执行外国仲裁裁决的公约》（Convention on the Execution of Foreign Arbitral Award）

该公约于1927年生效，参加公约的缔约国仅限于批准了1923年议定书的国家。该公约在肯定1923年《关于仲裁条款的日内瓦议定书》的基础上，又对承认和执行外国仲裁裁决的条件作了较为详细的规定。该公约规定的执行外国仲裁裁决的条件是：①仲裁是依据有效的仲裁协议进行的；②裁决的事项依执行地国法律可以用仲裁协议进行；③仲裁庭依当事人所同意的形式组成并且符合法律定；④裁决是终局性的；⑤裁决的执行不违反执行地国家的公共秩序。这一规定弥补了1923年议定书的不足，首次在国际范围内确定了执行外国仲裁裁决的统一规则，对国际贸易的发展起了很大作用。

3.《承认和执行外国仲裁裁决的公约》（Convention on the Recognition and Enforcement of Foreign Arbitral Award）（简称《纽约公约》）

该公约是1958年联合国在美国纽约主持召开的国际商事仲裁会议上正式通过的，已于1959年6月7日正式生效。该公约是前两个公约的发展，比前两个公约扩大了适用范围。前两个公约都是在建立互惠原则的基础上，即两国之间必须先确立互惠关系后才能在本国实施公约的规定，而《纽约公约》放弃了"互惠"的要求，规定只要在缔约国的领土上作成的仲裁裁决，都可以适用本公约，予以执行。而且在非缔约国领土上作成的仲裁裁决，只要不被执行地认为是他本国的裁决，也可以适用本公约，加以执行。但《纽约公约》允许缔约国提出互惠保留。目前《纽约公约》已取代了前两个公约，成为最重要的承认和执行外国仲裁裁决的国际公约。

我国已于1987年1月22日参加《纽约公约》。我国在批准参加该公约时，根据该公约的规定，曾声明作了下述两项保留：①中华人民共和国只在互惠的基础上对在另一缔约国领土内作出的仲裁裁决的承认和执行适用该公约；②中华人民共和国只对根据中华人民共和国法律认定为属于契约性和非契约性商事法律关系所引起的争议适用该公约。

 实训练习题

一、名词解释

1. 商品检验　　　　2. 法定检验　　　　3. 索赔

4. 根本违约　　　　5. 不可抗力　　　　6. 仲裁

第七章　商检、索赔、不可抗力与仲裁

二、单项选择题

1. 在出口国检验、进口国复验这种检验条款的规定方法（　　　）。
   A. 对卖方有利
   B. 对买方有利
   C. 比较公平合理，它照顾了买卖双方的利益
   D. 对保险公司有利

2. 按《公约》的解释，如违约的情况尚未达到根本性违反合同的程度，则受损害的一方（　　　）。
   A. 只可宣告合同无效，不能要求赔偿损失
   B. 只能提出损害赔偿的要求，不能宣告合同无效
   C. 不但有权向违约方提出损害赔偿的要求，而且可宣告合同无效
   D. 可根据违约情况选择以上答案

3. 在我国的进出口合同中，关于仲裁地点的规定，我们应力争（　　　）。
   A. 在中国仲裁　　　　　　　　B. 在被告国仲裁
   C. 在双方同意的第三国仲裁　　D. 在对卖方有利的国家仲裁

4. 异议与索赔条款适用于品质、数量、包装等方面的违约行为，它的赔偿金额（　　　）。
   A. 一般预先规定　　　　　　　B. 一般不预先规定
   C. 由第三方代为规定　　　　　D. 由受损方确定

5. 根据《公约》的规定，买方向卖方提出索赔的最后期限是（　　　）。
   A. 货物在装运港装运完毕即提单签发日期后两年
   B. 货物到达目的港卸离海轮后两年
   C. 经出口商品检验机构检验得出检验结果后两年
   D. 买方实际收到货物起两年

6. 仲裁裁决的效力是（　　　）。
   A. 终局的，对争议双方具有约束力
   B. 非终局的，对争议双方不具有约束力
   C. 有时是终局的，有时是非终局的
   D. 一般还需法院最后判定

7. 在国际货物买卖中，较常采用的不可抗力事故范围的规定方法是（　　　）。
   A. 概括规定　　　　　　　　　B. 不规定
   C. 具体规定　　　　　　　　　D. 综合规定

8. 以下（　　　）不是检验证书的作用。
   A. 作为证明卖方所交货物的品质、重量（数量）、包装以及卫生条件等是否符合合同规定及索赔、理赔的依据

B. 确定检验标准和检验方法的依据

C. 作为卖方向银行议付货款的单据之一

D. 作为海关验关放行的凭证

9. 发生（　　　），违约方可援引不可抗力条款要求免责。

A. 战争　　　　　　　　　　　　B. 世界市场价格上涨

C. 生产制作过程中的过失　　　　D. 货币贬值

三、判断题

1. 商检证书的主要作用之一是通过对商品进行检验，以确定卖方所交货物的品质、数量、包装是否与合同的规定相符。　　　　　　　　　　　　　　　　（　　　）

2. 若买方没有利用合理的机会检验货物，就是放弃了检验权，从而就丧失了拒收货物的权利。　　　　　　　　　　　　　　　　　　　　　　　　　（　　　）

3. 若合同中规定以离岸品质、离岸重量为准，则以双方约定的商检机构，在出口货物装船前出具的品质、数量、包装等检验证明，作为决定品质和重量的最后依据。　　　　　　　　　　　　　　　　　　　　　　　　　　　　　　　（　　　）

4. 凡属法定检验范围的商品，在办理进出口清关手续时，必须向海关提供商检机构签发的检验证书，否则，海关不予放行。　　　　　　　　　　　　　　（　　　）

5. 若合同中无规定索赔条款，买方便无权提出索赔。　　　　　　　　（　　　）

6. 被保险人向保险公司提出索赔的期限一般为被保险货物在最后卸载港卸离海轮后，最多不超过两年。　　　　　　　　　　　　　　　　　　　　　　（　　　）

7. 不可抗力事故包括由于"自然原因"和"社会原因"引起的所有灾害和意外事故。　　　　　　　　　　　　　　　　　　　　　　　　　　　　　　　（　　　）

8. 仲裁协议必须在双方争议发生之前签订，否则仲裁机构将不予置理。

（　　　）

9. 只要支付了罚金，即可不履行合同。　　　　　　　　　　　　　（　　　）

四、案例分析题

1. 我方按 FOB 条件进口商品一批，合同规定交货期为 5 月份。4 月 8 日接对方来电称，因洪水冲毁公路（附有证明），要求将交货期推至 7 月份。我方接信后，认为既然有证明因洪水冲毁公路，推迟交货期应没有问题，但因广交会期间工作比较忙，我方一直未给对方答复。6、7 月份船期较紧，我方于 8 月份才派船前往装运港装货。因货物置于码头产生了巨额的仓租、保管等费用，对方便要求我方承担有关的费用。问：我方可否以对方违约在先为由，不予理赔，为什么？

2. 甲方与乙方签订了出口某种货物的买卖合同一份，合同中的仲裁条款规定："凡因执行本合同所发生的一切争议，双方同意提交仲裁，仲裁在被诉人所在国家进行。仲裁裁决是终局的，对双方具有约束力。"在履行合同的过程中，乙方提出

第七章　商检、索赔、不可抗力与仲裁

甲方所交的货物品质与合同规定不符，于是双方将争议提交甲国仲裁。经仲裁庭调查审理，认为乙方的举证不实，裁决乙方败诉，事后，甲方因乙方不执行裁决向本国法院提出申请，要求法院强制执行，乙方不服。问：乙方可否向本国法院提请上诉？为什么？

3. 某企业以 CIF 条件出口 1000 公吨大米，合同规定为一级大米，每公吨 300 美元，共 300 000 美元。卖方交货时，实际交货的品质为二级大米。按订约时的市场价格，二级大米每公吨 250 美元。问：①根据《公约》的规定，此案中，买方可以主张何种权力？②若买方索赔，其提出的索赔要求可包括哪些损失？

4. 买卖双方以 CIF 价格术语达成一笔交易，合同规定卖方向买方出口商品 5000 件，每件 15 美元，信用证支付方式付款；商品检验条款规定："以出口国商品检验局出具的检验证书为卖方议付的依据，货到目的港，买方有权对商品进行复验，复验结果作为买方索赔的依据。"卖方在办理装运、制作整套结汇单据，并办理完结汇手续以后，收到了买方因货物质量与合同规定不符而向卖方提出索赔的电传通知及目的港检验机构出具的检验证明，但卖方认为，交易已经结束，责任应由买方自负。问：卖方的看法是否正确？为什么？

5. 我 A 公司与美国 B 公司以 CIF 纽约的条件出口一批农产品，订约时，我 A 公司已知道该批货物要转销加拿大。该货物到纽约后，立即转运加拿大。其后纽约的买方 B 凭加拿大商检机构签发的在加拿大检验的证明书，向我方提出索赔。问：我方公司应如何对待加拿大的检验证书？

6. 我方售货给加拿大的甲商，甲商又将货物转手出售给英国的乙商。货抵甲国后，甲商已发现货物存在质量问题，但仍将原货经另一艘船运往英国，乙商收到货物后，除发现货物质量问题外，还发现有 80 包货物包装破损，货物短少严重，因而向甲商索赔，据此，甲商又向我方提出索赔。问：此案中，我方是否应负责赔偿？为什么？

161

第八章　进出口合同的磋商和签订

进出口贸易磋商是买卖双方对买卖商品的各项条件进行协商，以求达成交易的过程。交易磋商是签订合同的基础，没有交易磋商就不会有买卖合同。交易磋商的内容就是今后要签订的合同的内容，它不仅关系到合同本身是否成立及合同能否有效地履行，更关系到买卖双方的经济利益。因此，交易磋商是进出口贸易中极为重要的环节。要做好商品交易磋商工作，必须具备广泛的外贸专业知识，除国际货物买卖的有关理论知识外，还要掌握有关法律方面的知识，同时对各国不同的习惯做法也要有所了解。

🔵 第一节　合同的磋商

一、交易磋商的方式

在进出口贸易中，交易磋商的方式有两种：一是口头磋商，一是函电磋商。口头磋商是买卖双方就买卖某种商品的各项交易条件所进行的面对面的谈判，包括邀请客户来华访问、派推销小组出国及举办和参加各类交易会等。函电磋商是买卖双方通过信件、电报和电传等方式来洽谈交易，它是国际贸易中的主要磋商方式。

无论是口头磋商还是函电磋商，都是买卖双方就某种商品的买卖提出自己的交易条件，并经过反复协商，取得一致意见，从而达成交易。这两种磋商方式在法律上具有同等的效力。

二、交易磋商的内容

交易磋商的内容就是将来要签订合同的内容。它包括 11 项交易条件：

（1）品质条件，包括规定品质的方法，如凭样品、凭规格、凭等级、凭标准、凭商标或牌号、凭产地名称、凭说明书买卖等，以及品质机动幅度等。

（2）数量条件，包括计量单位，如重量、数量、长度、面积、体积、容积等，还包括计算重量的方法，如毛重、净重、以毛作净、公量、理论重量等，以及数量机动幅度和溢短装商品的价格等。

（3）包装条件，包括包装种类即运输包装与销售包装、包装方式、包装标志即运输标志与指示性和警告性标志、包装费用，以及定牌和中性包装等。

（4）价格条件，包括商品单价（计量单位、单位价格金额、计价货币、贸易术语）和总值，以及商品价格的作价方法和佣金与折扣等。

（5）装运条件，包括运输方式、装运时间、装运港（地）、目的港（地）、分批装运与转船、装运通知以及运输单据等。

（6）支付条件，包括支付时间、支付工具和支付方式等。

（7）保险条件，包括投保人、保险险别、保险金额、适用的保险条款以及保险单据等。

（8）商检条件，包括检验的时间与地点、商检机构、商检证书、商检标准与方法、复验时间与地点等。

（9）索赔条件，包括索赔的依据、索赔的期限、索赔的处理方法及罚金条款。

（10）不可抗力条件，包括不可抗力事件的范围、不可抗力事件的法律后果、不可抗力事件的出证机构、不可抗力事件的通知期限和方式。

（11）仲裁条件，包括仲裁地点、仲裁机构、仲裁程序、仲裁裁决的效力等。

在上述 11 项交易条件中，1—6 项为重点交易条件，买卖双方要想达成交易，订立合同，必须至少就这 6 项交易条件进行磋商并取得一致意见，这 6 项交易条件是买卖合同成立必备的交易条件。7—11 项交易条件为一般交易条件，它们是适用于每笔交易且具有共同性的交易条件。为了减少每笔交易洽商的成本，节省磋商的时间和费用，在实际业务中，买卖双方就一般交易条件达成协议后，常将一般交易条件印成一份书面文件或印在合同格式的背面，成为双方今后进行交易的共同基础，而不再在每笔具体交易中洽商这些条件。

三、交易磋商的一般程序

每一笔交易磋商的程序不完全相同，但在通常情况下，交易的磋商包括询盘、发盘、还盘和接受四个环节。其中发盘和接受是交易达成和合同成立的必不可少的两个环节。

（一）询盘（Inquiry）

询盘是指买方或卖方拟购买或销售某种商品，向对方发出的有关交易条件的询问及要求对方发盘的要求。

询盘可由买方发出，也可由卖方发出。由买方发出的询盘习惯上称作"邀请发盘"（Invitation to make an offer），由卖方发出的询盘习惯上称作"邀请递盘"（Invitation to make a bid）。询盘的内容，除价格、品名外，有时还可以包括规格、数量或交货期等。在实际业务中，一般多由买方发出询盘。

询盘对于询盘人和被询盘人均无法律上的约束力，买方询盘后无必须购买的义务，卖方也无必须出售的责任。但询盘往往是交易的起点，所以应慎重使用和对待。作为询盘人，应在周密考虑后有针对性、有目的性地向一处或几处发出，但不要过多，以便从其答复中进一步磋商，选择条件最优者成交。作为被询盘一方，应对接到的询盘予以重视，并作及时和适当的处理。

询盘的通常用语是：

请告…（Please advise）

请电告…（Please advise by the telex…）

对××有兴趣，请…（Interested in…please）

请报价…（Please quote…）

例1. "可供东北大豆，三月装，如有兴趣请电告。"（Can Supply Northeast Soybean March shipment cable if interested）

例2. "拟购东北大豆，请电告最低价格和最早的交货期"（Intend booking Northeast Soybean Please cable lowest price earliest delivery）

例3. "对东北大豆有兴趣，请发盘。"（Interested in Northeast Soybean please offer）

（二）发盘（Offer）

发盘又称发价，在法律上称为"要约"，它是买方或卖方向对方提出各项交易条件，并愿意按照这些条件达成交易，订立合同的一种肯定的表示。

在进出口贸易中，发盘通常是一方在收到对方的询盘之后提出的，但也可不经对方询盘，直接向对方发盘。发盘可以由卖方提出，称为卖方发盘或售货发盘（Selling offer）；也可以由买方提出，称为买方发盘或购货发盘（Buying offer）。无论是买方发盘还是卖方发盘，其内容不是只讲价格，必须提出主要交易条件，包括品质、数量、包装、价格、交货日期和地点、支付方式等，并且在发盘有效期内，发盘人不得任意撤销和修改其内容，发盘一经对方在有效期内表示无条件接受，发盘人将受其约束，并承担按发盘条件与对方订立合同的法律责任。

由于发盘人在发盘有效期内受发盘的约束，因此，在交易磋商中应力争让对方先发盘，这样可使自己处于主动地位，如对方发盘所例交易条件合理就予以接受，不合理则可以拒绝或继续洽商。在实际业务中，由于大多数商品处于买方市场，所以由卖方主动发盘的较多。

发盘可用下列术语表明：

发盘（offer）

发实盘（offer firm）

报价（quote）

供应（supply）

订购（book）

订货（order）

递盘（bid）

递实盘（bid firm）

例如："发盘中国松香 WW 级 100 公吨，每公吨 CFR 伦敦 500 英镑，六月装船不可撤销即期信用证，15 日复到有效。"（Offer Chinese Rosin WW grade 100M/T sterling 500 CFR London June shipment irrevocable sight L/C subject reply here 15th）

（三）还盘（Counter - offer）

还盘又称还价，是受盘人收到发盘后，对发盘内容不完全同意而提出修改的表示。

在交易磋商中，还盘是受盘人对发盘的拒绝，一方的发盘经对方还盘以后即失去效力，即使发盘有效期未过，发盘人也不再受其约束。除非得到原发盘人同意，受盘人不得在还盘后再接受原发盘。还盘也是受盘人以发盘人的地位提出的一个新发盘，一项发盘经还盘后，当事人的关系即发生变化，此时还盘人成为新发盘的发盘人，而原发盘人成为新发盘的受盘人。

在实际业务中，还盘的内容较为简单。在通常情况下，受盘人只对发盘内容中不同意的部分提出修改意见，而对原发盘内容已经同意的，在还盘中一般都不再重复出现。

进行还盘时，可用"还盘"术语。

例1."你 10 日电价太高还盘 75 英镑七月份装船 20 日复到有效。"（Yours 10th price too high counter offer sterling 75 July shipment reply here 20th）

例2."你 6 日电可接受，但 8 月份装船，电复。"（Yours 6th acceptable but Aug. shipment Cable reply）

例3."你 4 日电还盘 126000 码 1 月装 2.20 港元 CIFC3% D/P 即期限 9 日复到"（Yours 4th counter offer 126000 Yards January shipment HK＄2.20 CIFC3% D/P sight subject reply 9th here）

原发盘人如果对受盘人的还盘内容不同意，也可以再进行还盘，俗称再还盘。一笔交易往往经过还盘及往返多次的再还盘才能达成。

(四) 接受 (Acceptance)

接受在法律上称为"承诺"，是交易的一方对对方的发盘或还盘中的条件无条件地同意、并愿意按这些条件与对方达成交易，订立合同的一种肯定的表示。一方的发盘经另一方接受，交易即告达成，合同亦即成立，双方均应履行其所承担的义务。

接受可用下列术语表示：

接受 (accept)、同意 (agree)、确认 (confirm)

在实际业务中，受盘人向发盘人表示接受时，一般不重复列出双方协商一致的各项交易条件，而仅用上述术语简洁地表示。但有时由于交易的金额较大，或交易磋商的时间较长，双方往返磋商电文较多，为避免错误与误解，受盘人在表示接受时，往往会将最后商定的各项交易条件一一列明。

例 1."你 8 日电接受" (Yours 8th accept)

例 2."你 10 日电传我确认" (Yours telex 10th we confirm)

例 3."你 5 日电我接受中国松香 WW 级 100 公吨每公吨 CFR 伦敦 500 英镑 6 月份装船不可撤销即期信用证支付" (Yours 5th accept China Rosin WW grade 100 M/T sterling 500 CFR London shipment during June payment in sight irrevocable L/C)

此外，在实务中，卖方也有用"请开证"、"货装运中"，买方也有用"信用证开立中"、"请电告合同号码"等表示接受。

以上是进出口交易磋商的一般程序，但在实际业务中，并非每笔交易都必须经过以上四个环节。有的需要经过"询盘—发盘—还盘—再还盘"反复磋商才能达成交易，有的只需"发盘—接受"两个环节就可达成交易。因此，发盘和接受是交易磋商不可缺少的两个基本环节。下面将根据《联合国国际货物销售合同公约》和有关国家的法律规定、并联系我国外贸实际，进一步介绍有关发盘和接受的具体内容。

● 第二节　发盘

交易达成的两个要素，是一方的发盘和另一方的接受。一方（发盘人）发盘一经另一方（受盘人）接受，交易即告达成，合同关系即告成立。因此，不论是发盘人还是受盘人，掌握发盘的要点就十分必要。

一、发盘的必备条件

在国际货物买卖中，发盘是一方当事人向另一方当事人发出的订立一项合同的意思表示，但并非合同洽商中的任何意思表示都构成发盘，构成有效发盘必须具备一定的条件。《公约》第 14 条第 1 款规定："向一个或一个以上的特定的人提出的订立合同的建议，如果十分确定并且表明发价人在得到接受时承受约束的意旨，即构成发价。一个建议如果写明货物并且明示或暗示地规定数量和价格或规定如何确定数量和价格，即为十分明确。"《公约》第 15 条第 1 款又规定："发价于送达被发价人时生效。"根据《公约》的上述规定，一项有效的发盘必须具备以下条件：

（一）必须表明订立合同的意图

发盘是发盘人以订立合同为目的，向受盘人发出的愿意以发盘所列条件购买或出售某种货物的意思表示，必须表明有订立合同的意图，即发盘必须表明发盘人在得到受盘人的承诺时，将按发盘条件承受约束，而与受盘人订立合同。是否具有订立合同的意图是判别一项发盘的重要因素。如果一方当事人在他所提出的购买或出售某种货物的意思表示中未表明订立合同的意图，那么该意思表示就不能构成发盘，只能视为发盘的邀请。

在发盘中表明"订立合同的意图"的形式有两类：

（1）明示的表示，即在发盘中使用有关术语加以表明。如在发盘中采用"发盘"（offer）、"发实盘"（offer firm）、"实盘"（firm offer）、"递盘"（bid）、"递实盘"（bid firm）、"订购"（book）或"订货"（order）等术语时，就表示了发盘人肯定订立合同的意图。

（2）暗示的表示，即在发盘中不使用上述术语或类似语句，而是通过其他方式如当事人之间确立的习惯做法，或当事人随后的行为来表示。

因此，判别一项发盘是否有订立合同的意图，一方面要看发盘中是否使用了上述术语或类似的文句，另一方面也要分析发盘的全部内容，考虑与该发盘有关的一切情况，当事人确立的习惯做法以及当事人随后的行为。在实务中，如果受盘人难以准确判定对方的发盘是否表明订立合同的意图，则可采用快捷的通讯方式，要求对方明确答复。

（二）必须向一个或一个以上特定的人提出

发盘必须指定可以表示接受的受盘人，即在发盘中指明受盘人的姓名或企业的名称。受盘人可以是一个人或一家公司，也可以是数个人或数家公司。如果订约建议不是向一个或一个以上特定人提出的，则该项建议不构成发盘，而只是发盘的邀请。如出口商向国外众多客户寄送商品目录、价目表，或在报刊上登载广告向社会广大公众进行宣传等，这些就不能视为发盘，而只是发盘的邀请。因为商品目录和价目表是寄发给众多客户的，而广告则是面对广大公众的，这些对象都不属特定的人，出口商采用这些做法，是为了向社会公众而不是向特定的人兜售商品。但是，如果出口商在采用上述方式时，明确作出"在得到接受时承受约束"的表示，那么这种有明显意向的做法就应视为发盘。在实际业务中，当出口商向国外众多的客户寄发商品目录、价目表等宣传品时，应在所寄发的宣传品上注明："所列价格仅供参考"或"上列价格经确认为准"等文句，以防止发生误解，引起不必要的争议。

（三）内容必须十分确定

发盘的内容必须是十分确定的，这样受盘人才可以对发盘所列的交易条件作出明确的判定，据此决定接受或不接受。

发盘的内容十分确定是指发盘的内容是明确的、完整的、无保留的。

所谓明确的，是指发盘的内容清楚具体，没有含糊笼统的词句，诸如，"每公吨约 1000 美元"、"参考价每桶 100 英镑 CIF 伦敦"、"估计 2/3 月份装运"等。

所谓完整的，是指买卖商品的主要交易条件是齐备的。根据《公约》的规定，一项发盘至少应包括以下三项内容：①应载明货物的名称；②应明示或默示地规定货物的数量或确定数量的方法；③应明示或默示地规定货物的价格或规定价格的方法。

可见，从法律上看，一项发盘只要包含了货物名称、数量和价格三项内容，就是有效的发盘，只要受盘人对该发盘表示接受，双方间的买卖合同即可达成。但在进出口业务中，为了防止误解和可能发生的争议，在对外发盘中应明示或暗示地至少规定六项交易条件，即货物的品质、数量、包装、价格、装运和支付条件。这有利于受盘人及时准确地了解发盘人订立合同的条件，以便迅速作出是否接受发盘，否则会导致受盘人难以判定其将来的合同利益而拒绝接受，使发盘人丧失贸易机会。

需要指出的是，有时一项发盘所列的主要交易条件从表面上看是不完整的，但实际上是完整的，之所以如此，是因为发盘中没有列出的主要交易条件可从其他方面得到确认，具体的有以下三种情况：

（1）买卖双方事先已订有"一般交易条件"协议，即买卖双方就适用于每笔交易的一些共同的基本交易条件达成书面协议，在双方日后的交易中，作为发盘和接受的基本内容。这种协议中如果包括了某些主要交易条件，那么，发盘中就可以省略。例如，在"一般交易条件"协议中已订明："支付方式：凭不可撤销即期信用证"，则在交易磋商时，除非拟作改动者外，可不在发盘中列明上述支付条件。在这种情况下，发盘的内容表面上看来似乎缺少了某些主要交易条件，但实际上是完整的。

（2）援引有关磋商的函电及以前的合同。如果某些交易条件在过去双方的磋商函电或合同中已经提及，双方都很了解，则发盘人在发盘内往往不再重复这些交易条件，而只引述有关磋商的函电的日期和合同的号码。例如："重新发盘 1500 公吨其他条件同我 17 日电 22 日复到有效。"又如："发实盘大米 1000 公吨 9 月装其他条件同我 SL-4089 合同 10 日复到。"上述两例发盘，前者只列明数量，后者只列明数量和装运期，而其他主要交易条件双方已达成一致意见，这时虽未重复，也应视同完整。

（3）买卖双方在过去交易往来中已形成惯例。例如：付款条件采用不可撤销即期信用证，价格条件采用美元 CIF 对方某港口等。这样在双方对这些习惯做法已熟知并达成共识的基础上，发盘内对这些交易条件就不再重复了，这并不影响主要交易条件的完整性。

由此可见，判断发盘的内容是否完整，不能孤立地以一函一电为依据，应综合以前的函电和合同、双方就某些交易条件已达成的"一般交易条件"协议以及双方之间已形成的习惯做法等来考虑，以免得出错误的结论。

所谓终局的，是指发盘人愿毫无保留地按所提各项交易条件同受盘人订立合同，如果一项发盘中附带有："以我方确认为准"（Subject to our confirmation）、"以未售出为准"（Subject to prior sale）或"不受约束"（Without engagement）等条件，则该发盘所规定的各项交易条件不是终局的，因而不能视为有效发盘。

（四）发盘必须送达受盘人

合同的成立是受盘人对有效发盘接受的结果，而一项发盘在送达受盘人时始生效，若发盘人发出的信件或电报因误递或途中遗失，以致对方没有收到，则该发盘无效，由于发盘在送达受盘人之前尚未发生法律效力，即使受盘人已通过某种途径获悉该发盘的内容，也不能表示接受。

二、发盘的有效期

发盘的有效期是发盘人受所发盘约束的期限，亦是受盘人对发盘作出接受的期限。作为一项发盘，都要有一个有效期。在发盘有效期内，发盘人受所发盘的约束，不得任意撤销发盘，超过有效期，发盘人将不再受发盘的约束。受盘人的接受也必须在发盘有效期内作出，超过有效期的接受无效，买卖双方之间的合同关系不能成立。

在实际业务中，发盘人对发盘有效期的规定有两种方法：

（一）明确规定有效期

明确规定有效期的发盘自发盘被送达受盘人时开始生效到规定的有效期终了时为止。常见的规定方法有以下两种：

1. 规定最迟接受的期限，即发盘人在发盘中明确规定受盘人最迟表示接受的期限。例如：

发盘限 8 日复（Offer subject reply 8th）

发盘限 8 日下午 5 时复（Offer subject reply 8th five p. m.）

发盘有效至 8 日（Offer valid till 8th）

发盘有效至 8 日下午 5 时（Offer valid until 8th five P. m.）

2. 规定一段接受的时间，即发盘人在发盘中规定发盘在一定时期内有效。例如：

发盘有效五天（Offer valid 5 days）

发盘五天内复（Offer reply 5 days）

根据《公约》规定，发盘人在电报或信件中订立的一段接受期间，从电报交发时刻或信件载明的发信日起算。发盘人以电话、电传或其他可立即传达到对方的方法订立的一段接受时间，从发盘到达受盘人时起算。在计算一段接受时间时，这段时期内的正式假日或非营业日应计算在内。但是，如果接受通知在接受期间的最后一天未能送达发盘人的地址，因为那天在发盘人的营业所在地是正式假日或非营业日，则这段时间应顺延至下一个营业日。

按照国际惯例，凡规定了有效期的发盘，发盘人在规定期限内不得撤销，受盘人必须在规定的有效期内表示接受才有效。由于各国法律对接受的生效时间有不同的规定，有的国家规定接受于接受通知到达发盘人时生效，而有的国家则规定，接受于接受通知发出时生效。为了避免发生误解，我国企业对外发盘时，一般应明确规定以收到接受通知的时间为准。同时，鉴于我国与其他国家之间存在着时差，对大宗商品或价格波动较大的商品的发盘，还应明确规定以我方时间为准。例如：

发盘限我方时间 8 日复到（Offer subject reply 8th our time here）

（二）不明确规定发盘的有效期，即发盘人在发盘中不具体规定发盘的有效期限，而只作笼统规定

例如：

发盘……电复（Offer……cable reply）

发盘……即复（Offer……reply promptly）

发盘……速复（Offer……reply immediately）

发盘……急复（Offer……reply urgently）

发盘……尽快复（Offer……reply as soon as possible）

在这种情况下，按照英美法国家（包括英国、美国、加拿大、澳大利亚、新西兰、爱尔兰、印度、巴基斯坦、马来西亚、新加坡等国）和香港地区等的习惯，受盘人应在"合理时间"内接受有效，按照大陆法国家（包括德国、法国、瑞士、意大利、奥地利、比利时、卢森堡、荷兰、西班牙、葡萄牙等国）的规定，则应在"通常情况可期待得到承诺的时间"接受有效。但对何谓"合理时间"和"通常情况可期待得到承诺的时间"，各国法律并无统一明确的解释。因此，为了避免理解不一而产生纠纷，在我对外发盘中，一般不宜采用这种规定方法，如果采用了这种方法，应在一般交易条件协议中对"合理时间"或"可期待得到承诺的时间"作出明确规定。

三、发盘的撤回与撤销

发盘的撤回（Withdrawal）是指发盘人在其发盘送达受盘人以前，将该项发盘取消的行为。发盘的撤销（Revocability）是指发盘人在其发盘已经送达受盘人之后，将该项发盘取消的行为。

发盘的撤回与撤销虽只有一字之差，但性质却截然不同。发盘的撤回是针对尚未生效的发盘而言的，它发生在发盘尚未生效之前。发盘的撤销是针对已生效的发盘而言的，它发生在发盘生效之后。

关于发盘能否撤回问题，各国法律规定基本一致，国际上也有统一解释。按照《公约》的规定，一项发盘，即使是不可撤销的，但在其到达受盘人之前即生效之前，一律允许撤回。发盘人撤回发盘的条件是，撤回发盘的通知必须于该发盘到达受盘人之前或同时送达受盘人。根据这一规定，在实际业务中，并非所有的发盘都可以撤回，只有采用信件或电报对外发盘时，由于信件和电报发出后需要经过一段时间才能送达受盘人，在这段时间间隔内，如果发盘人发现发盘内容有误，才有可能采用更为迅速的通讯方式，在原发盘到达受盘人之前，即生效之前通知受盘人撤回该发盘。如果发盘是采用电传或传真发出，由于电传或传真可随发随到，故不存在撤回发盘的可能性。

对于已生效的发盘能否撤销，各国法律解释不同，英美法国家认为发盘在被接受前对发盘人没有约束力，发盘人可以在发盘生效后受盘人接受前的任何时候撤销其发盘，即使是不可撤销的发盘，发盘人也可以在发盘有效期内的任何时候撤销。而大陆法国家的法律认为，发盘生效后，发盘人不得撤销发盘，除非发盘人在发盘中注明不受约束。

《公约》对上述两种法律体系的解释作出了折中的规定。《公约》认为，已为受盘人收到的发盘，只要撤销通知在受盘人发出接受通知前送达受盘人，也可予以撤销。但在以下两种情况下不得撤销：①发盘是以规定有效期或其他方式表明为不可撤销的；②如受盘人有理由信赖该发盘是不可撤销的，并已本着对该发盘的信赖行事。

四、发盘效力的终止

发盘效力的终止是指已生效的发盘失去法律效力。发盘效力的终止具有重要的法律意义，主要表现在两方面：第一，发盘效力终止后，发盘人即不再受该发盘的约束；第二，受盘人失去了接受该发盘的权利。如果受盘人对已失效的发盘表示接受，则不能导致合同的成立，受盘人对已失效的发盘的接受应视为新的发盘，须经原发盘人接受后才能达成合同。

导致发盘失效的原因很多，归纳起来主要有以下几种：

(一) 发盘因有效期已过而终止效力

如前所述,发盘的有效期有两种表示方法:一是在发盘中明确规定有效期限,一是在发盘中笼统规定有效期限。如属前者,则发盘在规定的有效期限届满时自然失效;如属后者,发盘在合理时间内未被接受即失效。以口头(包括电话或面谈)形式的发盘,实行"当时有效"的原则,即受盘人必须立即予以接受,否则发盘即失去效力。

(二) 发盘因受盘人的拒绝而终止效力

按照《公约》规定,一项发盘,即使是不可撤销的,于受盘人的拒绝通知送达发盘人时终止。在进出口业务中,拒绝发盘可有两种表示方式:

(1) 明确拒绝:受盘人表示不接受发盘的任何条件。例如:"你 15 日电不能接受"(Yours 15th unacceptable),"你 20 日电抱歉无兴趣"(Your cable 20th regret uninterested)。

(2) 还盘:受盘人不明确表示拒绝发盘,甚至对发盘表示接受,但在接受通知中对发盘的内容作了变更。例如:"你 10 日电我接受,如 5 月份装运"(Your 10th accept if March shiprnent);"你 25 日电接受,但 D/P 见票 30 天"(Yours 25th accept but D/P 30 days after sight)

一项发盘一旦为受盘人拒绝,即使发盘有效期尚未到,该发盘也因拒绝而告终止,受盘人不得于拒绝后再行接受。除非原发盘人同意,否则,原发盘人将不再受约束。

(三) 发盘因发盘人的有效撤销而终止效力

发盘人在有些情况下是可以撤销已生效的发盘,撤销行为本身就是使发盘失去效力的行为。因此,只要发盘人的撤销行为是有效的,发盘即告失效。

(四) 发盘因发盘人丧失缔约资格而终止

如果发盘人丧失了缔结合同的资格,发盘人的发盘也随之丧失效力。发盘人缔约资格的丧失可能由以下几种情况引起:发盘人因从事违反国家法令的行为而被取消经营权;发盘人已破产;发盘人死亡或精神失常等。如属上述情形之一者,发盘均自然失效。

五、实盘与虚盘

在外贸实务中,发盘有实盘与虚盘之分,前面所述发盘的内容,都是相对实盘而言的。因此,有关实盘的内容在此不再赘述,下面将着重介绍虚盘及其与实盘的区别。

所谓虚盘（Offer without engagement）是指发盘人愿有保留地按所提交易条件达成交易的一种不肯定的表示。如果是虚盘，发盘人不受其约束，即使受盘人表示接受，发盘人也不须与其订立合同，达成交易。

从结构上看，虚盘一般有下列特点：

（1）交易条件不肯定，即交易条件含糊。如在发盘中使用了诸如："参考价"、"指示性价格"、"可能接受的价格"、"数量视我供货的可能"等词句。例如："发盘：中国松香 WW 级，铁桶装 100 公吨，我参考价每公吨 200 英镑 CFR 鹿特丹，12月份装船，不可撤销即期信用证付款。"该发盘因价格不确定而属虚盘，受盘人接受该发盘，不能导致交易的达成。

（2）交易条件不完整，即发盘中虽没有含糊的词句，但主要交易条件不齐备。例如："发盘：中国松香 WW 级，铁桶装、每公吨 200 英镑 CFR 鹿特丹，12 月份装船，不可撤销即期信用证付款。"在这个发盘中，发盘人没有列明数量这一主要交易条件，因而它不构成实盘，即使受盘人表示接受，交易也不能达成。值得注意的是，如果对发盘中未列明的数量条件，买卖双方事先已达成协议，则该发盘不能视为虚盘。

（3）附有保留条件，即虽然发盘的交易条件肯定、完整，但附有保留条件。发盘中常用的保留条件有："以我方确认为准"（subject to our confirmation），"以未售出为准"（Subject to prior sale），"以认可样品为准"（Subject to approval of sample）。例如："发盘：中国松香 WW 级，铁桶装 100 公吨，每公吨 200 英镑 CFR 鹿特丹，12 月份装船，不可撤销即期信用证以我方确认为准。"这一发盘的交易条件不是终局的，因而不是实盘。

可见，实盘和虚盘是有区别的，主要表现在以下两个方面：第一，从法律效力来看，实盘对发盘人具有约束力，实盘一旦被受盘人接受，发盘人就要按实盘所列交易条件与对方订立合同，否则发盘人将要承担法律责任。而虚盘对发盘人不具约束力，对方对虚盘的接受不能导致合同的成立。第二，从内容上看，实盘的内容十分确定，其交易条件完整、肯定、不附任何条件。按《公约》规定它至少要包括货名、价格和数量三项条件，在我国外贸实务中实盘一般要求具备品质、数量、价格、包装、装运、支付等六项条件。而虚盘的内容是不明确的，其交易条件不明确、不完整或虽明确完整，但附有保留条件。

六、我对外发盘时应注意的问题

（1）要根据我方的经营意图及对市场的了解程度决定发盘性质。如果我对市场情况非常了解，也确有与对方按我方所提交易条件订立合同的意图，那么对外发盘一定要符合实盘的基本要求，内容要清楚确切，主要交易条件要完备齐全，不能有任何限制条件。如果对市场状况不了解，对外商购买或供货能力不摸底，则可利用虚盘引出对方的底，在虚盘的基础上讨价还价，这样，可使我方在交易磋商中有较大的回旋余地。

（2）应明确规定发盘的有效期。在我对外发盘中，应规定接受的具体期限，并应明确以收到时间为准。发盘有效期的长短应根据商品的特点和市场价格变化的趋势确定。一般说来，市场价格变化不大的新、小商品，有效期可长一些，例如五至七天；市场价格变化迅速的大宗商品、原料性商品或初级产品，有效期可短些，例如二天或三天；市场价格波动剧烈，交易额大的，应更短些，可以一天为限，甚至可限当天几点钟前复到我方。

第三节　接受

同发盘一样，接受也是达成交易的必备环节。一方的实盘经另一方接受，交易即告达成，合同亦即成立，发盘人和受盘人都不得任意更改或撤销。

一、接受的必备条件

依照《公约》，一项有效的接受必须具备以下四个条件：

（一）接受必须由受盘人向发盘人或其有权代理人作出

发盘是由发盘人向特定的人发出的，它表示发盘人愿意按所发盘中的交易条件与受盘人订立合同，但并不表示他愿意按这些条件与任何人订立合同，因为对不同的客户，交易条件是不同的。因此，接受必须由特定的人向发盘人或其代理人作出，任何特定受盘人以外的第三人对发盘作出的接受，或受盘人向任何发盘人以外的第三者作出的接受，都不是有效接受，均不能导致合同的成立。如甲向乙发盘，丙通过某种渠道得知发盘内容后，遂向甲发出接受通知，则该项接受无效。再如甲向乙发盘，乙的接受通知发给丙，而丙不是甲的代理人，则该项接受也无效。

（二）接受必须表示出来

接受应由受盘人以某种方式表示出来，《公约》第18条第1款规定："受盘人声明或做出其他行为表示同意一项要约，即是承诺。缄默或不行动本身不等于承诺。"因此，如果受盘人在主观上已愿意接受对方的发盘，但默不作声或不作任何表示，则不能构成接受。

在实务中，受盘人表示接受的方式可有两种：

（1）明确表示接受发盘。即发盘人以声明的方式表示接受。通常采用的术语有："接受"（accept，accepted）或"确认"（confirm，confirmed）。例如："你 5 日电接受"（Yours 5th acccpted），"你 5 日电确认"（Yours 5th confirmed）。至于接受声明是采用书面形式还是口头形式，则须根据适用法律对合同形式的要求确定。如果适用的法律要求合同采用书面形式，则接受声明也必须采用书面形式。如果适用的法律对合同的形式未作明确规定，则接受声明既可以是书面的也可是口头的。《公约》对买卖合同没有提出任何特定形式的要求，无论采取书面形式还是口头形式均为有效，如果适用《公约》则接受声明采用书面或口头形式均可。我国《合同法》规定："当事人订立合同，有书面形式、口头形式和其他形式。"因此，如果适用我国法律，接受声明可采用书面形式，也可采用口头形式。

（2）通过履行特定的行为接受发盘，即通过卖方发运货物或买方支付价款，或其他任何行为如开始生产所买卖的货物、为发盘人采购有关货物等来表示。受盘人在以行为表示接受时，必须符合下述条件之一：第一，所实施的某种行为必须符合发盘的要求。例如，发盘中要求"立即装运"，受盘人在收到该发盘后，就可立即装运货物，以此表示对发盘的接受，而不必发出接受通知。第二，所实施的某种行为必须符合双方间已约定或确立的习惯做法。例如，根据双方的长期习惯，进口商以开立信用证表示接受。如果进口商作为受盘人，那么只要他履行了开立信用证的行为，接受即可成立。无论是上述哪种条件下的行为，都必须在发盘明确规定的有效期内，或在合理时间内（如发盘未规定有效期）作出方可有效。

（三）接受的内容必须与发盘的内容完全一致

接受必须无条件或无保留地同意发盘的全部内容。因此，附有添加、限制或修改的接受，不能视为有效接受，而只是一种有条件的接受，构成一项还盘。

当然，接受与发盘的内容完全一致，并非要求受盘人在表示接受时丝毫不能修改发盘的内容。法律允许接受对发盘的内容有所改变，但这种改变必须是非实质性的，而不能是实质性的。根据《公约》的解释，有关货物价格、付款、货物质量和数量、交货地点和时间，一方当事人对另一方当事人的赔偿责任范围或解决争端等的添加或修改，均为在实质上变更发盘的条件，除此以外的其他方面的添加或修改为非实质性变更。如果接受对发盘作了实质性变更，则这种接受就不能构成有效接受，而是对原发盘的拒绝。如果接受对发盘内容的改变属于非实质性的，则只要受盘人在合理时间内没有以口头或书面通知提出异议，该接受仍为有效接受，合同将按添加或变更后的条件成立。

（四）接受必须在有效期内作出

如果发盘中明确规定了有效期限，则应在此期限内表示接受。如果发盘中未明确规定有效期限，则应在合理时间内表示接受。超过发盘有效期的接受无效。

这里涉及一个问题，即受盘人表示接受的函电应于何时生效。关于这个问题，各国的法律规定不一。英美法国家采取投邮生效原则，即以信件、电报表示接受时，只要受盘人把信件或电报交给邮局，接受即可生效。按照这一原则，即使载有接受内容的信件或电报在传递过程中发生延误或遗失，致使发盘人未能收到，也不影响接受的生效。与此不同，大陆法国家则实行到达生效原则，即表示接受的信件或电报必须于到达发盘人时接受才生效。根据此原则，如果表示接受的信件或电报在邮递过程中延误或遗失，接受便不能产生法律效力，合同不能成立。

为了协调英美法和大陆法对接受生效时间的分歧，《公约》对此作了统一规定。依照《公约》，如果受盘人以信件或电报表示接受，则接受生效时间采取到达生效原则，即表示接受的信件或电报到达发盘人时接受才生效。如果受盘人以行为表示接受，则接受于受盘人作出该项行为时生效。

二、接受的撤回

接受的撤回是受盘人在接受生效之前阻止接受发生效力的一种行为。接受通知必须在其生效之前才能撤回，一旦接受生效，合同即告成立，受盘人不得撤回接受。如上所述，对于接受生效的时间，各国法律有不同的规定。英美法和《公约》都实行到达生效原则，即接受于表示同意的通知送达发盘人时生效。因此，在接受通知未送达发盘人之前，受盘人可随时撤回接受，即阻止接受生效，但撤回的通知必须与接受的通知同时或先于到达发盘人，否则撤回无效。英美法实行投邮生效原则，即信件或电报一经发出，接受即已生效，即使用电话撤回或电报先于信件到达发盘人，撤回仍然无效。

发盘一经接受，合同即告成立，接受通知一经到达发盘人即不能撤销，否则视为毁约行为。

三、逾期接受（Late acceptance）

逾期接受是指接受通知到达发盘人的时间已超过了发盘规定的有效期或在发盘未规定有效期的情况下而超过合理时间。按照各国法律的规定，逾期接受不是法律上的有效接受，而是一项新的发盘，只有在原发盘人及时表示接受的情况下，合同才能成立。

必须指出的是，逾期接受有两种情况，其法律效力不同，因此在处理上应严格地区别对待。

（1）因受盘人的迟延造成的逾期接受。按照《公约》这种逾期接受原则上没有法律效力，但对这种接受，发盘人也可以承认其效力。如果发盘人愿意接受该项逾期承诺，他必须毫不延迟地通知受盘人，通知的方式可以是口头的，也可以是书面的。一旦经发盘人承认，该项逾期接受即构成有效接受。而如果发盘人不及时通知，该项接受就失去了效力。

（2）因邮递失误而造成的逾期接受。根据《公约》，这种逾期接受原则上具有法律效力，这是因为这种逾期接受不是由于受盘人的迟延，而是由于邮递失误所造成的。也就是说，受盘人已按期发出了接受，如果传递正常的话本可以及时送达受盘人的。但发盘人也可拒绝这种逾期接受的效力，如果发盘人不愿承认该逾期接受的效力，他必须毫不迟延地用口头或书面形式通知受盘人。而如果发盘人没有及时表态，而受盘人又能证明接受迟到不属于他的责任，那么接受就有效。

由此可见，无论是哪种原因导致的逾期接受，逾期接受的效力均取决于发盘人的选择。

第四节　合同的签订

在交易磋商过程中，一方发盘经另一方接受，交易即告达成，双方之间就建立了合同关系。但依据国际惯例，买卖双方还需签订一定格式的书面合同，以进一步明确双方权利和义务，便于执行。

一、书面合同的作用

按照法律程序，合同的成立取决于一方的发盘和另一方对发盘的接受。签订书面合同不是合同有效成立的必备条件。既然如此，为什么还要签订书面合同？这主要是因为签订书面合同有以下几方面的作用：

（一）书面合同是合同成立的证据

根据法律的要求，凡是合同必须得到证明，提供证据，包括人证和物证。在国际贸易中，交易磋商的方式可采用书面和口头磋商两种，对于采用书面方式即利用信件、电报、电传等进行磋商达成的合同，书面证明不成问题。但对于通过口头磋商达成的合同，举证就比较困难。如果不用一定的书面形式加以确认，就难以得到法律的保护和监督。

（二）书面合同是合同生效的条件

书面合同并不局限于某种特定的名称和格式，买卖双方在交易磋商时的往返信件、电报或电传，也可构成书面合同。但是，如果在交易磋商时，一方当事人要求签订书面合同，则合同在签订了书面合同时方告成立。也就是说，在一方要求签订书面合同的情况下，即使交易双方已对全部交易条件取得一致意见，但在书面合同签订之前，合同不能生效。此时，签订书面合同就成了合同生效的条件。我国《涉外经济合同法》明确规定："当事人采用信件、数据电文等形式订立合同的，可以在合同成立之前要求签订确认书。签订确认书时合同成立。"此外，如果交易一方或双方的合同须经政府机构审核批准时，也必须有一定格式的书面合同。

（三）书面合同是履行合同的依据

国际货物买卖合同的履行是一项复杂的工作。它跨越国境，涉及企业内外多个部门，过程复杂，时间较长，如果仅以口头方式达成协议，不形成书面合同，几乎无法履行。以函电方式达成的交易，虽然有关商品的交易条件已在买卖双方的来往函电中明确规定，但它们是分散在多份函电中的，如不将这些商定的交易条件以文字形式逐一列明在书面上，往往很难做到全面地正确地履行合同。因此，无论是以口头形式还是函电形式进行磋商，在达成交易后均须将商定的交易条件，全面地、清楚地一一列明在有一定格式的书面合同上。这样，可以进一步明确双方的权利和义务，便于买卖双方准确地履行合同。

二、书面合同的形式及内容

在国际贸易中，对货物买卖合同的书面形式，并无特定的限制。买卖双方可采用正式合同、确认书、协议，也可采用定单和委托订购单。

（一）合同（Contract）

合同是双方经过交易磋商，就某种商品的买卖所达成的对双方都有约束力的法律文件。其内容较为全面详细。合同有销售合同（Sales Contract）和购货合同（Purchase Contracts），前者是由卖方草拟的，后者是由买方草拟的。无论是销售合同或购货合同，其主要内容包括三个部分：

（1）合同的首部简称约首。包括合同名称、编号、缔约日期、缔约地点、缔约双方的名称和地址。

（2）合同的主体。它规定了双方的权利和义务，包括商品名称、品质、数量、包装、价格、交货、支付、保险、检验、索赔、仲裁和不可抗力条款。

（3）合同的尾部简称约尾。包括合同的份数、使用文字和效力的说明，以及双方的签字等。

在实务中，合同使用文字用第三人称语气，即称买方、卖方。

（二）确认书（Confirmation）

确认书是合同的简化形式，它只列以品名、质量、数量、包装、价格、交货期、装运港、目的港等主要内容，省略某些一般性条款。卖方草拟的确认书称为销售确认书或售货确认书（Sale Confirmation），买方草拟的确认书为购货确认书（Purchase Confirmation）。确认书使用的文字是第一人称语气。

虽然合同和确认书二者在形式和内容上有些区别，但作为合同主体的双方协商一致的交易条件，都是完整的、明确的，经双方签署后，都是法律上的有效文件，对买卖双方具有同样的约束力。

在我国出口业务中，销售合同或确认书一般均由我方根据双方同意的条件制成一式两份的正式合同或确认书，先在上面签字，然后寄给对方。对方经审核无误签字后，保留一份，将另一方寄还给我方。如果对方未按要求将其中的一份签字后寄回，一般并不影响双方已达成协议的效力。但如果对方在签回的合同或确认书上更改或添加条款，与原达成的协议内容相违背，我方应及时加以拒绝。

（三）协议（Agreement）

协议也称作协定或协议书，是合同的另一种形式。依据协议使用的情况不同，主要分为两种：

（1）属于合同性质的协议。协议在法律上是"合同"的同义词，因为合同本身就是当事人为了设立、变更或终止民事关系而达成的协议。如果双方当事人签署的文件，其内容对买卖双方的权利和义务作了明确、具体和肯定的规定，已具备合同成立的要件，虽在文件上冠以"协议"的名称，但这个文件在法律上即为合同，对买卖双方有约束力。

（2）作为合同附件的协议，在主合同签订之后，往往还有些协议作为主合同中订明为合同不可分割的组成部分，这些协议作为主合同的附属文件，与合同具有同等的法律效力。

此外，还有两种协议，它们不属合同性质：

（1）初步协议（Preliminary Agreement）：在双方当事人有意签订正式合同的情况下，由于双方所洽商的交易比较复杂，经过谈判后，商定了一部分条件，另一部分条件尚需进一步商洽，可先签订一份初步协议，但在这种协议中应明确规定："本协议属初步协议，正式合同有待进一步洽商后签订。"

（2）原则性协议（Agre in General）：当事人双方对具体的交易条件难以达成共同一致的意见，双方对签订正式合同尚无明显意向，可先签订一份原则性协议，待将来条件成熟后，再作进一步商洽。这种协议也不具有法律效力，不属正式有效的合同，对此应在协议中予以明确。

（四）定单和委托订购单

定单（Order）是指进口商或实际买主拟制的货物订购单。委托订购单（Indent）是指由代理商或佣金商拟制的代客购买货物的订购单。定单和委托订购单依具体情况的不同，有的属于合同性质，有的属于发盘或发盘的邀请，如在出口业务中，尽管我方在交易达成后，都主动缮制销售合同或确认书正本一式两份，经签署后寄送国外客户，要求其签署后退回一份，以备存查。但是，国外客户往往仍将他们拟制的订单或委托订购单寄来作为我方履行合同的依据。有的还寄来正本一式两份，要求我方签署后退回一份。在此情况下寄来的定单或委托订购单，实际上是国外客户的购货合同或购货确认书，具有合同的性质。我方在签署时应仔细审核其条款内容与双方达成的条件是否一致。如发现其中有些条款与双方协商一致的不符或另有添加，则应分别情况予以处理。对不符情况较轻者我方可以接受。对涉及实质性变更，不符情况严重者，则我方不能接受，并应及时明确地向对方提出异议，否则将会被对方认为我方已默认其定单或订购单中所列的条款。另一种情况是，事先并未与我进行过磋商，国外客户径自寄来定单或委托订购单。这类定单或订购单按其具体内容不同可能是一项发盘，也可能是一项发盘的邀请。我方应认真研究其内容以决定是否与之交易，并及时答复对方。

 实训练习题

一、名词解释

1. 询盘   2. 发盘   3. 还盘

4. 接受   5. 逾期接受   6. 虚盘

二、单项选择题

1. 按《公约》规定，一项发盘在尚未送达受盘人之前，是可以阻止其生效的，这叫发盘的（　　）。

     A. 撤回   B. 撤销   C. 还盘   D. 接受

2. 我公司星期一对外发盘，限该周星期五复到有效；客户于星期二回电还盘并邀我电复。此时，国际市场价格上涨，故我未予答复。客户又于星期三来电表示接受我星期一的发盘，在上述情况下（　　）。

     A. 接受有效   B. 接受无效

     C. 如我方未提出异议，则合同成立   D. 属有条件的接受

3. 英国某商人 3 月 15 日向国外某客商用口头发盘，若英商与国外客商无特别约定，国外客商（　　）。

     A. 任何时间表示接受都可使合同成立

     B. 应立即接受方可使合同成立

     C. 当天表示接受即可使合同成

     D. 在两三天内表示接受可使合同成立

4. A 公司 5 月 18 日向 B 公司发盘，限 5 月 25 日复到有效。A 公司向 B 公司发盘的第二天，A 公司收到 B 公司 5 月 17 日发出的、内容与 A 公司发盘内容完全相同

的交叉发盘，此时（　　）。

    A. 合同即告成立

    B. 合同无效

    C. A 公司向 B 公司或 B 公司向 A 公司表示接受，当接受通知送达对方时，合同成立

    D. 必须是 A 公司向 B 公司表示接受，当接受通知送达对方时，合同成立

5. 下列条件中，（　　）不是构成发盘的必备条件。

    A. 发盘的内容必须十分确定　　　　B. 主要交易条件必须十分完整齐全

    C. 向一个或一个以上特定的人发出　D. 表明发盘人承受约束的意旨

6. 我方 6 月 10 日向国外某客商发盘，限 6 月 15 日复到有效；6 月 13 日接到对方复电称："你 10 日电接受，以获得进口许可证为准。"该接受（　　）

    A. 相当于还盘

    B. 在我方默许的情况下，则视为有效接受

    C. 属有效的接受

    D. 属于一份非实质性改变发盘条件的接受

7. 我某出口公司于 5 月 5 日以电报对德商发盘，限 8 日复到有效。对方于 7 日以电报发出接受通知，由于电讯部门的延误，出口公司于 11 日才收到德商的接受通知，事后该出口公司亦未表态。此时，（　　）。

    A. 除非发盘人及时提出异议，否则，该逾期接受仍具有接受效力，合同成立

    B. 不管我方是否及时提出异议，合同未成立

    C. 只有发盘人毫不延迟地表示接受，该通知才具有接受效力，否则，合同未成立

    D. 由电讯部门承担责任

8. 某公司向欧洲某客户出口一批食品，该公司于 3 月 16 日发盘，限 3 月 20 日复到有效，3 月 18 日接对方来电称："你方 16 日电接受，希望在 5 月装船。"我方未提出异议。于是（　　）。

    A. 这笔交易达成　　　　　　　　　B. 需经该公司确认后交易才达成

    C. 属于还盘，交易未达成　　　　　D. 属于有条件的接受，交易未达成

9. 根据《联合国国际货物销售合同公约》的规定，发盘和接受的生效采取（　　）。

    A. 投邮生效原则　　　　　　　　　B. 签订书面合约原则

    C. 口头协商原则　　　　　　　　　D. 到达生效原则

三、判断题

1. 根据《公约》的规定，如果撤回通知于接受原应生效之前或同时送达发盘

人，接受得予撤回。　　　　　　　　　　　　　　　　　　　　　　（　　）

2. 交易磋商的内容必须包括11种交易条件，在此基础上合同才能成立。
　　　　　　　　　　　　　　　　　　　　　　　　　　　　　　　（　　）

3. 邀请发盘对双方具有约束力。　　　　　　　　　　　　　　　（　　）

4. 一项发盘，即使是不可撤销的，也可以撤回，只要撤回的通知在发盘送达受盘人之前或同时送达受盘人。　　　　　　　　　　　　　　　　　　　（　　）

5. 根据《公约》的解释，一项发盘，在受盘人发出接受通知前可以撤销，但有两种例外情况。　　　　　　　　　　　　　　　　　　　　　　　　（　　）

6. 根据《公约》的解释，一项发盘，即使是不可撤销的，于拒绝通知送达发盘人时终止。　　　　　　　　　　　　　　　　　　　　　　　　　　（　　）

7. 还盘一经作出，原发盘即告失效。　　　　　　　　　　　　　（　　）

8. 如发盘无规定有效期，则受盘人可在任何时间内表示接受。　　（　　）

9. 根据《公约》的解释，接受必须用声明或行动表示出来，沉默或不行动本身不等于接受。　　　　　　　　　　　　　　　　　　　　　　　　　　（　　）

四、案例分析题

1. 我某进出口公司向国外某客商询售某商品，不久我方接到外商发盘，有效期至7月22日。我方于7月24日用电传表示接受对方发盘，对方一直没有音讯。因该商品供求关系发生变化，市价上涨，8月26日对方突然来电要求我方必须在8月28日前将货发出，否则，我方将要承担违约的法律责任。问：我方是否应该发货？为什么？

2. 香港某中间商A，就某商品以电传方式邀请我方发盘，我方于6月8日向A方发盘并限6月15日复到有效。12日我方收到美国B商人按我方发盘规定的各项交易条件开来的信用证，同时收到中间商A的来电称："你8日发盘已转美国B商。"经查该商品的国际市场价格猛涨，于是我方将信用证退回开证银行，再按新价直接向美商B发盘，而美商B以信用证于发盘有效期内到达为由，拒绝接受新价，并要求我方按原价发货，否则将追究我方的责任。问：对方的要求是否合理？为什么？

3. 我对外发盘轴承800套，分别为：101号/200套；102号/100套；103号/200套；104号/300套，限9月20日复到有效。对方在发盘的有效期内来电表示接受，并附第1080号订单一份。订单内表明的规格是：101号/200套；102号/200套；103号/300套；104号/100套。我方对来电未作处理。数天后收到对方开来的信用证，证内对规格未作详细的规定，仅注明："as per our order No. 1080."我方凭证按原发盘的规格、数量装运出口，商业发票上注明："as per order No. 1080."问：我方可否顺利交单结汇？为什么？

4. 我某进出口公司向国外某商人询购某商品，不久，我方收到对方8月15日的发盘，发盘有效期至8月22日。我方于8月20日向对方复电："若价格能降至56

美元/件，我方可以接受。"对方未作答复。8 月 21 日我方得知国际市场行情有变，于当日又向对方去电表示完全接受对方 8 月 15 的发盘。问：我方的接受能否使合同成立？为什么？

5. 某进出口公司欲进口包装机一批，对方发盘的内容为："兹可供普通包装机 200 台，每台 500 美元 CIF 青岛，6 至 7 月份装运，限本月 21 日复到我方有效。"我方收到对方发盘后，在发盘规定的有效期内复电："你方发盘接受，请内用泡沫，外加木条包装。"问：我方的接受是否可使合同成立？为什么？

6. 买卖双方订有长期贸易协议，协议规定："卖方必须在收到买方订单后 15 天内答复，若未答复则视为已接受订单。"11 月 1 日卖方收到买方订购 2000 件服装的订单，但直到 12 月 25 日卖方才通知买方不能供应 2000 件服装，买方认为合同已经成立，要求供货。问：双方的合同是否成立？为什么？

第九章　进出口合同的履行

　　买卖双方通过磋商达成交易，签订了具体的书面合同后，就进入履行合同阶段。合同履行是指合同当事人按照合同规定履行各自义务的行为。在实务中，尽管由于商品不同、贸易条件不同、所选用的惯例不同，每份合同中规定的当事人的义务也各不相同，但所有合同都对买卖双方的基本义务作了明确规定。卖方的基本义务是按照合同规定交付货物、移交一切与货物有关的单据和转移货物的所有权；买方的基本义务是按照合同规定支付货款和收取货物。买卖双方只有全面履行合同义务，依法全面贯彻合同要求，才能实现双方当事人预期的经济利益。

● 第一节　出口合同的履行

　　出口合同的履行是指我国外贸企业根据合同的规定，履行自己的交货等各项责任，直至收回货款的全过程。

　　在我国出口业务中，除少数大宗交易有时采用 FOB 条件外，多数采用 CIF 和 CFR 条件成交，并采用信用证支付方式收款。这里仅以 CIF 和 CFR 术语和凭信用证支付的交易为例，介绍履行出口合同的基本程序。履行出口合同一般要经过：准备货物、落实信用证、安排装运和制单结汇等四个主要环节，这四个环节的工作有着紧密的不可分割的内在联系，只有各个环节的工作相互配合，保持一致，才能确保出口合同的圆满履行。

一、准备货物

　　这一环节包括两方面的具体工作：备货和报验。

第九章　进出口合同的履行

（一）备货

备货就是根据出口合同的规定，按时、按质、按量地准备好应交货物。根据《公约》规定，按照合同规定交付货物，移交一切与货物有关的单据和转移货物所有权，是卖方的三项基本义务。其中，按合同规定交付货物是最基本的义务。因此，备货这一工作环节，对出口商来说就显得尤为重要。

在备货工作中，应注意以下几点：

1. 货物的品质规格必须与出口合同规定完全相符

如前所述，在买卖合同中表示商品品质的方法主要有两种，一是用样品表示，另一是用文字说明表示。

如果品质凭文字说明达成的合同，则卖方所交货物的品质必须与合同中所规定的文字说明相符。这里的"相符"包括两方面的含义：其一是所交货物的品质不能低于说明，其二是所交货物的品质不能高于说明。低于合同规定的文字说明是违约行为，但高于说明有时也会构成违约。

如果凭样品成交的买卖，交付货物的品质必须与达成交易的样品相符，如卖方所交货物与样品不符，卖方就有可能因此而承担违约责任。

如果是既凭样品，又凭文字说明的交易，则卖方所交货物的品质必须与样品和文字说明都一致。如果只符合文字说明而与样品不符，或者只符合样品而与文字说明不一致，两者均属违约。

无论采用上述哪一种方法达成的交易，均要求卖方交付货物的品质符合合同的规定，如卖方所交货物与合同规定不符，买方有权拒收全部货物，同时可向卖方提出赔偿要求。在实务中，买方常因卖方交付货物的质量低于合同规定而向卖方提出索赔甚至解除合同，但有时买方也会因卖方所交货物的质量指标高于合同规定而向卖方提出异议。之所以如此，原因有以下几方面：①因卖方交货的品质指标高于合同的要求，买方在办理进口手续时要多交关税；②由于卖方所交货物在品质上高于合同规定的要求，而使得货物不能适应买方的使用目的，买方需重新加工后方能使用，这样会增加买方的额外费用；③卖方交货的品质高于合同的要求使买方在办理海关手续时遇到麻烦，特别是在一些实行进口许可证制度的国家，买方会因"货证（进口许可证）"不符而受到所在国海关的严厉惩罚；④由于市场行情变化，买方在订立合同时认为合适的价格在合同履行时变得对买方不利了，买方即可以卖方交货质量高于合同规定构成根本违约为由解除合同。因此，在国际货物买卖中，卖方交货质量应与合同规定严格相符，以避免不必要的损失。

必须注意的是，卖方所交货物的品质不仅必须符合合同的明文规定，还应按情况适合通常的用途或特定的用途，这是根据国际贸易法律的要求，卖方对于买方必须承担的默示的合同责任。所谓默示的合同责任是指虽然双方当事人在合同中未作规定，而法律认为应包括在合同之内，只要买卖双方在合同中没有作出相反的规定，则法律上所规定的责任就可以依法适用于他们之间的买卖合同。卖方所承担的默示的合同责任包括两个方面：

（1）所提供的货物必须具有同一规格货物通常的用途。所谓具有通常的用途，即具有可销性（Saleable）或商销性。这一默示的合同责任，要求卖方所交货物不应存在导致不合商销的瑕疵，而这种瑕疵是在合理检查时不易发现的。换句话说，卖方要对所交货物存在有导致不合商销的而在合理检查时不易发现的瑕疵负责。了解这一规定，无论是对卖方还是买方都很重要。当我们在国际交易中作为卖方，固然要遵守这种可能会对我们提出的要求；在作为买方时，同样可以援引这种规定，认真地保护我们的合法权益。

（2）所提供的货物应适合于买方期待的特定的用途。卖方承担该项默示的合同责任是有其前提条件的，它们是：①在订立合同前，买方曾明示或暗示地通知卖方所需货物的特定用途。如果卖方不能保证所交货物符合买方所通知的特定用途，并在订约告知买方，而买方仍欲购买该货物，在这种情况下，卖方对所交货物不符合买方的特定用途不负责任。②买方依赖卖方的技能和判断力选购货物。如果买方是凭他指定的商标选购货物、或者使用高度技术性的规格来描述他所需要的货物，那就意味着买方并非依赖卖方的技能和判断力来选购货物，而是凭对自己的自信来选购货物。此时，卖方不承担交货的品质应适合特定用途的责任。

2. 货物的数量必须符合出口合同的规定

交货数量是合同的重要条件，卖方必须按合同规定严格办理。根据各国法律，少交货物买方可以拒收整批货物，多交货物也可能导致违反合同的法律后果。如英国和美国的法律都规定，如果卖方所交货物多于或少于合同规定的数量，买方有权拒收全部，或接受全部，或接受约定的数量，而拒绝其余。《公约》也对交货数量与合同不符的法律后果作了明确规定。按照《公约》的解释，如果卖方不交货，买方可以宣告合同无效，同时有权要求卖方对因此而引起的损失给予损害赔偿。如果卖方交货数量少于合同规定，买方不能宣告合同无效，但有权要求卖方补交短缺的货物，并向卖方提出索赔要求，但如果卖方少交货物已构成根本违约，则买方有权宣告合同无效，并提出索赔要求。如果卖方交货数量多于合同规定的数量，买方应收取合同规定的数量，而对于多交部分的货物，买方可以收取也可以拒绝收取。一旦买方收取多交部分货物的全部或部分，他必须按合同价格付款。如果买方拒收多余的货物，他可向卖方提出损害赔偿的要求。

3. 货物的包装必须符合出口合同的规定和运输要求

货物包装包括内包装和外包装，货物的包装必须符合合同的规定，这是卖方的义务。如交货包装与合同规定有所不符，将被视为根本违约，买方有权拒收货物并要求损害赔偿。如果合同对包装未作出明确规定，卖方则应根据双方以往的习惯做法，过去买方对包装的要求以及行业惯例办理，而不能随意包装，否则就要承担违约的法律责任。

4. 在交货期限内交货

卖方必须在合同及信用证规定的期限内装运货物，提前或延迟装运均可能导致对方的拒收或索赔。因此，货物备妥的时间，必须严格按照出口合同和信用证规定的交货时间和期限，结合运输条件进行安排。一般而言，为防止发生意外，在时间上应适当留有余地。

（二）报验

凡属法定检验的商品或合同或信用证规定由商检机构出具检验证书的商品，应在货物备妥后，向商检机构申报检验，只有取得商检局发给的合格的检验证书，海关才准予放行。凡经检验不合格的货物，一律不准出口。

申报商品检验的时间一般应按规定时间最迟于报关或装运出口前十天办理。报验时应填写"出口商品申请单"，其内容一般包括：品名、规格、数量（或重量）、包装、产地等项。同时，还要送交商检局合同及信用证副本一份，供其检验时参考。货物检验合格，即由商检局签发检验证书，检验证书的名称，应与信用证、发票上名称一致。出口商应在检验证书规定的有效期内将货物装运出口，但不同种类的商品，检验证书的有效期是不同的。一般货物从发证日起 2 个月内有效，鲜果、鲜蛋等鲜活商品 2 个星期内有效，植物检疫 3 个星期内有效。如超过有效期装运出口，应向商检局申请展期，并由该局复验合格后才能出口。

二、落实信用证

落实信用证包括催证、审证、改证三项内容。在凭信用证支付的交易中，信用证能否及时、正确地到达，是出口合同履行的关键。因此，必须做好信用证的催证、审证和改证工作。

（一）催证

催证是指卖方在买方未按合同规定开出信用证时，催促买方尽快开证。在国际贸易中，货物买卖合同的有效履行，一方面取决于卖方按照合同规定交货，另一方面还取决于买方按照合同规定办理开立信用证或付款手续，按期开立信用证是买方应尽的义务。但在实际业务中，买方遇到资金短缺或市场变化等种种原因，有时可能拖延开证。在这种情况下，我方应催促对方遵守合同的规定及时办理开证手续。催证的方法，一般可直接向国外买方发函电通知，必要时也可商请银行或我驻外机构等有关机构或代理给予协助和配合代为催证。

（二）审证

审证是要对信用证进行全面审查，以确定信用证是否能被接受或需作哪些修改。

信用证是以合同为依据开立的，信用证的内容应与合同条款相一致。但在实际业务中，有时由于国外客户或开证行的疏忽，或由于买方对卖方国家的贸易政策不了解，或由于某些国家对开立信用证的特殊规定或习惯做法，常会出现国外来证的内容并不完全符合合同的规定，甚至与我国的政策相违背。因此，在接到对方开来的信用证后，必须对其进行全面、仔细地审核，以防导致经济上和政治上对我不应有的损失。

信用证的审核，由银行和出口企业共同承担，银行着重审核有关开证行资信，付款责任等方面的条款和规定。出口企业着重审核信用证的内容与合同是否一致。信用证审核内容较广，其审核要点及应注意的问题有以下几方面：

（1）开证行的政治背景和资金情况。来证国家必须是与我国有经济贸易往来的国家和地区。政策规定我国不能与之进行经济贸易往来的国家银行开来的信用证，应拒绝接受。若信用证中载有对我歧视性条款，应根据具体情况，或退回或通知对方修改删除。同时，开证行的资历必须同开出信用证义务相适应，对资信较差难以承担开证行义务的，可要求其增加保兑银行加以保兑，构成两家银行承担付款责任，或要求对方重找可靠银行另开信用证，以保证我方收汇安全。

（2）信用证的种类。我方能够接受的信用证必须是不可撤销的。信用证上明确列明是"不可撤销"或未列明"不可撤销"字样，均为不可撤销信用证。有的来证虽然注明"不可撤销"，但银行对其应负责任却加了一些限制性条件，如"信用证下的付款要在货物清关后才支付"、"在货物到达时没有接到配额已满的通知才付款"等等，对于这种信用证原则上不能接受，需要求对方改正。

（3）信用证中有无限制生效的条款。在实际业务中，常发生来证中规定有保留或限制性条款的情况，如信用证中规定："接到我方通知后生效"或"领取进口许可证后生效等，凡是有这类限制性条款的信用证，就必须具备相应的条件，才可生效使用。这就意味着，出口商在接到有限制性条款的信用证时，应先满足信用证条件使其生效，然后再装运出口。否则，由于疏忽或急于发运，在信用证未生效前已把货物装运出口，就会造成收汇困难等经济损失。

（4）信用证是否为有效的正本。信用证有信开和电开信用证两种形式，前者是以信函方式开立的，内容完整，是信用证的有效文本。后者是以加注密押的电报或电传方式开立的，如果电文完整且没有任何附加条件，此电文可作为有效信用证文本，但如果电文虽完整但却声明"详情后告"或"随寄证实书"等类似的文句，则该电文不能视为信用证的有效文本。对此，出口商必须加强注意，否则会处于被动。

（5）信用证的支付货币及金额。信用证中所采用的货币应与合同规定相一致，如信用证来自与我国订有支付协定的国家，使用货币应与支付协定规定相符。信用证金额一般应与合同金额相符，信用证金额中单价、总值的填写要正确，总值的大小写要一致，若不一致应要求改正。另外，如果合同内订有商品数量的"溢短装条款"时，信用证金额也应规定相应的机动幅度，否则不能多装。

（6）装运期、转运和分批装运条款。装运期必须与合同规定相一致，如因买方迟开信用证导致无法按期装运，可电请国外买方延展装运期限。信用证中有关分批与转运的规定应与合同规定相符。按照惯例，合同中未作允许转运或分批装运的规定，一般应理解为不准转运或不准分批装运；而信用证中对此不作规定时，则可视为允许转运或允许分批装运。因此，一般应要求信用证规定允许转运和分批装运或对此不作规定。如信用证中规定允许转运或分批装运，还应注意证内对此有无特殊限制或要求，如指定转运地点、船名或船公司，或限定每批装运的时间和数量。对上述限制性规定，一般不宜接受。

（7）有无信用证的有效期、交单期以及在何地到期。信用证必须规定有效期，否则该信用证无效。信用证的有效期同装运期应有一定的间隔，以便装运货物后有足够的时间办理制单、交单议付等工作。在我国出口业务中，大都要求信用证的有效期在装运期限后 15 天。与有效期相关，信用证应规定在何地到期，一般可规定在出口国、进口国和第三国到期。在实务中，通常要求来证规定在中国到期，而对在国外到期的信用证，因无法确切地掌握国外银行收到单据的具体日期，一般不予接受。此外，按国际惯例，信用证还应规定一个具体的交单日期，即规定在货物装船后若干天内必须向银行提交货运单据。如果信用证对此未作规定，则提交单据的期限不得迟于提单或其他运输单据签发日期后的第 21 天，但以不超过信用证的最后有效期为限。若信用证规定的交单期距装运期过近，则应提前交付货物，或要求开证人修改信用证推迟交单日期，以保证能在交付货物后如期向银行交单。

（8）信用证中要求提供的单据。对于来证中要求提供的单据的种类和份数及填制方法等，要进行仔细审核，如发现不符合同规定的，应要求其改正，以避免发货后，由于我方难以按来证要求制单，造成单证不符，不能及时收汇。

（9）开证申请人和受益人。开证申请人的名称和地址应与合同规定相符，以防错发错运。受益人的名称和地址也必须正确无误，以免影响收汇。

（10）商品名称、品质、数量和包装。信用证中有关商品名称、品质、数量、包装等项内容必须和合同规定相符，如有差错，应要求对方修改。尤其是货物数量，如合同中规定有"溢短装条款"，则在信用证中也必须列明，以免产生争议。

（11）保险条款。信用证采用的保险条款、险别、投保金额必须与合同规定相一致，如有不能或不应接受之处应通知对方加以修改。

（12）商检条款。应注意由何机构、在何地、用何种方法进行检验，以及出具何种证书等问题。信用证中有关这些问题的规定必须与合同完全相符。

（13）开证行负责付款条款。信用证内都应列有开证银行担保付款的保证文句，例如："凡根据本信用证并按照其所列条款开出之汇票，如及时提示，我行同意对其出票人、背书人及善意持有人履行付款责任。"若无类似保证文句，不宜接受。

(三) 改证

对信用证中不能接受或不能执行或不能按期执行的条款，应及时向开证人提出要求进行修改。修改信用证应慎重，一般地说，对经过努力可办到者应尽量不改，对非改不可的，则应坚决要求改正。在改证中应注意：

(1) 改证的顺序是：应由卖方直接向买方提出，即卖方—买方—开证行—通知行—卖方。具体地讲，当出口商发现信用证某条款与合同不符时，应立即通知买方向开证行申请修改该项条款。买方如果同意则会向开证行申请修改信用证，开证行接受申请后，就会以电报或邮递方式将修改通知书告知通知行，通知行再将修改通知转告出口商，而不能由开证行直接通知或进口商径寄出口商。

(2) 修改信用证必须尽早办理，以免由于时间紧迫来不及修改信用证。如果一份信用证中有多项内容需要修改，卖方应将需修改的各项内容，一次向国外买方提出，尽量避免由于我方考虑不周而多次提出修改要求。这样既可以节约双方的时间和费用，也可使对方持慎重态度。

(3) 如果同一信用证修改书上涉及两个以上的条款，出口商不能只接受一部分而不接受其余部分。也就是说，出口商要么全部接受，要么全部拒绝。如果出口商希望接受一部分而拒绝另一部分时，应再次向有关方提出修改请求。

三、安排装运

按照 CIF、CFR 或其他贸易术语成交的出口合同，必须由我方负责装运的，在备妥货物和落实信用证后，我方就应履行装运货物的义务。安排装运涉及的工作较多，包括托运、投保、报关、装运和发装运通知等，下面以 CIF 和 CFR 合同为例，介绍装运工作的具体程序。

(一) 托运

以海运方式的货物运输，除了数量较大需要整船运输货物要委托外运机构办理租船外，一般均通过班轮运输由外运机构按照货物的特性和数量代订班轮舱位。出口货物托运的程序如下：

1. 出口企业填写托运单，预订船只与班轮舱位

出口企业将出口货物备妥，收到的信用证审核无误或经修改可以接受后，就要立即办理托运手续，填写托运单。托运单的主要内容包括货物的名称、收货人、通知人、装货港、航程路线、卸货港、唛头、件数等。这些内容的填写必须与信用证完全相符，因为它们都将在提单上显示。此外，托运单上还须填写货物的毛重、净重、体积、运费预付或运费到付等等，为外运机构和船公司进行租船、订舱和核算运费提供根据。托运单作为租船、订舱依据，在截止收单期（即外运机构接受委托

的最后日期）前递交外运机构。

2. 外轮代理公司签发装货单

外轮机构收到托运单后，会同中国外轮代理公司，根据货物"合理配载"原则，结合船期、货物性质、货物数量、装运港、目的港等情况，统筹安排船只和舱位，然后由外轮公司签发装货单，俗称"下货纸"，作为通知船方办理收货及装运的凭证。

（二）投保

在履行 CIF 出口合同时，在确定船名后，出口企业应于货物运离仓库以前，办理保险。投保时应按照合同或信用证规定的保险条款，向中国人民保险公司办理投保手续。投保时要填写投保单，将货物名称、保额、运输路线、运输工具、开航日期、投保险别等一一列明。保险公司承保后，签发保险单或保险凭证。

如果按 CFR 术语成交的合同，由于租船是卖方的责任，而保险则由买方负责。因此，卖方应在装船之后及时通知买方，以便使买方及时办理投保手续。如果因卖方未能及时通知导致买方没有及时办理投保手续，一旦货物在运输途中遇到风险而遭受损失，应由卖方负全部责任。

（三）报关

报关有出口报关和进口报关之分。出口货物的报关是出口货物的收货人或其代理人，向海关申报，交验规定的单据文件，请求办理出口手续的过程。货物装运出口前，必须先向海关申报，经海关检验后同意放行，才能装运出口。出口货物报关的程序包括申报、纳税、查验、放行四个环节。

1. 申报出口

根据我国《海关法》第八条规定，出口货物的发货人，除海关特准的外应当在装货的 24 小时以前，向海关申报。报关人申报出口时，需填制出口货物报关单，并应提交其他必要单据。

出口货物报关单的主要内容包括以下几个方面：

（1）出口口岸：货物出境的口岸。

（2）经营单位：指经营出口货物业务即对外签订或执行合同（协议）的中国境内的企业或单位。

（3）指运港（站）：指出口货物的目的港。

（4）合同（协议）号：指本批货物或协议的详细年份、字头和编号及附件号码。

（5）贸易性质（方式）：分别指"一般贸易"、"国家间、国际组织援助物资"、"补偿贸易"、"寄售贸易"、"对外承包工程货物"、"进口货退回"等。

（6）贸易国别（地区）：成交国别（地区）。

（7）消费国别（地区）：指出口货物实际消费的国家和地区。

（8）收货单位：国外收货的企业。

（9）运输工具名称及号码：指船名及航次。

（10）装货单或送货单号。

（11）收结汇方式：银行实际收结汇方式。

（12）起运地点：指出口货物实际发货单位的所在地。

（13）海关统计商品目录编号：按《中华人民共和国海关统计商品目录》的规定填写。

（14）货名、规格、货号按合同规定填写。

（15）标记唛头、件数及包装种类。

（16）数量：实际出口货物的数量和数量单位。

（17）重量：按合同规定填写。

（18）成交价格：合同（协议）规定的人民币或外币价格和价格条件。

（19）离岸价格：指货物离开我国国境时的价格。

（20）备注：出口货物需要说明的事项。

（21）随附单据：随附单、证的名称及其编号。

（22）申报单位。

（23）海关放行日期。

报关人员在填制报关单时应注意以下问题：①对报关单各栏项目要详细填写，内容要齐全、正确，字迹要清晰。②不同合同的货物，不能填报在一份报关单上。③一张报关单上如有多种不同商品，应分别填报清楚，但以不超过五项海关统计商品编号的货物为宜。④报关单上有关项目的填写必须与相关单据上的内容相符，必须与实际出口的货物相符。⑤报关后，由于各种原因致使实际货物发生变化而与原来填写的内容有出入，应向海关办理更正手续，填写报关更正单予以更改。

随同出口货物报关单向海关递交的单据有：

（1）出口货物许可证和其他批准文件。如果根据规定可以免予申领出口许可证的，应交验相应的批准文件。

（2）装货单（非海运货物则为运单）。这是海关加盖放行章后发还给报关人凭以发运货物的凭证。

（3）发票。这是海关审定完税价格的重要依据。

（4）装箱单。单一品种且包装一致的件装货物或散装货物可免交。

（5）减税、免税或免验的证明。

（6）海关认为必要时应交验的贸易合同，产地证明和其他有关单证。

（7）对应实施商品检验、文物鉴定或其他管制的出口商品，还应交验有关主管部门签发的证明。

2．查验货物

海关接受申报后，将对出口货物进行查验。海关的查验是以已审核的报关单、许可证等为依据，对出口货物进行实际的核对和检查，以确保货物合法出口。根据《海关法》的规定，进出口货物除经海关总署批准的以外，都应当接受海关的查验。海关通过对出口货物的查验，检查核对实际出口货物是否与报关单和出口许可证相符，确定货物的性质、成份、规格、用途等，以便准确依法计征关税。出口货物的检验，一般是在海关规定的时间、场所，即海关的监管区域内的仓库、场所进行。对于矿砂、粮食、原油、原木等散装货物，以及化肥、水泥、钢铁等大宗货物或危险品，为了方便运输，有时也在船边等现场验放。有的货物在海关规定地区进行查验有困难的，经报关人申请，海关可以派员到监管区域以外的地点进行查验，就地查验放行货物。依据《海关法》第五十四条的专门规定，海关查验时损坏被查验货物，应当赔偿实际损失。

3．缴纳出口税

出口货物经海关查验情况正常，按规定应当缴纳出口税的，在缴清税款或提供担保后，海关方可签章放行。纳税人应当在海关签发税款缴纳书的次日起（星期日和假日除外）七日内，向指定银行缴纳税款。逾期不缴纳的，由海关自第八天起至缴清税款日止，按日征收税款总额的千分之一的滞纳金。对超过三个月仍未缴纳税款的，海关可责令担保人缴纳税款或者将货物变价抵缴，必要时，可以通知银行在担保人或者纳税人存款内扣款。当纳税人对海关使用税则税率，审定的完税价格持有异议时，应当先按海关核定的税款额缴纳税款，然后自海关填发税款缴纳书之日起30天内，向原征税海关书面申请复议，海关应当自收到复议申请之日起15天内作出复议决定。纳税人对原纳税海关复议决定不服的，可以自收到复议决定书之日起15天内向海关总署申请复议，对海关总署作出的复议决定仍不服的，可以自收到复议决定书之日起15天内，向人民法院起诉。

4．出口放行

出口货物在办完向海关申报、接受查验、缴纳税款等手续以后，由海关在装货单或运单上签印并退回出口单位，出口单位必须凭海关盖章的装运单据发运货物。

（四）装船

出口商在办理了托运、投保和报关手续，待承运船舶抵达装运港后，即可将出口货物装船。装船完毕，由船长或大副签发"大副收据"即收货单，托运人凭大副收据向外轮代理公司换取提单。货物装船后，出口商应及时向买方发出"装船通知"，以便对方准备付款赎单，办理进口报关和收货手续，如为CFR成交的合同，由买方自办保险，更应及时发出"装船通知"，以便买方及时投保。

四、制单结汇

货物发运后，我出口企业应立即按照信用证的要求，正确无误地缮制各种单据，在信用证规定的交单有效期内凭单据向银行办理议付货款结汇手续。

（一）制单

在信用证支付方式下，出口企业需备制的单据很多。为避免因缮制的单据不符要求而遭银行拒付，出口商制作单据时必须做到正确、完整、简明、整洁、及时。所谓正确是指"单证一致"和"单单一致"，即单据的名称、份数及内容与信用证的规定相符，所有单据上相同项目的填写都一致。完整是指必须按照信用证的要求制作各种单据，不能缺少，而且每个单据的内容要完备无缺。简明是指单据的内容，应按信用证和国际惯例的要求填写，要简单明了，切忌繁琐。整洁是指单据表面必须清洁，字迹清晰。及时是指要在信用证规定的时间内缮制单据，并将其送交银行结汇。出口商只有按上述要求制作单据，才能保全信用证赋予的权利。

在实际业务中，信用证支付方式要求卖方提供的单据有：发票、汇票、提单、保险单、装箱单、重量单、检验证书、产地证明书等。现对上述几种单据及制单时应注意的问题简要介绍如下：

1. 汇票

有关汇票的详细内容，前面已作了简述，这里仅就汇票的缮制方法作一介绍：

（1）出票根据（Drawn under）。这一项目应填写开证行的名称与地址。如信用证有规定，则应按信用证要求，原句照填。

（2）信用证号码和开证日期。应按信用证规定填写。如来证要求不填信用证号码，也可照办。

（3）汇票金额。汇票上的金额有大写和小写之分。在"Exchange for"，后填小写金额，在"The sum of"后填大写金额。在一般情况下，汇票金额应与发票金额完全一致，但如果信用证有特殊规定，则应按规定办理，但汇票金额不得超过信用证金额，并且所填制的货币名称也必须与信用证规定的货币名称一致。另外，信用证项下的汇票的大、小写金额必须一致，否则就是单证不符，造成拒付票款。

（4）付款期限。汇票的付款期限有两大类，即期付款和远期付款。即期付款应在付款期限栏内填"At sight"。远期付款则有四种：

"见票后×天付款"填："At × days after sight"

"出票后×天付款"填："At × days after date"

"提单日后×天付款"填："At × days after date of B/L"

"某固定日付款"如：2013年3月15日为付款日，则填"On 15th May. 2013"

上述四种填法，均应将汇票上印就的"Sight"划掉。

汇票的付款期限应按信用证的规定填写，如汇票上未明确付款期限，则以即期付款处理。

（5）受款人。在信用证支付方式下，汇票的受款人一般为银行，可以是开证行，也可以是议付行。至于填哪家银行，须根据信用证要求确定。如果信用证中未指定受款人，一般应填写议付行的名称和地址。

（6）付款人。信用证下的付款人应按信用证规定填制，信用证未明确付款人的，应填写开证行的名称和地址。

（7）出票人。在信用证支付方式下，汇票的出票人必须与信用证的受益人的名称完全一致，但如果是可转让的信用证，其汇票的出票人可以与原证的受益人不一致。汇票必须经出票人签字或盖章后方能生效。

（8）出票地点和日期。信用证方式项下的汇票的出票地点应为议付地点，一般在印刷汇票时提前印就。出票日期一般为议付日期，在信用证支付方式下，出票日期不能迟于信用证规定的交单日期和信用证的有效期。在实务中，出票日期一栏由银行填写。

2．发票

发票的种类很多，常见的有商业发票、海关发票、领事发票、样品发票、厂商发票、形式发票等。

（1）商业发票（Commercial Invoice）是出口商对进口商开出的详细说明装运货物的清单。在国际贸易中，商业发票是卖方必须提供的单据之一。商业发票的作用在于：它是进口商凭以核收货物、支付货款，卖方凭以向银行办理结汇、向保险公司办理投保和进出口商凭以记账、报关纳税的依据。

在国除贸易中商业发票并无统一格式。就是我国内各出口贸易企业单位的商业发票也不一致。但其项目和基本内容是相同的，主要包括以下项目：

①发票名称。单据上应该表明它的名称如："发票"（Invoice）、"商业发票"（Commercial Invoice）。

②出票人名称和地址。在信用证支付方式时，名称一般应是出口商即受益人。

③发票抬头人。除非信用证特别规定，发票的抬头人均应填写来证的开证申请人。

④发票号码与日期。发票号码由出口公司自行编制。发票日期可以早于信用证开证日期，而一般应在开证日期之后，但不能晚于汇票日期和信用证的有效期。

⑤信用证号码和合同号。信用证支付方式的发票，一般都填列信用证号码和合同号，信用证未指明合同号者可以不填。

⑥船名、装货港、卸货港。必须按信用证规定填写，并与提单相符合。

⑦商品名称和规格。在信用证支付方式下，发票上商品名称和规格必须与信用证中的描述严格相符，不可擅自简化。如果信用证中未规定详细品质或规格，必要时可按合同规定加注一些说明，但不能与信用证的内容相矛盾。

⑧唛头、件数、数量。发票上这些项目必须与其他单据的这些项目一致，不能有丝毫差错。同时，发票上的数量、重量、件数既要与实际装运货物相符，还要符合信用证要求。

⑨单价与总值。发票表示的单价必须完全与信用证规定一致，单价中的计价货币与贸易术语需按信用证规定填写无误。否则会遭银行拒付。发票的总值必须与汇票金额一致，除非信用证另有规定，总值不能超过信用证的总金额幅度，否则银行将予以拒收。

⑩许可证号或外汇许可号及有关买方参考号。有些信用证中规定，发票注明进口许可证号、外汇许可号或其他参考号，都应按规定在发票上相应注出。

⑪出口商的签字与盖章。发票必须签字盖章才有效。在信用证方式时，签字人必须是受益人。出口商所使用的图章和签字必须与其他所有单据签字、图章相一致。如信用证中要求手签时，必须照办。

（2）海关发票（Customs Invoice）是进口国家海关为了掌握进口商品的原价值和原产地情况而制定的一种特定格式的发票。海关发票由出口商负责填制。

海关发票的主要作用是，便于进口国海关核实货物的原产国，并根据不同原产国征收差别关税；便于海关核查在出口国国内市场的售价，考核货物是否属于倾销；供进口国海关征税、统计之用。

缮打海关发票时应注意：①各个国家或地区的海关发票都有专用的固定格式，对不同国家或地区要用不同的格式，不能混用。②海关发票与商业发票共同的项目，填写时两者的内容必须一致。③个人签字必须手签，否则无效。

（3）厂商发票（Manufactures Invoice）是由出口货物的制造厂商所出具的以本国货币计算价格，用来证明出口国国内市场的出厂价格的发票。其主要作用是供进口国海关作为对进口国商品进行估价和征收关税及反倾销之用。

（4）领事发票（Consular Inivoice）由进口国驻出口国领事认证或出具的发票。领事发票有的根据进口国家规定的固定格式填制，再由进口国驻出口国领事签证，有的利用商业发票向进口国驻出口国领事签证。

领事发票主要用于进口国核定该商品的产地国别，以便采取不同的国别政策，征收不同的关税。或通过签证手续，起到进口许可证的作用，以控制某些商品的进口。

（5）样品发票（Sample Invoice）是出口商把样品寄给进口商时出具的发票，供进口商清关使用。

（6）形式发票（Proforma Invoice）在货物出运前由出口商开立的发票。这种发票主要供进口商向当局申请进口许可证或进口外汇之用，只起参考性作用，双方均不受其约束。

在上述发票中，商业发票是卖方必须提供的单据之一，而其他类型的发票只有在进口商要求时才出具。

3．提单

提单是所有单据中最为重要的，其主要内容和缮制要求如下：

（1）托运人（Shipper），即委托运输的人。在信用证方式下，托运人栏目一般应填受益人的名称。但除非信用证另有规定，必要时也可以受益人以外的第三者为托运人。

（2）收货人（Consignee）。提单上"收货人"一栏可以有各种不同的填法，包括记名式、不记名式和指示式。在信用证支付方式下，一定要严格按照信用证规定填制收货人。一般信用证支付方式多使用指示式。

（3）被通知人（Notify Party）。被通知人是收货人的代理人，承运人在货到后通知其办理提货前的有关事项。所以应按信用证中的规定，把被通知人的名称和地址详细地填写在这一栏中。信用证中如未规定被通知人，为保持单证一致，提单正本的这一栏留空不填，但提交给船方的副本提单的这一栏中应列明开证申请人的名称和地址。

（4）装运港（Port of Loading），填写实际装货港的名称。信用证支付方式下，装运港要符合信用证的要求。

（5）卸货港（Port of Discharge）。信用证项下的卸货港一定要按信用证规定办理。如信用证中规定有两个以上的卸货港，除属选择港外，一般应选择其一卸货和填制单据。

（6）船名（Ocean Vessel），填实际承运船舶的名称。如果是班轮运输，信用证中要求加注航次号者，可加填。

（7）唛头（Mark & Number）。提单内的运输标志，应照信用证规定的填写，并应与实际装运货物的唛头一致。

（8）货物名称及件数（Description of Goods & Number of Package）。提单上的货物名称既要与信用证相符，又要与商业发票及其他单据一致。如果信用证规定品名繁多，提单上货物名称可用统称。件数一栏的填写应与实际货物一致。

（9）重量和体积（Weight & Measurement）。除非信用证另有规定，提单上货物的重量以毛重表示。毛重一般以公吨为计量单位，体积以立方米为单位，并保留三位小数。

（10）运费（Freight）。除非信用证另有规定，提单上运费一栏都不填写运费的数额。而只填明"运费已付"（Freight Paid）或"运费预付"（Freight Prepaid）或"运费到付"（Freight Collect）。在 CIF 或 CFR 等术语下应填"运费预付"或"运费已付"。在 FOB 等术语下应填"运费到付"。

（11）签发提单的地点及日期（Place & Date of Issue）。签发提单的地点应与实际货物装运的港口或接受有关方面监管的地点相一致。提单的签发日期就是货物实际装运的时间或已经接受船方监管的时间，这一时期不能晚于信用证规定的装运期。

（12）承运人或其代表签字（Signature of the Carrier）。提单必须经承运人或其代理人手签后生效。

（13）正本提单的份数（Number of Original B/L）。在信用证支付方式下，正本提单的份数一定要与信用证规定的相一致。

4．保险单

保险单的主要内容及缮制方法如下：

（1）保险人名称。即保险公司名称，信用证内如有规定，必须与之相符。

（2）被保险人名称。在信用证支付方式下，如采用 CIF 术语，被保险人应填受益人名称。如信用证有其他规定，应按信用证规定制作。

（3）货物名称、包装数量与唛头。这些内容的填写必须符合信用证的规定，同时也要与发票、提单等其他单据一致。

（4）保险金额，一般为发票价值的 110%。信用证支付方式下的保险单，按信用证规定填列。

（5）承保风险，即保险险别。它是保险单内容中最主要的部分，信用证支付方式项下的保险单的险别一定按信用证规定办理。

（6）运输工具要与运输单据上的船名相同。

（7）开航日期及起讫地点。开航日期与起止港口应与提单上相应的项目一致。

（8）赔付地点应按信用证规定填制。

（9）保险勘查代理人，即保险公司在目的港的代理人，一般由保险公司选定，必须列明详细的地址，以便货物出险时，收货人及时通知其代理人检验货物，分析出险原因和办理赔款事宜。

（10）签发日期和地点。保险单签发日期必须早于运输单据签发日期，否则银行不予接受。保险单签发地点应为受益人所在地。

（11）保险人签章。保险公司签章后保险单方能生效。

5．装箱单和重量单

装箱单（Packing List）是载明每件包装内货物的名称、重量、尺码等内容的单据。

重量单（Weight Note）是详细地表示每件包装内货物的毛重、净重和皮重的单据。

装箱单和重量单的作用都是为弥补发票的不足，便于收货人核对货物。装箱单和重量单上的货物名称、数量、重量等一切内容必须与信用证、发票、提单等其他单据保持一致。

在实际业务中，卖方是否需要提供装箱单和重量单，要根据国外来证和商品的具体情况来决定。

6．产地证

产地证（Certificate of Origin）是证明货物的制造地或生产地的证件。其作用是为进口国对不同进口商品实行不同的关税和进口外贸管制提供依据。一般不用海关发票的国家，则要求提供产地证明。

产地证填写的内容必须符合信用证的有关规定，并与其他单证相一致。

7. 检验证书

商品检验证书种类繁多，主要有品质检验、重量检验、数量检验、兽医检验、卫生检验、消毒检验及动植物检疫等证书。这些检验证书分别用以证明商品的品质、数量、重量和卫生情况。

在我国，上述各类检验证书的内容基本相同，都有以下各项：①编号和出证日期；②发货人；③收货人；④品名；⑤标记及号码；⑥报验数量和重量；⑦检验结果。出口商提供的商检证书上的各项目必须与信用证的规定相符，也要与其他单据的各相应的项目保持一致，检验结果应与合同及信用证规定相同，出证日期不得晚于提单签发日期。

（二）结汇

外贸企业在将货物装运之后，即应按信用证的规定，正确缮制各种单据。在信用证规定的交单有效期内，送交银行办理议付结汇。

目前，我国出口结汇的办法有三种：

（1）收妥结汇：是指出口地银行收到外贸企业交来的出口单据后，经审核无误，将单据寄往国外付款行索取货款，待收到国外付款行将货款拨入出口地银行的贷记通知书时，即按当日外汇牌价，折成人民币交付给外贸企业。在这种方式下，银行未向外贸企业融通资金，因而不利于促进外贸公司扩大出口。

（2）押汇：押汇是指议讨行在审单无误的情况下，按信用证条款买入受益人（出口商）的汇票和单据，从票面金额中扣除从议付日到估计收到票款之日的利息，将余额按议付日外汇牌价折成人民币，付给外贸企业。议付行买入跟单汇票，即成为汇票的持票人，可凭此汇票向国外付款行索取货款。采用这种方式，由于银行给予外贸企业资金融通，使其在交付单据时即可取得货款，因而有利于外贸企业的资金周转和扩大出口。

（3）定期结汇：是指出口地银行根据向国外付款行索偿所需时间，预先确定一个固定的结汇期限，到期后主动将票款金额折成人民币交付外贸企业。

● 第二节　进口合同的履行

在我国进口业务中，多数商品是以 FOB 条件成交，少数商品按 CFR 或 CIF 条件成交，支付方式基本上都采用信用证方式。现以 FOB 海运进口合同为例，介绍进口合同履行的基本程序。

一、开立信用证

在信用证支付方式下，进口企业应按合同规定，向银行申请开立信用证。开证申请人申请开证时，一般需交纳信用证金额一定百分比的押金或提供其他保证，交纳开证手续费。开证申请必须采用书面形式，即填写开证申请书。开证申请书是银行开出信用证的依据。开证申请书一般包括两部分：

（1）开证申请人的开证指示，主要是开证申请人对信用证的要求，包括信用证的种类、金额、有效期限、装运方式及装运期限、保险条件、对货物的要求、对单据的要求以及交单付款的条件等项内容。这部分内容是银行凭信用证对卖方付款的依据，必须与合同条款完全一致。特别是商品的品名、质量、数量、价格、包装、交货期、装运条件及货运单据等，均应以合同为依据，在开证指示中详细列明。

（2）开证申请人对银行的声明，主要是明确开证人与开证行双方的责任。这一部分包括以下内容：①开证人特别声明进口单据及货物的所有权属于开证银行。②开证银行只审查单据的表面是否合格，对其真伪不负责，对货物的真伪或损坏也不负责。③单据在邮递过程中的遗失、延误及电讯延误等，开证银行不负责。④开证人到期一定赎单。⑤开证行有权随时要求追加押金，开证人一定照办。⑥开证行有权决定、代办保险及增加保险险别，保险费由开证人负担。⑦在开证行错误地收下不符合信用证规定的单据时，开证人有权拒绝赎单，并于信用证到期时收回押金。⑧开证行错误地把符合信用证的单据当作不符单据而对外拒付时，开证人可对开证银行提出责问和要求赔偿损失。

开证行接受开证人的开证申请书后，根据开证申请书的内容，开出以卖方为受益人的信用证，将信用证正本和副本寄给通知行，要求其转递给卖方。同时，开证行将另一副本交开证申请人。

买方在申请开立信用证时，应注意以下问题：

（1）开证时间要适宜。开证时间不要早于合同规定的时间，也不要晚于合同规定的时间，应按合同规定办理。如果合同规定在卖方确定交货期后开证，或规定在卖方领到出口许可证后开证，或支付履约保证金后开证，则买方应相应在接到卖方交货期通知后开证，或收到对方已领到许可证的通知后开证，或收到履约保证金后开证。如果合同中没有规定具体的开证日期，按国际惯例，买方应于合同规定的装运期前将信用证开抵卖方。

（2）文字要完整明确，内容应与合同完全相符。买方要求银行在信用证上载明的事项，必须完整、明确，不能使用模棱两可的文字，以避免银行在处理信用证业务或卖方履行信用证条款时无确切依据可循。同时，信用证的内容必须以合同为依据，信用证中关于商品的品名、品质、规格、数量、价格、装运条件等内容必须与合同内容完全相符。否则，卖方收到信用证后将要求改证，这不仅给买方带来麻烦，而且会增加费用。

（3）对卖方提出的改证要求应根据不同情况予以考虑。信用证开出后，如卖方来函来电要求我方修改证内某些内容，对于卖方提出的要求，应视其是否合理，是否我方过错等情况，考虑是否应作修改。若同意，应由我方及时通知开证银行办理修改手续；若不同意，则应通知出口商，并应敦促其按原证条款履行。

二、安排运输

根据进口合同的规定，负责运输的一方应按合同规定租船订舱。以 FOB 条件成交的进口合同，应由买方负责租船订舱。目前，我国进口货物的租船订舱工作，除个别情况外，大多数是由外贸企业委托外运公司代办。一般手续是：外贸企业在接到卖方的备货通知后，即填制"进口租船订舱联系单"，其内容包括：货名、重量、尺码、合同号、包装种类、装卸港口、交货期、买货条款、发货人名称和地址等，连同订货合同副本送交外运公司，委托其代为租船或订舱。至于是租船还是订舱，由买方根据进口货物的性质和数量决定。凡需整船运输的，则洽租适当船舶承运；小批量的或零星杂货，则大都采用洽订班轮舱位。

租船订舱的时间应按合同规定。在我订购合同中多数规定，卖方应在交货前的一定时间内将预计装船日期通知买方。我外贸企业在接到上述通知后，应及时向外运公司办理租船订舱手续。办妥租船订舱手续后，应及时向卖方发出派船通知，将船名、船期及租船订舱情况通知卖方，以便对方备货装船。同时，我外贸公司还应随时了解和掌握对方备货和装船前的准备工作，必要时需催促卖方按时装运。

三、保险

按 FOB 条件成交的进口合同，货物运输保险由买方办理，因此在买方接到卖方的"货物已装船"的通知后，应及时办理保险手续。

我国进口货物的保险，一般采用两种方式：

1. 签订预约保险合同

我国大部分外贸企业和中国人民保险公司签订了海运、空运和邮运货物的预约保险合同。预约保险合同对外贸企业进口商品的投保险别、保险费率、适用的保险条款、赔偿的支付方法、保险期限以及保险人承担每艘船舶每一航次的最高保险责任作了具体规定。必须注意的是，如果承运货物超过预约合同中规定的最高限额，应于货物装船前书面通知保险公司，否则，仍按原定限额价为最高赔偿金额。此外，保险公司对预约保险责任的起讫，一般是从货物在国外装运港装上船舶起生效，到卸货港转运单所载明的国内目的地收货人仓库终止。保险公司对货物在卸货港港口的责任，以货物卸离船舶后 60 天为限，如不能在此期限内转运，可向保险公司申请延期，延期最多为 60 天。

同保险公司订有预约保险合同的外贸企业，在收到国外卖方的装船通知后，只要把船名、提单号、开航日期、估计到达时间及航线、商品名称、数量、价格、装运港、保险金额等内容及时通知中国人民保险公司，即算完成了投保手续，该公司便自动承保。

2. 逐笔投保

对未与中国人民保险公司签订"预约保险合同"的外贸企业，其进口货物就需逐笔投保。外贸企业在接到卖方的装货通知后，必须立即向保险公司办理投保手续，即填制"进口货物国际运输预约保险起运通知书"，交付保险公司，保险公司接受承保后给外贸企业签发保险单。如果外贸企业未及时办理投保和支付保险费，货物发生损失时，保险公司不负赔偿责任。

四、审单付款

国外卖方将货物装运后，将汇票与全套单据经国外银行寄交我方开证银行收取货款。我方开证银行收到国外寄来的单据后，根据"单证一致"和"单单一致"的原则，按照信用证的规定，对单据的种类、份数和内容进行仔细核对。如相符，开证银行或信用证所指定的付款行向国外议付行付款，开证行经审单后付款即无追索权。如经开证银行审核国外单据，发现单证不符或单单不符，应由开证银行与我进口企业联系后，立即向国外议付行提出异议，并根据不同情况采取必要的处理办法，或由国外议付银行通知发货人更正单据，或由国外议付银行书面担保后付款，或改为货到检验后付款，或拒付。

开证行在确认单证相符和单单相符并偿还议付行垫款后，即行通知进口企业付款赎单。进口企业收到开证银行通知后，在其付款赎单之前，也应严格审核卖方凭以议付的全套单据。如果发现单据与信用证有任何不符，买方有权拒付货款和拒收单据，即使开证行已偿付垫款，也不影响买方拒付的权利。如果单证相符，买方就得照付货款。买方付款后，即使在收到货物时发现货物与合同不符，也不能向开证行追索货款。买方只能根据不同的情况，采取相应的补救措施，如向卖方、轮船公司或保险公司索赔等。索赔不成，买方也可根据货物买卖合同的规定，通过仲裁或诉讼途径解决。因此，进口企业对单据的审核要认真对待，决不能疏忽大意。

五、进口报关

进口货物到港后，由进口企业或委托外运公司办理进口报关手续。进口报关的程序与出口报关相类似，有以下几个环节：

（一）进口申报

根据我国《海关法》的有关规定，进口货物的收货人应当自运输工具进境之日起 14 日内，向海关申报。进口货物的收货人超过 14 天期限未向海关申报的，由海关征收滞报金。滞报金的日征收金额为进口货物到岸价格的千分之零点五，滞报金的起收日期为运输工具申报进境之日起第 15 天。进口货物自运输工具申报之日起超过三个月还未向海关申报的，其进口货物由海关提取变卖处理。如果属不宜长期保存的，海关可以根据情况提前处理。变卖后所得价款在扣除运输、装卸、储存等费用和税款后尚有余额的，自货物变卖之日起一年内，经收货人申请，予以发还，逾期无人申领，上缴国库。

进口企业在报关时，应填写进口货物报关单。报关单是向海关申请报关的必备书面文件，其内容包括：

（1）进口口岸：货物入境的口岸。

（2）经营单位：经营进口货物业务的公司，即对外签订或执行合同的中国境内企业。

（3）收货单位：指进口货物的收货人。

（4）合同（协议）号：本批货物合同或协议的详细年份、字头和编号及附件号码。

（5）批准机关及文号：指进口审批单位及批准文件号码。

（6）运输工具名称及号码：指船名及航次。

（7）贸易性质（方式）：同出口基本相同，但多了"来料加工装配贸易"、"进料加工贸易"、"外商投资企业作为投资进口的设备、物品"、"外商投资企业进口供加工内销产品的料、件"等项。

（8）贸易国别（地区），即成交国别（地区）。

（9）原产国别（地区）：指生产或制造该项进口货物的国家（地区）。

（10）外汇来源：指进口货物所用外汇的种类，包括："中央外汇"、"地方外汇"、"地方留成外汇"、"中央各部留成外汇"、"贷款外汇"、"国外投资"、"免费"等。

（11）进口日期：即运输工具申报进口的日期。

（12）提单或运单号。

（13）运杂费及保险费：按实际支付金额填写。

（14）标记唛头、件数及包装种类：按合同规定填写。

（15）重量：按合同规定填写。

（16）海关统计商品目录编号：按《中华人民共和国海关统计商品目录》规定填写。

（17）货名、规格、货号：按合同规定填写。

（18）数量：指实际进口货物的数量和数量单位。

（19）成交价格：即合同规定的人民币或外币价格和价格术语。

（20）到岸价格：指货物到达我国国境（关境）时的价格，包括货价、运费、保险费及其他一切费用。

(21) 关税及工商税栏目，由海关负责填写。

(22) 备注：进口货物需要说明的事项。

(23) 集装箱号：指集装箱运输货物的箱号。

(24) 随附单据：报关所交单据的名称及其编号。

(25) 申报单位签章。

报关时，除要填写进口货物报关单外，还要交验有关单证。包括：进口货物许可证，提单或运单，商业发票，装箱单，减税、免税或免验的证明，海关认为有必要提供的进口合同、产地证明及其他条件。

报关单中的各项内容必须与实际货物以及所附单证相一致，如发现瞒报、伪报或申报不实的，构成走私和违反海关监管规定的违法行为，一经查实将受到制裁。

进口货物的报关单连同其他单据，应在规定时间内递交海关。海关根据进口货物收货人的书面申请和随附交验的单据，审核货物的进口是否合法，并确定关税的征收或减免。

(二) 查验货物

进口货物向海关申报后，即应当接受海关查验。海关对进口货物查验的目的，是检查核对实际进口货物是否与报关单和进口许可证等随付单据相符，确定货物的性质、成分、规格、用途等，以便准确依法计征关税，进行统计归类。

海关查验，一般是在海关规定的时间、场所，即海关监管区域内的仓库、场所进行。为了加速验收，海关对海运进口的散装货物（如矿砂、粮食、原油、原木），大宗货物（如化肥、钢材、食糖）和危险品等，可在船边现场验放，以方便运输。而对于成套设备、精密仪器、贵重物资、急需急用的物资和集装箱运输的货物等，在海关规定地区查验有困难的，经收货人的申请，海关核准，海关可以派员到监管区以外的地点，就地查验放行货物。

(三) 缴纳进口关税

准许进口的货物，除另有规定者外，由海关根据我国《海关进出口税则》和《海关条例》规定的税率，征收进口税。我国进口税的征收采用从价税，即以完税价格乘以适用的关税税率作为应缴税款。进口货物的纳税人，应当在海关签发税款缴纳书的次日起（星期日和假日除外）向指定的银行缴纳税款。逾期未缴的，将依法追缴并按迟纳天数按日征收欠缴税款额的千分之一作为滞纳金。

(四) 进口放行

进口货物在办理完向海关申报、接受查验、缴纳关税等手续后，由海关在货运单据上签印放行。收货人或其代理人必须凭海关签印放行的货运单据才能提取进口货物。未经海关放行的海关监管货物，任何单位或个人不得提取或发运。

（五）商品检验

根据国家规定，一切进口商品都必须在合同规定的有效期内由商检机构或指定的检验机构进行检验。检验合格方可销售、使用。

属下列情况之一者，必须在卸货港向商检局报请检验：①法定检验的进口商品；②合同中规定在卸货港检验的商品；③合同中规定货到检验后付款的商品；④合同中规定的索赔期限较短的进口商品；⑤商品卸离海轮后已发现残损或异样或提货不着。凡检验合格的，由商检部门出具检验证书；凡检验不合格的，则由商检部门对外签发索赔证书。

对于不属上述情况，而用货单位又不在卸货港所在地的进口商品，应由用货单位向所在地区的商检机构申报自行检验或请商检机构进行检验。如自行检验发现问题，应迅速向商检机构申请复验出证，以此作为对外索赔的凭证。

（六）进口索赔

在进口业务中，由于种种原因，有时收到的货物与合同规定不符，遇到这种情况应及时找出原因，并向有关责任方索赔。

根据货损原因的不同，进口索赔主要有以下三种：

（1）贸易索赔，即向卖方索赔。如货物品质、规格、原装数量与合同不符；包装不良而使货物受损；未按交货期交货或拒不交货等，均可向卖方提出索赔。

（2）运输索赔，即向船方索赔。如货物数量少于提单上所载数量；提单是清洁提单，而提货时发现有货损货残的情况；货物因船方的失职而造成的其他损失等，均可向船方提出索赔。

（3）保险索赔，即向保险公司索赔。如由于保险责任范围内的自然灾害、意外事故或运输的其他事故的发生致使货物受损或支出费用，均可向保险公司索赔。

进口索赔应注意以下问题：

（1）备齐索赔证件。进口索赔必须提交完整的索赔证件，包括商检局签发的检验证书、发票、装箱单、提单副本等。同时还要根据不同的索赔对象，另附有关证件，如向船公司索赔，需附船长及港务局签署的理货报告及短缺残损证明；向保险公司索赔，需附保险公司和买方的联合检验报告；如向卖方索赔，需附保险单。

（2）提出索赔清单。索赔清单应详细列明货物损失项目及索赔金额，索赔金额应包括商品本身货损部分的金额和其他各项因此而产生的费用如仓储费、利息等。提出的索赔金额要有理有据。

（3）在索赔期限内提出索赔。进口索赔必须在合同规定的期限内提出，逾期无效。如果商检工作确有困难，可能需要较长时间，因而在检验期内来不及提供检验凭证的，可在合同规定的索赔有效期限之内向对方要求延长索赔期限，或在合同规定的索赔期限内向对方提出保留索赔权。否则，对方将有权拒赔。

　　一般说来，对于进口索赔工作，属于船方或保险公司责任的，进口企业通常委托运输公司代为办理，属于卖方责任的，由进口企业直接办理。因而，为了及时、有效地搞好进口索赔，需要进口公司、外运公司、保险公司、商检部门等有关方面密切配合，力争减少我方损失或使损失受到补偿。

 实训练习题

一、名词解释

1. 收妥结汇 　　　　2. 押汇 　　　　　　3. 定期结汇

4. 商业发票 　　　　5. 海关发票 　　　　6. 进口报关

二、单项选择题

1. 信用证中只规定了议付的有效期，而未规定装运期，则根据《UCP600》的规定（ 　　 ）。

　　A. 装运的最终期限与信用证的到期日相同

　　B. 信用证必须经过修改才能使用

　　C. 该证无效

　　D. 装运期可视为与信用证有效期相差一个月

2. 一份 CIF 合同下，合同与信用证均没有规定投保何种险别，交单时保险单上反映出投保了平安险，该出口商品为易碎品，而其他单据与信用证要求相符。因此，（ 　　 ）。

　　A. 银行将拒收单据　　　　　　B. 买方将拒收单据

　　C. 买方应接受单据　　　　　　D. 银行应接受单据

3. 审核信用证的依据是（ 　　 ）。

　　A. 合同及《UCP600》的规定　　B. 一整套单据

　　C. 开证申请书　　　　　　　　D. 商业发票

4. 信用证修改通知书的内容在两项以上者，受益人（ 　　 ）。

　　A. 要么全部接受，要么全部拒绝　B. 可选择接受

　　C. 必须全部接受　　　　　　　　D. 只能部分接受

5. 商业发票的抬头人一般是（ 　　 ）。

　　A. 受益人　　 B. 开证申请人　　 C. 开证银行　　 D. 卖方

6. 海关发票及领事发票（ 　　 ）。

　　A. 都是由买方国家有关部门提供的

B. 都是由卖方国家有关部门提供的

C. 前者由买方国家提供，后者由卖方国家提供

D. 前者由卖方国家提供，后者由买方国家提供

7. 出口报关的时间应是（　　）。

A. 备货前　　　　B. 装船前　　　　C. 装船后　　　　D. 货到目的港后

8. 新加坡一公司于 8 月 10 日向我方发盘欲购某货物一批，要求 8 月 16 日复到有效，我方 8 月 11 日收到发盘后，未向对方发出接受通知，而是积极备货，于 8 月 13 日将货物运往新加坡。不巧，遇到市场行情变化较大，该货滞销，此时，（　　）。

A. 因合同未成立. 新加坡客商可不付款

B. 因合同已成立，新加坡客商应付款

C. 我方应向新加坡客商发出接受通知后才发货

D. 我方应赔偿该批货物滞销给新加坡客商带来的损失

9. 根据《UCP600》的规定，海运提单中货物的描述（　　）。

A. 必须与信用证规定完全一致

B. 必须使用货物的全称

C. 只要与信用证对货物的描述不相抵触，可使用货物的统称

D. 必须与商业发票的填写完全一致

三、判断题

1. 不清洁提单的不良批注是从大副收据上转注过来的。　　　　　　　　（　　）

2. 在信用证支付方式下，开具汇票的依据是信用证，而在托收和汇付方式下，开具汇票的依据是买卖合同。　　　　　　　　　　　　　　　　　　（　　）

3. 在买方已经支付货款的情况下，即使买方享有复检权，也无权向卖方提出索赔。　　　　　　　　　　　　　　　　　　　　　　　　　　　　　　（　　）

4. 汇票、提单、保险单的抬头人通常分别是付款人、收货人、被保险人。

（　　）

5. 不同类别的商品，其检验证书的有效期各不相同，超出有效期出口的商品. 可要求商检机构将检验证书的有效期往后顺延。　　　　　　　　　　（　　）

6. 一张未记载付款日期的汇票，可理解为见票后21天付款。　　　　（　　）

7. 不符点的出现只要征得议付行同意并议付完毕，受益人即可不受追偿地取得货款。　　　　　　　　　　　　　　　　　　　　　　　　　　　　　　（　　）

8. 我国对外经济活动中达成和履行合同必须符合法律的规范，其中包括有关的双边或多边国际条约，与我国进出口货物出口贸易关系最大的一项国际条约是《国际货约》。　　　　　　　　　　　　　　　　　　　　　　　　　　　　　（　　）

9. 由出口地银行根据开证银行的授权，按信用证的规定审单认可购进出口商的

汇票和所附的货运单据，扣除利息后将票款垫付给出口商的过程称为议付。（　　）

四、案例分析题

1. 我某出口公司与非洲某商成交货物一批，来证规定 9 月装运，但计价货币与合同规定不符，加上备货不及，直至 9 月对方来电催装时，我方才向对方提出按合同货币改证，同时要求展延装运期至 10 月。次日非商复电："证已改妥。"我方据此在 10 月初将货发运，但信用证修改书迟迟未到，致使结汇单据寄达开证行时被拒付。我方为及时收回货款，避免在进口地的仓储费用支出，接受了进口商改按 D/P·T/R 提货的要求，终因进口人未能如约付款使我方蒙受重大损失。试就我方在这笔交易中的处理过程进行评论，找出我公司应吸取的经验教训。

2. 某公司收到国外买方通过开证行开来的即期跟单信用证，证中规定卖方不得迟于 2013 年 2 月 15 日装运。我方因港口舱位紧缺，无法如期装运，于 2 月 6 日电请买方将装运期延展至 3 月 15 日，信用证有效期同时延展。2 月 10 日接买方来电称："同意你 2 月 6 日电，将装运期改为不得迟于 3 月 15 日，信用证有效期同样延展一个月。"接电后，我方立即组织出运，于 3 月 12 日装船完毕并于 15 日备齐全套结汇单据向银行交单议付，但银行拒绝收单。问：银行的拒收是否有理？为什么？

3. 我某进出口公司与国外某客商订立一份轻纺制品的出口合同，合同规定以即期信用证为付款方式。买方在合同规定的开证时间内将信用证开抵通知银行，并经通知银行转交给我出口公司。我出口公司审核后发现，信用证上有关货物装运期限和不允许转运的规定与双方签订的合同不一致。为争取时间，尽快将信用证修改完毕，以便办理货物的装运，我方立即电告开证银行修改信用证，并要求开证银行修改完信用证后，直接将信用证修改通知书寄交我方。问：（1）我方的做法可能会产生什么后果？（2）正确的信用证修改渠道是怎样的？

4. 某公司与国外某客商达成一笔交易，合同中规定，数量为 100 公吨，可有 5% 的伸缩，多交部分按合同价格计价。商品的价格为 1500 美元/公吨 FOB 广州。现该商品的市场行情上涨，问：（1）卖方根据合同的规定最多和最少可交多少公吨货物？（2）此案例中，卖方应多交还是少交？为什么？

5. 我某进出口公司与欧洲某客户达成一笔圣诞节应季礼品的出口交易。合同中规定，以 CIF 为交货条件，交货期为 2013 年 7 月 1 日以前，但合同中未对买方的开证时间予以规定。卖方于 2013 年 6 月上旬开始向买方催开信用证，经多次催证，买方于 6 月 25 日将信用证开抵我方。由于收到 L/C 的时间较晚，使我方于 7 月 5 日才将货物装运完毕，当我方向银行提交单据时，遭到银行以单证不符为由拒付。问：（1）银行的拒付是否有理？为什么？（2）此案例中，我方有哪些失误？

第十章　对外贸易方式

对外贸易方式是指一国与他国之间进行货物买卖所采取的具体交易做法。他涉及商品的推销渠道，货款的抵偿方式，买卖成交的方式以及买卖双方之间的关系等方面的问题。随着各国对外贸易的不断发展，对外贸易方式也日渐增多。目前，国际市场上的贸易方式已从传统的单边进口、单边出口方式发展到包销、经销、寄售、代理、招标、拍卖、展卖、易货、对外加工、补偿贸易等多种方式。

单边进口或单边出口，即逐笔售定方式是国际贸易中最普遍、最常见的一种贸易方式。它是买卖双方根据自己的意愿通过信函、电报、电传或当面洽谈，就商品的交易条件包括商品品质、数量、价格、交货期及付款条件等进行磋商后，签订买卖合同并履行合同的做法。这种单边进口和单边出口的贸易方式。不需要固定的交易场所，做法比较简便，可以灵活广泛地选择每笔交易的对手，交易规模不限，现汇买卖，履行合同也较容易，中小金额的买卖大都利用这种贸易方式。对于这种贸易方式所涉及的合同条款，合同磋商及履行的程序等，在前面各章已作了阐述，本章主要介绍除此种方式外的其他各种贸易方式。

⬤ 第一节　包销和经销

一、包销（Exclusive sales）

包销又称独家经销，是指出口商通过签订包销协议，给国外包销商在一定地区、一定时间内和不低于规定数量的条件下经营某种或某类商品的专营权利的贸易做法。

（一）包销协议

采用包销方式，除了当事人双方签有买卖合同外，还须在事先签有包销协议。包销协议约定了买卖双方当事人的权利与义务，通常包括以下内容：

（1）包销协议的名称、签约日期与地点及包销协议双方的关系。

（2）包销商品的范围。出口商经营商品种类很多，即使是同一类或同一种商品，其中也有不同的牌号或规格。因此，在包销协议中要明确规定包销商品的范围，包括商品的名称、牌号、规格或货号。在实务中，包销商品的范围有两种规定方法：一是规定一类或几类商品，另一是规定几个品种或几个型号。一般情况下，包销商品的范围不宜过大。按照惯例，对包销协议中约定的商品，出口商只能向包销商报盘成交，不得再向该地区或其他商户推销，而国外经销商也不得经营其他来源的同类商品。

（3）包销地区，是指包销商行使销售的地理范围。包销地区可规定为几个国家，也可以规定为某个国家的几个城市，或某个城市。包销地区的大小，应根据包销商的资信与经营能力，包销商品的性质及种类，包销地区的市场情况及地理位置综合考虑。在规定的地区内，买方享有包销商品的专营权，卖方不得向其他客户直接售货。

（4）包销期限。包销期限可长可短，但应根据实际情况适当确定。在我国的出口业务中，我方与国外包销商签订包销协议时明确规定包销期限，通常为一年。

（5）专营权。专营权是指包销商行使专卖和专买的权利，这是包销协议的重要内容。专营权包括专买和专卖权。专买权是指出口商将指定的商品在规定的地区和期限内给予包销商独家销售的权利。出口商负有不向该地区其他客户直接售货的义务。专卖权是指包销商承担向出口商购买该项商品，而不得向第三者购买的义务。

（6）包销数量或金额。在包销协议中，一般要规定包销人在一定时期内，必须向卖方订购的最低数量或金额，这也是卖方应该供货的最低数量或金额，一般还同时规定包销人如不能完成或超额完成包销额时的处理方法，这是包销人应承担的包销义务。

（7）作价方法。包销商品的作价方法有两种：一种是在规定的期限内一次作价，即在规定期限内，不管包销商品的价格上升还是下跌，均以协议规定的价格为准。另一种是在规定期限内分批作价，这种方法较为常用，因为它能在一定程度上适应国际市场上商品价格的变化，对双方都较灵活。

（8）广告、宣传和商品报道。包销协议的当事人双方是买卖关系，出口商并不涉足包销地区的销售业务，但他应关心海外市场的开拓。因此，在包销协议中，一般要订明由包销人负责和出资在其包销区域内就其包销的商品登载广告，进行宣传，并要求包销人按期向出口商提供市场报道。

（9）其他规定。如卖方所出售的商品涉及专利和商标权利问题时，也应在协议中有具体的规定。一般应订明在包销协议内，包销人要对卖方的专利权和商标权给予应有的保护。此外，在包销协议内，应明确中止协议的办法。

（二）包销方式的特点与利弊

包销方式的特点是：出口商与包销商之间是一种买卖关系，出口商按包销协议的规定供货，国外包销商按协议的规定购货；包销商要自己承担货款及其他所需费用，自负盈亏，自担风险；包销当事人双方通过签订包销协议来确定包销关系，以及各自的权利和义务。

包销方式的好处是：包销商享有包销商品的专营权，自负盈亏，可以调动包销商的积极性，避免在同一市场上多家经营该商品而引起的竞争，有利于卖方扩大出口。此外，在包销协议的有效期内，卖方可以有计划地安排生产，并可以根据市场的需求均衡供货，保持较好的售价。其不利之处是：由于独家经营，包销商可能垄断市场，压低出口价格，如果包销商包而不销或经营不利，会使出口商进退两难，甚至在协议期内失去更多的销售机会，影响商品出口。因此，选择好合适的包销商并确定恰当的包销额是包销方式能否成功的关键。

（三）采用包销方式应注意的问题

（1）选择好合适的包销商。选择包销商既要考虑他对我国的政治态度，又要注意他的资信情况和经营能力，以及他在该地区的商业地位。

（2）适当确定包销的商品数量、地区范围和期限。包销数量要适当，一般不宜过多，如包的过多，可能会造成包销商垄断市场的局面，对推销商品不利。所确定的地区范围大小要适当，范围过大，经销商能力达不到的地区，等于自动让出一个市场给竞争对手，对我方不利；范围过小，则不利于充分发挥经销商的积极性。包销期限的长短应视客户情况而定，期限过长，包销商如果经营业绩不佳，不便于及时调整包销商；期限过短，有时又难以完成推销限额。

（3）在协议中规定终止条款。为防止包销商"包而不销"或操纵市场对我压价，可在协议中规定如买方在一定期限内推销数量达不到合同数量的一定比例时，卖方有权撤销协议。

二、经销（Distribution）

经销是指出口商与国外经销商就经销的商品、期限和地区范围达成协议，由出口商负责供货，由经销商负责推销的贸易方式。

经销有独家经销即包销和非独家经销之分。两者既有共同之处又有区别，共同之处表现在：两者都需签订经销协议，确定双方的权利和义务；两者都要求出口商按协议规定供货，国外经销商按协议规定购货；两者都由经销商自行购销，自担风险，自负盈亏。区别在于：独家经销的当事人双方具有专买专卖的协议约束，即出口商保证在指定地区只将指定商品销售给独家经销商，而经销商则承担只向出口商购置指定商品的义务，并限定在约定的地区内销售；而非独家经销的当事人双方则不受专买专卖的限制，出口商在一定时期、一定地区内可与几个经销商签订经销协议，建立经销关系。同时，经销商也可经销其他同类商品。

与独家经销相比，非独家经销也有其好处：它使出口商摆脱了专买专卖的限制，出口商可多方推销商品，扩大出口量。同时，出口商可以在经销期内，考察不同经销商的经营作风和经营能力，从中择优汰劣，为今后进一步扩大出口，过渡到包销方式作准备。但出口商在同一地区内多头出口销售可能产生自我竞争，不利于稳定商品的价格，这是非独家经销的不利之处。

第二节　寄售与代理

一、寄售（consignment）

寄售是出口商（寄售人）把货物运往国外，委托事先约定的代销人按照寄售协议规定的条件，在国外当地市场代为出售的贸易方式。

（一）寄售协议

采用寄售方式进行交易，双方当事人需签订寄售协议，其主要内容包括：

（1）货物出售前所有权、风险、费用的划分。一般在协议中规定寄售商品在出售之前，仍属委托人之财产，代销人不负担销售的风险，只负责照管货物。

（2）寄售商品售价的确定。关于寄售商品的价格，通常有三种作价方法：

①规定最低限价，即出口商在协议中明确规定一个价格，代销人可在不低于售价的基础上出售寄售商品，如果市场价格上涨，寄售人有提高限价的权利。

②不限价，即由代销人按市价自行定价出售，出口商不作限制。但不限价的最低限度应当等于当地市场价格，代销人不得以低于当地市价出售寄售商品。

③事先征得出口商同意后确定售价，即代销人将买主递价报告出口商，经出口商确认后，方可出售。这种方法较为常用。

（3）货款的支付。一般规定代销人售出货物取得货款后，扣除代销人的佣金和代垫的费用，付给寄售人。

（4）佣金的确定。在协议中必须约定佣金率和计佣基础。佣金率通以 1%～5% 不等，计佣基础可以实际出口的数量或金额为准，也可以实际收到的货款为准。

（二）寄售的特点与利弊

寄售方式的特点是：寄售人（出口商）先将货物运至目的地（寄售地），然后由代销人向买主兜售；寄售人与代销人之间不存在买卖关系，仅是一种委托关系，代销人只是根据寄售人的指示处置货物；货物在寄售地出售以前的所有权仍为出口商所有，仍需承担一切费用和风险，而代销人对货物不承担任何风险和费用。只是根据寄售协议收取佣金。

寄售方式的优点是：①在寄售货物出售前，寄售人掌握货物的所有权，即使货物已运往寄售地，但对货物的销售处理和价格确定等大权，仍操控在出口商手中，有利于随行就市。②出口商利用代销人在当地的信誉和批发、零售关系与人熟地灵的有利条件，掌握销售时机。③代销人不负担风险和费用，只需积极推销就可稳得佣金，可以促进其经营的积极性。④寄售方式是凭实物买卖，货物与买主直接见面，成交后可立即提货，有利于扩大某些不规格商品和新产品的出口。缺点是出口商承担风险大、资金占甩多，而且收汇可能不安全。

（三）采用寄售方式应注意的问题

（1）严格选择代销人。代销人应该有良好的资信能力和一定的销售组织能力。

（2）详细了解寄售地的有关情况。在寄售前，出口商必须对寄售地的市场情况，当地政府的有关外贸、外汇政策，以及运输与仓储条件等作全面细致的调查，避免货物出运后不能顺利地存仓、提货和销售。

（3）重视安全收汇。为减少风险，安全收汇，寄售人应采取必要的措施，要求代销人提供银行保函，如代销人不履行协议规定义务，由银行承担支付责任。

（4）对于代销人来说，要明确自身和寄售人之间的责任划分，以免承担不必要的损失。

二、代理（Agency）

代理是出口商通过签订代理协议，将商品委托给国外客户（代理人），委托其在一定地区和一定时间内为出口商代售商品和招揽生意。

（一）代理的种类

按代理人的代理权限不同，代理可分为独家代理、一般代理和总代理。

1. 独家代理（Sole Agent）

独家代理是指委托人在一定时期、一定地区给予代理人推销指定商品的专营权。

在独家代理方式下，出口商不仅要向独家代理人支付佣金，而且还要承担经营风险，并不再向该地区其他商户销售该种商品，不能另建代理关系。如果直接销售该商品，必须通过独家代理人。而独家代理人不仅代表委托人与买主洽谈交易，以委托人的名义（或由委托人自己）同买主签订买卖合同，完成一定时期内推销一定数量商品的义务，而且不能同时经营其他国际来源的与代理商品相同或相似的商品。

尽管独家代理人享有该种商品的专营权，但其一般不以自己的名义购进货物，不负履约责任，只收取佣金。因此，委托人与独家代理人之间只是委托关系，而不是买卖关系。

采用独家代理方式，由于代理商不承担风险，并享有专营权，多推销可多得佣金，因而有利于调动代理商的积极性。委托人则可以利用代理人的销售渠道，扩大出口。对于成交数量零星、订单批次多的商品，采取该种方式较为有利。但是，如果代理商能力不足或不努力推销，则会使出口商处于被动。所以选择代理商一定要慎重。

这里要注意独家代理与独家经销的关系，两者既有相同之处，又有本质区别。其相同之处在于：两者都要规定独家经营权利的地区与商品范围。两者的主要区别是：①独家代理的出口商与代理人之间是委托代理关系，而独家经销的出口商与经销商之间则是货物买卖关系。②在独家代理关系中，代理人代表出口商与第三者（买主）签订买卖合同，合同的权利和义务直接归于出口商，因而，出口商与第三者（买主）发生直接关系；而在独家经销关系中，包含了两个买卖关系，首先独家经销商用自己的名义购进货物，这是第一个买卖关系，然后再把货物转售出去，这是第二个买卖关系，因此，第一个买卖关系中的卖主（出口商）不与第二个买卖关系中的买主（第三者）发生直接的关系。

2. 一般代理（Agency）

一般代理，也称佣金代理（Commission Agency）是指在某一地区，委托人可以选定一家或几家客户作为代理人，由其在当地招揽订单或代买代卖，委托人则根据每笔交易的成交额付给佣金。

在一般代理方式下，代理人仅代表委托人在当地兜揽订单，或按委托人规定的条件与买主洽谈生意，经委托人同意后，由委托人与买主签订合同，代理人按委托代理协议的规定，按比例收取一定的佣金。由于一般代理不享有专营权，委托人可直接向代理地区销售货物和在同一地区建立多家代理关系；代理人也不承担在一定时期销售一定数量商品的义务。在我国出口业务中运用这种代理比较多，特别是当出口商在某地区选定独家代理前，可采用一般代理这种方式进行考察。经过一定时间后，从一般代理中选定经营能力强、资信较好的作为独家代理。

3. 总代理（General Agent）

总代理是指在特定地区不仅有权独家代表委托人签订买卖合同、处理货物，还有权代表委托人办理一些非商业性事务，并有权指派分代理，分享分代理的佣金。

（二）代理协议

代理协议是明确委托人与代理人之间权利与义务的法律文件。其主要内容包括：

（1）委托人与代理人之间的法律关系、授权范围和代理人的职权范围。在协议中要明确是独家代理、一般代理还是总代理以及他们的经营权利与经营范围。

（2）代理商品范围。要明确规定代理商品的名称或种类。

（3）代理地区范围。代理地区是指代理人有权开展代理业务的地区，代理地区的范围一般不宜过大，可根据实际情况逐步扩大。

（4）代理期限。代理期限一般规定为一至五年不等，也可不规定期限，只规定终止条款，即双方在协议中约定：其中一方不履约，另一方有权终止代理协议。

（5）代理的数量与金额。这是双方争取完成的成交指标，这一规定数量对双方均无严格的约束力。

（6）佣金率、佣金的计算和支付方法。佣金是代理人为委托人推销商品而得的报酬。在代理协议中，对佣金率的高低，计算佣金的基价构成、支付佣金的方法都要作出规定。佣金率的高低应根据商品特点、市场竞争等因素由双方商定，一般为发票金额的3%～5%。计算佣金的基价一般以发票金额为基础，也可规定为FOB价值。佣金的支付方法一般规定，在委托人收到由代理人介绍出售的货物全部货款后，支付给代理人。佣金可以逐笔结算、逐笔支付，也可以定期结算、累计支付。

（7）商标保护、广告宣传和市场报道。在代理协议中一般都规定，代理人有义务定期或不定期向委托人报告代理地区内市场供求关系的变化、有关客户的反映、代理地区国家的政策法规等情况，有义务在委托人的指令下组织广告和宣传以及对推销商品的商标予以保护。

（三）代理方式的利弊

代理贸易方式的优点是：①由于经销商不承担经营风险，只负责代买代卖，推销商品越多，佣金也越多，从而有利于调动代理商推销商品的积极性。②由于能够充分发挥中间商对当地市场熟悉的长处，因而在协议规定的有效期内，可以不断扩大出口，出口把握比逐笔售定方式要大。③由于出口商可以掌握和决定商品的销售价格、数量和其他贸易条件，从而可避免代销商完全控制市场。④独家代理经营比较集中，利于发挥集中推销商品的作用，还可以减少同一商品在同一市场自相竞争的局面。⑤有些国家规定，必须通过进口国代理商才能进口某些商品，在这种情况下，采用代理方式有助于打开出口商品的局面。

代理贸易方式的缺点是：选择理想的独家代理商不容易。如果代理商选择不当，在协议有效期内不积极推销商品或不遵守协议规定越权从事非法活动，反而会影响商品出口，甚至会给出口商带来不良的政治与经济后果。

第三节　招标与投标

招标和投标是一种有特定程序的贸易方式，多用于一次性大宗商品的采购，如国家政府部门或大企业、事业单位，每年一次的物资、器材和设备等的采购。有些国家和国际组织规定某些贷款项目中的进口商品必须采用这种方式选购商品。邀请外商前来承包某些大型建筑工程和开采项目时，也常采用这种方式。本书主要介绍国际货物买卖中的招标和投标。

招标和投标是一种贸易方式的两个方面。

招标（Invitation to Tender）是指招标人发出招标公告或招标单，说明准备采购的品种、数量及各项交易条件，邀请卖方按所规定的程序前来投标供货，并与条件最优的投标人达成交易的行为。

国际招标有两种：一种是公开招标，另一种是非公开招标。前者是指招标人在报刊上登招标通知，凡对招标有兴趣的企业和组织均可参加投标。后者是指招标人不在报刊上登招标通知，而只是邀请几家信誉好的企业或组织参加投标。这种方法多用于购买技术要求高的专业性设备或成套设备。

投标（Submission of Tender）是指投标人（卖方）在指定时间内，根据招标条件发出实盘，以期达成交易的行为。

一、招标和投标业务的基本程序

招标和投标业务的基本程序包括：招标、投标、开标、评标、中标签约等环节。

（一）招标

（1）制定招标书。招标必须事先制订好招标书，它是一份正式的发盘邀请，其内容包括合同格式、合同条款、对欲购商品的详细要求和说明、投标的要求与手续、投标的有效期等。

（2）发布招标公告。招标人在重要的报刊上刊登招标广告。内容一般包括：商品的名称，购买投标文件的地点、时间，整个招标、投标活动的日程安排，接受投标的最后日期和地点，开标时间和地点，招标人名称、地址、电话等，在必要时，还规定投标保证金的金额、投标者的合格条件，等等。

（3）预审投标人资格。在大多数情况下，招标人在发放（或出售）招标文件之前，对申请投标的人进行资格预审，即对投标人的信用和能力进行审查。一般的做法是，由投标人提供反映其公司状况、资金财务状况、信用情况和经营能力的资料，招标人对所有送来的资料，组织预审，合格者方可参加投标。

（二）投标

（1）研究招标书。投标人在接到招标文件后，针对招标人提出标购的商品、成套设备的规格质量要求、运输条件、保证金条款及其他限制性条款，衡量自己的生产能力、技术条件以及生产管理经验能否胜任，是否能达到投标要求。同时还应就商品的报价，做好充分的准备。由于投标是一个有效期较长的发盘，价格一经报出，就不能随意撤回或撤销，所以所定价格要留有余地，要考虑到物价上涨、币值变动及各种费用变化的因素。

（2）编制投标书。投标人在认真研究了招标文件并决定参加投标后，要根据招标书的规定和内容认真编制投标书。投标书具有实盘性质，不能随意填写。不管是独家投标，还是联合投标，投标名义人只能是一个。招标人一般不接受两个或两个以上并列厂商署名的投标。

（3）提供投标保证金。为防止投标人中途撤标或中标后不签订合同，招标人往往要求投标人投标时，提供投标金额一定百分比的投标保证金。投标保证金可以缴纳现金，也可以提供银行出具的保证书或备用信用证。如果投标人中途撤标或中标后拒不签约，招标人则没收保证金。没有中标的投标人所缴纳的保证金在开标、中标后全部退还。

（4）递送投标书。投标人编制的投标书经审核无误后，必须在规定期限内送达招标人所规定的地址，逾期无效。递送投标书一般应密封挂号邮寄，或由专人送达招标人。

（三）开标、评标

1. 开标（Open of Tender）

开标有公开开标和秘密开标两种方式。

公开开标是指按照招标人规定的时间和地点，在招标人或其代理人出席的情况下，当众拆开密封投标书，宣读内容。中标者一般为投标条件最优越者。

秘密开标是指没有投标人参加，由招标人自行选定中标人。在这种情况下，投标书的内容只有招标人知道，不予公开。这时决定中标的因素就不完全取决于投标条件，往往还要受投标人和招标人所在国的政治、经济关系及其他因素的影响。

究竟采用哪种方式，由招标人根据本身的需要和招标的内容决定，并在招标公告中明确规定。

2. 评标

开标后有些可以当场规定由谁中标，有的还要由招标人组织人员进行评标。评标就是招标人对投标书的交易条件、技术条件等进行评审、比较，选出最佳投标人作为中标人。评标的步骤是：首先对投标人的投标书进行审查，以确定投标书的内容是否符合招标条件的要求，然后对每个投标人的投标内容特别是报价进行比较，

货物进出口实务

选出其中最优者为候选中标人。最后对候选中标人的资格进行复审，主要审查其履约能力，经复审合格者为中标人。

如果开标后，招标人对所有投标人的条件都不满意，可以全部拒绝，宣布招标失败，另行重新招标。

凡是出现下列情况之一者，招标人即可拒绝全部投标：

（1）最低的递价也大大高于国际市场的价格水平。

（2）所有投标书的内容与招标书不符。

（3）投标人太少，缺乏竞争性。

（四）中标签约

中标（Award）是指投标人被选定为签订合同的对象，即投标人的投标（发盘）被招标人所接受。当招标人选好中标人后，应书面通知中标人在限定的日期（一般为15至30天）内到招标人所在地签订合同。招标人在与中标人签订合同时，将要求中标人交纳履约保证金，以确保合同的履行。

二、招标与投标方式的特点与利弊

与一般的交易方式相比，招标与投标方式具有下述特点：

（1）招标与投标方式是由投标人按照招标人所提出的条件，一次性递价成交的贸易方式，双方无须进行反复磋商。

（2）招标与投标是一种竞卖的贸易方式。一方购买，多数卖方。投标者为争取中标，幕后竞争激烈，而招标人则处于较为主动的地位，可从多个投标者中择优成交。

（3）招标和投标是在指定的地点和时间进行的，招标人事先规定了具体的交易条件，投标人只能按招标条件投标才能中标，与招标人达成交易。

招标与投标方式的长处是：进口商可从优选择购买一揽子商品，出口商可一次做一笔大宗交易，并通过投标活动扩大自己的知名度和信誉。其缺点是：交易程序严格复杂，花费时间、人力、费用较多，所以中小金额的交易，一般不采用这种贸易方式。

三、招标、投标中应注意的问题

（1）招标时，要严格审查投标人的资格，对投标人的经营能力及信誉作周密调查，以避免投标人中标后无力履约，给我方造成损失。

（2）投标时，要注意投标书具有实盘性质，投标人要对投标书内容负责并受其约束，不经招标人同意是不能随意撤回的。因此，在确定投标条件时，价格应注意保本求利，过高不易中标，过低易产生亏损。投标人对自己的能力亦应有正确估计，一旦不能按时、按质、按量交货，投标人须承担招标人的损失。

 ## 第四节　拍卖和展卖

一、拍卖（Auction）

拍卖是一种古老的交易方式，现在有些交易中被经常使用。

拍卖是由专营拍卖业务的拍卖行接受货主的委托，在一定的时间和地点，按一定的章程和规则，以公开叫价竞购的方法，最后由拍卖人把货物卖给出价最高买主的一种贸易方式。

在国际贸易中，有一些从事拍卖业务的专门组织，提供拍卖的场地及各种服务项目。这些组织一般有两种类型：一类是商业企业为了推销自己的商品而成立的拍卖组织，另一类是专门接受货主的委托，定期举行拍卖业务活动的组织，即拍卖行。在国际市场上采用拍卖方式进行交易的商品，大多数是品质不易标准化，或不易长期贮存，或有传统拍卖习惯的商品，如茶叶、烟草、木材、羊毛、皮毛、纸张、羽毛、香烟、水果、艺术品等。

（一）拍卖的一般程序

按照国际惯例，拍卖交易的主要程序如下：

（1）准备阶段。出口商将要销售的商品运到规定的拍卖地仓库，交拍卖场所工作人员。拍卖场所工作人员对商品进行整理、分类、分批编号，印制成拍卖目录单，包括商品的种类、各批的批号和件数、拍卖的次序以及详细的拍卖条件，分发给前来购货的买主，通知买主在规定的时间内到场看货。

（2）看货阶段。进口商在得到拍卖目录后，可以持目录到指定仓库亲自查看货物，也可以进行必要的抽样检验，以便详细地了解货物的品质，从而选中自己要购买的商品，做好出价准备。

（3）拍卖阶段。在规定的日期和指定的地点，拍卖举办人举行拍卖活动，按照拍卖目录的次序逐批（件）对货物进行拍卖。拍卖通常是通过叫价的方式进行的，叫价的方式有三种：

①增价拍卖，分为增价有声拍卖和增价无声拍卖。增价有声拍卖，是拍卖主持人按每批商品编号次序，对每批商品先宣布一个最低售价，然后由场内众多买主竞相加价，高声喊出自己的价格，直至最后一位买主出价后，再无买主喊出更高价格时，由拍卖主持人以击槌动作宣告达成交易，即把货物卖给出价最高的买主。增价无声拍卖，是由拍卖主持人自己由低价到高价，相继报出售价，场内买主只能举手

表示接受，谁最后做出接受手势，接受最高售价时，拍卖主持人用木槌击出一声，表示交易达成。

②减价拍卖。拍卖人首先宣布最高价，无人购买时，拍卖人逐步降低价格，直至有人最先接受而达成交易。这种方式又称"荷兰式拍卖"。

③密封递价拍卖，又称招标式拍卖。由拍卖人先公布每批商品的具体情况和拍卖条件，然后在规定时间内由买主用密封信件把自己的递价寄交拍卖人，由拍卖人选择出价最高的买主达成交易。

（4）付款交货阶段。拍卖成交后，一般由买主开立购买确认书或签订正式合同，并在规定时间交付货款后，取得提货单到仓库提货。

（二）拍卖的特点与利弊

拍卖方式有以下四个特点：

（1）拍卖业务不是由买卖双方洽谈进行的，而是由经营拍卖业务的专门组织按照一定的规则和程序进行的，买卖时间短，成交数量大。

（2）拍卖是一种公开竞买的贸易方式，一方售出，多数买方，当场公开竞争购买，竞争比较激烈。

（3）拍卖是一种买主自由看货成交的现货买卖，因此卖方对售出的商品不负品质保证责任。

（4）拍卖对于买方的要求较高，买方必须对货物有关情况进行调研，做到心中有数，否则容易吃亏。按质论价、优质优价的特点在拍卖中表现尤为突出，故对卖方较为有利。

拍卖方式的优点有以下方面：

（1）对卖方来说，可以通过公开竞卖，在较短的时间内，以最高的价格出售自己的商品，又由于是现货交易，成交后买方即付款，对收取货款较为迅速、安全，有利于扩大出口。

（2）对买方来说，可在事先看货的情况下，根据市场情况，买进货物，既可靠方便，又有利于资金周转。

（3）由于是看货后成交，买卖双方不易发生履约后的纠纷。

但拍卖方式事前的准备工作较复杂，卖方在货物售出前要承担相应的风险和责任，而且这种方式受时间、地点等条件限制，只适用于某些特定商品的销售。

二、展卖

展卖是指出口商品的展览与交易结合的贸易方式。它是利用各种形式的展览会、博览会、商品交易会等形式展览和出销商品。

利用展卖进行交易，主要有两种途径：

1. 参加国际上各种综合性或专业性的商品博览会和展览会

博览会是定期在同一地点、在规定期限内举办，有众多的国家、厂商参加。展览会一般是不定期举办的。世界上有一定影响的博览会、展览会多在以下地点举办：德国的莱比锡、慕尼黑、法兰克福、汉诺威，意大利的米兰、热那亚，法国的巴黎、里昂，比利时的布鲁塞尔，加拿大的蒙特利尔，叙利亚的大马士革，芬兰的赫尔辛基，波兰的波兹南，奥地利的维也纳，澳大利亚的悉尼，瑞士的日内瓦、巴塞尔，美国的纽约、芝加哥、旧金山，西班牙的马德里，智利的圣地亚哥等。在博览会、展览会期间，各国出口商可租摊位展销自己的商品，也可委托国外代理人代为办理参展事宜；各国进口商可当场看样成交，会后双方履行合同。

2. 出口厂商在本国举办综合性和专业性的商品展销会，广泛邀请各国进口商前来看货洽谈生意或参观访问，如我国每年春季和秋季在广州举行的中国出口商品交易会，以及在其他城市不定期举行的专类商品交易会

展卖方式具有在进行商品购销的同时，可展示各国的经济成就，交流经济信息的特点。由于展卖是商品展出和出售商品，从而使商品直接同买主见面，疏通贸易渠道，使买主对商品的结构、品质、价格等方面可直接了解，既有利于宣传商品，又利于成交，同时还可为今后扩大贸易建立了更广泛的商业联系。

 第五节　对销贸易

对销贸易（Counter Trade）又称对等贸易，它是将进口和出口紧密结合起来，以出口抵补进口的一种贸易方式。其类型主要包括：易货贸易、互购贸易和补偿贸易。

一、易货贸易

易货贸易是以货换货，不用货币作为支付手段的贸易方式。

易货贸易是国际贸易的最古老的方式，但由于其可以不用外汇而进行交易，有助于一些外汇短缺的国家发展对外贸易，改善贸易平衡，因而至今仍得到一定程度的运用。

易货贸易有：直接易货、对开信用证、记账贸易等方式。

（1）直接易货方式，即买卖双方各以一种等值的货物进行交换，双方互相约定交货的时间、目的港，规定交货的品种、数量，在货物发运后，将提货单据寄往对方，经对方验收无误，交易即告完成。在这种方式下，买卖双方只有货物交换，没有外汇转移。但其约束性大，交换的货物必须在品种、规格、数量上符合对方要求，价值也要相等。因此，这种方式未被普遍采用。

（2）对开信用证方式。这种方式，由双方各自开立以对方为受益人的信用证，金额可以相等或基本相等，开证时间不一定同时，可先可后。信用证生效时间，可以先开先生效，后开后生效，也可以先开的暂不生效，等对方开出相应金额的信用证后生效。

（3）记账贸易方式。这种贸易方式，由双方签订易货协议，规定在一定时期内互相交换某些货物，任何一方向对方出口或进口某些货物时，双方都予记账，到一定时期进行结算，遇有差额，由逆差一方用货物抵偿。这种方式不用现汇支付，进口和出口可同时进行，也可分开进行。

二、互购贸易（Counter Purchase）

互购贸易又称互惠贸易或平行贸易，它是指进出口双方相互购买对方的商品，即出口方向对方出口某种商品时，承诺在以后一定时期里，向对方购买相当于出口值一定比例的商品。

采用互购贸易时，进出口商要签订两个协议：一个是出口商的销售协议，另一个是出口商向进口商购买商品的购买协议。互购商品不一定和出口商品相联系，出口商对互购商品有选择权，进口商也可以提供非本企业所经营的商品。

三、补偿贸易（Compensation）

补偿贸易是指交易的一方向另一方提供机器设备等产品，而另一方用价值相当的约定商品予以补偿的一种贸易方式。

（一）补偿贸易的形式

补偿贸易的形式主要有两种：

（1）产品返销（Product Buyback）指进口设备的一方用进口设备生产出来的产品（直接产品）偿还该设备价款的一种补偿贸易形式。

产品返销的运作程序一般是：

①进口设备的一方与出口设备的一方签订设备买卖合同。

②设备出口的一方与对方签订另一个合同，规定购买一定数量的直接产品。

③设备出运以后，进口该设备的一方暂不付款，待使用设备生产出产品以后开始付款。设备价款及延付期间的利息，以直接产品折成外汇，一次或数次还清。

（2）产品回购或换购（Counter Purchase）是指设备进口方不是用进口设备生产的产品偿还该设备货款，而是用双方商定的其他产品（间接产品）偿还货款的一种形式。

这种形式的具体程序是：

①双方签订一项贸易协议，规定各自出口的产品，以及换购义务。

②出口设备的一方向对方出口设备。

③进口设备的一方向对方出口其他产品作为偿付设备的价款。

此外，在上述两种基本形式的基础上还衍生出一种混合补偿形式，即一部分用直接产品偿还，一部分用间接产品偿还。

（二）补偿贸易协议

补偿贸易项目经双方洽商达成一致后，根据交易规模和繁简程度可以形成一个或多个书面文件，其中最重要的是补偿贸易协议。其主要内容包括：

（1）进口设备和补偿产品的名称、详细规格、技术性能、数量和交货期。

（2）设备和补偿产品的价格。设备的价格可根据设备的质量在合同中具体规定，而补偿产品的价格，则应视补偿贸易的形式而定。如果是产品回购，交货期较短，可在签约时对价格予以确定；如果是产品返销，交货期较长，则不宜在合同中规定具体价格，只应约定作价原则，以防止由于市场价格变化而使我遭受损失。

（3）支付方式。补偿贸易的支付方式有四种：

①信贷方式，即设备出口方将进口方引进设备的价款，以信贷形式贷给进口方，进口方用产品的价款分批偿还。

②银行担保，即货物装运前，双方通过各自银行向对方开具保函，保函中主要规定付款义务和付款安排。

③对开信用证，即设备进口由进口方开立以设备出口方为受益人的远期信用证，补偿产品由设备出口方开立即期信用证。进口远期付汇的期限与出口收汇时间相衔接，用出口收汇抵补进口付汇。

④远期托收，即设备出口方以远期托收方式将设备运交进口方。远期托收的期限应相当于设备进口企业生产、储运所需时间，进口企业出口产品可采用即期托收方式，也可由对方开来信用证。究竟采用哪种方式须在补偿贸易合同中约定。

（4）信贷方式和贷款利息。信贷的方式有：出口商私人信贷、银行商业信贷、国家出口信贷。合同中应对信贷的具体方式，贷款利率及利息的计算方法作出明确规定。

（5）计价货币。要根据当时国际货币的动态，结合交易的具体情况决定。一般来讲，引进设备以使用软币为宜。为避免货币折算的损失，不论采用何种货币成交，以进出都使用一种货币为宜。

（6）偿还期限，是指设备进口方偿还设备货款或支付贷款本息的期限。偿还期是由双方根据补偿贸易的规模和双方的具体条件，经过协商在合同中加以规定的。在确定偿还期限时应综合考虑下列因素：

①进口设备安装和正式投产时间的长短；

②企业生产能力和提供出口商品能力的大小；

③出口商品在国际市场的价格和销售情况；

④贷款金额的大小和利息的高低。

（7）保险。补偿贸易中的保险比一般国际货物买卖的保险要复杂得多，因为整个补偿贸易的过程要经过设备进口、设备安装、补偿产品的生产及产品出口几个阶段，在整个过程的各个阶段中都有可能因自然灾害或意外事故使财产遭到损失。因此，在补偿贸易的各个阶段，都要根据情况投保相应的保险。一般来说，一笔补偿贸易所需保险有以下几类：在设备进口和补偿产品出口运输阶段，可投保进出口货物运输保险；在设备进口方进行设备安装和建厂阶段可投保安装工程保险和建筑工程险；在补偿产品的生产阶段，可投保财产险。在合同中应对所投保的保险种类、每一类保险的险别以及投保人作出明确规定。

（8）违约责任。由于补偿贸易合同履行期限一般都较长，在合同期间往往因国际市场的变化和价格的变动而直接影响当事人的利益，可能会出现当事人不愿履行合同义务的现象。因此，在补偿贸易合同中规定违约责任条款尤为重要。违约责任条款的内容有：

①规定如设备出口方不能按期、按质提供设备，进口方有权退回货物，费用由出口方负担，或者有权撤销全部或部分订单。

②规定如果设备出口方不能依合同规定履行购买补偿产品义务时，应支付一定金额的罚金。罚金可为合同金额的15%～20%。

③规定如设备进口方不能按期、按质、按量提供补偿产品时，设备出口方可以自动解除购买补偿产品的义务，或要求赔偿损失。

（三）补偿贸易的特点与利弊

补偿贸易的特点有以下几方面：

（1）补偿贸易是以商品作为实质上的支付手段，是设备和产品的交换，设备进口方通过产品返销或回购支付货款。

（2）补偿贸易是商品贸易和信贷相结合的贸易方式，信贷是进行补偿贸易的必要条件。信贷方式有多种，但以商业信贷为主。

（3）补偿贸易的设备出口方必须购买设备进口方的产品，这是补偿贸易赖以进行的基础。

采用补偿贸易方式进行交易，对买卖双方都十分有利。对设备出口方来说，可以突破设备进口方外汇支付困难这一障碍，扩大设备出口，为其过剩的产品，甚至为即将更新下来的设备找到销路，从中获利，还能获得可靠的适销的进口商品来源。对于设备进口方来说，能解决外汇资金短缺的困难，扩大设备进口，并利用外商的销售渠道使自己的产品进入竞争激烈的国际市场，补偿协议终止后，可利用已取得的经验、技术与物质条件，自行生产出口产品。

但是，补偿贸易也有其局限性：首先，补偿贸易要求买卖相连，每一方既是卖方，又是买方，双方都承担买卖的责任。但在实际的贸易中，买卖双方之间的供需往往不能完全吻合，因而限制了这种贸易方式的使用范围。其次，补偿贸易从进口设备、生产产品到产品返销，整个过程的时间较长，易受商品市场、金融市场及生产条件的变化等多种因素的影响，双方风险较大。最后，补偿贸易方式手续繁琐，合同履行期限长，资金周转较慢。

第六节　加工贸易

加工贸易是指由外商提供全部或部分原材料、辅料、零部件、元器件、包装物料，必要时提供设备，由我方加工单位按外商的要求进行加工装配，成品交外商销售，我方收取工缴费，外商提供的设备的价款，我方用工缴费偿还的贸易方式。

一、加工贸易的种类和基本形式

加工贸易主要有来料加工、来样加工、来件装配三类。在实践中，这三类的形式是多种多样的，主要有以下四种：

（1）全部来料、来件加工。由国外厂商提供全部原材料、辅助材料，由我方企业按照对方提出的规格、质量、款式等要求进行加工，或由外商提供全部元器件、零配件、装配图纸等，由我方企业按对方要求加工装配。加工装配的成品交外商销售，外商提供的料件及我方企业加工装配的成品均不计价，我方企业按约收取工缴费。

（2）部分来料、来件加工装配。由国外厂商提供部分原材料、辅料或部分零部件，其余部分由我方企业提供，进行加工装配。我方提供的原材料、辅料或零部件，可以是进口的，也可以是国产的。外方提供的料或件以及我方加工装配的成品，可以分别作价。但对来料、来件，我方企业并不付款，而是将料、件款从我方加工装配的产品价格中扣除，扣除后的余额即为我方应收取的工缴费和所提供的料、件价款。

（3）来样、来图加工。外商只提供样品或成品图样，以及对成品规格、质量和交货日期等的要求，由我方企业使用当地的原材料、辅料、包装物料和自己的加工设备加工生产，产品生产后交外商在国外销售，我方企业按约收取工缴费和原材料费用。

（4）加工装配与补偿贸易相结合。国外厂商在提供原材料、样品或零部件的同时，还提供加工装配所需要的机器设备、仪器、工模具、包装机械以及技术等，这些设备的价款，由我方企业用工缴费偿还。有时外商不仅提供机器设备，而且还投资建厂，建厂和提供设备的投资款，也由工缴费中分批扣除。

二、加工装配协议

加工装配协议的内容因项目不同而有所区别，但是均应具备以下主要内容：

（1）外商提供的料、件、设备的名称、规格、种类、数量、来样的图纸资料，进口设备的验收方法。原材料、零部件、元器件的质量直接关系到成品质量，为避免日后发生纠纷，在协议中必须明确规定来料、来件的质量要求、料件名称和规格。如外商同时还提供辅料、辅件和包装物件等，也应有具体的规格要求。此外，协议中还应对进口料、件及设备的验收方法加以约定，一般应订明，加工企业收到料件后，按合同规定的规格、质量、数量和国外厂商提供的技术标准进行验收，并在货到港后的一定日期内，提出验收报告。

（2）我方加工成品的名称、质量、数量、包装和价格。产品质量可采用几种方法确定：用文字详细说明；凭样品确定；对产品有特殊要求的，可在协议中加订技术条款。由于外商为保证加工成品适销和价格，通常对成品质量要求比较严格，在签订协议时必须从我国加工单位的技术条件和工艺水平的实际出发，对成品质量标准，成品率和次品率的规定，宜适当留有余地。

对于成品的数量，由于加工装配业务一般为长期交易，在协议中除规定协议期间的加工装配额外，还须规定每期加工数量。每期交付数量，应与每批料、件到货数量相适应，并适当留有余地，以免履行交货义务时发生困难。

对于成品的包装，协议中应约定包装材料、包装方式等内容，明确包装材料是由卖方提供还是由加工单位提供，如由加工单位提供，应有具体要求。

（3）进口料、件、设备和加工成品的交货日期、进出口岸、运输方式、支付方式、用料定额及损耗率。协议中应对上述几方面作明确规定，特别是进口料、件、设备的交货日期和用料定额及损耗率。

来料、来件能否按时提供，是加工单位安排生产按时交付成品的关键问题，因此协议中要对来料、来件的交货期作具体规定，一般应规定外商在开工前的一定时间内，将料、件运到指定地点，并按照设备正常生产能力对每批应交成品所需料、件的要求，安排每批料件的数量和交货时间。

对用料定额和物料的损耗率也应在协议中明确规定。尤其是物料损耗率关系到双方当事人的利益，因此应当合理、适当。损耗率的确定应考虑到加工单位生产技术水平和管理水平，其确定方法有两种：一种是规定成品合格率；另一种是在外商提供百分之百合格成品所需原材料之外，再多提供一定数量的原材料。

（4）工缴费的计算、结算与支付方法。工缴费的计算有以下几种标准：①根据加工装配的合理支出费用，加上一定比例的利润，即一切在加工过程中所发生的业务费用，包括工人和管理人员的工资、福利、生产费用、折旧费、管理费、手续费、税金等，如使用我方商标，还要包括商标使用费，再加上合理的利润。②参照加工方国家同类产品的工缴费。③参照与加工方国家类似的国家或地区的工缴费。④来料、来件先加工试产一批，在实际支出的基础上双方再议定工缴费。

工缴费的结算通常有两种办法：一种是对来料、来件不计价格，在加工装配成品后，加工方按成品单位仅收取加工费。另一种是来料、来件和加工后的成品分别计价，两者之间的差额为工缴费。

工缴费的支付一般都采用以银行为中介的国际贸易中通用的收汇方式，主要有下列几种：①对来料、来件分别作价的，可采取对开信用证方式，即加工企业在进口料、件时开出远期信用证，成品出口时国外厂商开出即期信用证。远期信用证待即期信用证开出后方始生效，先收后付，以成品货款抵付料件货款后，其差额即为工缴费应得净收入。②如来料、来件不计价，仅按成品单位计收工缴费时，可由定作方开出工缴费数额的即期信用证，凭成品装运单据支付。③对来料、来件和成品分别作价的，也可对来料、来件采用远期托收、加工成品采用即期托收方式支付。待收妥成品货款后再付料、件货款。为简化手续和减轻定作方的资金负担，往往在成品货款中扣除料件货款，只净收工缴费。④来料、来件和成品分别作价结算时，也可对料、件采用远期托收，加工成品采用即期信用证方式。

工缴费的计算、结算和支付究竟选用上述哪一种标准和方法，应由交易双方协商一致，并在协议中明确规定。

（5）合同的有效期、担保、违约责任、索赔、仲裁。合同的有效期、索赔、仲裁等与一般国际货物买卖合同相同。其中担保主要是指外商提供的产品和外观设计不侵犯第三者的权益，如有侵权行为，一切后果由外商承担。关于违约责任，应在合同中规定，国外厂商未按合同规定按时、按质、按量交付原材料、零配件、设备等，影响加工装配造成损失的，加工单位有权要求赔偿。如遇特殊情况定作方必须推迟或中断交付料、件、设备时，应提前通知加工单位，并需征得加工单位的同意。同时对加工单位不能按时、按质、按量交付成品时应负的责任也要作具体规定。

三、加工贸易的特点与利弊

加工贸易与通常的商品进出口贸易有所不同，其特点是：

（1）加工贸易的基本形式是定作方提供料、件，由加工方提供劳动力，按照对方的要求进行加工装配，制成的成品交付定作方，加工方收取工缴费。

（2）由定作方提供的原材料、零部件，其所有权属于对方。加工方对料、件只有使用权，不拥有所有权，对料、件价格及成品销售的风险不负责任。

（3）加工方除需自备部分辅料或零配件外，一般不需自备生产所需的原材料和包装物料，整个加工装配生产过程中所需的原材料和资金均由定作方负责。

（4）加工贸易中有进有出，进出紧密结合。原料供应人即为成品接受人，原料供应人在负责保证正常供料、供件的同时，还必须承担接受和销售根据其要求生产的成品的责任。

　　加工贸易对交易双方都有积极作用，对于加工方来说：①可以利用外国资金更新设备，引进技术，进行技术改造，增强生产能力，提高出口产品的加工技术水平和质量，增强在国际市场上的竞争力。②可以补充国内原材料的不足，充分发挥本国的生产潜力，扩大出口，增加外汇收入。③可以发挥本国劳动力资源的潜力，扩大就业机会，发展本国经济。④可以利用外商的销售渠道，使本国产品迅速进入国际市场，并有利于改进出口商品结构。⑤可以学习和借鉴外国先进技术和管理经验，并可了解和掌握国际市场信息。对于定作方来说：①可利用加工方廉价的劳动力进行生产，降低商品的工资成本，增加利润。②可为其二手设备与技术找到销路，并获得稳定的货源。

　　加工贸易也有其局限性，主要表现在：加工方要根据外商要求进行生产，由外商掌握产品的销售权，加工方没有自己的客户和销售渠道；来料来件的主动权也掌握在外商手中，一旦产品市场需求减少，外商出于自身利益，不及时供料、供件，甚至停止供应料件，就会严重影响加工方生产的安排和正常运行。所以选择正确的加工项目和可靠的贸易伙伴是加工贸易顺利进行的关键。

 实训练习题

一、名词解释

1. 包销　　　　　　　2. 经销　　　　　　　3. 寄售

4. 投标　　　　　　　5. 独家代理　　　　　6. 补偿贸易

二、单项选择题

1. 在寄售协议下，货物的所有权在寄售地出售前属于（　　　）。

　　A. 代理人　　　　　　　　　B. 寄售人

　　C. 代销人　　　　　　　　　D. 包销人

2. 拍卖的特点是（　　　）。

　　A. 卖主之间的竞争　　　　　B. 买主之间的竞争

　　C. 买主与卖主之间的竞争　　D. 拍卖行与拍卖行之间的竞争

3. 投标人发出的标书是一项（　　　）。

　　A. 不可撤销的发盘　　　　　B. 可撤销的发盘

　　C. 可随时修改的发盘　　　　D. 有条件的发盘

4. 来料加工和进料加工（　　　）。

　　A. 均是一笔交易

B. 均是两笔交易

C. 前者是一笔交易，后者是两笔交易

D. 前者是两笔交易，后者是一笔交易

5. 对外加工装配业务的承接方，无论是采用来料加工，还是采用来件装配方式，其赚取的是（　　）。

A. 商业利润　　　　B. 工缴费　　　　C. 佣金　　　　D. 手续费

6. A公司在国外物色了B公司作为其代售人，并签订了寄售协议。货物在运往寄售地销售的途中，遭遇洪水，使30%的货物被洪水冲走。因遇洪水后道路路基需要维修，货物存仓发生了6000美元的仓储费。以上损失的费用应由（　　）。

A. A公司承担

B. B公司承担

C. 运输公司承担

D. B公司所在国家的保险公司承担

7. 包销协议从实质上说是一份（　　）。

A. 买卖合同

B. 代理合同

C. 寄售合同

D. 拍卖合同

三、判断题

1. 我某公司与外商洽商一笔补偿贸易，外商提出以信贷方式向我方提供一套设备，并表示愿意以被委托人的身份为我方代销商品，对此，我方可以同意。（　　）

2. 招标人发出的标书，在送达投标人时生效。（　　）

3. 为防上投标人在中标后不与招标签约，招标人通常要求投标人提供投标保证函或投标保证金，如开标后，投标人未中标，招标人将保证金退还投标人。（　　）

4. 招标人在评标过程中，认为不能选定中标人，可以宣布招标失败而拒绝全部投标，这种行为被称为拒绝投标。（　　）

5. 政府采购物资，大部分采用非竞争性的招标方法。（　　）

四、案例分析题

1. 某公司在拍卖行经竞买获得精美瓷器一批。在商品拍卖时，拍卖条件中规定："无论买方对货物过目与不过目，卖方对商品的品质概不负责。"该公司在将这批瓷器通过公司所属商行销售时，发现有部分瓷器出现网纹，严重影响这部分商品的销售。卖方因此向拍卖行提出索赔，遭到拍卖行的拒绝。问：拍卖行的拒绝是否有道理？为什么？

2. 某机构拟通过招标、投标方式选定工程队，为该机构建造办公大楼。该机构在发出的招标书中规定，投标人在投标时，要提供合同金额10%的履约保证金。经筛选，A工程队中标，取得该机构办公大楼的承建权。取得承建权后，A工程队却因种种原因不履行合约，并向该机构提出，退回全部保证金的要求，遭到拒绝。问：该机构的拒绝退款是否有理？为什么？

3．美国某公司与香港 A 公司签订一份独家代理协议，指定香港公司为独家代理。在订立协议时，美国公司正在试验改进现有产品的性能。不久美国公司试验成功，并把这项改进后的同类产品，指定香港另一家公司独家代理。问：美国公司有无这种权利？为什么？

4．某公司新研制出一种产品，为打开产品的销路，公司决定将产品运往俄罗斯，采用寄售方式出售商品。在代售方出售商品后，我方收到对方的结算清单，其中包括商品在寄售前所花费有关费用的收据。问：寄售方式下，商品寄售前的有关费用应由谁承担？为什么？

5．我某纺织品公司准备以补偿贸易方式从日本进口纺织机，其具体做法是：先出口纺织品积存外汇，在外汇达到一定金额后，即用以购买 5 台纺织机。但该公司把这种做法报请主管机关给予补偿贸易的优惠待遇，却遭到拒绝。请对此进行分析。

第十一章　EDI 与电子票据

当代世界，科学技术突飞猛进，社会经济日新月异。特别是自 20 世纪 80 年代以来，在新技术革命浪潮的猛烈冲击下，一场高技术竞争席卷世界，使人类社会的一切领域正在飞速地改变着面貌。国际贸易也空前活跃，市场竞争愈演愈烈。

在国际贸易中，由于买卖双方地处不同的国家和地区，因此在大多数情况下，不是简单地直接地面对面地买卖，而以银行的各种纸面单证为凭证，方能达到商品与货币交换的目的。这时，纸面单证就代表了货物所有权的转移，因此从某种意义上讲"纸面单证就是外汇"。

全球贸易额的上升带来了各种贸易单证、文件数量的激增。虽然计算机及其他办公自动化设备的出现可以在一定范围内减轻人工处理纸面单证的劳动强度，但由于各种型号的计算机不能完全兼容，实际上又增加了对纸张的需求。此外，在各类商业贸易单证中有相当大的一部分数据是重复出现的，需要反复地键入。有人对此做过统计，计算机的输入平均 70% 来自另一台计算机的输出，且重复输入也使出差错的几率增高。同时重复录入浪费人力、浪费时间、降低效率。因此，纸面贸易文件成了阻碍贸易发展的一个比较突出的因素。

另外，市场竞争也出现了新的特征。价格因素在竞争中所占的比重逐渐减小，而服务性因素所占比重增大。销售商为了减少风险，要求小批量、多品种、供货快，以适应瞬息万变的市场行情。而在整个贸易链中，绝大多数的企业既是供货商又是销售商，因此提高商业文件传递速度和处理速度成了所有贸易链中成员的共同需求。同样，现代计算机的大量普及和应用以及功能的不断提高，已使计算机应用从单机应用走向系统应用；同时通信条件和技术的完善，网络的普及又为电子单据的应用提供了坚实的基础。

● 第一节　EDI

EDI 是英文 Electronic Data Interchange 的缩写，中文可译为"电子数据交换"，港、澳及海外华人地区称作"电子资料通"。EDI 是一种利用计算机进行商务处理的方式，利用 EDI 技术传输、处理的单证称为电子单证。

EDI 是将贸易、运输、保险、银行和海关等行业的信息，用一种国际公认的标准格式，形成结构化的事务处理的报文数据格式，通过计算机通信网络，使各有关部门、公司与企业之间进行数据交换与处理，并完成以贸易为中心的全部业务过程。EDI 包括买卖双方数据交换、企业内部数据交换等。

由于 EDI 具有高速、精确、远程和巨量的技术性能，因此 EDI 的兴起标志着一场全新的、全球性的商业革命的开始。国外专家深刻地指出："能否开发和推动 EDI 计划，将决定对外贸易方面的兴衰和存亡。如果跟随世界贸易潮流，积极推行 EDI 就会成为巨龙而腾飞，否则就会成为恐龙而绝种。"

一、EDI 的定义

EDI 定义至今没有一个统一的标准，联合国标准化组织将描述成"将商业或行政事务处理按照一个公认的标准，形成结构化的事务处理或报文数据格式，从计算机到计算机的电子传输方法"。

从上述定义不难看出，EDI 包含了三个方面的内容，即计算机应用、通信、网络和数据标准化。其中计算机应用是 EDI 的条件，通信环境是 EDI 应用的基础，标准化是 EDI 的特征。这三方面相互衔接、相互依存，构成 EDI 的基础架构。简单地说，EDI 就是按照商定的协议，将商业文件标准化和格式化，并通过计算机网络，在贸易伙伴的计算机网络系统之间进行数据交换和自动处理。

二、EDI 的发展

EDI 的发展已经至少经历了 20 多年，其发展和演变的过程已经充分显示了商业领域对其重视的程度。人们将 EDI 称为"无纸贸易"（Paperless Trade），将 EFT（电子转账）称为"无纸付款"（Paperless Payment）已经足以看出 EDI 对商业运作的影响。

EDI 最初是来自于 EBDI（Electronic Business Document Exchange，译为电子商业单据交换）。其最基本的商业意义就在于由计算机自动生成商业单据，例如订单、发票等，然后直接通过电信网络传输给商业伙伴的计算机。这里的商业伙伴指的广义上的商业伙伴，它包括任何的公司、政府机构、其他商业或非商业的机构，只要这些机构与你的企业保持经常性的带有结构性的数据的交换就能传输。EDI 使用者从此项应用所得到的好处包括：节省时间、节省费用、减少错误；减少库存、改善现金流动，以及获取多方面的营销优势等。

由于实施 EDI 的最基本目的就是用通过第三方服务方的增值服务，用电子数据交换代替商业纸单证的交换，而纸面单证的电子交换是建立在标准化信息基础上的，因此 EDI 的历史实际上就是商业数据的标准化和增值网络服务商的发展过程。

三、EDI 的特点

（1）EDI 的使用对象是不同的组织之间，EDI 传输的企业间的报文，是企业间信息交流的一种方式。

（2）EDI 所传送的资料是一般业务资料，如发票、订单等，而不是指一般性的通知。

（3）EDI 传输的报文是格式化的，必须有统一的标准方能运作，是符合国际标准的，这是计算机能够自动处理报文的基本前提。

（4）EDI 使用的数据通信网络一般是增值网、专用网。

（5）EDI 是计算机应用程序之间的连接，使用电子方法传递信息和处理数据的。

EDI 一方面用电子传输的方式取代了以往纸单证的邮寄和递送，从而提高了传输效率，另一方面通过计算机处理数据取代人工处理数据，从而减少了差错和延误。EDI 实现的是计算机应用程序与计算机应用程序之间的信息传递与交换。由于计算机只能按照给定的程序识别和接受信息，所以电子单证必须符合标准格式并且内容完整准确。在电子单证符合标准且内容完整的情况下，EDI 系统不但能识别、接受、存储信息，还能对单证数据信息进行处理，自动制作新的电子单据并传输到有关部门。在有关部门就自己发出的电子单证进行查询时，计算机还可以反馈有关信息的处理结果和进展状况。在收到一些重要电子邮件时，计算机还可以按程序自动产生电子收据并传回对方。

（6）EDI 系统采用加密防伪手段。

EDI 系统有相应的保密措施，EDI 传输信息的保密通常是采用密码系统，各用户掌握自己的密码。一些重要信息在传递时还要加密，即把信息转换成他人无法识别的代码，接收方计算机按特定程序译码后还原成可识别信息。为防止有些信息在传递过程中被篡改，或防止有人传递假信息，还可以使用证实手段，即将普通信息与转变成代码的信息同时传递给接收方，接收方把代码翻译成普通信息进行比较，如二者完全一致，可知信息未被篡改，也不是伪造的信息。

四、EDI 应用

一个传统企业简单的购货贸易过程是：买方向卖方提出订单。卖方得到订单后，就进行它内部的纸张文字票据处理，准备发货。纸张票据中包括发货票等。买方在收到货和发货票之后，开出票据，寄给卖方。卖方持票据至银行兑现。银行再开出一个票据，确认这笔款项的汇兑。

而一个生产企业的 EDI 系统，就是要把上述买卖双方在贸易处理过程中的所有纸面单证由 EDI 通信网来传送，并由计算机自动完成全部（或大部分）处理过程。具体为：企业收到一份 EDI 订单，则系统自动处理该订单，检查订单是否符合要求；然后通知企业内部管理系统安排生产；向零配件供销商订购零配件等；有关部门申请进出口许可证；通知银行并给订货方开出 EDI 发票；向保险公司申请保险单等。从而使整个商贸活动过程在最短时间内准确地完成。一个真正的 EDI 系统是将订单、发货、报关、商检和银行结算合成一体，从而大大加速了贸易的全过程。因此，EDI 对企业文化、业务流程和组织机构的影响是巨大的。

五、EDI 标准体系

EDI 是目前为止最为成熟和使用范围最广泛的电子商务应用系统。其根本特征在于标准的国际化，标准化是实现 EDI 的关键环节。早期的 EDI 标准，只是由贸易双方自行约定，随着使用范围的扩大，出现了行业标准和国家标准，最后形成了统一的国际标准。随着 EDI 各项国际标准的推出，以及开放式 EDI 概念模型的趋于成熟，EDI 的应用领域不仅只限于国际贸易领域，而且在行政管理、医疗、建筑、环境保护等各个领域得到了广泛应用。

EDI 标准体系是在 EDI 应用领域范围内的、具有内在联系的标准组成的科学有机整体，它由若干个分体系构成，各分体系之间又存在着相互制约、相互作用、相互依赖和相互补充的内在联系。EDI 标准体系分基础、单证、报文、代码、通信、安全、管理应用七个部分，大致情况如下：

（一）EDI 基础标准体系

主要由 UN/EDIFACT 的基础标准和开放式 EDI 基础标准两部分组成，是 EDI 的核心标准体系。其中，EDIFACT 有 7 项基础标准，包括 EDI 术语、EDIFACT 应用级语法规则、语法规则实施指南、报文设计指南和规则、贸易数据元目录、复合数据元目录、段目录、代码表，我国等同采用了这 7 项标准；开放式 EDI 基础标准是实现开放式 EDI 最重要、最基本的条件，包括业务、法律、通信、安全标准及信息技术方面的通用标准等，ISO/IEC JTC1 SC30 推出《开放式 EDI 概念模型》和《开放式 EDI 参考模型》，规定了用于协调和制定现有的和未来的开放式 EDI 标准的总体框架，成为未来开放式 EDI 标准化工作的指南。随之推出的一大批功能服务标准和业务操作标准等将成为指导各个领域 EDI 应用的国际标准。

（二）EDI 单证标准体系

EDI 报文标准源于相关业务，而业务的过程则以单证体现。单证标准化的主要目标是统一单证中的数据元和纸面格式，内容相当广泛。其标准体系包括管理、贸易、运输、海关、银行、保险、税务、邮政等方面的单证标准。

（三）EDI 报文标准体系

EDI 报文标准是每一个具体应用数据的结构化体现，所有的数据都以报文的形式传输出去或接收进来。目前全球范围内最广泛使用的 EDI 报文标准是联合国的 EDIFACT 和北美的 ANSI X12。

EDI 报文标准最早主要体现于联合国标准报文（United Nations Standard Message，简称 UNSM），其 1987 年正式形成时只有十几个报文，而到 1999 年 2 月止，UN/EDIFACT D. 99A 版已包括 247 个报文，其中有 178 个联合国标准报文（UNSM）、50 个草案报文（Message in Development，简称 MiD）及 19 个作废报文，涉及海关、银行、保险、运输、法律、税务、统计、旅游、零售、医疗、制造业等诸多领域。最新的 EDIFACT 版本是 D11A。

1979 年，美国国家标准学会（ANSI）特许公认标准委员会（ASC）X12 为电子交换 B2B 开发统一的标准。最早的 ANSI X12 支持北美的不同行业企业的数据交换，发展到今天广泛用于全球范围的数据交换，全球有超过 300 000 家公司在日常业务交易使用 X12 的 EDI 标准，X12 也对 EDIFACT 做出过贡献。

其他被广泛使用的 EDI 报文标准还包括：RosettaNet（计算机、消费类电子产品、半导体制造商、电信和物流行业）、VDA（德国和欧洲汽车行业）、VICS（北美的一般商品零售行业，X12 的子集）、SWIFT（银行和金融机构）、EANCOM（医疗、建筑和出版，EDIFACT 的子集）、Tradacoms（英国的零售业 EDI 领域仍然广泛使用）等。

（四）EDI 代码标准体系

在 EDI 传输的数据中，除了公司名称、地址、人名和一些自由文本内容外，几乎大多数数据都以代码形式发出，为使交换各方方便于理解收到信息的内容，便以代码形式把传输数据固定下来。代码标准是 EDI 实现过程中不可缺少的一个组成部分。EDI 代码标准体系包括管理、贸易、运输、海关、银行、保险、检验等方面的代码标准。

（五）EDI 通信标准体系和通信协议

现在最常用的 EDI 通信标准包括：

（1）AS2：采用签名 AS、加密和具有 MDN（送达回执）的特点，沃尔玛最先使用；目前广泛应用于金融、制造、零售、物流等全部领域。

（2）OFTP／OFTP2.0：设计用于欧洲汽车行业，现已推广到全球的零售、大型家电、制造业、政府部门、运输、保险行业和银行业等。OFTP2.0 扩展了对超过 500 Gb 的大文件传输的支持。

（3）SFTP、FTP/S、HTTP/S、AS1/AS3/AS4 等：计算机网络通信是 EDI 得以实现的必备条件，EDI 通信标准则是顺利传输以 EDI 方式发送或接收的数据的基本保证。EDI 通信标准体系包括 ITU 的 X.25、X.200/ISO 7498、X.400 系列/ISO 10021、X.500 系列等，其中 X.400 系列/ISO 10021 标准是一套关于电子邮政的国际标准。虽然这套标准，ISO 叫做 MOTIS，ITU 称为 MHS，但其技术内容是兼容的，它们和 EDI 有着更为密切的关系。

（六）EDI 安全标准体系

由于经 EDI 传输的数据会涉及商业秘密、金额、订货数量等内容，为防止数据的篡改、遗失，必须通过一系列安全保密的规范给以保证。EDI 安全标准体系包括 EDI 安全规范、电子签名规范、电文认证规范、密钥管理规范、X.435 安全服务、X.509 鉴别框架体系等。为制定 EDIFACT 安全标准，联合国于 1991 年成立了 UN/EDIFACT 安全联合工作组，进行有关标准的制定。

（七）EDI 管理标准体系

EDI 管理标准体系主要涉及 EDI 标准维护的有关评审指南和规则，包括标准技术评审导则、标准报文与目录文件编制规则、目录维护规则、报文维护规则、技术评审单格式、目录及代码编制原则、EDIFACT 标准版本号与发布号编制原则等。

（八）EDI 应用标准体系

EDI 应用标准体系主要指在应用过程中用到的字符集标准及其他相关标准，包括：信息交换用七位编码字符集及其扩充方法；信息交换用汉字编码字符集；通用多八位编码字符集；信息交换用汉字编码字符集辅 2 集、4 集等。

EDI 标准体系的框架结构并非一成不变，它将随着 EDI 技术的发展和 EDI 国际标准的不断完善而将不断地进行更新和充实。

🔵 第二节　电子票据

一、电子票据概念

电子票据亦称电子商业票据，它是以电子方式制成票据，以电子签章取代实体签名签章的支付工具。电子票据是随着经济的发展而逐渐产生并发展起来的，其借鉴纸张票据关于支付、使用、结算和融资等功能，利用数字网络将钱款从一个账户转移到另一个账户，利用电子脉冲代替纸张进行资金的传输和储存。它以计算机和现代通讯技术网络为基础，以数据电文形式存储资金信息于计算机系统之中，并通过英特网以目不可视、手不可及的电子信息传递形式实现传统有纸化票据的功能。

电子票据在支付、流通、融资、结算、信用等都有着和传统纸面票据相同甚至优于传统纸面票据的功能，但是，从理论角度看来，电子票据也有一些和传统纸面票据不同的地方：

（1）传统票据结算的当事人分为基本当事人和非基本当事人。具体而言，汇票与支票的基本当事人是出票人、付款人与受款人，本票则是出票人与受款人。非基本当事人则是包括受让人、背书人等。而电子票据的当事人则是转让人、受让人、发送银行、接收银行、电子交换所以及数据通讯网络等。

（2）传统票据是一种无因的可流通的有价书面证券，持有票据的当事人行使票据权利时，无须证明其取得证券的原因，而且票据可经背书或交付方法转让于他人。但电子票据是以电子方式进行的，电子时代的票据既非无因证券，也不具有普遍意义上的流通性，它只有在计算机网络系统中才能流通，这样就失去了票据的基本属性。正是由于这些不同，导致了我国《票据法》不能调整电子票据行为。

我国《票据法》第四条规定："票据出票人制作票据，应当按照法定条件在票据上签章，并按照所记载的事项承担票据责任。持票人行使票据权利，应当按照法定程序在票据上签章，并出示票据。其他票据债务人在票据上签章的，按照票据所记载的事项承担票据责任。"该法第七条又进一步规定："票据上的签章，为签名、盖章或者签名加盖章。法人和其他使用票据的单位在票据上的签章，为该法人或者该单位的盖章加其法定代表人或者其授权的代理人的签章。在票据上签名，应当为当事人的本名。"由此可见，我国立法实践中否认了电子票据的法律效力，现行的《票据法》也不承认经过数字签章认证的非纸质的电子票据的支付和结算方式，这使得电子票据的效力没有得到相应的法律关注和承认。

当前实践中，美国法律已经确认了电子签名与本人签名有同等效力，在国际贸易和国际金融操作中，含有电子签名的合同文件也逐渐得到了国内外贸易商和银行的承认。

二、电子票据的优势

由于现行的纸质票据本身有着与生俱来的风险和不便，如容易遗失、伪造、变造，处理手续繁琐，流通成本高、受地域限制等等。相对于纸质票据来说，电子票据有着特殊的优势，从票据的特性看，电子票据在于空白票据置于银行端，发票人不必随身携带，也不必亲自保管，可防止票据遗失、伪造、变造；从票据的效率看：

电子票据流转速度快,不受地域限制,可跨区交换,资金迅速抵用,可提升运用效率;从票据的安全看:在计算机系统管理下,电子票据的收款风险大大降低了,不会收到出票日提前或超后、出票人印鉴不全不符、空白票据已挂失等类的票据。具体来说:

1. 期限延长,有利于企业短资融通

电子商业汇票使用期限延长,付款期限自出票日起最长为1年,较纸质票据使用期限增长半年。传递及保管成本大大降低,票据的支付结算效率大大提高,同时,资金融通的操作成本也将大幅降低。这些优势,有利于企业短资融通。另外,商业汇票从纸质转为电子化,为企业客户提供了方便、高效的支付及融资工具。电子商业汇票通过网上企业银行接入,在使用过程中不受时间空间限制,简化了手续,减少了环节,交易在途时间大大缩短,与其他支付工具和融资方式相比,效率极大提升。

2. 流通范围广,有助于全国统一票据市场的形成

电子商业汇票系统同时能为企业客户提供完整的电子商业汇票服务。从业务范围看,电子商业汇票"覆盖"了传统纸质化票据的所有功能;从业务流程看,电子商业汇票从签发、承兑开始到背书流转,最后到托收入账,所有环节都实现了电子化操作,大大降低了票据业务的操作风险。电子商业汇票流通范围广,可在全国范围流通,不受地域限制,有助于统一的票据市场的形成,促进金融市场的连通和发展,交易快速、方便。纸质商业汇票的交易,需买卖双方见面后当面交易,时间长、成本高、效率低。推行电子票据后,企业、银行和其他组织可以借助电脑网络通过电子商业汇票系统完成票据的签发、承兑、背书、贴现、质押、保证、兑付、追索等票据流通的各个流程,足不出户即可完成票据在全国乃至全球范围的流转,实时、快捷、节省地办理各项票据业务,大大简化交易过程,提高交易效率。

3. 电子商业汇票介质电子化,杜绝假票风险

电子商业汇票介质电子化,安全性大大提升,能杜绝假票和"克隆"票,可规避遗失、损坏的风险。电子票据不易丢失、损坏和遭抢劫。各家商业银行成熟的网银平台上的电子商业汇票系统,采用严格的数字证书体系进行加密,附加了多重防护手段,可确保电子商业汇票使用的安全。就是说,电子票据存储在系统中,通过可靠的安全认证机制能保证其唯一性、完整性、安全性,降低纸质票据携带的风险。人们容易辨别票据的真假,不易遭受假票诈骗。在目前的纸质票据中,票据本身以及书面盖章是鉴别真伪的手段。虽然在票据的纸张和印制过程中,应用了很多防伪措施,但是仅凭人工肉眼辨别真伪仍存在很大的困难,一些不法分子利用伪造、变造的票据凭证和签章骗取银行和客户资金的案件时有发生。推行电子票据后,使用经过安全认证的电子数据流和可靠的电子签名,能够抑制假票和"克隆"票犯罪。

三、我国电子票据使用的现状及实践中存在的问题

目前，我国电子票据还没有受到法律保护。1996 年 1 月 1 日生效的《票据法》确立的是以纸质票据为基础的支付结算制度，票据市场和票据活动中都是以纸质票据为主。低质票据的管理仍很原始，大多采取手工操作的模式，严重限制了我国票据产品和票据市场的发展。从目前的票据作用状况看，电子票据也只是在个别银行开办的电子银行和缴纳税款等清算业务，而且业务处理也没有统一规范。其主要问题包括：

1. 现行的电子票据缺乏规范

目前，商业银行在电子化交易中对数据电文的占有起着主导作用，因为商业银行对有关服务的信息处理过程的整体负有管理责任，而且它直接占有着有关交易的各种重要电子化信息。电子票据的格式、核押方式都是由商业各银行自行确定的，而作为交易活动的客户方，无法掌握电子票据的真实性，一旦客户和银行之间发生因泄密，被盗、篡改等业务纠纷，商业银行利用自己管理电子数据的优势，自己提供对自己有利的证据，而客户由于不掌握电子数据的管理权，则难以取得对商业银行不利的网上银行的电子数据证据，这显然有失公平。

2. 电子票据无法律保护

《票据法》规定："票据出票人制作票据，应当按照法定条件在票据上签章，并按照所记载的事项承担票据责任。"而电子票据是没有签章，只是通过电子信息发出支付指令，因此，现行的《票据法》不承认经过数字签章认证的非纸质的电子票据的支付和结算方式。

🔵 第三节　SWIFT 及 SWIFT 信用证

SWIFT（Society for Worldwide Interbank Financial Telecommunications）又称"环球同业银行金融电讯协会"，是国际银行同业间的国际合作组织，成立于一九七三年，总部设在比利时的布鲁塞尔，同时在荷兰阿姆斯特丹和美国纽约分别设立交换中心（Swifting Center），并为各参加国开设集线中心（National Concentration），为国际金融业务提供快捷、准确、优良的服务。SWIFT 运营着世界级的金融电文网络，银行和其他金融机构通过它与同业交换电文（Message）来完成金融交易。

除此之外，SWIFT 还向金融机构销售软件和服务，其中大部分的用户都在使用 SWIFT 网络。SWIFT 的使用，使银行的结算提供了安全、可靠、快捷、标准化、自动化的通讯业务，从而大大提高了银行的结算速度。由于 SWIFT 的格式具有标准化，目前信用证的格式主要都是用 SWIFT 电文。

一、SWIFT 的发展

从 1987 年开始，非银行的金融机构，包括经纪人、投资公司、证券公司和证券交易所等，开始使用 SWIFT。目前该网络已遍布全球 206 个国家和地区的 8000 多家金融机构，提供金融行业安全报文传输服务与相关接口软件，支援 80 多个国家和地区的实时支付清算系统。

1980 年 SWIFT 连接到香港。我国的中国银行于 1983 年加入 SWIFT，是 SWIFT 组织的第 1034 家成员行，并于 1985 年 5 月正式开通使用，成为我国与国际金融标准接轨的重要里程碑。之后，我国的各国有商业银行及上海和深圳的证券交易所，也先后加入 SWIFT。

进入 90 年代后，除国有商业银行外，中国所有可以办理国际银行业务的外资和侨资银行以及地方性银行纷纷加入 SWIFT。SWIFT 的使用也从总行逐步扩展到分行。1995 年，SWIFT 在北京电报大楼和上海长话大楼设立了 SWIFT 访问点 SAP（SWIFT Access Point），它们分别与新加坡和香港的 SWIFT 区域处理中心主节点连接，为用户提供自动路由选择。

为更好地为亚太地区用户服务，SWIFT 于 1994 年在香港设立了除美国和荷兰之外的第三个支持中心，这样，中国用户就可得到 SWIFT 支持中心讲中文的员工的技术服务。SWIFT 还在全球 17 个地点设有办事处，其 2000 名的专业人员来自 55 个国家，其中北京办事处于 1999 年成立。

SWIFT 的设计能力是每天传输 1100 万条电文，而当前每日传送 500 万条电文，这些电文划拨的资金以万亿美元计，它依靠的便是其提供的 240 种以上电文标准。SWIFT 的电文标准格式，已经成为国际银行间数据交换的标准语言。

二、SWIFT 特点及其用户

SWIFT 的特点包括：

（1）SWIFT 需要会员资格。我国的大多数专业银行都是其成员。

（2）SWIFT 的费用较低，高速度。同样多的内容，SWIFT 的费用只有 TELEX（电传）的 18% 左右，只有 CABLE（电报）的 2.5% 左右。

（3）SWIFT 的安全性较高。SWIFT 的密押比电传的密押可靠性强、保密性高，且具有较高的自动化。

（4）SWIFT 的格式具有标准化。对于 SWIFT 电文，SWIFT 组织有着统一的要求和格式。

SWIFT 用户包括三种类型，分别为：会员（股东）、子会员以及普通用户。会员可享受所有的 SWIFT 服务；普通用户只享有与其业务相关的服务，主要来自于证券行业，如证券中介、投资管理公司、基金管理公司等。

三、SWIFT 电文格式分类

SWIFT 报文共有十类：

第 1 类：客户汇款与支票（Customer Payments & Checks）（MT100—MT199）

第 2 类：金融机构间头寸调拨（Financial Institution Transfers）（MT200—MT299）

第 3 类：资金市场交易（Treasury Markets – FX，MM，Derivatives）（MT300—MT399）

第 4 类：托收与光票（Collections & Cash Letters）（MT400—MT499）

第 5 类：证券（Securities Markets）（MT500—MT599）

第 6 类：贵金属（Treasury Market – Precious Metals）（MT600—MT699）

第 7 类：跟单信用证和保函（Documentary Credits and Guarantees）（MT700—MT799）

第 8 类：旅行支票（Travelar's Checks）（MT800—MT899）

第 9 类：现金管理与账务（cash management & Customer Status）（MT900—MT999）

第 0 类：SWIFT 系统电报

除上述十类报文外，SWIFT 电文还有一个物殊类，即第 N 类——公共报文组（Common Group Messages）

如：MT707 用于信用证修改，MT999、MT199 用于信息传递，MT760 用于银行单证的传输，MT799 用于回复，MT103 用于付款。

四、SWIFT 电文表示方式

（一）项目表示方式

SWIFT 由项目（FIELD）组成，如"59：Beneficiary – Name & Address"（受益人），就是一个项目，59 是项目的代号，可以是两位数字表示，也可以两位数字加上字母来表示，如"51D：Applicant Bank – Name & Address"申请人）。不同的代号，表示不同的含义。项目还规定了一定的格式，各种 SWIFT 电文都必须按照这种格式表示。

在 SWIFT 电文中，一些项目是必选项目（MANDATORY FIELD），一些项目是可选项目（OPTIONAL FIELD）：必选项目是必须要具备的，如"31D：Date and Place of Expiry"（信用证有效期）；可选项目是另外增加的项目，并不一定每个信用证都有的，如"39B：Maximum Credit Amount"（信用证最大限制金额）。

（二）日期表示方式

SWIFT 电文的日期表示为：YYMMDD（年月日），如：

1999 年 5 月 12 日，表示为：990512；

2000 年 3 月 15 日，表示为：000315；

2001 年 12 月 9 日，表示为：011209。

（三）数字表示方式

在 SWIFT 电文中，数字不使用分格号，小数点用逗号"，"，如：

5，152，286.36 表示为：5152286，36；

4/5 表示为：0，8；

5% 表示为：5 PERCENT

（四）货币表示方式

澳大利亚元：AUD；

奥地利元：ATS；

比利时法郎：BEF；

加拿大元：CAD；

人民币元：CNY；

丹麦克朗：DKK；

德国马克：DEM；

荷兰盾：NLG；

芬兰马克：FIM；

法国法郎：FRF；

港元：HKD；

意大利里拉：ITL；

日元：JPY；

挪威克朗：NOK；

英镑：GBP；

瑞典克朗：SEK；

美元：USD

欧元：EUR

五、SWIFT 信用证（MT700）

在国际贸易结算中，SWIFT 信用证是指凡通过 SWIFT 系统开立或予以通知的信用证，是正式的、合法的，被信用证各当事人所接受的、国际通用的信用证。采用 SWIFT 信用证必须遵守 SWIFT 的规定，也必须使用 SWIFT 手册规定的代号（Tag），而且信用证必须遵循国际商会 2007 年修订的《跟单信用证统一惯例》各项条款的规定。在 SWIFT 信用证可省去开证行的承诺条款（Undertaking Clause），但不因此免除银行所应承担的义务。SWIFT 信用证具有快速、准确、简明、可靠的特征。

MT700

SWIFT700 是一个通过 SWIFT 传输的信用证。具体内容如下：

必选　20：DOCUMENTARY CREDIT NUMBER（信用证号码）

可选　23：REFERENCE TO PRE－ADVICE（预先通知号码）

如果信用证是采取预先通知的方式，该项目内应该填入"PREADV/"，再加上预先通知的编号或日期。

必选　27：SEQUENCE OF TOTAL（电文页次）

可选　31C：DATE OF ISSUE（开证日期）

如果这项没有填，则开证日期为电文的发送日期。

必选　31D：DATE AND PLACE OF EXPIRY（信用证有效期和有效地点）

该日期为最后交单的日期。

必选　32B：CURRENCY CODE，AMOUNT（信用证结算的货币和金额）

可选　39A：PERCENTAGE CREDIT AMOUNT TOLERANCE（信用证金额上下浮动允许的最大范围）

该项目的表示方法较为特殊，数值表示百分比的数值，如：5/5，表示上下浮动最大为 5%。39B 与 39A 不能同时出现。

可选　39B：MAXIMUM CREDIT AMOUNT（信用证最大限制金额）

39B 与 39A 不能同时出现。

可选　39C：ADDITIONAL AMOUNTS COVERED（额外金额）

表示信用证所涉及的保险费、利息、运费等金额。

必选　40A：FORM OF DOCUMENTARY CREDIT（跟单信用证形式）

跟单信用证有三种形式：

（1）IRREVOCABLE（不可撤销跟单信用证）

（2）IRREVOCABLE TRANSFERABLE（不可撤销可转让跟单信用证）

（3）IRREVOCABLE STANDBY（不可撤销备用信用证）

必选　41A：AVAILABLE WITH... BY...（指定的有关银行及信用证兑付的方式）

（1）指定银行作为付款、承兑、议付。

（2）兑付的方式有 5 种：BY PAYMENT（即期付款）；BY ACCEPTANCE（远期承兑）；BY NEGOTIATION（议付）；BY DEF PAYMENT（迟期付款）；BY MIXED PAYMENT（混合付款）。

（3）如果是自由议付信用证，对该信用证的议付地点不做限制，该项目代号为：41D，内容为：ANY BANK IN...

可选 42A：DRAWEE（汇票付款人）

必须与42C同时出现。

可选 42C：DRAFTS AT...（汇票付款日期）

必须与42A同时出现。

可选 42M：MIXED PAYMENT DETAILS（混合付款条款）

可选 42P：DEFERRED PAYMENT DETAILS（迟期付款条款）

可选 43P：PARTIAL SHIPMENTS（分装条款）

表示该信用证的货物是否可以分批装运。

可选 43T：TRANSSHIPMENT（转运条款）

表示该信用证的货物是直接到达，还是通过转运到达。

可选 44A：LOADING ON BOARD/DISPATCH/TAKING IN CHARGE AT/FORM（装船、发运和接收监管的地点）

可选 44B：FOR TRANSPORTATION TO...（货物发运的最终地）

可选 44C：LATEST DATE OF SHIPMENT（最后装船期）

装船的最迟的日期。44C与44D不能同时出现。

可选 44D：SHIPMENT PERIOD（船期）

44C与44D不能同时出现。

可选 45A：DESCRIPTION OF GOODS AND/OR SERVICES（货物描述）

货物的情况、价格条款。

可选 46A：DOCUMENTS REQUIRED（单据要求）

各种单据的要求

可选 47A：ADDITIONAL CONDITIONS（特别条款）

可选 48：PERIOD FOR PRESENTATION（交单期限）

表明开立运输单据后多少天内交单。

必选 49：CONFIRMATION INSTRUCTIONS（保兑指示）

其中，CONFIRM：要求保兑行保兑该信用证；MAY ADD：收报行可以对该信用证加具保兑；WITHOUT：不要求收报行保兑该信用证。

必选 50：APPLICANT（信用证开证申请人）

一般为进口商。

可选 51A：APPLICANT BANK（信用证开证的银行）

可选 53A：REIMBURSEMENT BANK（偿付行）

可选 57A：'ADVISE THROUGH' BANK – BIC（通知行）

必选 59：BENEFICIARY（信用证的受益人）

一般为出口商。

可选　71B：CHARGES（费用情况）

表明费用是否由受益人（出口商）承担，如果没有这一条，表示除了议付费、转让费以外，其他各种费用由开出信用证的申请人（进口商）承担。

可选　72：SENDER TO RECEIVER INFORMATION（附言）

可选　78：INSTRUCTION TO THE PAYING/ACCEPTING/NEGOTIATING BANK（给付款行、承兑行、议付行的指示）

附录一 《联合国国际货物销售合同公约》

本公约各缔约国：

铭记联合国大会第六届特别会议通过的关于建立新的国际经济秩序的各项决议的广泛目标。

考虑到在平等互利基础上发展国际贸易是促进各国间友好关系的一个重要因素。

认为采用照顾到不同的社会、经济和法律制度的国际货物销售合同统一规则，将有助于减少国际贸易的法律障碍，促进国际贸易的发展。

兹协议如下：

第一部分　适用范围和总则

第一章　适用范围

第1条

（1）本公约适用于营业地在不同国家的当事人之间所订立的货物销售合同：（a）如果这些国家是缔约国；或（b）如果国际私法规则导致适用某一缔约国的法律。

（2）当事人营业地在不同国家的事实，如果从合同或从订立合同前任何时候或订立合同时，当事人之间的任何交易或当事人透露的情报均看不出，应不予考虑。

（3）在确定本公约的适用时，当事人的国籍和当事人或合同的民事或商业性质，应不予考虑。

第2条

本公约不适用于以下的销售：（a）购供私人、家人或家庭使用的货物的销售，除非卖方在订立合同前任何时候或订立合同时不知道而且没有理由知道这些货物是购供任何这种使用；（b）经由拍卖的销售；（c）根据法律执行令状或其他令状的销售；（d）公债、股票、投资证券、流通票据或货币的销售；（e）船舶、船只、气垫船或飞机的销售；（f）电力的销售。

第3条

（1）供应尚待制造或生产的货物的合同应视为销售合同，除非订购货物的当事人保证供应这种制造或生产所需的大部分重要材料。

（2）本公约不适用于供应货物一方的绝大部分义务在于供应劳力或其他服务的合同。

第4条

本公约只适用于销售合同的订立和卖方和买方因此种合同而产生的权利和义务。特别是，本公约除非另有明文规定与以下事项无关：（a）合同的效力，或者任何条款的效力，或任何惯例的效力；（b）合同对所售货物所有权可能产生的影响。

第5条

本公约不适用于卖方由于货物对任何人所造成的死亡或伤害的责任。

第6条

双方当事人可以不适用本公约，或在第12条的条件下，减损本公约的任何规定或改变其效力。

第二章 总 则

第7条

（1）在解释本公约时，应考虑到本公约的国际性质和促进其适用的统一以及在国际贸易上遵守诚信的需要。

（2）凡本公约未明确解决的属于本公约范围的问题，应按照本公约所依据的一般原则来解决，在没有一般原则的情况下，则应按照国际私法规定适用的法律来解决。

第8条

（1）为本公约的目的，一方当事人所作的声明和其他行为，应依照他的意旨解释，如果另一方当事人已知道或者不可能不知道此一意旨。

（2）如果上一款的规定不适用，当事人所作的声明和其他行为，应按照一个与另一方当事人同等资格、通情达理的人处于相同情况中，应有的理解来解释。

（3）在确定一方当事人的意旨或一个通情达理的人应有的理解时，应适当地考虑到与事实有关的一切情况，包括谈判情形，当事人之间确立的任何习惯做法、惯例和当事人其后的任何行为。

第9条

（1）双方当事人业已同意的任何惯例和他们之间确立的任何习惯做法，对双方当事人均有约束力。

（2）除非另有协议，双方当事人应视为已默示地同意对他们的合同或合同的订立适用双方当事人已知道或理应知道的惯例，而这种惯例，在国际贸易上，已为有关特定贸易所涉及同类合同的当事人所广泛知道并为他们所经常遵守。

第 10 条

为本公约的目的：（a）如果当事人有一个以上的营业地，则以与合同及合同的履行关系最密切的营业地为其营业地，但要考虑到双方当事人在订立合同前任何时候或订立合同时所知道或所设想的情况；（b）如果当事人没有营业地，则以其惯常居住地为准。

第 11 条

销售合同无须以书面订立或书面证明，在形式方面也不受任何其他条件的限制。销售合同可以用包括人证在内的任何方法证明。

第 12 条

本公约第 11 条、第 29 条或第二部分准许销售合同或其更改或根据协议终止，或者任何发价、接受或其他意旨表示得以书面以外任何形式做出的任何规定不适用。如果任何一方当事人的营业地是在已按照本公约第 96 条做出了声明的一个缔约国内，各当事人不得减损本条或改变其效力。

第 13 条

为本公约的目的，"书面"包括电报和电传。

第二部分　合同的订立

第 14 条

（1）向一个或一个以上特定的人提出的订立合同的建议，如果十分确定并且表明发价人在得到接受时承受约束的意旨，即构成发价。一个建议如果写明货物并且明示或暗示地规定数量和价格或规定如何确定数量和价格，即为十分确定。

（2）非向一个或一个以上特定的人提出的建议，仅应视为邀请做出发价，除非提出建议的人明确地表示相反的意向。

第 15 条

（1）发价于送达被发价人时生效。

（2）一项发价，即使是不可撤销的，得予撤回，如果撤回通知于发价送达被发价人之前或同时，送达被发价人。

第 16 条

（1）在未订立合同之前，发价得予撤销，如果撤销通知于被发价人发出接受通知之前送达被发价人。

（2）但在下列情况下，发价不得撤销：（a）发价写明接受发价的期限或以其他方式表示发价是不可撤销的；或（b）被发价人有理由信赖该项发价是不可撤销的，而且被发价人已本着该项发价的信赖行事。

第17条

一项发价，即使是不可撤销的，于拒绝通知送达发价人时终止。

第18条

（1）被发价人声明或做出其他行为表示同意一项发价，即是接受。缄默或不行动本身不等于接受。

（2）接受发价于表示同意的通知送达发价人时生效。如果表示同意的通知在发价人所规定的时间内，如未规定时间，在一段合理的时间内，未曾送达发价人，接受就成为无效，但须适当地考虑到交易的情况，包括发价人所使用的通讯方法的迅速程度。对口头发价必须立即接受，但情况有别者不在此限。

（3）但是，如果根据该项发价或依照当事人之间确立的习惯作法或惯例，被发价人可以做出某种行为。例如与发价人发出通知，则接受于该项行为做出时生效，但该项行为必须在上一款所规定的期间内做出。

第19条

（1）对发价表示接受但载有添加、限制或其他更改的答复，即为拒绝该项发价，并构成还价。

（2）但是，对发价表示接受但载有添加或不同条件的答复，如所载的添加或不同条件在实质上并不变更该项发价的条件，除发价人在不过分迟延的期间内以口头或书面通知反对其间的差异外，仍构成接受。如果发价人不做出这种反对，合同的条件就以该项发价的条件以及接受通知内所载的更改为准。

（3）有关货物价格、付款、货物质量和数量、交货地点和时间、一方当事人对另一方当事人的赔偿责任范围或解决争端等等的添加或不同条件，均视为在实质上变更发价的条件。

第20条

（1）发价人在电报或信件内规定的接受期间，从电报交发时刻或信上载明的发信日期起算，如信上未载明发信日期，则从信封上所载日期起算。发价人以电话、电传或其他快速通讯方法规定的接受期间，从发价送达被发价人时起算。

（2）在计算接受期间时，接受期间内的正式假日或非营业日应计算在内。但是，如果接受通知在接受期间的最后一天未能送到发价人地址，因为那天在发价人营业地是正式假日或非营业日，则接受期间应顺延至下一个营业日。

第21条

（1）逾期接受仍有接受的效力，如果发价人毫不迟延地用口头或书面将此种意见通知被发价人。

（2）如果载有逾期接受的信件或其他书面文件表明，它是在传递正常、能及时送达发价人的情况下寄发的，则该项逾期接受具有接受的效力，除非发价人毫不迟延地用口头或书面通知被发价人：他认为他的发价已经失效。

第 22 条

接受得予撤回，如果撤回通知于接受原应生效之前或同时送达发价人。

第 23 条

合同于按照本公约规定对发价的接受生效时订立。

第 24 条

为本公约本部分的目的，发价、接受声明或任何其他意旨表示"送达"对方，系指用口头通知对方或通过任何其他方法送交对方本人，或其营业地或通讯地址，如无营业地或通讯地址，则送交对方惯常居住地。

第三部分　货物销售

第一章　总　则

第 25 条

一方当事人违反合同的结果，如使另一方当事人蒙受损害，以至于实际上剥夺了他根据合同规定有权期待得到的东西，即为根本违反合同，除非违反合同一方并不预知而且一个同等资格、通情达理的人处于相同情况中也没有理由预知会发生这种结果。

第 26 条

宣告合同无效的声明，必须向另一方当事人发出通知，方始有效。

第 27 条

除非公约本部分另有明文规定，当事人按照本部分的规定，以适合情况的方法发出任何通知，要求或其他通知后，这种通知如在传递上发生耽搁或错误，或者未能到达，并不使该当事人丧失依靠该项通知的权利。

第 28 条

如果按照本公约的规定，一方当事人有权要求另一方当事人履行某一义务，法院没有义务做出判决，要求具体履行此一义务，除非法院依照其本身的法律对不属本公约范围的类似的销售合同愿意这样做。

第 29 条

（1）合同只需双方当事人协议，就可更改或终止。

（2）规定任何更改或根据协议终止必须以书面做出的书面合同，不得以任何其他方式更改或根据协议终止。但是，一方当事人的行为，如经另一方当事人寄以信赖，就不得坚持此项规定。

第二章 卖方的义务

第 30 条

卖方必须按照合同和本公约的规定，交付货物，移交一切与货物有关的单据并转移货物所有权。

第一节 交付货物和移交单据

第 31 条

如果卖方没有义务要在任何其他特定地点交付货物，他的交货义务如下：

（a）如果销售合同涉及货物的运输，卖方应把货物移交给第一承运人，以运交给买方；

（b）在不属于上一款规定的情况下，如果合同指的是特定货物或从特定存货中提取的或尚待制造或生产的未经特定化的货物，而双方当事人在订立合同时已知道这些货物是在某一特定地点，或将在某一特定地点制造或生产，卖方应在该地点把货物交给买方处置；

（c）在其他情况下，卖方应在他于订立合同时的营业地把货物交给买方处置。

第 32 条

（1）如果卖方按照合同或本公约的规定将货物交付给承运人，但货物没有以货物上加标记、或以装运单据或其他方式清楚地注明有关合同，卖方必须向买方发出列明货物的发货通知。

（2）如果卖方有义务安排货物的运输，他必须订立必要的合同，以按照通常运输条件，用适合情况的运输工具，把货物运到指定地点。

（3）如果卖方没有义务对货物的运输办理保险，他必须在买方提出要求时，向买方提供一切现有的必要资料，使他能够办理这种保险。

第 33 条

卖方必须按以下规定的日期交付货物：

（a）如果合同规定有日期，或从合同可以确定日期，应在该日期交货；

（b）如果合同规定有一段时间，或从合同可以确定一段时间，除非情况表明应由买方选定一个日期外，应在该段时间内任何时候交货；

（c）在其他情况下，应在订立合同后一段合理时间内交货。

第 34 条

如果卖方有义务移交与货物有关的单据，他必须按照合同所规定的时间、地点和方式移交这些单据。如果卖方在那个时间以前已移交这些单据，他可以在那个时间到达前纠正单据中任何不符合同规定的情形，但是，此一权利的行使不得使买方遭受不合理的不便或承担不合理的开支。但是，买方保留本公约所规定的要求损害赔偿的任何权利。

第二节　货物相符与第三方要求

第 35 条

（1）卖方交付的货物必须与合同所规定的数量、质量和规格相符，并须按照合同所规定的方式装箱或包装。

（2）除双方当事人业已另有协议外，货物除非符合以下规定，否则即为与合同不符：

（a）货物适用于同一规格货物通常使用的目的；

（b）货物适用于订立合同时曾明示或默示地通知卖方的任何特定目的，除非情况表明买方并不依赖卖方的技能和判断力，或者这种依赖对他是不合理的；

（a）货物的质量与卖方向买方提供的货物样品或样式相同；

（d）货物按照同类货物通用的方式装箱或包装，如果没有此种通用方式，则按照足以保全和保护货物的方式装箱或包装。

（3）如果买方在订立合同时知道或者不可能不知道货物不符合同，卖方就无须按上一款（a）项至（d）项负有此种不符合同的责任。

第 36 条

（1）卖方应按照合同和本公约的规定，对风险转移到买方时所存在的任何不符合同情形，负有责任，即使这种不符合同情形在该时间后方始明显。

（2）卖方对在上一款所述时间后发生的任何不符合同情形，也应负有责任，如果这种不符合同情形是由于卖方违反他的某项义务所致，包括违反关于在一段时间内货物将继续适用于其通常使用的目的或某种特定目的，或将保持某种特定质量或性质的任何保证。

第 37 条

如果卖方在交货日期前交付货物，他可以在那个日期到达前，交付任何缺漏部分或补足所交付货物的不足数量，或交付用以替换所交付不符合同规定的货物，或对所交付货物中任何不符合同规定的情形做出补救，但是，此一权利的行使不得使买方遭受不合理的不便或承担不合理的开支。但是，买方保留本公约所规定的要求损害赔偿的任何权利。

第 38 条

（1）买方必须在按情况实际可行的最短时间内检验货物或由他人检验货物。

（2）如果合同涉及货物的运输，检验可推迟到货物到达目的地后进行。

（3）如果货物在运输途中改运或买方必须再发运货物，没有合理机会加以检验，而卖方在订立合同时已知道或理应知道这种改运或再发运的可能性，检验可推迟到货物到达新目的地后进行。

第 39 条

（1）买方对货物不符合同，必须在发现或理应发现不符情形后一段合理时间内通知卖方，说明不符合同情形的性质，否则就丧失声称货物不符合同的权利。

（2）无论如何，如果买方不在实际收到货物之日起两年内将货物不符合同情形通知卖方，他就丧失声称货物不符合同的权利，除非这一时限与合同规定的保证期限不符。

第40条

如果货物不符合同规定指的是卖方已知道或不可能不知道而又没有告知买方的一些事实，则卖方无权援引第38条和第39条的规定。

第41条

卖方所交付的货物，必须是第三方不能提出任何权利或要求的货物，除非买方同意在这种权利或要求的条件下，收取货物。但是，如果这种权利或要求是以工业产权或其他知识产权为基础的，卖方的义务依照第42条的规定。

第42条

（1）卖方所交付的货物，必须是第三方不能根据工业产权或其他知识产权主张任何权利或要求的货物，但以卖方在订立合同时已知道或不可能不知道的权利或要求为限，而且这种权利或要求根据以下国家的法律规定是以工业产权或其他知识产权为基础的：

（a）如果双方当事人在订立合同时预期货物将在某一国境内转售或做其他使用，则根据货物将在其境内转售或做其他使用的国家的法律；

（b）在任何其他情况下，根据买方营业地所在国家的法律。

（2）卖方在上一款中的义务不适用于以下情况：

（a）买方在订立合同时已知道或不可能不知道此项权利或要求；

（b）此项权利或要求的发生，是由于卖方要遵照买方所提供的技术图样、图案、程式或其他规格。

第43条

（1）买方如果不在已知道或理应知道第三方的权利或要求后一段合理时间内，将此一权利或要求的性质通知卖方，就丧失援引第41条或第42条规定的权利。

（2）卖方如果知道第三方的权利或要求以及此一权利或要求的性质，就无权援引上一款的规定。

第44条

尽管有第39条第（1）款和第43条第（1）款的规定，买方如果对他未发出所需的通知具备合理的理由，仍可按照第50条规定减低价格，或要求利润损失以外的损害赔偿。

第三节　卖方违反合同的补救办法

第45条

（1）如果卖方不履行他在合同和本公约中的任何义务，买方可以：

（a）行使第 46 条至第 52 条所规定的权利；

（b）按照第 74 条至第 77 条的规定，要求损害赔偿。

（2）买方可能享有的要求损害赔偿的任何权利，不因他行使采取其他补救办法的权利而丧失。

（3）如果买方对违反合同采取某种补救办法，法院或仲裁庭不得给予卖方宽限期。

第 46 条

（1）买方可以要求卖方履行义务，除非买方已采取与此一要求相抵触的某种补救办法。

（2）如果货物不符合同，买方只有在此种不符合同情形构成根本违反合同时，才可以要求交付替代货物，而且关于替代货物的要求，必须与依照第 39 条发出的通知同时提出，或者在该项通知发出后一段合理时间内提出。

（3）如果货物不符合同，买方可以要求卖方通过修理对不符合同之处做出补救，除非他考虑了所有情况之后，认为这样做是不合理的。修理的要求必须依照第 39 条发出的通知同时提出，或者在该项通知发出后一段合理时间内提出。

第 47 条

（1）买方可以规定一段合理时限的额外时间，让卖方履行其义务。

（2）除非买方收到卖方的通知，声称他将不在所规定的时间内履行义务，买方在这段时间内不得对违反合同采取任何补救办法。但是，买方并不因此丧失他对延迟履行义务可能享有的要求损害赔偿的任何权利。

第 48 条

（1）在第 49 条的条件下，卖方即使在交货日期之后，仍可自付费用，对任何不履行义务做出补救，但这种补救不得造成不合理的迟延，也不得使买方遭受不合理的不便，或无法确定卖方是否将赔偿买方预付的费用。但是，买方保留本公约所规定的要求损害赔偿的任何权利。

（2）如果卖方要求买方表明他是否接受卖方履行义务，而买方不在一段合理时间内对此一要求做出答复，则卖方可以按其要求中所指明的时间履行义务。买方不得在该段时间内采取与卖方履行义务相抵触的任何补救办法。

（3）卖方表明他将在某一特定时间内履行义务的通知，应视为包括根据上一款规定要买方表明决定的要求在内。

（4）卖方按照本条第（2）和第（3）款做出的要求或通知，必须在买方收到后，始生效力。

第 49 条

（1）买方在以下情况下可以宣告合同无效：

（a）卖方不履行其在合同或本公约中的任何义务，等于根本违反合同；

（b）如果发生不交货的情况，卖方不在买方按照第 47 条第（1）款规定的额外时间内交付货物，或卖方声明他将不在所规定的时间内交付货物。

（2）但是，如果卖方已交付货物，买方就丧失宣告合同无效的权利，除非：

（a）对于迟延交货，他在知道交货后一段合理时间内这样做；

（b）对于迟延交货以外的任何违反合同事情；

①他在已知道或理应知道这种违反合同后一段合理时间内这样做；

②他在买方按照第 47 条第（1）款规定的任何额外时间满期后，或在卖方声明他将不在这一额外时间履行义务后一段合理时间内这样做；

③他在卖方按照第 48 条第（2）款指明的任何额外时间满期后，或在买方声明他将不接受卖方履行义务后一段合理时间内这样做。

第 50 条

如果货物不符合同，不论价款是否已付，买方都可以减低价格，减价按实际交付的货物在交货时的价值与符合合同的货物在当时的价值两者之间的比例计算。但是，如果卖方按照第 37 条或第 48 条的规定对任何不履行义务做出补救，或者买方拒绝接受卖方按照该两条规定履行义务，则买方不得减低价格。

第 51 条

（1）如果卖方只付一部分货物，或者交付的货物中只有一部分符合合同规定，第 46 条至第 50 条的规定适用于缺漏部分及不符合同规定部分的货物。

（2）买方只有在完全不交付货物或不按照合同规定交付货物等于根本违反合同时，才可以宣告整个合同无效。

第 52 条

（1）如果卖方在规定的日期前交付货物，买方可以收取货物，也可以拒绝收取货物。

（2）如果卖方交付的货物数量大于合同规定的数量，买方可以收取也可以拒绝收取多交部分的货物。如果买方收取多交部分货物的全部或一部分，他必须按合同价格付款。

第三章　买方的义务

第 53 条

买方必须按照合同和本公约规定支付货物价款和收取货物。

第一节　支付价款

第 54 条

买方支付价款的义务包括根据合同或任何有关法律和规章规定的步骤和手续，以便支付价款。

第 55 条

如果合同已有效地订立，但没有明示或暗示地规定价格或规定如何确定价格。

在没有任何相反表示的情况下，双方当事人应视为已默示地引用订立合同时此种货物在有关贸易的类似情况下销售的通常价格。

第 56 条

如果价格是按货物的重量规定的，如有疑问，应按净重确定。

第 57 条

（1）如果买方没有义务在任何其他特定地点支付价款，他必须在以下地点向卖方支付价款：

（a）卖方的营业地；或者

（b）如凭移交货物或单据支付价款，则为移交货物或单据的地点。

（2）卖方必须承担因其营业地在订立合同后发生变动而增加的支付方面的有关费用。

第 58 条

（1）如果买方没有义务在任何其他特定时间内支付价款，他必须于卖方按照合同和本公约规定将货物或控制货物外置权的单据交给买方处置时支付价款。卖方可以支付价款作为移交货物或单据的条件。

（2）如果合同涉及货物的运输，卖方可以在支付价款后方可把货物或控制货物处置权的单据移交给买方作为发运货物的条件。

（3）买方在未有机会检验货物前，无义务支付价款，除非这种机会与双方当事人议定的交货或支付程序相抵触。

第 59 条

买方必须按合同和本公约规定的日期或从合同和本公约可以确定的日期支付价款，而无需卖方提出任何要求或办理任何手续。

第二节 收取货物

第 60 条

买方收取货物的义务如下：

（a）采取一切理应采取的行动，以期卖方能交付货物；

（b）接收货物。

第三节 买方违反合同的补救办法

第 61 条

（1）如果买方不履行他在合同和本公约中的任何义务，卖方可以：

（a）行使第 62 条至第 65 条所规定的权利；

（b）按照第 74 条至第 77 条的规定，要求损害赔偿。

（2）卖方可能享有的要求损害赔偿的任何权利，不因他行使采取其他补救办法的权利而丧失。

（3）如果卖方对违反合同采取某种补救办法，法院或仲裁庭不得给予买方宽限期。

第62条

卖方可以要求买方支付价款、收取货物或履行他的其他义务，除非卖方已采取与此一要求相抵触的某种补救办法。

第63条

（1）卖方可以规定一段合理时限的额外时间，让买方履行义务。

（2）除非卖方收到买方的通知，声称他将不在所规定的时间内履行义务，卖方不得在这段时间内对违反合同采取任何补救办法。但是，卖方并不因此丧失他对迟延履行义务可能享有的要求损害赔偿的任何权利。

第64条

（1）卖方在以下情况下可以宣告合同无效：

（a）买方不履行其在合同或本公约中的任何义务，等于根本违反合同；

（b）买方不在卖方按照第63条第（1）款规定的额外时间内履行支付价款的义务或收取货物，或买方声明他将不在所规定的时间内这样做。

（2）但是，如果买方已支付价款，卖方就丧失宣告合同无效的权利，除非：

（a）对于买方迟延履行义务，他在知道买方履行义务前这样做；

（b）对于买方迟延履行义务以外的任何违反合同事情：

①他在已知道或理应知道这种违反合同后一段合理时间内这样做；

②他在卖方按照第63条第（1）款规定的任何额外时间满期后或在买方声明他将不在这一额外时间内履行义务后一段合理时间内这样做。

第65条

（1）如果买方应根据合同规定订明货物的形状、大小或其他特征，而他在议定的日期或在收到卖方的要求后一段合理时间内没有订明这些规格，则卖方在不损害其可能享有的任何其他权利的情况下，可以依照他所知的买方的要求，自己订明规格。

（2）如果卖方自己订明规格，他必须把订明规格的细节通知买方，而且必须规定一段合理时间，让买方可以在该段时间内订出不同的规格。如果买方在收到这种通知后没有在该段时间内这样做，卖方所订的规格就具有约束力。

第四章　风险移转

第66条

货物在风险移转到买方承担后遗失或损坏，买方支付价款的义务并不因此解除，除非这种遗失或损坏是由于卖方的行为或不行为所造成。

第67条

（1）如果销售合同涉及货物的运输，但卖方没有义务在某一特定地点交付货物，自货物按照销售合同交付给第一承运人以转交给买方时起，风险就移转到买方承担。如果卖方有义务在某一特定地点把货物交付给承运人，在货物于该地点交付给承运人以前，风险不移转到买方承担。卖方受权保留控制货物处置权的单据，并不影响风险的移转。

（2）但是，在货物以货物上加标记，或以装运单据，或向买方通知或其他方式清楚地注明有关合同以前，风险不移转到买方承担。

第 68 条

对于在运输途中销售的货物，从订立合同时起，风险就移转到买方承担。但是，如果情况表明有此需要，从货物交付给签发载有运输合同单据的承运人时起，风险就由买方承担。尽管如此，如果卖方在订立合同时已知道或理应知道货物已经损失或损坏，而他又不将这一事实告知买方，则这种遗失或损坏应由卖方负责。

第 69 条

（1）在不属于第 67 条和第 68 条规定的情况下，从买方接收货物时起，或如果买方不在适当时间内这样做，则从货物交给他处置但他不收取货物从而违反合同时起，风险移转到买方承担。

（2）但是，如果买方有义务在卖方营业地以外的某一地点接收货物，当交货时间已到买方知道货物已在该地点交给他处置时，风险方始移转。

（3）如果合同指的是当时未加识别的货物，则这些货物在未清楚注明有关合同以前，不得视为已交给买方处置。

第 70 条

如果卖方已根本违反合同，第 67 条、第 68 条和第 69 条的规定，不损害买方因此种违反合同而可以采取的各种补救办法。

第五章　卖方和买方义务的一般规定

第一节　预期违反合同和分批交货合同

第 71 条

（1）如果订立合同后，另一方当事人由于下列原因显然将不履行其大部分重要义务，一方当事人可以中止履行义务：

（a）他履行义务的能力或他的信用有严重缺陷；

（b）他在准备履行合同或履行合同中的行为。

（2）如果卖方在上一款所述的理由明显化以前已将货物发运，他可以阻止将货物交付给买方，即使买方持有其有权获得货物的单据。本款规定只与买方和卖方间对货物的权利有关。

（3）中止履行义务的一方当事人不论是在货物发运前还是发运后，都必须立即通知另一方当事人，如经另一方当事人对履行义务提供充分保证，则他必须继续履行义务。

第72条

（1）如果在履行合同日期之前，明显看出一方当事人将根本违反合同，另一方当事人可以宣告合同无效。

（2）如果时间许可，打算宣告合同无效的一方当事人必须向另一方当事人发出合理的通知，使他可以对履行义务提供充分保证。

（3）如果另一方当事人已声明他将不履行其义务，则上一款的规定不适用。

第73条

（1）对于分批交付货物的合同，如果一方当事人不履行对任何一批货物的义务，便对该批货物构成根本违反合同，则另一方当事人可以宣告合同对该批货物无效。

（2）如果一方当事人不履行对任何一批货物的义务，使另一方当事人有充分理由断定对今后各批货物将会发生根本违反合同，该另一方当事人可以在一段合理时间内宣告合同无效。

（3）买方宣告合同对任何一批货物的交付为无效时，可以同时宣告合同对已交付的或今后交付的各批货物均为无效，如果各批货物是互相依存的，不能单独用于双方当事人在订立合同时所设想的目的。

第二节　损害赔偿

第74条

一方当事人违反合同应负的损害赔偿额，应与另一方当事人因他违反合同而遭受的包括利润在内的损失额相等。这种损害赔偿不得超过违反合同一方在订立合同时，依照他当时已知道或理应知道的事实和情况，对违反合同预料到或理应预料到的可能损失。

第75条

如果合同被宣告无效，而在宣告无效后一段合理时间内，买方已以合理方式购买替代货物，或者卖方已以合理方式把货物转卖，则要求损害赔偿的一方可以取得合同价格和替代货物交易价格之间的差额以及按照第74条规定可以取得任何其他损害赔偿。

第76条

（1）如果合同被宣告无效，而货物又有时价，要求损害赔偿的一方，如果没有根据第75条规定进行购买或转卖，则可以取得合同规定的价格和宣告合同无效时的时价之间的差额以及按照第74条规定可以取得的任何其他损害赔偿。但是，如果要求损害赔偿的一方在接收货物之后宣告合同无效，则应适用接收货物时的时价，而不适用宣告合同无效时的时价。

（2）为上一款的目的，时价指原应交付货物地点的现行价格，如果该地点没有时价，则指另一合理替代地点的价格，但应适当地考虑货物运费的差额。

第 77 条

声称另一方违反合同的一方，必须按情况采取合理措施，减轻由于该另一方违反合同而引起的损失，包括利润方面的损失。如果他不采取这种措施，违反合同一方可以要求从损害赔偿中扣除原可以减轻的损失数额。

第三节 利 息

第 78 条

如果一方当事人没有支付价款或任何其他拖欠金额，另一方当事人有权对这些款额收取利息，但不妨碍要求按照第 74 条规定可以取得的损害赔偿。

第四节 免 责

第 79 条

（1）当事人对不履行义务，不负责任，如果他能证明此种不履行义务，是由于某种非他所能控制的障碍，而且对于这种障碍，没有理由预期他在订立合同时能考虑到或能避免或克服它或它的后果。

（2）如果当事人不履行义务是由于他所雇佣履行合同的全部或一部分规定的第三方不履行义所致，该当事人只有在以下情况下才能免除责任：

（a）他按照上一款的规定应免除责任；

（b）假如该款的规定也适用于他所雇佣的人，这个人也同样会免除责任。

（3）本条所规定的免责对障碍存在的期间有效。

（4）不履行义务的一方必须将障碍及其对他履行义务能力的影响通知另一方。如果该项通知在不履行义务的一方已知道或理应知道此一障碍后一段合理时间内仍未为另一方收到，则他对由于另一方未收到通知而造成的损害应负赔偿责任。

（5）本条规定不妨碍任何一方行使本公约规定的要求损害赔偿以外的任何权利。

第 80 条

一方当事人因其行为或不行为而使得另一方当事人不履行义务时，不得声称该另一方当事人不履行义务。

第五节 宣告合同无效的效果

第 81 条

（1）宣告合同无效解除了双方在合同的义务，但应负责的任何损害赔偿仍应负责。宣告合同无效不影响合同中关于解决争端的任何规定，也不影响合同中关于双方在宣告合同无效后权利和义务的任何其他规定。

（2）已全部或局部履行合同的一方，可以要求另一方归还他按照合同供应的货物或支付的价款。如果双方都须归还，他们必须同时这样做。

第 82 条

（1）买方如果不可能按实际收到货物的原状归还货物，他就丧失宣告合同无效或要求卖方交付替代货物的权利。

（2）上一款的规定不适用于以下情况：

（a）如果不可能归还货物或不可能按实际收到货物的原状归还货物，并非由于买方的行为或不行为所造成；

（b）如果货物或其中一部分的毁灭或变坏，是由于按照第 38 条规定进行检验所致；

（c）如果货物或其中一部分，在买方发现或理应发现与合同不符以前，已为买方在正常营业过程中售出，或在正常使用过程中消费或改变。

第 83 条

买方虽然依第 82 条规定丧失宣告合同无效或要求卖方交付替代货物的权利，但是根据合同和本公约规定，他仍保有采取一切其他补救办法的权利。

第 84 条

（1）如果卖方有义务归还价款，他必须同时从支付价款之日起支付价款利息。

（2）在以下情况下，买方必须向卖方说明他从货物或其中一部分得到的一切利益：

（a）如果他必须归还货物或其中一部分；

（b）如果他不可能归还全部或一部分货物，或不可能按实际收到货物的原状归还全部或一部分货物，但他已宣告合同无效或已要求卖方交付替代货物。

第六节　保全货物

第 85 条

如果买方推迟收取货物，或在支付价款和交付货物应同时履行时，买方没有支付价款，而卖方仍拥有这些货物或仍能控制这些货物的处置权，卖方必须按情况采取合理措施，以保全货物。他有权保有这些货物，直至买方把他所付的合理费用偿还给他为止。

第 86 条

（1）如果买方已收到货物，但打算行使合同或本公约规定的任何权利，把货物退回，他必须按情况采取合理措施，以保全货物。他有权保有这些货物，直至卖方把他所付的合理费用偿还给他为止。

（2）如果发运给买方的货物已到达目的地，并交给买方处置，而买方行使退货权利，则买方必须代表卖方收取货物，除非他这样做需要支付价款而且会使他遭受不合理的不便或需承担不合理的费用。如果卖方或受权代表他掌管货物的人也在目的地，则此一规定不适用。如果买方根据本款规定收取货物，他的权利和义务与上一款所规定的相同。

第 87 条

有义务采取措施以保全货物的一方当事人，可以把货物寄放在第三方的仓库，由另一方当事人担负费用，但该项费用必须合理。

第 88 条

（1）如果另一方当事人在收取货物或收回货物起支付价款或保全货物费用方面有不合理的迟延，按照第 85 条或第 86 条规定有义务保全货物的一方当事人，可以采取任何适当办法，把货物出售，但必须事前向另一方当事人发出合理的意向通知。

（2）如果货物易于迅速变坏，或者货物的保全牵涉到不合理的费用，则按照第 85 条或第 86 条规定有义务保全货物的一方当事人，必须采取合理措施，把货物出售。在可能的范围内，他必须把出售货物的打算通知另一方当事人。

（3）出售货物的一方当事人，有权从销售所得收入中扣回为保全货物和销售货物而付的合理费用。他必须向另一方当事人说明所余款项。

第四部分　最后条款

第 89 条

兹指定联合国秘书长为本公约保管人。

第 90 条

本公约不优于业已缔结或可能缔结并载有与属于本公约范围内事项有关的条款的任何国际协定，但以双方当事人的营业地均在这种协定的缔约国内为限。

第 91 条

（1）本公约在联合国国际货物销售合同会议闭幕会议上开放签字，并在纽约联合国总部继续开放签字，直至 1981 年 9 月 30 日为止。

（2）本公约须经签字国批准、接受或核准。

（3）本公约从开放签字之日起开放给所有非签字国加入。

（4）批准书、接受书、核准书和加入书应送交联合国秘书处存放。

第 92 条

（1）缔约国可在签字、批准、接受、核准或加入时声明它不受本公约第二部分的约束或不受本公约第三部分的约束。

（2）按照上一款规定就本公约第二部分或第三部分做出声明的缔约国，在该声明适用的部分所规定事项上，不得视为本公约第 1 条第（1）款范围内的缔约国。

第 93 条

（1）如果缔约国具有两个或两个以上的领土单位，而依照该国宪法规定、各领土单位对本公约所规定的事项适用不同的法律制度，则该国得在签字、批准、接受、核准或加入时声明本公约适用于该国全部领土单位或仅适用于其中的一个或数个领土单位，并且可以随时提出另一声明来修改其所做的声明。

（2）此种声明应通知保管人，并且明确地说明适用本公约的领土单位。

（3）如果根据按本条做出的声明，本公约适用于缔约国的一个或数个而不是全部领土单位，而且一方当事人的营业地位于该缔约国内，则为本公约的目的，该营业地除非位于本公约适用的领土单位内，否则视为不在缔约国内。

（4）如果缔约国没有按照本条第（1）款做出声明，则本公约适用于该国所有领土单位。

第 94 条

（1）对属于本公约范围的事项具有相同或非常近似的法律规则的两个或两个以上的缔约国，可随时声明本公约不适用于营业地在这些缔约国内的当事人之间的销售合同，也不适用于这些合同的订立。此种声明可联合做出，也可以相互单方面声明的方式做出。

（2）对属于本公约范围的事项具有与一个或一个以上非缔约国相同或非常近似的法律规则的缔约国，可随时声明本公约不适用于营业地在这些非缔约国内的当事人之间的销售合同，也不适用于这些合同的订立。

（3）作为根据上一款所做声明对象的国家如果后来成为缔约国，这项声明从本公约对该新缔约国生效之日起，具有根据第（1）款所做声明的效力，但以该新缔约国加入这项声明，或做出相互单方面声明为限。

第 95 条

任何国家在交存其批准书、接受书、核准书和加入书时，可声明它不受本公约第 1 条第（1）款（b）项的约束。

第 96 条

本国法律规定销售合同必须以书面订立或书面证明的缔约国，可以随时按照第 12 条的规定，声明本公约第 11 条、第 29 条或第二部分准许销售合同或其更改或根据协议终止，或者任何发价、接受或其他意旨表示得以书面以外任何形式做出的任何规定不适用，如果任何一方当事人的营业地是在该缔约国内。

第 97 条

（1）根据本公约规定在签字时做出的声明，须在批准、接受或核准时加以确认。

（2）声明和声明的确认，应以书面提出，并应正式通知保管人。

（3）声明在本公约对有关国家开始生效时同时生效。但是，保管人于此种生效后收到正式通知的声明，应于保管人收到声明之日起六个月后的第一个月第一天生效。根据第 94 条规定做出的相互单方面声明，应于保管人收到最后一份声明之日起六个月后的第一月第一天生效。

（4）根据本公约规定做出声明的任何国家可以随时用书面正式通知保管人撤回该项声明。此种撤回于保管人收到通知之日起六个月后的第一个月第一天生效。

（5）撤回根据第 94 条做出的声明，自撤回生效之日起，就会使另一个国家根据该条所做的任何相互声明失效。

第 98 条

除本公约明文许可的保留外，不得作任何保留。

第99条

(1) 在本条第 (6) 款规定的条件下,本公约在第十件批准书、接受书、核准书或加入书、包括载有根据第92条规定做出的声明的文书交存之日起12个月后的第一个月第一天生效。

(2) 在本条第 (6) 款规定的条件下,对于在第十件批准书、接受书、核准书或加入书交存后才批准、接受、核准或加入本公约的国家,本公约在该国交存其批准书、接受书、核准书或加入书之日起12个月后的第一个月第一天对该国生效,但不适用的部分除外。

(3) 批准、接受、核准或加入本公约的国家,如果是1964年7月1日在海牙签订的《关于国际货物销售合同的订立统一法公约》(《1964年海牙订立合同公约》)和1964年7月1日在海牙签订的《关于国际货物销售统一法的公约》(《1964年海牙货物销售公约》) 中一项或两项公约的缔约国,应按情况同时通知荷兰政府声明退出《1964年海牙货物销售公约》或《1964年海牙订立合同公约》或退出该两项公约。

(4) 凡为《1964年海牙货物销售公约》缔约国并批准、接受、核准或加入本公约和根据第92条规定声明或业已声明不受本公约第二部分约束的国家,应于批准、接受、核准或加入时通知荷兰政府声明退出《1964年海牙货物销售公约》。

(5) 凡为《1964年海牙订立合同公约》缔约国批准、接受、核准或加入本公约和根据第92条规定声明或业已声明不受本公约第三部分约束的国家,应于批准、接受、核准或加入时通知荷兰政府声明退出《1964年海牙订立合同公约》。

(6) 为本条的目的,《1964年海牙订立合同公约》或《1964年海牙货物销售公约》的缔约国的批准、接受、核准或加入本公约,应在这些国家按照规定退出该两公约生效后方始生效。本公约保管人应与1964年两公约的保管人荷兰政府进行协商,以确保在这方面进行必要的协调。

第100条

(1) 本公约适用于合同的订立,只要订立该合同的建议是在本公约对第1条第 (1) 款 (a) 项所指缔约国或第1条第 (1) 款 (b) 项所指缔约国生效之日或其后作出的。

(2) 本公约只适用于在它对第1条第 (1) 款 (a) 项所指缔约国或第1条第 (1) 款 (b) 项所指缔约国生效之日或其后订立的各同。

第101条

(1) 缔约国可以用书面正式通知保管人声明退出本公约,或本公约第二部分或第三部分。

(2) 退出于保管人收到通知12个月后的第一个月第一天起生效。凡通知内订明一段退出生效的更长时间,则退出于保管人收到通知后该段更长时间期满时起生效。

1980年4月11日订于维也纳,正本一份,其阿拉伯文本、中文本、英文本、法文本、俄文本和西班牙文本都具有同等效力。

附录二 《中华人民共和国合同法》

中华人民共和国主席令（第 15 号）

《中华人民共和国合同法》已由中华人民共和国第九届全国人民代表大会第二次会议于 1999 年 3 月 15 日通过，现予公布，自 1999 年 10 月 1 日起施行。

中华人民共和国主席 江泽民

1999 年 3 月 15 日

中华人民共和国合同法

（1999 年 3 月 15 日第九届全国人民代表大会第二次会议通过）

总　则

第一章　一般规定

第一条　为了保护合同当事人的合法权益，维护社会经济秩序，促进社会主义现代化建设，制定本法。

第二条　本法所称合同是平等主体的自然人、法人、其他组织之间设立、变更、终止民事权利义务关系的协议。婚姻、收养、监护等有关身份关系的协议，适用其他法律的规定。

第三条　合同当事人的法律地位平等，一方不得将自己的意志强加给另一方。

第四条　当事人依法享有自愿订立合同的权利，任何单位和个人不得非法干预。

第五条　当事人应当遵循公平原则确定各方的权利和义务。

第六条　当事人行使权利、履行义务应当遵循诚实信用原则。

第七条　当事人订立、履行合同，应当遵守法律、行政法规，尊重社会公德，不得扰乱社会经济秩序，损害社会公共利益。

第八条　依法成立的合同，对当事人具有法律约束力。当事人应当按照约定履行自己的义务，不得擅自变更或者解除合同。依法成立的合同，受法律保护。

第二章　合同的订立

第九条　当事人订立合同，应当具有相应的民事权利能力和民事行为能力。当事人依法可以委托代理人订立合同。

第十条 当事人订立合同，有书面形式、口头形式和其他形式。法律、行政法规规定采用书面形式的，应当采用书面形式。当事人约定采用书面形式的，应当采用书面形式。

第十一条 书面形式是指合同书、信件和数据电文（包括电报、电传、传真、电子数据交换和电子邮件）等可以有形地表现所载内容的形式。

第十二条 合同的内容由当事人约定，一般包括以下条款：

（一）当事人的名称或者姓名和住所；

（二）标的；

（三）数量；

（四）质量；

（五）价款或者报酬；

（六）履行期限、地点和方式；

（七）违约责任；

（八）解决争议的方法。当事人可以参照各类合同的示范文本订立合同。

第十三条 当事人订立合同，采取要约、承诺方式。

第十四条 要约是希望和他人订立合同的意思表示，该意思表示应当符合下列规定：

（一）内容具体确定；

（二）表明经受要约人承诺，要约人即受该意思表示约束。

第十五条 要约邀请是希望他人向自己发出要约的意思表示。寄送的价目表、拍卖公告、招标公告、招股说明书、商业广告等为要约邀请。商业广告的内容符合要约规定的，视为要约。

第十六条 要约到达受要约人时生效。

采用数据电文形式订立合同，收件人指定特定系统接收数据电文的，该数据电文进入该特定系统的时间，视为到达时间；未指定特定系统的，该数据电文进入收件人的任何系统的首次时间，视为到达时间。

第十七条 要约可以撤回。撤回要约的通知应当在要约到达受要约人之前或者与要约同时到达受要约人

第十八条 要约可以撤销。撤销要约的通知应当在受要约人发出承诺通知之前到达受要约人。

第十九条 有下列情形之一的，要约不得撤销：

（一）要约人确定了承诺期限或者以其他形式明示要约不可撤销；

（二）受要约人有理由认为要约是不可撤销的，并已经为履行合同作了准备工作。

第二十条 有下列情形之一的，要约失效：

（一）拒绝要约的通知到达要约人；

（二）要约人依法撤销要约；

（三）承诺期限届满，受要约人未作出承诺；

（四）受要约人对要约的内容作出实质性变更。

第二十一条　承诺是受要约人同意要约的意思表示。

第二十二条　承诺应当以通知的方式作出，但根据交易习惯或者要约表明可以通过行为作出承诺的除外

第二十三条　承诺应当在要约确定的期限内到达要约人。要约没有确定承诺期限的，承诺应当依照下列规定到达：

（一）要约以对话方式作出的，应当即时作出承诺，但当事人另有约定的除外；

（二）要约以非对话方式作出的，承诺应当在合理期限内到达。

第二十四条　要约以信件或者电报作出的，承诺期限自信件载明的日期或者电报交发之日开始计算。信件未载明日期的，自投寄该信件的邮戳日期开始计算。要约以电话、传真等快速通讯方式作出的，承诺期限自要约到达受要约人时开始计算。

第二十五条　承诺生效时合同成立。

第二十六条　承诺通知到达要约人时生效。承诺不需要通知的，根据交易习惯或者要约的要求作出承诺的行为时生效。

采用数据电文形式订立合同的，承诺到达的时间适用本法第十六条第二款的规定。

第二十七条　承诺可以撤回。撤回承诺的通知应当在承诺通知到达要约人之前或者与承诺通知同时到达要约人。

第二十八条　受要约人超过承诺期限发出承诺的，除要约人及时通知受要约人该承诺有效的以外，为新要约。

第二十九条　受要约人在承诺期限内发出承诺，按照通常情形能够及时到达要约人，但因其他原因承诺到达要约人时超过承诺期限的，除要约人及时通知受要约人因承诺超过期限不接受该承诺的以外，该承诺有效。

第三十条　承诺的内容应当与要约的内容一致。受要约人对要约的内容作出实质性变更的，为新要约。有关合同标的、数量、质量、价款或者报酬、履行期限、履行地点和方式、违约责任和解决争议方法等的变更，是对要约内容的实质性变更。

第三十一条　承诺对要约的内容作出非实质性变更的，除要约人及时表示反对或者要约表明承诺不得对要约的内容作出任何变更的以外，该承诺有效，合同的内容以承诺的内容为准。

第三十二条　当事人采用合同书形式订立合同的，自双方当事人签字或者盖章时合同成立。

第三十三条　当事人采用信件、数据电文等形式订立合同的，可以在合同成立之前要求签订确认书。签订确认书时合同成立。

第三十四条 承诺生效的地点为合同成立的地点。

采用数据电文形式订立合同的，收件人的主营业地为合同成立的地点；没有主营业地的，其经常居住地为合同成立的地点。当事人另有约定的，按照其约定。

第三十五条 当事人采用合同书形式订立合同的，双方当事人签字或者盖章的地点为合同成立的地点。

第三十六条 法律、行政法规规定或者当事人约定采用书面形式订立合同，当事人未采用书面形式但一方已经履行主要义务，对方接受的，该合同成立。

第三十七条 采用合同书形式订立合同，在签字或者盖章之前，当事人一方已经履行主要义务，对方接受的，该合同成立。

第三十八条 国家根据需要下达指令性任务或者国家订货任务的，有关法人、其他组织之间应当依照有关法律、行政法规规定的权利和义务订立合同。

第三十九条 采用格式条款订立合同的，提供格式条款的一方应当遵循公平原则确定当事人之间的权利和义务，并采取合理的方式提请对方注意免除或者限制其责任的条款，按照对方的要求，对该条款予以说明。

格式条款是当事人为了重复使用而预先拟定，并在订立合同时未与对方协商的条款。

第四十条 格式条款具有本法第五十二条和第五十三条规定情形的，或者提供格式条款一方免除其责任、加重对方责任、排除对方主要权利的，该条款无效。

第四十一条 对格式条款的理解发生争议的，应当按照通常理解予以解释。对格式条款有两种以上解释的，应当作出不利于提供格式条款一方的解释。格式条款和非格式条款不一致的，应当采用非格式条款。

第四十二条 当事人在订立合同过程中有下列情形之一，给对方造成损失的，应当承担损害赔偿责任：

（一）假借订立合同，恶意进行磋商；

（二）故意隐瞒与订立合同有关的重要事实或者提供虚假情况；

（三）有其他违背诚实信用原则的行为。

第四十三条 当事人在订立合同过程中知悉的商业秘密，无论合同是否成立，不得泄露或者不正当地使用。泄露或者不正当地使用该商业秘密给对方造成损失的，应当承担损害赔偿责任。

第三章 合同的效力

第四十四条 依法成立的合同，自成立时生效。

法律、行政法规规定应当办理批准、登记等手续生效的，依照其规定。

第四十五条 当事人对合同的效力可以约定附条件。附生效条件的合同，自条件成就时生效。附解除条件的合同，自条件成就时失效。

当事人为自己的利益不正当地阻止条件成就的，视为条件已成就；不正当地促成条件成就的，视为条件不成就。

第四十六条　当事人对合同的效力可以约定附期限。附生效期限的合同，自期限届至时生效。附终止期限的合同，自期限届满时失效。

第四十七条　限制民事行为能力人订立的合同，经法定代理人追认后，该合同有效，但纯获利益的合同或者与其年龄、智力、精神健康状况相适应而订立的合同，不必经法定代理人追认。

相对人可以催告法定代理人在一个月内予以追认。法定代理人未作表示的，视为拒绝追认。合同被追认之前，善意相对人有撤销的权利。撤销应当以通知的方式作出。

第四十八条　行为人没有代理权、超越代理权或者代理权终止后以被代理人名义订立的合同，未经被代理人追认，对被代理人不发生效力，由行为人承担责任。

相对人可以催告被代理人在一个月内予以追认。被代理人未作表示的，视为拒绝追认。合同被追认之前，善意相对人有撤销的权利。撤销应当以通知的方式作出。

第四十九条　行为人没有代理权、超越代理权或者代理权终止后以被代理人名义订立合同，相对人有理由相信行为人有代理权的，该代理行为有效。

第五十条　法人或者其他组织的法定代表人、负责人超越权限订立的合同，除相对人知道或者应当知道其超越权限的以外，该代表行为有效。

第五十一条　无处分权的人处分他人财产，经权利人追认或者无处分权的人订立合同后取得处分权的，该合同有效。

第五十二条　有下列情形之一的，合同无效：

（一）一方以欺诈、胁迫的手段订立合同，损害国家利益；

（二）恶意串通，损害国家、集体或者第三人利益；

（三）以合法形式掩盖非法目的；

（四）损害社会公共利益；

（五）违反法律、行政法规的强制性规定。

第五十三条　合同中的下列免责条款无效：

（一）造成对方人身伤害的；

（二）因故意或者重大过失造成对方财产损失的。

第五十四条　下列合同，当事人一方有权请求人民法院或者仲裁机构变更或者撤销：

（一）因重大误解订立的；

（二）在订立合同时显失公平的。

一方以欺诈、胁迫的手段或者乘人之危，使对方在违背真实意思的情况下订立的合同，受损害方有权请求人民法院或者仲裁机构变更或者撤销。

当事人请求变更的，人民法院或者仲裁机构不得撤销

第五十五条　有下列情形之一的，撤销权消灭：

（一）具有撤销权的当事人自知道或者应当知道撤销事由之日起一年内没有行使撤销权；

（二）具有撤销权的当事人知道撤销事由后明确表示或者以自己的行为放弃撤销权。

第五十六条 无效的合同或者被撤销的合同自始没有法律约束力。合同部分无效，不影响其他部分效力的，其他部分仍然有效。

第五十七条 合同无效、被撤销或者终止的，不影响合同中独立存在的有关解决争议方法的条款的效力

第五十八条 合同无效或者被撤销后，因该合同取得的财产，应当予以返还；不能返还或者没有必要返还的，应当折价补偿。有过错的一方应当赔偿对方因此所受到的损失，双方都有过错的，应当各自承担相应的责任。

第五十九条 当事人恶意串通，损害国家、集体或者第三人利益的，因此取得的财产收归国家所有或者返还集体、第三人。

第四章 合同的履行

当事人应当按照约定全面履行自己的义务。

当事人应当遵循诚实信用原则，根据合同的性质、目的和交易习惯履行通知、协助、保密等义务。

第六十一条 合同生效后，当事人就质量、价款或者报酬、履行地点等内容没有约定或者约定不明确的，可以协议补充；不能达成补充协议的，按照合同有关条款或者交易习惯确定。

第六十二条 当事人就有关合同内容约定不明确，依照本法第六十一条的规定仍不能确定的，适用下列规定：

（一）质量要求不明确的，按照国家标准、行业标准履行；没有国家标准、行业标准的，按照通常标准或者符合合同目的的特定标准履行。

（二）价款或者报酬不明确的，按照订立合同时履行地的市场价格履行；依法应当执行政府定价或者政府指导价的，按照规定履行。

（三）履行地点不明确，给付货币的，在接受货币一方所在地履行；交付不动产的，在不动产所在地履行；其他标的，在履行义务一方所在地履行。

（四）履行期限不明确的，债务人可以随时履行，债权人也可以随时要求履行，但应当给对方必要的准备时间。

（五）履行方式不明确的，按照有利于实现合同目的的方式履行。

（六）履行费用的负担不明确的，由履行义务一方负担。

第六十三条 执行政府定价或者政府指导价的，在合同约定的交付期限内政府价格调整时，按照交付时的价格计价。逾期交付标的物的，遇价格上涨时，按照原价格执行；价格下降时，按照新价格执行。逾期提取标的物或者逾期付款的，遇价

格上涨时，按照新价格执行；价格下降时，按照原价格执行。

第六十四条 当事人约定由债务人向第三人履行债务的，债务人未向第三人履行债务或者履行债务不符合约定，应当向债权人承担违约责任。

第六十五条 当事人约定由第三人向债权人履行债务的，第三人不履行债务或者履行债务不符合约定，债务人应当向债权人承担违约责任。

第六十六条 当事人互负债务，没有先后履行顺序的，应当同时履行。一方在对方履行之前有权拒绝其履行要求。一方在对方履行债务不符合约定时，有权拒绝其相应的履行要求。

第六十七条 当事人互负债务，有先后履行顺序，先履行一方未履行的，后履行一方有权拒绝其履行要求。先履行一方履行债务不符合约定的，后履行一方有权拒绝其相应的履行要求。

第六十八条 应当先履行债务的当事人，有确切证据证明对方有下列情形之一的，可以中止履行：

（一）经营状况严重恶化；

（二）转移财产、抽逃资金，以逃避债务；

（三）丧失商业信誉；

（四）有丧失或者可能丧失履行债务能力的其他情形。

当事人没有确切证据中止履行的，应当承担违约责任。

第六十九条 当事人依照本法第六十八条的规定中止履行的，应当及时通知对方。对方提供适当担保时，应当恢复履行。中止履行后，对方在合理期限内未恢复履行能力并且未提供适当担保的，中止履行的一方可以解除合同。

第七十条 债权人分立、合并或者变更住所没有通知债务人，致使履行债务发生困难的，债务人可以中止履行或者将标的物提存。

第七十一条 债权人可以拒绝债务人提前履行债务，但提前履行不损害债权人利益的除外。债务人提前履行债务给债权人增加的费用，由债务人负担。

第七十二条 债权人可以拒绝债务人部分履行债务，但部分履行不损害债权人利益的除外。债务人部分履行债务给债权人增加的费用，由债务人负担。

第七十三条 因债务人怠于行使其到期债权，对债权人造成损害的，债权人可以向人民法院请求以自己的名义代位行使债务人的债权，但该债权专属于债务人自身的除外。

代位权的行使范围以债权人的债权为限。债权人行使代位权的必要费用，由债务人负担。

第七十四条 因债务人放弃其到期债权或者无偿转让财产，对债权人造成损害的，债权人可以请求人民法院撤销债务人的行为。债务人以明显不合理的低价转让财产，对债权人造成损害，并且受让人知道该情形的，债权人也可以请求人民法院撤销债务人的行为。

撤销权的行使范围以债权人的债权为限。债权人行使撤销权的必要费用，由债务人负担。

第七十五条　撤销权自债权人知道或者应当知道撤销事由之日起一年内行使。自债务人的行为发生之日起五年内没有行使撤销权的，该撤销权消灭。

第七十六条　合同生效后，当事人不得因姓名、名称的变更或者法定代表人、负责人、承办人的变动而不履行合同义务。

第五章　合同的变更和转让

第七十七条　当事人协商一致，可以变更合同。

法律、行政法规规定变更合同应当办理批准、登记等手续的，依照其规定。

第七十八条　当事人对合同变更的内容约定不明确的，推定为未变更。

第七十九条　债权人可以将合同的权利全部或者部分转让给第三人，但有下列情形之一的除外：

（一）根据合同性质不得转让；

（二）按照当事人约定不得转让；

（三）依照法律规定不得转让。

第八十条　债权人转让权利的，应当通知债务人。未经通知，该转让对债务人不发生效力。

债权人转让权利的通知不得撤销，但经受让人同意的除外。

第八十一条　债权人转让权利的，受让人取得与债权有关的从权利，但该从权利专属于债权人自身的除外。

第八十二条　债务人接到债权转让通知后，债务人对让与人的抗辩，可以向受让人主张。

第八十三条债务人接到债权转让通知时，债务人对让与人享有债权，并且债务人的债权先于转让的债权到期或者同时到期的，债务人可以向受让人主张抵销。

第八十四条　债务人将合同的义务全部或者部分转移给第三人的，应当经债权人同意。

第八十五条　债务人转移义务的，新债务人可以主张原债务人对债权人的抗辩。

第八十六条　债务人转移义务的，新债务人应当承担与主债务有关的从债务，但该从债务专属于原债务人自身的除外。

第八十七条　法律、行政法规规定转让权利或者转移义务应当办理批准、登记等手续的，依照其规定。

第八十八条　当事人一方经对方同意，可以将自己在合同中的权利和义务一并转让给第三人。

第八十九条　权利和义务一并转让的，适用本法第七十九条、第八十一条至第八十三条、第八十五条至第八十七条的规定。

第九十条　当事人订立合同后合并的，由合并后的法人或者其他组织行使合同权利，履行合同义务。当事人订立合同后分立的，除债权人和债务人另有约定的以外，由分立的法人或者其他组织对合同的权利和义务享有连带债权，承担连带债务。

第六章　合同的权利义务终止

第九十一条　有下列情形之一的，合同的权利义务终止：

（一）债务已经按照约定履行；

（二）合同解除；

（三）债务相互抵销；

（四）债务人依法将标的物提存；

（五）债权人免除债务；

（六）债权债务同归于一人；

（七）法律规定或者当事人约定终止的其他情形。

第九十二条　合同的权利义务终止后，当事人应当遵循诚实信用原则，根据交易习惯履行通知、协助、保密等义务。

第九十三条　当事人协商一致，可以解除合同。

当事人可以约定一方解除合同的条件。解除合同的条件成就时，解除权人可以解除合同。

第九十四条　有下列情形之一的，当事人可以解除合同：

（一）因不可抗力致使不能实现合同目的；

（二）在履行期限届满之前，当事人一方明确表示或者以自己的行为表明不履行主要债务；

（三）当事人一方迟延履行主要债务，经催告后在合理期限内仍未履行；

（四）当事人一方迟延履行债务或者有其他违约行为致使不能实现合同目的；

（五）法律规定的其他情形。

第九十五条　法律规定或者当事人约定解除权行使期限，期限届满当事人不行使的，该权利消灭。

法律没有规定或者当事人没有约定解除权行使期限，经对方催告后在合理期限内不行使的，该权利消灭。

第九十六条　当事人一方依照本法第九十三条第二款、第九十四条的规定主张解除合同的，应当通知对方。合同自通知到达对方时解除。对方有异议的，可以请求人民法院或者仲裁机构确认解除合同的效力。

法律、行政法规规定解除合同应当办理批准、登记等手续的，依照其规定。

第九十七条　合同解除后，尚未履行的，终止履行；已经履行的，根据履行情况和合同性质，当事人可以要求恢复原状、采取其他补救措施，并有权要求赔偿损失。

第九十八条 合同的权利义务终止，不影响合同中结算和清理条款的效力。

第九十九条 当事人互负到期债务，该债务的标的物种类、品质相同的，任何一方可以将自己的债务与对方的债务抵销，但依照法律规定或者按照合同性质不得抵销的除外。

当事人主张抵销的，应当通知对方。通知自到达对方时生效。抵销不得附条件或者附期限。

第一百条 当事人互负债务，标的物种类、品质不相同的，经双方协商一致，也可以抵销。

第一百零一条 有下列情形之一，难以履行债务的，债务人可以将标的物提存：

（一）债权人无正当理由拒绝受领；

（二）债权人下落不明；

（三）债权人死亡未确定继承人或者丧失民事行为能力未确定监护人；

（四）法律规定的其他情形。

标的物不适于提存或者提存费用过高的，债务人依法可以拍卖或者变卖标的物，提存所得的价款。

第一百零二条 标的物提存后，除债权人下落不明的以外，债务人应当及时通知债权人或者债权人的继承人、监护人。

第一百零三条 标的物提存后，毁损、灭失的风险由债权人承担。提存期间，标的物的孳息归债权人所有。提存费用由债权人负担。

第一百零四条 债权人可以随时领取提存物，但债权人对债务人负有到期债务的，在债权人未履行债务或者提供担保之前，提存部门根据债务人的要求应当拒绝其领取提存物。

债权人领取提存物的权利，自提存之日起五年内不行使而消灭，提存物扣除提存费用后归国家所有。

第一百零五条 债权人免除债务人部分或者全部债务的，合同的权利义务部分或者全部终止。

第一百零六条 债权和债务同归于一人的，合同的权利义务终止，但涉及第三人利益的除外。

第七章 违约责任

第一百零七条 当事人一方不履行合同义务或者履行合同义务不符合约定的，应当承担继续履行、采取补救措施或者赔偿损失等违约责任。

第一百零八条 当事人一方明确表示或者以自己的行为表明不履行合同义务的，对方可以在履行期限届满之前要求其承担违约责任。

第一百零九条 当事人一方未支付价款或者报酬的，对方可以要求其支付价款或者报酬。

第一百一十条 当事人一方不履行非金钱债务或者履行非金钱债务不符合约定的,对方可以要求履行,但有下列情形之一的除外:

(一)法律上或者事实上不能履行;

(二)债务的标的不适于强制履行或者履行费用过高;

(三)债权人在合理期限内未要求履行。

第一百一十一条 质量不符合约定的,应当按照当事人的约定承担违约责任。对违约责任没有约定或者约定不明确,依照本法第六十一条的规定仍不能确定的,受损害方根据标的的性质以及损失的大小,可以合理选择要求对方承担修理、更换、重作、退货、减少价款或者报酬等违约责任。

第一百一十二条 当事人一方不履行合同义务或者履行合同义务不符合约定的,在履行义务或者采取补救措施后,对方还有其他损失的,应当赔偿损失。

第一百一十三条 当事人一方不履行合同义务或者履行合同义务不符合约定,给对方造成损失的,损失赔偿额应当相当于因违约所造成的损失,包括合同履行后可以获得的利益,但不得超过违反合同一方订立合同时预见到或者应当预见到的因违反合同可能造成的损失。

经营者对消费者提供商品或者服务有欺诈行为的,依照《中华人民共和国消费者权益保护法》的规定承担损害赔偿责任。

第一百一十四条 当事人可以约定一方违约时应当根据违约情况向对方支付一定数额的违约金,也可以约定因违约产生的损失赔偿额的计算方法。

约定的违约金低于造成的损失的,当事人可以请求人民法院或者仲裁机构予以增加;约定的违约金过分高于造成的损失的,当事人可以请求人民法院或者仲裁机构予以适当减少。

当事人就迟延履行约定违约金的,违约方支付违约金后,还应当履行债务。

第一百一十五条 当事人可以依照《中华人民共和国担保法》约定一方向对方给付定金作为债权的担保。债务人履行债务后,定金应当抵作价款或者收回。给付定金的一方不履行约定的债务的,无权要求返还定金;收受定金的一方不履行约定的债务的,应当双倍返还定金。

第一百一十六条 当事人既约定违约金,又约定定金的,一方违约时,对方可以选择适用违约金或者定金条款。

第一百一十七条 因不可抗力不能履行合同的,根据不可抗力的影响,部分或者全部免除责任,但法律另有规定的除外。当事人迟延履行后发生不可抗力的,不能免除责任。

本法所称不可抗力,是指不能预见、不能避免并不能克服的客观情况。

第一百一十八条 当事人一方因不可抗力不能履行合同的,应当及时通知对方,以减轻可能给对方造成的损失,并应当在合理期限内提供证明。

第一百一十九条 当事人一方违约后,对方应当采取适当措施防止损失的扩大;

没有采取适当措施致使损失扩大的，不得就扩大的损失要求赔偿。

当事人因防止损失扩大而支出的合理费用，由违约方承担。

第一百二十条当事人双方都违反合同的，应当各自承担相应的责任。

第一百二十一条当事人一方因第三人的原因造成违约的，应当向对方承担违约责任。当事人一方和第三人之间的纠纷，依照法律规定或者按照约定解决。

第一百二十二条　因当事人一方的违约行为，侵害对方人身、财产权益的，受损害方有权选择依照本法要求其承担违约责任或者依照其他法律要求其承担侵权责任。

第八章　其他规定

第一百二十三条　其他法律对合同另有规定的，依照其规定。

第一百二十四条　本法分则或者其他法律没有明文规定的合同，适用本法总则的规定，并可以参照本法分则或者其他法律最相类似的规定。

第一百二十五条　当事人对合同条款的理解有争议的，应当按照合同所使用的词句、合同的有关条款、合同的目的、交易习惯以及诚实信用原则，确定该条款的真实意思。

合同文本采用两种以上文字订立并约定具有同等效力的，对各文本使用的词句推定具有相同含义。各文本使用的词句不一致的，应当根据合同的目的予以解释。

第一百二十六条　涉外合同的当事人可以选择处理合同争议所适用的法律，但法律另有规定的除外。涉外合同的当事人没有选择的，适用与合同有最密切联系的国家的法律。

在中华人民共和国境内履行的中外合资经营企业合同、中外合作经营企业合同、中外合作勘探开发自然资源合同，适用中华人民共和国法律。

第一百二十七条　工商行政管理部门和其他有关行政主管部门在各自的职权范围内，依照法律、行政法规的规定，对利用合同危害国家利益、社会公共利益的违法行为，负责监督处理；构成犯罪的，依法追究刑事责任。

第一百二十八条　当事人可以通过和解或者调解解决合同争议。

当事人不愿和解、调解或者和解、调解不成的，可以根据仲裁协议向仲裁机构申请仲裁。涉外合同的当事人可以根据仲裁协议向中国仲裁机构或者其他仲裁机构申请仲裁。当事人没有订立仲裁协议或者仲裁协议无效的，可以向人民法院起诉。当事人应当履行发生法律效力的判决、仲裁裁决、调解书；拒不履行的，对方可以请求人民法院执行。

第一百二十九条　因国际货物买卖合同和技术进出口合同争议提起诉讼或者申请仲裁的期限为四年，自当事人知道或者应当知道其权利受到侵害之日起计算。因其他合同争议提起诉讼或者申请仲裁的期限，依照有关法律的规定。

分 则

第九章 买卖合同

第一百三十条 买卖合同是出卖人转移标的物的所有权于买受人，买受人支付价款的合同。

第一百三十一条 买卖合同的内容除依照本法第十二条的规定以外，还可以包括包装方式、检验标准和方法、结算方式、合同使用的文字及其效力等条款。

第一百三十二条 出卖的标的物，应当属于出卖人所有或者出卖人有权处分。

法律、行政法规禁止或者限制转让的标的物，依照其规定。

第一百三十三条 标的物的所有权自标的物交付时起转移，但法律另有规定或者当事人另有约定的除外

第一百三十四条 当事人可以在买卖合同中约定买受人未履行支付价款或者其他义务的，标的物的所有权属于出卖人。

第一百三十五条 出卖人应当履行向买受人交付标的物或者交付提取标的物的单证，并转移标的物所有权的义务。

第一百三十六条 出卖人应当按照约定或者交易习惯向买受人交付提取标的物单证以外的有关单证和资料。

第一百三十七条 出卖具有知识产权的计算机软件等标的物的，除法律另有规定或者当事人另有约定的以外，该标的物的知识产权不属于买受人。

第一百三十八条 出卖人应当按照约定的期限交付标的物。约定交付期间的，出卖人可以在该交付期间内的任何时间交付。

第一百三十九条 当事人没有约定标的物的交付期限或者约定不明确的，适用本法第六十一条、第六十二条第四项的规定。

第一百四十条 标的物在订立合同之前已为买受人占有的，合同生效的时间为交付时间。

第一百四十一条 出卖人应当按照约定的地点交付标的物。

当事人没有约定交付地点或者约定不明确，依照本法第六十一条的规定仍不能确定的，适用下列规定：

（一）标的物需要运输的，出卖人应当将标的物交付给第一承运人以运交给买受人；

（二）标的物不需要运输，出卖人和买受人订立合同时知道标的物在某一地点的，出卖人应当在该地点交付标的物；不知道标的物在某一地点的，应当在出卖人订立合同时的营业地交付标的物。

第一百四十二条 标的物毁损、灭失的风险，在标的物交付之前由出卖人承担，

交付之后由买受人承担，但法律另有规定或者当事人另有约定的除外。

第一百四十三条　因买受人的原因致使标的物不能按照约定的期限交付的，买受人应当自违反约定之日起承担标的物毁损、灭失的风险。

第一百四十四条　出卖人出卖交由承运人运输的在途标的物，除当事人另有约定的以外，毁损、灭失的风险自合同成立时起由买受人承担。

第一百四十五条　当事人没有约定交付地点或者约定不明确，依照本法第一百四十一条第二款第一项的规定标的物需要运输的，出卖人将标的物交付给第一承运人后，标的物毁损、灭失的风险由买受人承担。

第一百四十六条　出卖人按照约定或者依照本法第一百四十一条第二款第二项的规定将标的物置于交付地点，买受人违反约定没有收取的，标的物毁损、灭失的风险自违反约定之日起由买受人承担。

第一百四十七条　出卖人按照约定未交付有关标的物的单证和资料的，不影响标的物毁损、灭失风险的转移。

第一百四十八条　因标的物质量不符合质量要求，致使不能实现合同目的的，买受人可以拒绝接受标的物或者解除合同。买受人拒绝接受标的物或者解除合同的，标的物毁损、灭失的风险由出卖人承担。

第一百四十九条　标的物毁损、灭失的风险由买受人承担的，不影响因出卖人履行债务不符合约定，买受人要求其承担违约责任的权利。

第一百五十条　出卖人就交付的标的物，负有保证第三人不得向买受人主张任何权利的义务，但法律另有规定的除外。

第一百五十一条　买受人订立合同时知道或者应当知道第三人对买卖的标的物享有权利的，出卖人不承担本法第一百五十条规定的义务。

第一百五十二条　买受人有确切证据证明第三人可能就标的物主张权利的，可以中止支付相应的价款，但出卖人提供适当担保的除外。

第一百五十三条　出卖人应当按照约定的质量要求交付标的物。出卖人提供有关标的物质量说明的，交付的标的物应当符合该说明的质量要求。

第一百五十四条　当事人对标的物的质量要求没有约定或者约定不明确，依照本法第六十一条的规定仍不能确定的，适用本法第六十二条第一项的规定。

第一百五十五条　出卖人交付的标的物不符合质量要求的，买受人可以依照本法第一百一十一条的规定要求承担违约责任。

第一百五十六条　出卖人应当按照约定的包装方式交付标的物。对包装方式没有约定或者约定不明确，依照本法第六十一条的规定仍不能确定的，应当按照通用的方式包装，没有通用方式的，应当采取足以保护标的物的包装方式。

第一百五十七条　买受人收到标的物时应当在约定的检验期间内检验。没有约定检验期间的，应当及时检验。

第一百五十八条　当事人约定检验期间的，买受人应当在检验期间内将标的物的数量或者质量不符合约定的情形通知出卖人。买受人怠于通知的，视为标的物的数量或者质量符合约定。

当事人没有约定检验期间的，买受人应当在发现或者应当发现标的物的数量或者质量不符合约定的合理期间内通知出卖人。买受人在合理期间内未通知或者自标的物收到之日起两年内未通知出卖人的，视为标的物的数量或者质量符合约定，但对标的物有质量保证期的，适用质量保证期，不适用该两年的规定。

出卖人知道或者应当知道提供的标的物不符合约定的，买受人不受前两款规定的通知时间的限制。

第一百五十九条　买受人应当按照约定的数额支付价款。对价款没有约定或者约定不明确的，适用本法第六十一条、第六十二条第二项的规定。

第一百六十条　买受人应当按照约定的地点支付价款。对支付地点没有约定或者约定不明确，依照本法第六十一条的规定仍不能确定的，买受人应当在出卖人的营业地支付，但约定支付价款以交付标的物或者交付提取标的物单证为条件的，在交付标的物或者交付提取标的物单证的所在地支付。

第一百六十一条　买受人应当按照约定的时间支付价款。对支付时间没有约定或者约定不明确，依照本法第六十一条的规定仍不能确定的，买受人应当在收到标的物或者提取标的物单证的同时支付。

第一百六十二条　出卖人多交标的物的，买受人可以接收或者拒绝接收多交的部分。买受人接收多交部分的，按照合同的价格支付价款；买受人拒绝接收多交部分的，应当及时通知出卖人。

第一百六十三条　标的物在交付之前产生的孳息，归出卖人所有，交付之后产生的孳息，归买受人所有

第一百六十四条　因标的物的主物不符合约定而解除合同的，解除合同的效力及于从物。因标的物的从物不符合约定被解除的，解除的效力不及于主物。

第一百六十五条　标的物为数物，其中一物不符合约定的，买受人可以就该物解除，但该物与他物分离使标的物的价值显受损害的，当事人可以就数物解除合同。

第一百六十六条　出卖人分批交付标的物的，出卖人对其中一批标的物不交付或者交付不符合约定，致使该批标的物不能实现合同目的的，买受人可以就该批标的物解除。

出卖人不交付其中一批标的物或者交付不符合约定，致使今后其他各批标的物的交付不能实现合同目的的，买受人可以就该批以及今后其他各批标的物解除。

买受人如果就其中一批标的物解除，该批标的物与其他各批标的物相互依存的，可以就已经交付和未交付的各批标的物解除。

第一百六十七条　分期付款的买受人未支付到期价款的金额达到全部价款的五分之一的，出卖人可以要求买受人支付全部价款或者解除合同。

出卖人解除合同的，可以向买受人要求支付该标的物的使用费。

第一百六十八条　凭样品买卖的当事人应当封存样品，并可以对样品质量予以说明。出卖人交付的标的物应当与样品及其说明的质量相同。

第一百六十九条　凭样品买卖的买受人不知道样品有隐蔽瑕疵的，即使交付的标的物与样品相同，出卖人交付的标的物的质量仍然应当符合同种物的通常标准。

第一百七十条　试用买卖的当事人可以约定标的物的试用期间。对试用期间没有约定或者约定不明确，依照本法第六十一条的规定仍不能确定的，由出卖人确定。

第一百七十一条　试用买卖的买受人在试用期内可以购买标的物，也可以拒绝购买。试用期间届满，买受人对是否购买标的物未作表示的，视为购买。

第一百七十二条　招标投标买卖的当事人的权利和义务以及招标投标程序等，依照有关法律、行政法规的规定。

第一百七十三条　拍卖的当事人的权利和义务以及拍卖程序等，依照有关法律、行政法规的规定。

第一百七十四条　法律对其他有偿合同有规定的，依照其规定；没有规定的，参照买卖合同的有关规定

第一百七十五条　当事人约定易货交易，转移标的物的所有权的，参照买卖合同的有关规定。

第十章　供用电、水、气、热力合同

第一百七十六条　供用电合同是供电人向用电人供电，用电人支付电费的合同。

第一百七十七条　供用电合同的内容包括供电的方式、质量、时间，用电容量、地址、性质，计量方式，电价、电费的结算方式，供用电设施的维护责任等条款。

第一百七十八条　供用电合同的履行地点，按照当事人约定；当事人没有约定或者约定不明确的，供电设施的产权分界处为履行地点。

第一百七十九条　供电人应当按照国家规定的供电质量标准和约定安全供电。供电人未按照国家规定的供电质量标准和约定安全供电，造成用电人损失的，应当承担损害赔偿责任。

第一百八十条　供电人因供电设施计划检修、临时检修、依法限电或者用电人违法用电等原因，需要中断供电时，应当按照国家有关规定事先通知用电人。未事先通知用电人中断供电，造成用电人损失的，应当承担损害赔偿责任。

第一百八十一条　因自然灾害等原因断电，供电人应当按照国家有关规定及时抢修。未及时抢修，造成用电人损失的，应当承担损害赔偿责任。

第一百八十二条　用电人应当按照国家有关规定和当事人的约定及时交付电费。用电人逾期不交付电费的，应当按照约定支付违约金。经催告用电人在合理期限内仍不交付电费和违约金的，供电人可以按照国家规定的程序中止供电。

第一百八十三条　用电人应当按照国家有关规定和当事人的约定安全用电。用电人未按照国家有关规定和当事人的约定安全用电，造成供电人损失的，应当承担

损害赔偿责任。

第一百八十四条　供用水、供用气、供用热力合同，参照供用电合同的有关规定。

第十一章　赠与合同

第一百八十五条　赠与合同是赠与人将自己的财产无偿给予受赠人，受赠人表示接受赠与的合同。

第一百八十六条　赠与人在赠与财产的权利转移之前可以撤销赠与。

具有救灾、扶贫等社会公益、道德义务性质的赠与合同或者经过公证的赠与合同，不适用前款规定。

第一百八十七条　赠与的财产依法需要办理登记等手续的，应当办理有关手续。

第一百八十八条　具有救灾、扶贫等社会公益、道德义务性质的赠与合同或者经过公证的赠与合同，赠与人不交付赠与的财产的，受赠人可以要求交付。

第一百八十九条　因赠与人故意或者重大过失致使赠与的财产毁损、灭失的，赠与人应当承担损害赔偿责任。

第一百九十条　赠与可以附义务。

赠与附义务的，受赠人应当按照约定履行义务。

第一百九十一条　赠与的财产有瑕疵的，赠与人不承担责任。附义务的赠与，赠与的财产有瑕疵的，赠与人在附义务的限度内承担与出卖人相同的责任。

赠与人故意不告知瑕疵或者保证无瑕疵，造成受赠人损失的，应当承担损害赔偿责任。

第一百九十二条　受赠人有下列情形之一的，赠与人可以撤销赠与：

（一）严重侵害赠与人或者赠与人的近亲属；

（二）对赠与人有扶养义务而不履行；

（三）不履行赠与合同约定的义务。

赠与人的撤销权，自知道或者应当知道撤销原因之日起一年内行使。

第一百九十三条　因受赠人的违法行为致使赠与人死亡或者丧失民事行为能力的，赠与人的继承人或者法定代理人可以撤销赠与。

赠与人的继承人或者法定代理人的撤销权，自知道或者应当知道撤销原因之日起六个月内行使。

第一百九十四条　撤销权人撤销赠与的，可以向受赠人要求返还赠与的财产。

第一百九十五条　赠与人的经济状况显著恶化，严重影响其生产经营或者家庭生活的，可以不再履行赠与义务。

第十二章　借款合同

第一百九十六条　借款合同是借款人向贷款人借款，到期返还借款并支付利息的合同。

第一百九十七条 借款合同采用书面形式，但自然人之间借款另有约定的除外。借款合同的内容包括借款种类、币种、用途、数额、利率、期限和还款方式等条款。

第一百九十八条 订立借款合同，贷款人可以要求借款人提供担保。担保依照《中华人民共和国担保法》的规定。

第一百九十九条 订立借款合同，借款人应当按照贷款人的要求提供与借款有关的业务活动和财务状况的真实情况。

第二百条借款的利息不得预先在本金中扣除。利息预先在本金中扣除的，应当按照实际借款数额返还借款并计算利息。

第二百零一条 贷款人未按照约定的日期、数额提供借款，造成借款人损失的，应当赔偿损失。

借款人未按照约定的日期、数额收取借款的，应当按照约定的日期、数额支付利息。

第二百零二条 贷款人按照约定可以检查、监督借款的使用情况。借款人应当按照约定向贷款人定期提供有关财务会计报表等资料。

第二百零三条 借款人未按照约定的借款用途使用借款的，贷款人可以停止发放借款、提前收回借款或者解除合同。

二百零四条办理贷款业务的金融机构贷款的利率，应当按照中国人民银行规定的贷款利率的上下限确定。

第二百零五条 借款人应当按照约定的期限支付利息。对支付利息的期限没有约定或者约定不明确，依照本法第六十一条的规定仍不能确定，借款期间不满一年的，应当在返还借款时一并支付；借款期间一年以上的，应当在每届满一年时支付，剩余期间不满一年的，应当在返还借款时一并支付。

第二百零六条 借款人应当按照约定的期限返还借款。对借款期限没有约定或者约定不明确，依照本法第六十一条的规定仍不能确定的，借款人可以随时返还；贷款人可以催告借款人在合理期限内返还。

第二百零七条 借款人未按照约定的期限返还借款的，应当按照约定或者国家有关规定支付逾期利息。

第二百零八条 借款人提前偿还借款的，除当事人另有约定的以外，应当按照实际借款的期间计算利息

第二百零九条 借款人可以在还款期限届满之前向贷款人申请展期。贷款人同意的，可以展期。

第二百一十条 自然人之间的借款合同，自贷款人提供借款时生效。

第二百一十一条 自然人之间的借款合同对支付利息没有约定或者约定不明确的，视为不支付利息。

自然人之间的借款合同约定支付利息的，借款的利率不得违反国家有关限制借

款利率的规定。

第十三章　租赁合同

第二百一十二条　租赁合同是出租人将租赁物交付承租人使用、收益，承租人支付租金的合同。

第二百一十三条　租赁合同的内容包括租赁物的名称、数量、用途、租赁期限、租金及其支付期限和方式、租赁物维修等条款。

第二百一十四条　租赁期限不得超过二十年。超过二十年的，超过部分无效。租赁期间届满，当事人可以续订租赁合同，但约定的租赁期限自续订之日起不得超过二十年。

第二百一十五条　租赁期限六个月以上的，应当采用书面形式。当事人未采用书面形式的，视为不定期租赁。

第二百一十六条　出租人应当按照约定将租赁物交付承租人，并在租赁期间保持租赁物符合约定的用途

第二百一十七条　承租人应当按照约定的方法使用租赁物。对租赁物的使用方法没有约定或者约定不明确，依照本法第六十一条的规定仍不能确定的，应当按照租赁物的性质使用。

第二百一十八条　承租人按照约定的方法或者租赁物的性质使用租赁物，致使租赁物受到损耗的，不承担损害赔偿责任。

第二百一十九条　承租人未按照约定的方法或者租赁物的性质使用租赁物，致使租赁物受到损失的，出租人可以解除合同并要求赔偿损失。

第二百二十条　出租人应当履行租赁物的维修义务，但当事人另有约定的除外。

第二百二十一条　承租人在租赁物需要维修时可以要求出租人在合理期限内维修。出租人未履行维修义务的，承租人可以自行维修，维修费用由出租人负担。因维修租赁物影响承租人使用的，应当相应减少租金或者延长租期。

第二百二十二条　承租人应当妥善保管租赁物，因保管不善造成租赁物毁损、灭失的，应当承担损害赔偿责任。

第二百二十三条　承租人经出租人同意，可以对租赁物进行改善或者增设他物。

承租人未经出租人同意，对租赁物进行改善或者增设他物的，出租人可以要求承租人恢复原状或者赔偿损失。

第二百二十四条　承租人经出租人同意，可以将租赁物转租给第三人。承租人转租的，承租人与出租人之间的租赁合同继续有效，第三人对租赁物造成损失的，承租人应当赔偿损失。承租人未经出租人同意转租的，出租人可以解除合同。

第二百二十五条　在租赁期间因占有、使用租赁物获得的收益，归承租人所有，但当事人另有约定的除外。

第二百二十六条　承租人应当按照约定的期限支付租金。对支付期限没有约定

或者约定不明确，依照本法第六十一条的规定仍不能确定，租赁期间不满一年的，应当在租赁期间届满时支付；租赁期间一年以上的，应当在每届满一年时支付，剩余期间不满一年的，应当在租赁期间届满时支付。

第二百二十七条　承租人无正当理由未支付或者迟延支付租金的，出租人可以要求承租人在合理期限内支付。承租人逾期不支付的，出租人可以解除合同。

第二百二十八条　因第三人主张权利，致使承租人不能对租赁物使用、收益的，承租人可以要求减少租金或者不支付租金。

第三人主张权利的，承租人应当及时通知出租人。

第二百二十九条　租赁物在租赁期间发生所有权变动的，不影响租赁合同的效力。

第二百三十条　出租人出卖租赁房屋的，应当在出卖之前的合理期限内通知承租人，承租人享有以同等条件优先购买的权利。

第二百三十一条　因不可归责于承租人的事由，致使租赁物部分或者全部毁损、灭失的，承租人可以要求减少租金或者不支付租金；因租赁物部分或者全部毁损、灭失，致使不能实现合同目的的，承租人可以解除合同。

第二百三十二条　当事人对租赁期限没有约定或者约定不明确，依照本法第六十一条的规定仍不能确定的，视为不定期租赁。当事人可以随时解除合同，但出租人解除合同应当在合理期限之前通知承租人。

第二百三十三条　租赁物危及承租人的安全或者健康的，即使承租人订立合同时明知该租赁物质量不合格，承租人仍然可以随时解除合同。

第二百三十四条　承租人在房屋租赁期间死亡的，与其生前共同居住的人可以按照原租赁合同租赁该房屋。

第二百三十五条　租赁期间届满，承租人应当返还租赁物。返还的租赁物应当符合按照约定或者租赁物的性质使用后的状态。

第二百三十六条租赁期间届满，承租人继续使用租赁物，出租人没有提出异议的，原租赁合同继续有效，但租赁期限为不定期。

第十四章　融资租赁合同

第二百三十七条　融资租赁合同是出租人根据承租人对出卖人、租赁物的选择，向出卖人购买租赁物，提供给承租人使用，承租人支付租金的合同。

第二百三十八条　融资租赁合同的内容包括租赁物名称、数量、规格、技术性能、检验方法、租赁期限、租金构成及其支付期限和方式、币种、租赁期间届满租赁物的归属等条款。

融资租赁合同应当采用书面形式。

第二百三十九条　出租人根据承租人对出卖人、租赁物的选择订立的买卖合同，出卖人应当按照约定向承租人交付标的物，承租人享有与受领标的物有关的买受人的权利。

第二百四十条　出租人、出卖人、承租人可以约定，出卖人不履行买卖合同义务的，由承租人行使索赔的权利。承租人行使索赔权利的，出租人应当协助。

第二百四十一条　出租人根据承租人对出卖人、租赁物的选择订立的买卖合同，未经承租人同意，出租人不得变更与承租人有关的合同内容。

第二百四十二条　出租人享有租赁物的所有权。承租人破产的，租赁物不属于破产财产。

第二百四十三条　融资租赁合同的租金，除当事人另有约定的以外，应当根据购买租赁物的大部分或者全部成本以及出租人的合理利润确定。

第二百四十四条　租赁物不符合约定或者不符合使用目的的，出租人不承担责任，但承租人依赖出租人的技能确定租赁物或者出租人干预选择租赁物的除外。

第二百四十五条　出租人应当保证承租人对租赁物的占有和使用。

第二百四十六条　承租人占有租赁物期间，租赁物造成第三人的人身伤害或者财产损害的，出租人不承担责任。

第二百四十七条　承租人应当妥善保管、使用租赁物。承租人应当履行占有租赁物期间的维修义务。

第二百四十八条　承租人应当按照约定支付租金。承租人经催告后在合理期限内仍不支付租金的，出租人可以要求支付全部租金；也可以解除合同，收回租赁物。

第二百四十九条　当事人约定租赁期间届满租赁物归承租人所有，承租人已经支付大部分租金，但无力支付剩余租金，出租人因此解除合同收回租赁物的，收回的租赁物的价值超过承租人欠付的租金以及其他费用的，承租人可以要求部分返还。

第二百五十条　出租人和承租人可以约定租赁期间届满租赁物的归属。对租赁物的归属没有约定或者约定不明确，依照本法第六十一条的规定仍不能确定的，租赁物的所有权归出租人。

第十五章　承揽合同

第二百五十一条　承揽合同是承揽人按照定作人的要求完成工作，交付工作成果，定作人给付报酬的合同。

承揽包括加工、定作、修理、复制、测试、检验等工作。

第二百五十二条　承揽合同的内容包括承揽的标的、数量、质量、报酬、承揽方式、材料的提供、履行期限、验收标准和方法等条款。

第二百五十三条　承揽人应当以自己的设备、技术和劳力，完成主要工作，但当事人另有约定的除外。

承揽人将其承揽的主要工作交由第三人完成的，应当就该第三人完成的工作成果向定作人负责；未经定作人同意的，定作人也可以解除合同。

第二百五十四条　承揽人可以将其承揽的辅助工作交由第三人完成。承揽人将其承揽的辅助工作交由第三人完成的，应当就该第三人完成的工作成果向定作人负责。

第二百五十五条　承揽人提供材料的，承揽人应当按照约定选用材料，并接受定作人检验。

第二百五十六条　定作人提供材料的，定作人应当按照约定提供材料。承揽人对定作人提供的材料，应当及时检验，发现不符合约定时，应当及时通知定作人更换、补齐或者采取其他补救措施。

承揽人不得擅自更换定作人提供的材料，不得更换不需要修理的零部件。

第二百五十七条　承揽人发现定作人提供的图纸或者技术要求不合理的，应当及时通知定作人。因定作人怠于答复等原因造成承揽人损失的，应当赔偿损失。

第二百五十八条　定作人中途变更承揽工作的要求，造成承揽人损失的，应当赔偿损失。

第二百五十九条　承揽工作需要定作人协助的，定作人有协助的义务。定作人不履行协助义务致使承揽工作不能完成的，承揽人可以催告定作人在合理期限内履行义务，并可以顺延履行期限；定作人逾期不履行的，承揽人可以解除合同。

第二百六十条　承揽人在工作期间，应当接受定作人必要的监督检验。定作人不得因监督检验妨碍承揽人的正常工作。

第二百六十一条　承揽人完成工作的，应当向定作人交付工作成果，并提交必要的技术资料和有关质量证明。定作人应当验收该工作成果。

第二百六十二条　承揽人交付的工作成果不符合质量要求的，定作人可以要求承揽人承担修理、重作、减少报酬、赔偿损失等违约责任。

第二百六十三条　定作人应当按照约定的期限支付报酬。对支付报酬的期限没有约定或者约定不明确，依照本法第六十一条的规定仍不能确定的，定作人应当在承揽人交付工作成果时支付；工作成果部分交付的，定作人应当相应支付。

第二百六十四条　定作人未向承揽人支付报酬或者材料费等价款的，承揽人对完成的工作成果享有留置权，但当事人另有约定的除外。

第二百六十五条　承揽人应当妥善保管定作人提供的材料以及完成的工作成果，因保管不善造成毁损、灭失的，应当承担损害赔偿责任。

第二百六十六条　承揽人应当按照定作人的要求保守秘密，未经定作人许可，不得留存复制品或者技术资料。

第二百六十七条　共同承揽人对定作人承担连带责任，但当事人另有约定的除外。

第二百六十八条　定作人可以随时解除承揽合同，造成承揽人损失的，应当赔偿损失。

第十六章　建设工程合同

第二百六十九条　建设工程合同是承包人进行工程建设，发包人支付价款的合同。建设工程合同包括工程勘察、设计、施工合同。

第二百七十条　建设工程合同应当采用书面形式。

第二百七十一条　建设工程的招标投标活动，应当依照有关法律的规定公开、公平、公正进行。

第二百七十二条　发包人可以与总承包人订立建设工程合同，也可以分别与勘察人、设计人、施工人订立勘察、设计、施工承包合同。发包人不得将应当由一个承包人完成的建设工程肢解成若干部分发包给几个承包人。

总承包人或者勘察、设计、施工承包人经发包人同意，可以将自己承包的部分工作交由第三人完成。第三人就其完成的工作成果与总承包人或者勘察、设计、施工承包人向发包人承担连带责任。承包人不得将其承包的全部建设工程转包给第三人或者将其承包的全部建设工程肢解以后以分包的名义分别转包给第三人。

禁止承包人将工程分包给不具备相应资质条件的单位。禁止分包单位将其承包的工程再分包。建设工程主体结构的施工必须由承包人自行完成。

第二百七十三条　国家重大建设工程合同，应当按照国家规定的程序和国家批准的投资计划、可行性研究报告等文件订立。

第二百七十四条　勘察、设计合同的内容包括提交有关基础资料和文件（包括概预算）的期限、质量要求、费用以及其他协作条件等条款。

第二百七十五条　施工合同的内容包括工程范围、建设工期、中间交工工程的开工和竣工时间、工程质量、工程造价、技术资料交付时间、材料和设备供应责任、拨款和结算、竣工验收、质量保修范围和质量保证期、双方相互协作等条款。

第二百七十六条　建设工程实行监理的，发包人应当与监理人采用书面形式订立委托监理合同。发包人与监理人的权利和义务以及法律责任，应当依照本法委托合同以及其他有关法律、行政法规的规定。

第二百七十七条　发包人在不妨碍承包人正常作业的情况下，可以随时对作业进度、质量进行检查。

第二百七十八条　隐蔽工程在隐蔽以前，承包人应当通知发包人检查。发包人没有及时检查的，承包人可以顺延工程日期，并有权要求赔偿停工、窝工等损失。

第二百七十九条　建设工程竣工后，发包人应当根据施工图纸及说明书、国家颁发的施工验收规范和质量检验标准及时进行验收。验收合格的，发包人应当按照约定支付价款，并接收该建设工程。建设工程竣工经验收合格后，方可交付使用；未经验收或者验收不合格的，不得交付使用。

第二百八十条　勘察、设计的质量不符合要求或者未按照期限提交勘察、设计文件拖延工期，造成发包人损失的，勘察人、设计人应当继续完善勘察、设计，减收或者免收勘察、设计费并赔偿损失。

第二百八十一条 因施工人的原因致使建设工程质量不符合约定的，发包人有权要求施工人在合理期限内无偿修理或者返工、改建。经过修理或者返工、改建后，造成逾期交付的，施工人应当承担违约责任。

第二百八十二条 因承包人的原因致使建设工程在合理使用期限内造成人身和财产损害的，承包人应当承担损害赔偿责任。

第二百八十三条 发包人未按照约定的时间和要求提供原材料、设备、场地、资金、技术资料的，承包人可以顺延工程日期，并有权要求赔偿停工、窝工等损失。

第二百八十四条 因发包人的原因致使工程中途停建、缓建的，发包人应当采取措施弥补或者减少损失，赔偿承包人因此造成的停工、窝工、倒运、机械设备调迁、材料和构件积压等损失和实际费用。

第二百八十五条 因发包人变更计划，提供的资料不准确，或者未按照期限提供必需的勘察、设计工作条件而造成勘察、设计的返工、停工或者修改设计，发包人应当按照勘察人、设计人实际消耗的工作量增付费用。

第二百八十六条 发包人未按照约定支付价款的，承包人可以催告发包人在合理期限内支付价款。发包人逾期不支付的，除按照建设工程的性质不宜折价、拍卖的以外，承包人可以与发包人协议将该工程折价，也可以申请人民法院将该工程依法拍卖。建设工程的价款就该工程折价或者拍卖的价款优先受偿。

第二百八十七条 本章没有规定的，适用承揽合同的有关规定。

第十七章 运输合同

第一节 一般规定

第二百八十八条 运输合同是承运人将旅客或者货物从起运地点运输到约定地点，旅客、托运人或者收货人支付票款或者运输费用的合同。

第二百八十九条 从事公共运输的承运人不得拒绝旅客、托运人通常、合理的运输要求。

第二百九十条 承运人应当在约定期间或者合理期间内将旅客、货物安全运输到约定地点。

第二百九十一条 承运人应当按照约定的或者通常的运输路线将旅客、货物运输到约定地点。

第二百九十二条 旅客、托运人或者收货人应当支付票款或者运输费用。承运人未按照约定路线或者通常路线运输增加票款或者运输费用的，旅客、托运人或者收货人可以拒绝支付增加部分的票款或者运输费用。

第二节 客运合同

第二百九十三条 客运合同自承运人向旅客交付客票时成立，但当事人另有约定或者另有交易习惯的除外。

第二百九十四条 旅客应当持有效客票乘运。旅客无票乘运、超程乘运、越级乘运或者持失效客票乘运的，应当补交票款，承运人可以按照规定加收票款。旅客不交付票款的，承运人可以拒绝运输。

第二百九十五条 旅客因自己的原因不能按照客票记载的时间乘坐的，应当在约定的时间内办理退票或者变更手续。逾期办理的，承运人可以不退票款，并不再承担运输义务。

第二百九十六条 旅客在运输中应当按照约定的限量携带行李。超过限量携带行李的，应当办理托运手续。

第二百九十七条 旅客不得随身携带或者在行李中夹带易燃、易爆、有毒、有腐蚀性、有放射性以及有可能危及运输工具上人身和财产安全的危险物品或者其他违禁物品。

旅客违反前款规定的，承运人可以将违禁物品卸下、销毁或者送交有关部门。旅客坚持携带或者夹带违禁物品的，承运人应当拒绝运输。

第二百九十八条 承运人应当向旅客及时告知有关不能正常运输的重要事由和安全运输应当注意的事项

第二百九十九条 承运人应当按照客票载明的时间和班次运输旅客。承运人迟延运输的，应当根据旅客的要求安排改乘其他班次或者退票。

第三百条承运人擅自变更运输工具而降低服务标准的，应当根据旅客的要求退票或者减收票款；提高服务标准的，不应当加收票款。

第三百零一条 承运人在运输过程中，应当尽力救助患有急病、分娩、遇险的旅客。

第三百零二条 承运人应当对运输过程中旅客的伤亡承担损害赔偿责任，但伤亡是旅客自身健康原因造成的或者承运人证明伤亡是旅客故意、重大过失造成的除外。

前款规定适用于按照规定免票、持优待票或者经承运人许可搭乘的无票旅客。

第三百零三条 在运输过程中旅客自带物品毁损、灭失，承运人有过错的，应当承担损害赔偿责任。

旅客托运的行李毁损、灭失的，适用货物运输的有关规定。

第三节 货运合同

第三百零四条 托运人办理货物运输，应当向承运人准确表明收货人的名称或者姓名或者凭指示的收货人，货物的名称、性质、重量、数量，收货地点等有关货物运输的必要情况。

因托运人申报不实或者遗漏重要情况，造成承运人损失的，托运人应当承担损害赔偿责任。

第三百零五条　货物运输需要办理审批、检验等手续的，托运人应当将办理完有关手续的文件提交承运人。

第三百零六条　托运人应当按照约定的方式包装货物。对包装方式没有约定或者约定不明确的，适用本法第一百五十六条的规定。

托运人违反前款规定的，承运人可以拒绝运输。

第三百零七条　托运人托运易燃、易爆、有毒、有腐蚀性、有放射性等危险物品的，应当按照国家有关危险物品运输的规定对危险物品妥善包装，作出危险物标志和标签，并将有关危险物品的名称、性质和防范措施的书面材料提交承运人。

托运人违反前款规定的，承运人可以拒绝运输，也可以采取相应措施以避免损失的发生，因此产生的费用由托运人承担。

第三百零八条　在承运人将货物交付收货人之前，托运人可以要求承运人中止运输、返还货物、变更到达地或者将货物交给其他收货人，但应当赔偿承运人因此受到的损失。

第三百零九条　货物运输到达后，承运人知道收货人的，应当及时通知收货人，收货人应当及时提货。收货人逾期提货的，应当向承运人支付保管费等费用。

第三百一十条　收货人提货时应当按照约定的期限检验货物。对检验货物的期限没有约定或者约定不明确，依照本法第六十一条的规定仍不能确定的，应当在合理期限内检验货物。收货人在约定的期限或者合理期限内对货物的数量、毁损等未提出异议的，视为承运人已经按照运输单证的记载交付的初步证据。

第三百一十一条　承运人对运输过程中货物的毁损、灭失承担损害赔偿责任，但承运人证明货物的毁损、灭失是因不可抗力、货物本身的自然性质或者合理损耗以及托运人、收货人的过错造成的，不承担损害赔偿责任。

第三百一十二条　货物的毁损、灭失的赔偿额，当事人有约定的，按照其约定；没有约定或者约定不明确，依照本法第六十一条的规定仍不能确定的，按照交付或者应当交付时货物到达地的市场价格计算。法律、行政法规对赔偿额的计算方法和赔偿限额另有规定的，依照其规定。

第三百一十三条　两个以上承运人以同一运输方式联运的，与托运人订立合同的承运人应当对全程运输承担责任。损失发生在某一运输区段的，与托运人订立合同的承运人和该区段的承运人承担连带责任。

第三百一十四条　货物在运输过程中因不可抗力灭失，未收取运费的，承运人不得要求支付运费；已收取运费的，托运人可以要求返还。

第三百一十五条　托运人或者收货人不支付运费、保管费以及其他运输费用的，承运人对相应的运输货物享有留置权，但当事人另有约定的除外。

第三百一十六条　收货人不明或者收货人无正当理由拒绝受领货物的，依照本法第一百零一条的规定，承运人可以提存货物。

第四节　多式联运合同

第三百一十七条　多式联运经营人负责履行或者组织履行多式联运合同，对全程运输享有承运人的权利，承担承运人的义务。

第三百一十八条　多式联运经营人可以与参加多式联运的各区段承运人就多式联运合同的各区段运输约定相互之间的责任，但该约定不影响多式联运经营人对全程运输承担的义务。

第三百一十九条　多式联运经营人收到托运人交付的货物时，应当签发多式联运单据。按照托运人的要求，多式联运单据可以是可转让单据，也可以是不可转让单据。

第三百二十条　因托运人托运货物时的过错造成多式联运经营人损失的，即使托运人已经转让多式联运单据，托运人仍然应当承担损害赔偿责任。

第三百二十一条　货物的毁损、灭失发生于多式联运的某一运输区段的，多式联运经营人的赔偿责任和责任限额，适用调整该区段运输方式的有关法律规定。货物毁损、灭失发生的运输区段不能确定的，依照本章规定承担损害赔偿责任。

第十八章　技术合同

第一节　一般规定

第三百二十二条　技术合同是当事人就技术开发、转让、咨询或者服务订立的确立相互之间权利和义务的合同。

第三百二十三条　订立技术合同，应当有利于科学技术的进步，加速科学技术成果的转化、应用和推广

第三百二十四条　技术合同的内容由当事人约定，一般包括以下条款：

（一）项目名称；

（二）标的的内容、范围和要求；

（三）履行的计划、进度、期限、地点、地域和方式；

（四）技术情报和资料的保密；

（五）风险责任的承担；

（六）技术成果的归属收益的分成办法；

（七）验收标准和方法；

（八）价款、报酬或者使用费及其支付方式；

（九）违约金或者损失赔偿的计算方法；

（十）解决争议的方法；

（十一）名词和术语的解释。

与履行合同有关的技术背景资料、可行性论证和技术评价报告、项目任务书和计划书、技术标准、技术规范、原始设计和工艺文件，以及其他技术文档，按照当

事人的约定可以作为合同的组成部分。

技术合同涉及专利的，应当注明发明创造的名称、专利申请人和专利权人、申请日期、申请号、专利号以及专利权的有效期限。

第三百二十五条 技术合同价款、报酬或者使用费的支付方式由当事人约定，可以采取一次总算、一次总付或者一次总算、分期支付，也可以采取提成支付或者提成支付附加预付入门费的方式。

约定提成支付的，可以按照产品价格、实施专利和使用技术秘密后新增的产值、利润或者产品销售额的一定比例提成，也可以按照约定的其他方式计算。提成支付的比例可以采取固定比例、逐年递增比例或者逐年递减比例。约定提成支付的，当事人应当在合同中约定查阅有关会计账目的办法。

第三百二十六条 职务技术成果的使用权、转让权属于法人或者其他组织的，法人或者其他组织可以就该项职务技术成果订立技术合同。法人或者其他组织应当从使用和转让该项职务技术成果所取得的收益中提取一定比例，对完成该项职务技术成果的个人给予奖励或者报酬。法人或者其他组织订立技术合同转让职务技术成果时，职务技术成果的完成人享有以同等条件优先受让的权利。

职务技术成果是执行法人或者其他组织的工作任务，或者主要是利用法人或者其他组织的物质技术条件所完成的技术成果。

第三百二十七条 非职务技术成果的使用权、转让权属于完成技术成果的个人，完成技术成果的个人可以就该项非职务技术成果订立技术合同。

第三百二十八条 完成技术成果的个人有在有关技术成果文件上写明自己是技术成果完成者的权利和取得荣誉证书、奖励的权利。

第三百二十九条 非法垄断技术、妨碍技术进步或者侵害他人技术成果的技术合同无效。

第二节 技术开发合同

第三百三十条 技术开发合同是指当事人之间就新技术、新产品、新工艺或者新材料及其系统的研究开发所订立的合同。

技术开发合同包括委托开发合同和合作开发合同。

技术开发合同应当采用书面形式。当事人之间就具有产业应用价值的科技成果实施转化订立的合同，参照技术开发合同的规定。

第三百三十一条 委托开发合同的委托人应当按照约定支付研究开发经费和报酬；提供技术资料、原始数据；完成协作事项；接受研究开发成果。

第三百三十二条 委托开发合同的研究开发人应当按照约定制定和实施研究开发计划；合理使用研究开发经费；按期完成研究开发工作，交付研究开发成果，提供有关的技术资料和必要的技术指导，帮助委托人掌握研究开发成果。

第三百三十三条 委托人违反约定造成研究开发工作停滞、延误或者失败的，应当承担违约责任。

第三百三十四条　研究开发人违反约定造成研究开发工作停滞、延误或者失败的，应当承担违约责任。

第三百三十五条　合作开发合同的当事人应当按照约定进行投资，包括以技术进行投资；分工参与研究开发工作；协作配合研究开发工作。

第三百三十六条　合作开发合同的当事人违反约定造成研究开发工作停滞、延误或者失败的，应当承担违约责任。

第三百三十七条　因作为技术开发合同标的的技术已经由他人公开，致使技术开发合同的履行没有意义的，当事人可以解除合同。

第三百三十八条　在技术开发合同履行过程中，因出现无法克服的技术困难，致使研究开发失败或者部分失败的，该风险责任由当事人约定。没有约定或者约定不明确，依照本法第六十一条的规定仍不能确定的，风险责任由当事人合理分担。

当事人一方发现前款规定的可能致使研究开发失败或者部分失败的情形时，应当及时通知另一方并采取适当措施减少损失。没有及时通知并采取适当措施，致使损失扩大的，应当就扩大的损失承担责任。

第三百三十九条　委托开发完成的发明创造，除当事人另有约定的以外，申请专利的权利属于研究开发人。研究开发人取得专利权的，委托人可以免费实施该专利。

研究开发人转让专利申请权的，委托人享有以同等条件优先受让的权利。

第三百四十条　合作开发完成的发明创造，除当事人另有约定的以外，申请专利的权利属于合作开发的当事人共有。当事人一方转让其共有的专利申请权的，其他各方享有以同等条件优先受让的权利。

合作开发的当事人一方声明放弃其共有的专利申请权的，可以由另一方单独申请或者由其他各方共同申请。申请人取得专利权的，放弃专利申请权的一方可以免费实施该专利。

合作开发的当事人一方不同意申请专利的，另一方或者其他各方不得申请专利。

第三百四十一条　委托开发或者合作开发完成的技术秘密成果的使用权、转让权以及利益的分配办法，由当事人约定。没有约定或者约定不明确，依照本法第六十一条的规定仍不能确定的，当事人均有使用和转让的权利，但委托开发的研究开发人不得在向委托人交付研究开发成果之前，将研究开发成果转让给第三人。

第三节　技术转让合同

第三百四十二条　技术转让合同包括专利权转让、专利申请权转让、技术秘密转让、专利实施许可合同

技术转让合同应当采用书面形式。

第三百四十三条　技术转让合同可以约定让与人和受让人实施专利或者使用技

术秘密的范围，但不得限制技术竞争和技术发展。

第三百四十四条　专利实施许可合同只在该专利权的存续期间内有效。专利权有效期限届满或者专利权被宣布无效的，专利权人不得就该专利与他人订立专利实施许可合同。

第三百四十五条　专利实施许可合同的让与人应当按照约定许可受让人实施专利，交付实施专利有关的技术资料，提供必要的技术指导。

第三百四十六条　专利实施许可合同的受让人应当按照约定实施专利，不得许可约定以外的第三人实施该专利；并按照约定支付使用费。

第三百四十七条　技术秘密转让合同的让与人应当按照约定提供技术资料，进行技术指导，保证技术的实用性、可靠性，承担保密义务。

第三百四十八条　技术秘密转让合同的受让人应当按照约定使用技术，支付使用费，承担保密义务。

第三百四十九条　技术转让合同的让与人应当保证自己是所提供的技术的合法拥有者，并保证所提供的技术完整、无误、有效，能够达到约定的目标。

第三百五十条　技术转让合同的受让人应当按照约定的范围和期限，对让与人提供的技术中尚未公开的秘密部分，承担保密义务。

第三百五十一条　让与人未按照约定转让技术的，应当返还部分或者全部使用费，并应当承担违约责任；实施专利或者使用技术秘密超越约定的范围的，违反约定擅自许可第三人实施该项专利或者使用该项技术秘密的，应当停止违约行为，承担违约责任；违反约定的保密义务的，应当承担违约责任。

第三百五十二条　受让人未按照约定支付使用费的，应当补交使用费并按照约定支付违约金；不补交使用费或者支付违约金的，应当停止实施专利或者使用技术秘密，交还技术资料，承担违约责任；实施专利或者使用技术秘密超越约定的范围的，未经让与人同意擅自许可第三人实施该专利或者使用该技术秘密的，应当停止违约行为，承担违约责任；违反约定的保密义务的，应当承担违约责任。

第三百五十三条　受让人按照约定实施专利、使用技术秘密侵害他人合法权益的，由让与人承担责任，但当事人另有约定的除外。

第三百五十四条　当事人可以按照互利的原则，在技术转让合同中约定实施专利、使用技术秘密后续改进的技术成果的分享办法。没有约定或者约定不明确，依照本法第六十一条　的规定仍不能确定的，一方后续改进的技术成果，其他各方无权分享。

第三百五十五条　法律、行政法规对技术进出口合同或者专利、专利申请合同另有规定的，依照其规定。

第四节 技术咨询合同和技术服务合同

第三百五十六条　技术咨询合同包括就特定技术项目提供可行性论证、技术预测、专题技术调查、分析评价报告等合同。

技术服务合同是指当事人一方以技术知识为另一方解决特定技术问题所订立的合同，不包括建设工程合同和承揽合同。第三百五十七条　技术咨询合同的委托人应当按照约定阐明咨询的问题，提供技术背景材料及有关技术资料、数据；接受受托人的工作成果，支付报酬。

第三百五十八条　技术咨询合同的受托人应当按照约定的期限完成咨询报告或者解答问题；提出的咨询报告应当达到约定的要求。

第三百五十九条　技术咨询合同的委托人未按照约定提供必要的资料和数据，影响工作进度和质量，不接受或者逾期接受工作成果的，支付的报酬不得追回，未支付的报酬应当支付。

技术咨询合同的受托人未按期提出咨询报告或者提出的咨询报告不符合约定的，应当承担减收或者免收报酬等违约责任。

技术咨询合同的委托人按照受托人符合约定要求的咨询报告和意见作出决策所造成的损失，由委托人承担，但当事人另有约定的除外。

第三百六十条　技术服务合同的委托人应当按照约定提供工作条件，完成配合事项；接受工作成果并支付报酬。

第三百六十一条　技术服务合同的受托人应当按照约定完成服务项目，解决技术问题，保证工作质量，并传授解决技术问题的知识。

第三百六十二条　技术服务合同的委托人不履行合同义务或者履行合同义务不符合约定，影响工作进度和质量，不接受或者逾期接受工作成果的，支付的报酬不得追回，未支付的报酬应当支付。技术服务合同的受托人未按照合同约定完成服务工作的，应当承担免收报酬等违约责任。

第三百六十三条　在技术咨询合同、技术服务合同履行过程中，受托人利用委托人提供的技术资料和工作条件完成的新的技术成果，属于受托人。委托人利用受托人的工作成果完成的新的技术成果，属于委托人。当事人另有约定的，按照其约定。

第三百六十四条　法律、行政法规对技术中介合同、技术培训合同另有规定的，依照其规定。

第十九章　保管合同

第三百六十五条　保管合同是保管人保管寄存人交付的保管物，并返还该物的合同。

第三百六十六条　寄存人应当按照约定向保管人支付保管费。

当事人对保管费没有约定或者约定不明确，依照本法第六十一条的规定仍不能确定的，保管是无偿的。

第三百六十七条　保管合同自保管物交付时成立，但当事人另有约定的除外。

第三百六十八条　寄存人向保管人交付保管物的，保管人应当给付保管凭证，但另有交易习惯的除外。

第三百六十九条　保管人应当妥善保管保管物。

当事人可以约定保管场所或者方法。除紧急情况或者为了维护寄存人利益的以外，不得擅自改变保管场所或者方法。

第三百七十条　寄存人交付的保管物有瑕疵或者按照保管物的性质需要采取特殊保管措施的，寄存人应当将有关情况告知保管人。寄存人未告知，致使保管物受损失的，保管人不承担损害赔偿责任；保管人因此受损失的，除保管人知道或者应当知道并且未采取补救措施的以外，寄存人应当承担损害赔偿责任。

第三百七十一条　保管人不得将保管物转交第三人保管，但当事人另有约定的除外。

保管人违反前款规定，将保管物转交第三人保管，对保管物造成损失的，应当承担损害赔偿责任。

第三百七十二条　保管人不得使用或者许可第三人使用保管物，但当事人另有约定的除外。

第三百七十三条　第三人对保管物主张权利的，除依法对保管物采取保全或者执行的以外，保管人应当履行向寄存人返还保管物的义务。

第三人对保管人提起诉讼或者对保管物申请扣押的，保管人应当及时通知寄存人。

第三百七十四条　保管期间，因保管人保管不善造成保管物毁损、灭失的，保管人应当承担损害赔偿责任，但保管是无偿的，保管人证明自己没有重大过失的，不承担损害赔偿责任。

第三百七十五条　寄存人寄存货币、有价证券或者其他贵重物品的，应当向保管人声明，由保管人验收或者封存。寄存人未声明的，该物品毁损、灭失后，保管人可以按照一般物品予以赔偿。

第三百七十六条　寄存人可以随时领取保管物。

当事人对保管期间没有约定或者约定不明确的，保管人可以随时要求寄存人领取保管物；约定保管期间的，保管人无特别事由，不得要求寄存人提前领取保管物。

第三百七十七条　保管期间届满或者寄存人提前领取保管物的，保管人应当将原物及其孳息归还寄存人。

第三百七十八条　保管人保管货币的，可以返还相同种类、数量的货币。保管其他可替代物的，可以按照约定返还相同种类、品质、数量的物品。

第三百七十九条　有偿的保管合同，寄存人应当按照约定的期限向保管人支付保管费。当事人对支付期限没有约定或者约定不明确，依照本法第六十一条的规定仍不能确定的，应当在领取保管物的同时支付。

第三百八十条　寄存人未按照约定支付保管费以及其他费用的，保管人对保管物享有留置权，但当事人另有约定的除外。

第二十章　仓储合同

第三百八十一条　仓储合同是保管人储存存货人交付的仓储物，存货人支付仓储费的合同。

第三百八十二条　仓储合同自成立时生效。

第三百八十三条　储存易燃、易爆、有毒、有腐蚀性、有放射性等危险物品或者易变质物品，存货人应当说明该物品的性质，提供有关资料。

存货人违反前款规定的，保管人可以拒收仓储物，也可以采取相应措施以避免损失的发生，因此产生的费用由存货人承担。

保管人储存易燃、易爆、有毒、有腐蚀性、有放射性等危险物品的，应当具备相应的保管条件。

第三百八十四条　保管人应当按照约定对入库仓储物进行验收。保管人验收时发现入库仓储物与约定不符合的，应当及时通知存货人。保管人验收后，发生仓储物的品种、数量、质量不符合约定的，保管人应当承担损害赔偿责任。

第三百八十五条　存货人交付仓储物的，保管人应当给付仓单。

第三百八十六条　保管人应当在仓单上签字或者盖章。仓单包括下列事项：

（一）存货人的名称或者姓名和住所；

（二）仓储物的品种、数量、质量、包装、件数和标记；

（三）仓储物的损耗标准；

（四）储存场所；

（五）储存期间；

（六）仓储费；

（七）仓储物已经办理保险的，其保险金额、期间以及保险人的名称；

（八）填发人、填发地和填发日期。

第三百八十七条　仓单是提取仓储物的凭证。存货人或者仓单持有人在仓单上背书并经保管人签字或者盖章的，可以转让提取仓储物的权利。

第三百八十八条　保管人根据存货人或者仓单持有人的要求，应当同意其检查仓储物或者提取样品。

第三百八十九条　保管人对入库仓储物发现有变质或者其他损坏的，应当及时通知存货人或者仓单持有人。

第三百九十条　保管人对入库仓储物发现有变质或者其他损坏，危及其他仓储物的安全和正常保管的，应当催告存货人或者仓单持有人作出必要的处置。因情况紧急，保管人可以作出必要的处置，但事后应当将该情况及时通知存货人或者仓单持有人。

第三百九十一条　当事人对储存期间没有约定或者约定不明确的，存货人或者仓单持有人可以随时提取仓储物，保管人也可以随时要求存货人或者仓单持有人提取仓储物，但应当给予必要的准备时间。

第三百九十二条 储存期间届满，存货人或者仓单持有人应当凭仓单提取仓储物。存货人或者仓单持有人逾期提取的，应当加收仓储费；提前提取的，不减收仓储费。

第三百九十三条 储存期间届满，存货人或者仓单持有人不提取仓储物的，保管人可以催告其在合理期限内提取，逾期不提取的，保管人可以提存仓储物。

第三百九十四条 储存期间，因保管人保管不善造成仓储物毁损、灭失的，保管人应当承担损害赔偿责任。因仓储物的性质、包装不符合约定或者超过有效储存期造成仓储物变质、损坏的，保管人不承担损害赔偿责任。

第三百九十五条 本章没有规定的，适用保管合同的有关规定。

第二十一章 委托合同

第三百九十六条 委托合同是委托人和受托人约定，由受托人处理委托人事务的合同。

第三百九十七条 委托人可以特别委托受托人处理一项或者数项事务，也可以概括委托受托人处理一切事务。

第三百九十八条 委托人应当预付处理委托事务的费用。受托人为处理委托事务垫付的必要费用，委托人应当偿还该费用及其利息。

第三百九十九条 受托人应当按照委托人的指示处理委托事务。需要变更委托人指示的，应当经委托人同意；因情况紧急，难以和委托人取得联系的，受托人应当妥善处理委托事务，但事后应当将该情况及时报告委托人。第四百条 受托人应当亲自处理委托事务。经委托人同意，受托人可以转委托。转委托经同意的，委托人可以就委托事务直接指示转委托的第三人，受托人仅就第三人的选任及其对第三人的指示承担责任。转委托未经同意的，受托人应当对转委托的第三人的行为承担责任，但在紧急情况下受托人为维护委托人的利益需要转委托的除外。

第四百零一条 受托人应当按照委托人的要求，报告委托事务的处理情况。委托合同终止时，受托人应当报告委托事务的结果。

第四百零二条 受托人以自己的名义，在委托人的授权范围内与第三人订立的合同，第三人在订立合同时知道受托人与委托人之间的代理关系的，该合同直接约束委托人和第三人，但有确切证据证明该合同只约束受托人和第三人的除外。

第四百零三条 受托人以自己的名义与第三人订立合同时，第三人不知道受托人与委托人之间的代理关系的，受托人因第三人的原因对委托人不履行义务，受托人应当向委托人披露第三人，委托人因此可以行使受托人对第三人的权利，但第三人与受托人订立合同时如果知道该委托人就不会订立合同的除外。

受托人因委托人的原因对第三人不履行义务，受托人应当向第三人披露委托人，第三人因此可以选择受托人或者委托人作为相对人主张其权利，但第三人不得变更选定的相对人。委托人行使受托人对第三人的权利的，第三人可以向委托人主张其对受托人的抗辩。第三人选定委托人作为其相对人的，委托人可以向第三人主张其对受托人的抗辩以及受托人对第三人的抗辩。

第四百零四条　受托人处理委托事务取得的财产，应当转交给委托人。

第四百零五条　受托人完成委托事务的，委托人应当向其支付报酬。因不可归责于受托人的事由，委托合同解除或者委托事务不能完成的，委托人应当向受托人支付相应的报酬。当事人另有约定的，按照其约定。

第四百零六条　有偿的委托合同，因受托人的过错给委托人造成损失的，委托人可以要求赔偿损失。无偿的委托合同，因受托人的故意或者重大过失给委托人造成损失的，委托人可以要求赔偿损失。

受托人超越权限给委托人造成损失的，应当赔偿损失。

第四百零七条　受托人处理委托事务时，因不可归责于自己的事由受到损失的，可以向委托人要求赔偿损失。

第四百零八条　委托人经受托人同意，可以在受托人之外委托第三人处理委托事务。因此给受托人造成损失的，受托人可以向委托人要求赔偿损失。

第四百零九条　两个以上的受托人共同处理委托事务的，对委托人承担连带责任。第四百一十条　委托人或者受托人可以随时解除委托合同。因解除合同给对方造成损失的，除不可归责于该当事人的事由以外，应当赔偿损失。

第四百一十一条　委托人或者受托人死亡、丧失民事行为能力或者破产的，委托合同终止，但当事人另有约定或者根据委托事务的性质不宜终止的除外。

第四百一十二条　因委托人死亡、丧失民事行为能力或者破产，致使委托合同终止将损害委托人利益的，在委托人的继承人、法定代理人或者清算组织承受委托事务之前，受托人应当继续处理委托事务。

第四百一十三条　因受托人死亡、丧失民事行为能力或者破产，致使委托合同终止的，受托人的继承人、法定代理人或者清算组织应当及时通知委托人。因委托合同终止将损害委托人利益的，在委托人作出善后处理之前，受托人的继承人、法定代理人或者清算组织应当采取必要措施。

第二十二章　行纪合同

第四百一十四条　行纪合同是行纪人以自己的名义为委托人从事贸易活动，委托人支付报酬的合同。

第四百一十五条　行纪人处理委托事务支出的费用，由行纪人负担，但当事人另有约定的除外。

第四百一十六条　行纪人占有委托物的，应当妥善保管委托物。

第四百一十七条　委托物交付给行纪人时有瑕疵或者容易腐烂、变质的，经委托人同意，行纪人可以处分该物；和委托人不能及时取得联系的，行纪人可以合理处分。

第四百一十八条 行纪人低于委托人指定的价格卖出或者高于委托人指定的价格买入的，应当经委托人同意。未经委托人同意，行纪人补偿其差额的，该买卖对委托人发生效力。

行纪人高于委托人指定的价格卖出或者低于委托人指定的价格买入的，可以按照约定增加报酬。没有约定或者约定不明确，依照本法第六十一条的规定仍不能确定的，该利益属于委托人。

委托人对价格有特别指示的，行纪人不得违背该指示卖出或者买入。

第四百一十九条 行纪人卖出或者买入具有市场定价的商品，除委托人有相反的意思表示的以外，行纪人自己可以作为买受人或者出卖人。

行纪人有前款规定情形的，仍然可以要求委托人支付报酬。

第四百二十条 行纪人按照约定买入委托物，委托人应当及时受领。经行纪人催告，委托人无正当理由拒绝受领的，行纪人依照本法第一百零一条的规定可以提存委托物。

委托物不能卖出或者委托人撤回出卖，经行纪人催告，委托人不取回或者不处分该物的，行纪人依照本法第一百零一条的规定可以提存委托物。

第四百二十一条 行纪人与第三人订立合同的，行纪人对该合同直接享有权利、承担义务。

第三人不履行义务致使委托人受到损害的，行纪人应当承担损害赔偿责任，但行纪人与委托人另有约定的除外。

第四百二十二条 行纪人完成或者部分完成委托事务的，委托人应当向其支付相应的报酬。委托人逾期不支付报酬的，行纪人对委托物享有留置权，但当事人另有约定的除外。

第四百二十三条 本章没有规定的，适用委托合同的有关规定。

第二十三章 居间合同

第四百二十四条 居间合同是居间人向委托人报告订立合同的机会或者提供订立合同的媒介服务，委托人支付报酬的合同。

第四百二十五条 居间人应当就有关订立合同的事项向委托人如实报告。居间人故意隐瞒与订立合同有关的重要事实或者提供虚假情况，损害委托人利益的，不得要求支付报酬并应当承担损害赔偿责任。

第四百二十六条 居间人促成合同成立的，委托人应当按照约定支付报酬。对居间人的报酬没有约定或者约定不明确，依照本法第六十一条的规定仍不能确定的，根据居间人的劳务合理确定。因居间人提供订立合同的媒介服务而促成合同成立的，由该合同的当事人平均负担居间人的报酬。

居间人促成合同成立的，居间活动的费用，由居间人负担。

第四百二十七条 居间人未促成合同成立的，不得要求支付报酬，但可以要求委托人支付从事居间活动支出的必要费用。

附 则

第四百二十八条 本法自 1999 年 10 月 1 日起施行，《中华人民共和国经济合同法》、《中华人民共和国涉外经济合同法》、《中华人民共和国技术合同法》同时废止。

参考文献

［1］黎孝先. 国际贸易实务. 北京：对外经济贸易大学出版社，1994.

［2］吴百福. 进出口贸易实务教程. 上海：上海人民出版社，2003.

［3］吴百福，舒红. 国际贸易结算实务. 北京：中国对外经济贸易出版社，2000.

［4］廖庆薪，廖力平. 进出口业务与报关. 广州：中山大学出版社，1998.

［5］田飞. 新外贸实务. 北京：经济科学出版社，1994.

［6］陈湛匀. 外贸实务. 上海：上海人民出版社，1994.

［7］冯世崇. 国际贸易实务. 广州：广东高等教育出版社，1993.

［8］陈红蕾. 国际贸易实务. 广州：暨南大学出版社，2004.

［9］王燕. 国际结算理论与实务. 上海：上海三联出版社，2000.

［10］冯大同. 国际货物买卖法. 北京：对外贸易出版社，1993.

［11］程进. 国际贸易实务. 北京：机械工业出版社，2009.

［12］吕靖烨. 国际贸易理论与实务. 北京：机械工业出版社，2011.

［13］胡丹婷. 国际贸易实务. 北京：机械工业出版社，2007.

［14］杨良宜. 国际货物买卖. 北京：中国政法大学出版社，1999.

［15］李元旭，吴国新. 国际贸易单证实务. 北京：清华大学出版社，2006.

图书在版编目(CIP)数据

货物进出口实务/李军编著. —成都:西南财经大学出版社,2013.12
ISBN 978 – 7 – 5504 – 1252 – 1

Ⅰ.①货… Ⅱ.①李… Ⅲ.①国际贸易—贸易实务—高等职业教育—教材 Ⅳ.①F740.4

中国版本图书馆 CIP 数据核字(2013)第 264132 号

货物进出口实务

李 军 温必坤 尹 非 编著

责任编辑:刘佳庆
助理编辑:孙志鹏
封面设计:杨红鹰
责任印制:封俊川

出版发行	西南财经大学出版社(四川省成都市光华村街55号)
网 址	http://www.bookcj.com
电子邮件	bookcj@foxmail.com
邮政编码	610074
电 话	028 – 87353785 87352368
照 排	四川胜翔数码印务设计有限公司
印 刷	四川森林印务有限责任公司
成品尺寸	185mm×260mm
印 张	19.5
字 数	410 千字
版 次	2013 年 12 月第 1 版
印 次	2013 年 12 月第 1 次印刷
印 数	1— 2000 册
书 号	ISBN 978 – 7 – 5504 – 1252 – 1
定 价	38.00 元